Das Titelbild zeigt einen Ausschnitt der 1939 entstandenen Lithographie „Das Ende“ von A. Paul Weber (1893-1980). Sie wurde als Kopie aus dem 1941 veröffentlichten Werk „Britische Bilder“ entnommen. Alle anderen Abbildungen stammen, soweit in den Bildlegenden nicht anders vermerkt, aus dem Archiv des Verfassers.

ISBN: 978-3-947020-02-7

www.scidinge-hall-verlag.de

www.helmut-roewer.de

Helmut Roewer

Unterwegs zur Weltherrschaft

Band 2: 1918-1945

Warum eine anglo-amerikanische Allianz Deutschland zum zweiten Mal angriff und die Rote Armee in Berlin einmarschierte

Scidinge Hall
2017

INHALT

Vorspiel auf der Straße

Das Schicksal ist blind: Wie es sich auswirkt, wenn einer nicht getötet wird, nebst einigen Bemerkungen für den eiligen Leser

Am **9. November 1923** marschierte eine Gruppe von Putschisten durch die Innenstadt von München.[1] Am Abend zuvor hatten sie erklärt, die Macht in Deutschland zu übernehmen. Den Marschierern wurde am Odeonsplatz der weitere Weg durch eine Formation der bayerischen Landespolizei verwehrt. Diese eröffnete das Feuer auf die Aufständler. 15 von ihnen starben. Einer davon war der Baltendeutsche Max von Scheubner-Richter, der an der Spitze der Kolonne mitgelaufen war. Das auftreffende Geschoß riß den Mann von den Füßen und schleuderte ihn gegen den neben ihm Marschierenden. Durch die Wucht des Aufpralls riß es auch diesen um. So kam der Anführer des spukhaften Aufmarsches zu Boden und mit dem Leben davon. Sein Name war **Adolf Hitler**.

Man ist versucht, die beiden Personen zu vertauschen: Hitler tot und der andere verletzt – die Weltgeschichte hätte womöglich einen anderen Verlauf genommen. Zumindest wäre mit hoher Wahrscheinlichkeit kein NS-Regime in Deutschland an die Macht gekommen und das brutale Wüten gegen die Juden unterblieben.

Am **13. Dezember 1931** stieg der ehemalige britische Spitzenpolitiker **Winston Churchill** in New York aus einem Auto.[2] Der finanziell äußerst klamme Engländer befand sich zu Beginn einer gutdotierten Vortragsreise durch die USA auf dem Weg zum bekannten US-Finanzgewaltigen Bernard Baruch. Churchill beachtete beim Aussteigen nicht, daß in den USA der ihm ungewohnte Rechtsverkehr herrscht und lief in ein Auto, dessen Kommen er so nicht erwartet hatte. Die Verletzungen, die er davontrug, waren so beträchtlich, daß er nach eigenem Bekunden zwischen Leben und Tod schwebte. Mit Erleichterung nimmt der Leser zur Kenntnis, daß der schwere Trinker im Land der Prohibition fortan nicht auf dem Trockenen saß, denn er erhielt vom behandelnden Arzt ein Rezept zum Erwerb von Alkohol. Danach erholte sich Churchill wieder.

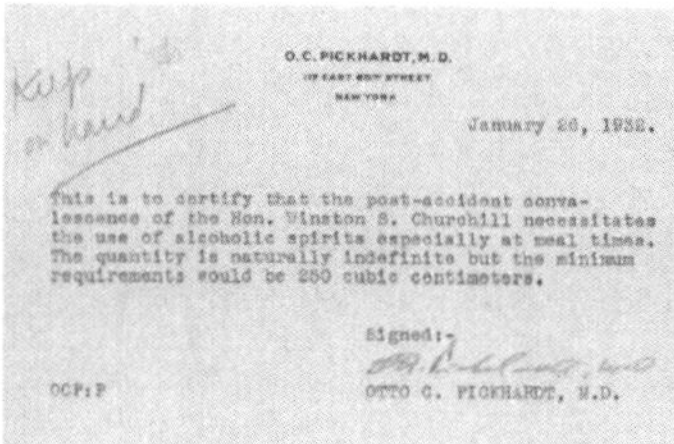

O.C. PICKHARDT, M.D.
NEW YORK

January 26, 1932.

This is to certify that the post-accident convalescence of the Hon. Winston S. Churchill necessitates the use of alcoholic spirits especially at meal times. The quantity is naturally indefinite but the minimum requirements would be 250 cubic centimeters.

Signed:-
OTTO C. PICKHARDT, M.D.

OCP:P

Hitler-Churchill-Roosevelt – mit dem Leben davongekommen: Die Polizeikugeln trafen am 9. November 1923 Max von Scheubner-Richter tödlich (linkes Bild: Bundesarchiv). Der Sterbende riß Hitler zu Boden, der dadurch überlebte. Churchill überlebte am 13. Dezember 1931 den von ihm verursachten Verkehrsunfall und konnte weitertrinken. Wenigstens einen viertel Liter reinen Alkohol verschrieb der New Yorker Arzt Otto Pickhardt seinem Patienten pro Tag (mittleres Bild). In den USA zur Zeit der Prohibition war ein solches Rezept Gold wert. Die Kugel, die Roosevelt gegolten hatte traf am 15. Februar 1933 den Bürgermeister von Chicago, Anton Cermak, tödlich (rechtes Bild, unmittelbar nach dem Attentat).

Churchills Unfalltod hätte vielleicht nicht den deutsch-britischen Krieg von 1939 verhindert, aber mit hoher Wahrscheinlichkeit dessen Fortführung über das Jahr 1940 hinaus, und er hätte die Großstadt Dresden vor der mutwilligen Zerstörung bewahrt. Es sollte nicht sein.

Zu Beginn des Jahres 1933 hielt sich der zum US-Präsidenten gewählte, aber noch nicht ins Amt eingeführte Politiker **Franklin Roosevelt** in Miami im Bundesstaat Florida auf. Am **15. Februar 1933** gedachte er, vom Auto aus eine Ansprache an die dortige in einem Park versammelte Bevölkerung zu halten. Das mißlang, weil ein Mann namens Guiseppe Zangara auf ihn schoß. Doch der Schuß traf nicht Roosevelt, sondern den neben ihm befindlichen

Bürgermeister von Chicago, Anton Cermak, der an seiner Verletzung starb.

Auch in diesem Fall ist man versucht, die Personen zu vertauschen. Also Roosevelt getroffen und tot – die Weltgeschichte hätte einen anderen Verlauf genommen, welchen bleibt Spekulation. Doch eines wäre mit ziemlicher Sicherheit unterblieben: der Zweite Weltkrieg. Wer's nicht glauben mag, der lese dieses Buch.

Für den eiligen Leser: Und worum geht es in diesem Buch?

Das vorliegende Buch ist der mittlere von drei Bänden, die sich mit dem Jahrhundert der Herrschaft einer anglo-amerikanischen Geld- und Machtelite und den Auswirkungen dieser Herrschaft auf Deutschland auseinandersetzen. Während im ersten Band die gezielte Auslösung des Ersten Weltkriegs besprochen wurde und die Durchsetzung der hierfür formulierten Kriegsziele, geht es im vorliegenden zweiten Band um die Bemühungen derselben Elite, die unerwartet miserablen Folgen des Friedensschlusses von Versailles in den Griff zu kriegen. Die von den Alliierten diktierten Ergebnisse brachten nämlich den Siegern nicht das bequeme Wohlergehen und den lautstark propagierten ewigen Frieden, sondern riefen Chaos und blutige Auseinandersetzungen hervor, die 1919 begannen und praktisch bis zum heutigen Tage andauern.

Der Zusammenhang von Zwangsfrieden und Fortführung der Gewalt wird im vorliegenden Buch bis zur Beendigung des Zweiten Weltkriegs besprochen. Zugleich werden die Bemühungen der herrschenden Geld- und Machtelite erörtert, die eigene Rolle zu verschleiern. Wie die von solchem Tun betroffenen Völker reagierten, wird speziell an den amerikanischen, englischen und deutschen Ereignissen beleuchtet.

Die in diesem Buch geschilderten Ereignisse gehen nicht vom allzu wohlfeilen Modell einer irgendwie gearteten Verschwörung gegen die genannten Völker aus, sondern von dem von niemandem vorherzusehenden gleichzeitigen Auftreten von vier epochalen Gewalttätern, welche als politische Herrscher die 1930-er und 1940-er Jahre dominiert haben. Es handelt sich um Josef Stalin, Franklin Roosevelt, Winston Churchill und Adolf Hitler. Alle vier hatten eine spezielle, dezidierte Nähe zur Weltherrschaft: Stalin war ein Vertreter der kommunistischen Weltrevolution, Roosevelts globale Phantasie hieß *One World*, Churchill befand sich in einem realen Empire, das weltumspannend genannt werden kann, und von Hitler wird allgemein gesagt, daß er die Weltherrschaft im Blick hatte, an der ihn die Großen Drei gottlob gehindert hätten.

Entgegen dieser letztgenannten Behauptung, die Weltherrschaftspläne Hitlers betreffend, stellt der Forscher die irritierende Tatsache fest, daß es hierfür keine handfesten Belege gibt. Liest man die angepriesenen Dokumente, so stößt man entweder auf liederlich verfertigte Fälschungen oder auf Inhalte, die das Gegenteil vom Behaupteten belegen.[3] Der Leser wird solchen Erfindungen und Verfälschungen in diesem Buch häufiger begegnen. Er mag, wenn er meinen Einwurf nicht glauben mag, das berühmt-berüchtigte Hoßbach-Protokoll vom 5. November 1937 zur Hand nehmen, welches vielfach ohne Rücksicht auf dessen Text als Welteroberungsbeleg bezeichnet worden ist, obwohl sein Inhalt eher das Gegenteil bezeugt,[4] und der Leser mag zur Kenntnis nehmen, daß das im Nürnberger Kriegsverbrecherprozeß präsentierte Dokument mit hoher Wahrscheinlichkeit in einer der alliierten Fälscherwerkstätten überarbeitet worden ist.[5] Das ist insofern von Bedeutung, als der Nürnberger Prozeß kreiert wurde, um eine Umerziehung des deutschen Volkes einzuleiten.

Im Quartett der vier politischen Gewalttäter der 1930-er und 1940-er Jahre nimmt Stalin eine Sonderrolle ein: Er war nicht nur viel länger an der Macht als die anderen drei, sondern er war darüber hinaus und im Gegensatz zu den drei anderen von den herkömmlichen Geld- und Machteliten nicht abhängig.[6] Ob er deswegen auch der erfolgreichste des Quartetts war, bleibt den Gedankengängen des Lesers überlassen, denn die Herrschaft Stalins wird in diesem Buch nur erwähnt, wenn sonst der Gang der Handlung nicht verständlich wäre. Ebenso bleiben zwei weitere Kraftzentren jener Jahre, China und Japan, außen vor.

Wenn man die Aktionen der verbleibenden drei Protagonisten – Roosevelt, Churchill und Hitler – betrachtet, so zeigen sich neben erstaunlichen Parallelen im Handeln auch erhebliche Unterschiede: Diese beziehen sich sowohl auf die Zielsetzung als auch auf den Erfolg beim Erreichen der gesetzten Ziele. Eine in diesem Sinne zu errichtende Erfolgspyramide stellt den US-Präsidenten unangefochten an die Spitze. Seine handfesteren Ziele erreichte er beide: Die Vernichtung der deutschen Kontinentalmacht und das Vorantreiben des amerikanischen Internationalismus durch die Zerschlagung des britischen Empire. Hitler und Churchill sind bereits nach dem soeben Gesagten kaum als erfolgreich zu bezeichnen. Hitlers Ziel, eine gefestigte deutsche Kontinentalmacht zu installieren, scheiterte ohne Zweifel. Noch weniger beeindruckend sieht Churchills Erfolgsbilanz aus. Sein Ansatz, dem britischen Empire wie schon 1914 einen weiteren, auf britische rassische Überlegenheit gestützten Kontinentalkrieg zuzumuten, endete im wirtschaftlichen und politischen Desaster.

Roosevelts Kampf gegen das Deutsche Reich folgte einer Doppelstrategie. Diese sah vor, zunächst andere kämpfen zu lassen, bis sie sich verausgabt hatten, um sodann die Früchte gewaltsam einzusammeln. Der Krieg gegen das Deutsche Reich war nur ein Mittel zum Zweck, vielmehr kam es darauf an, das Britische Empire so zu schwächen, bis es den USA fast von selbst in den Schoß fiel. Roosevelts Krieg war zudem ein Krieg um des Krieges Willen. Nachdem der US-Präsident nach kurzer Herrschaftszeit erkannt hatte, daß das politische System, dem er vorstand, den selbstverursachten Schwierigkeiten im eigenen Land anders nicht würde wirksam begegnen können, griff er auf Bewährtes aus seiner politische Lehrzeit zurück. Das war der Krieg.

Wenn man die jahrzehntelange Propaganda beiseite schiebt, wonach Roosevelts Krieg ein Kampf gegen die Weltherrschaftspläne eines Adolf Hitler gewesen sei, so könnte man denken, daß der Gegner, den Roosevelt aus der Vielzahl anderer Finsterlinge auswählte, eher zufällig war. Doch das ist nicht der Fall. Deutschland bot sich auf dem Silbertablett an. Auf diesem Tablett befanden sich zwei selbstgemachte Dinge. Das eine war eine Sonderform des Wirtschaftens. Diese verband angestrebte Autarkie mit einer Vielzahl von bilateralen Abkommen für den Warenaustausch mit Ländern des Balkans, des mittleren Ostens und Latein-Amerikas. Warenaustausch bedeutete für die Finanzzentren der Welt in New York und London nicht nur eine Herausforderung, sondern einen existentiellen Angriff. Diesen Institutionen drohte, überflüssig zu werden.

Es kann nicht zuverlässig beantwortet werden, wie die Sache ausgegangen wäre, wenn auf dem deutschen Tablett nicht noch ein zweites, ein ekelerregendes Geschenk gelegen hätte. Die Rede ist vom unmenschlichen Umgang des NS-Regimes mit den Juden in Deutschland. Dieser unverzeihliche Vorgang stellte die ideale Projektionsfläche für eine nur zu leicht konstruierbare anti-deutsche Propaganda dar. Sie wurde nicht unerheblich durch Personen verstärkt, die von Deutschland außer Landes getrieben worden waren. Man kann den Verstärkungseffekt der Emigranten auf die antideutsche Propaganda kaum überschätzen, wenn man berücksichtigt, daß jegliche effektive Propaganda bemüht sein muß, Zeugen der Feindseite ins Boot zu holen. Diese boten sich in bemerkbarer Zahl an.

Unter solchen Voraussetzungen ist es Roosevelt nicht schwer gefallen, Deutschland als Schurkenstaat zu benutzen, um einerseits einen Krieg zu führen, den er nach seinen Vorstellungen ohnedies brauchte, und um andererseits Deutschland und , dem folgend, das Britische Empire zu zerstören. Die Völker Europas haben für solchen missionarischen und kriegerischen Größenwahn eine schreckliche Zeche bezahlt. Eines von diesen Völkern war das deutsche. Es ist an der Zeit, daran zu erinnern, bevor es endgültig verschwindet.

Mit den vorstehenden Bemerkungen ist der Inhalt des Buches in seinen Grundzügen umrissen. Wer Interesse hat, meine Gedanken nachzuvollziehen, der mag diesen Band 2 von *Unterwegs zur Weltherrschaft* lesen. Wer dies aus polit-religiösen Gründen nicht tun mag, wird aufgefordert, mich nach den gängigen Schemata zu denunzieren. Ich habe den Untertitel des Buches so gewählt, daß den einschlägigen Kritikern das Urteil auch ohne die Mühe einer Lektüre leicht fallen dürfte.

Der Leser wird finden, daß das, was ich geschrieben habe, mit dem, was er aus gängigen Geschichtsbüchern kennt, nicht unbedingt übereinstimmt. Ich füge hinzu: Dieses Buch ist keine NS-Entschuldigungs- oder Apologeten-Schrift – ganz im Gegenteil. Wer solch abgestandenen NS-Brei erwartet, der mag das Buch zuklappen und ungelesen beiseite legen. Vor allem sollte er sich nicht auf mich berufen – dafür danke ich.

Wer bei der Lektüre bis hierhergekommen ist, der sollte nun den Sprung in den Text wagen.

Weimar, im Frühjahr 2017
Helmut Roewer

Erster Teil

The Star-Spangled Banner – Die USA auf ihrem Zickzackweg durch die Zeit zwischen den Weltkriegen und ihre Beziehungen zu Deutschland

Für die Alliierten ist die deutsche Verantwortlichkeit für den Kriegsausbruch von grundsätzlicher Bedeutung. Sie ist die Basis, auf der die Struktur des Vertrags von Versailles errichtet ist, und wenn dieses Bekenntnis geleugnet oder widerrufen wird, ist der Vertrag zerstört.
David Lloyd George, britischer Premier, 1921.[7]

The Star-Spangled Banner (das sternübersäte Banner) ist der Name der amerikanischen Nationalhymne. Ihre Entstehung beruhte auf einer frühen militärischen Aggression der USA. Diese galt 1812 dem nördlichen Nachbarn Kanada, einer britischen Kolonie. Die US-Militäraktion geriet zum Desaster. Alsbald befanden sich die US-Streitkräfte überall auf dem Rückzug. Nach bewährtem Kolonialbrauch rückten englische Truppen in die gegnerische Hauptstadt – in diesem Fall Washington D.C – ein und brannten diese nieder. Die geflohene US-Regierung mußte 1814 um Frieden bitten. Aus dieser Erfahrung hat sich die Legende erhalten, daß die USA sich in einem Krieg zur Verteidigung der Freiheit befanden. Die Hymne ist Ausdruck dieser Legende.

Flaggenfetischismus und der größte Wilson, den es je gab: 1916, unter Präsident Wilson, wurde The Star-Spangled Banner *zur Nationalhymne erhoben. Das Bild zeigt das größte Wilson-Portrait seiner Zeit im US-Fahnenschmuck, aufgenommen 1920 in New York (Foto: Library of Congress).*

100 Jahre später verlieh der demokratische US-Präsident Woodrow Wilson der Hymne den Anstrich des Offiziellen, denn sie entsprach seiner Idee von der Missionierung der Welt. Das war 1916, kurz bevor Wilson sein Land endgültig zum Angriff gegen Deutschland in den Ersten Weltkrieg führte.[8] Mit den Ergebnissen dieser Verstrickung beginnt das Buch. 15 Jahre später, 1931, befand es ein US-Präsident, Herbert Hoover, für richtig, die Hymne durch Gesetzgebungsakt des Kongresses legalisieren zu lassen. Die USA befanden sich zu jener Zeit in der chaotischsten Wirtschaftskrise ihrer bis dahin zurück verfolgbaren Geschichte. Hoover sollte im Jahr drauf die Wieder-Wahl verpassen, und der Sieger, Franklin Roosevelt, mit der Propagandaformel vom *New Deal* für zwölf lange Jahre die Macht übernehmen, um die USA erneut in einen Krieg gegen Deutschland zu führen.

Von diesen Ereignissen handelt der erste Teil des Buches. In ihm unternimmt der Leser einen Ausflug in die USA der 1920-er und 1930-er Jahre – es sind die beiden Jahrzehnte, die auf verschlungenem Weg in den Zweiten Weltkrieg führten.

1. Kapitel

Weltmacht in Naherholung – Amerika in den 1920-er Jahren

Das deutsche Ersuchen an den US-amerikanischen Präsidenten Woodrow Wilson vom 4. Oktober 1918,[9] dem Morden in Europa ein Ende zu machen, schlug in New York wie eine Bombe ein. So hatten sich die Geldherren von Wall Street ihr Todes-Monopoly nicht vorgestellt, denn der Reibach des gerade vergangenen Kriegs-Jahres hatte ihre kühnsten Träume übertroffen.[10] Finanzakrobaten, wie der aus Deutschland gebürtige Otto Kahn ließen sich Sommerresidenzen errichten, die am Prunk französischer Könige Maß nahmen.[11] Gleichzeitig verkündete Kahn seinen etwas weniger betuchten amerikanischen Neu-Landsleuten, daß und warum sie zu kämpfen hätten und betrieb gegenüber seinem deutschen Herkunftsland eine auf Lug und Trug aufbauende ätzende Zersetzungspropaganda.[12]

Damit sollte nun Schluß sein, weil diese albernen Deutschen nicht mehr kämpfen wollten. Die Geschäftsleute machten sich berechtigte Sorgen: Sie würden kürzer treten müssen, wenn die Kriegsproduktion auf Friedensmaßstäbe schrumpfen sollte. Das zumindest war der Standpunkt, den die Eigentümer der Produktion von Kriegsgut einnahmen, die Waffenschmiede, Pulver- und Munitionsproduzenten, Schiffbauer und Großagrarier. Deswegen nötigte eine Delegation unter dem Spitzenpulvermacher Du Pont den US-Präsidenten bei einem Besuch im Weißen Haus, den Abschluß eines Waffenstillstands so lange wie möglich hinaus zu zögern.[13]

Krieg und Frieden: Das Dilemma des US-Präsidenten Wilson zwischen Friedensgerede und Geschäft

Wilson taktierte, so gut er es vermochte. Doch er mußte befürchten, daß die Amerikaner jetzt, wo ein Friedensschluß augenscheinlich möglich war, sein langjähriges Friedengerede beim Wort nehmen würden. Zudem bahnte sich ein Gegensatz unter den Inhabern der großen Vermögen an. Einige wurden von ganz anderen Sorgen gequält als die Produzenten von Kriegsgut. Es stand die Frage im Raum, ob die Europäer, in Sonderheit die Briten und Franzosen, die Kredite würden zurückzahlen können, die man ihnen in den letzten drei vier Jahren gewährt hatte. Hieran bestanden begründete Zweifel, deren Grundtatsachen dem Hauptinvestor der Amerikaner, J.P. Morgan jun., nur zu geläufig waren.[14]

Morgan war, wie es den geschäftlichen Gepflogenheiten seines Hauses entsprach, in einer Doppelrolle unterwegs gewesen: Er beherrschte nicht nur den amerikanischen Markt als Kreditgeber, sondern war auch als britischer Finanzagent tätig geworden. Und das keineswegs heimlich. Jeder, der wollte, konnte es in der Zeitung nachlesen.[15] Morgans Kriegsfreunde im damals noch formal neutralen Amerikas hatten ihre frohe Kunde in die Welt hinausposaunt: Die Höhe des Kredits in US-Dollar, die Möglichkeit hierfür in den USA Kriegsgüter und Lebensmittel zu kaufen und die Hergabe von Sicherheiten, über die das Britische Empire zu diesem Zeitpunkt noch im reichen Maße verfügte.

Männer wie Morgan konnten ausrechnen, wie lange solche Sicherheiten reichten. 1918 drohte den britischen Geschäftspartnern Überschuldung und Pleite.[16] Aus den Kriegsfreunden um Morgan wurden vorsichtige Befürworter eines baldigen Kriegsendes. Für den Betrachter der Szenerie tat sich eine neue überraschende Perspektive auf: Amerikas Besitzelite zerfiel in zwei gegeneinander agierende Gruppen. US-Rüstungsgiganten brauchten den Krieg, die Finanzhaie brauchten zumindest im Moment sein Ende. Ihnen drohte nämlich der Verlust des Kapitals.

Im inner-amerikanischen Machtkampf setzten sich die Geldleute durch. In weiser Voraussicht hatten sie dem US-Präsidenten 1917, als er, wie von ihnen gefordert, dem Deutschen Reich den Krieg erklärte, auferlegt, alles zu unterlassen, was den USA eine Mit-Schuldnerschaft für die britischen Schulden aufbürden würde. Genau hierauf hatten die Briten in ihren Jahr und Tag andauernden Bemühungen gezielt, die USA in ihr Kriegsboot zu holen. Doch enttäuscht mußten sie feststellen, daß die Amerikaner gar nicht daran dachten, sich in die Phalanx der Alliierten einzureihen, sondern sie verliehen sich selbst den Extra-Status einer *assoziierten* Macht. Das ging so, denn Wall Street hatte vorgesorgt. Seit 1914 saß mit Robert Lansing einer ihrer Spitzenjuristen im State Department (Außenministerium), ab Mitte 1915 war er dort der Chef.

Es dürfte nicht schwer gefallen sein, den eitlen Wilson zu überzeugen, er solle sich den anderen kriegführenden Mächte nicht als deren Partner gleichstellen. Er, Wilson, war der *leader*, in Amerika und in der ganzen freien Welt, wie er das Sammelsurium demokratisch angehauchter Staaten einschließlich des autokratischen Rußlands zu nennen beliebte. Der Führer der freien Welt. Zu derartigen Phantasien mochte keinerlei Partnerschaft passen, eine auf der Basis der Gleichberechtigung schon gar nicht.

Doch wie sah es mit Wilsons Welt-Führerschaft in praxi aus? Nachdem er im Januar 1918 seine *14 Punkte* verkündet hatte,[17] nach welchen er die Welt zu befrieden gedachte, erwiesen sich diese als bloßes Gerede, als Deutschland auf der Basis dieser 14 Punkte Frieden schließen wollte. Der Präsident tat so, als hätte er noch nie davon gehört. Nach nervenaufreibendem Schweigen ließ er wissen, daß er zum Waffenstillstand nur bereit sei, wenn Deutschland sich zuvor bis zur Wehrlosigkeit selbst entwaffnet hätte. Daß und warum die deutschen Entscheidungsträger darauf eingingen, habe ich an anderer Stelle ausführlich dargelegt.[18]

In dem Moment als der Vertreter des Deutschen Reiches, Matthias Erzberger, im Walde von Compiègne den Waffenstillstand unterzeichnete, ging Deutschland machtpolitisch den Bach runter. Jetzt wurden auch Staatsmänner mutig, die vor kurzem selbst noch am Rande des Abgrunds gestanden hatten, allen voran Franzosen und Briten. Sie kalkulierten, daß der Moment da sei, Deutschland endgültig aus dem Feld zu schlagen. Sie pochten auf Rache für vier Jahre Krieg. Das war fragwürdig genug, denn beide Länder hatten sich 1904 verbündet, um Deutschland den Garaus zu machen. Nach zehnjährigem Anlauf sahen sie die Zeit für die Tat gekommen. Um das zu vertuschen, hatte bereits während des gesamten Krieges die alliierte Propaganda an der Lüge gestrickt, daß dieses Deutschland aufgrund seiner Weltherrschaftspläne den Großen Krieg ausgelöst hätte. Um nichts auf der Welt durfte herauskommen, daß man selbst es gewesen war, denn dann wäre es unmöglich geworden, mit vor Empörung bebender Stimme die Bestrafung des deutschen Bösewichts zu verlangen.

Es war eine Schmierenkomödie ohne Beispiel. Doch außer den Akteuren selbst konnte kaum einer darüber lachen. In der Rolle des jugendlichen Helden trat der US-Präsident auf. Auch er hielt sich strikt an das Textbuch der Propagandalügen, denn er mußte zweierlei erreichen: Auf keinen Fall durfte offenbar werden, daß aus dem Großen Krieg ein Weltkrieg geworden war, weil er, Wilson, die Feinde Deutschlands hierzu ermuntert und mit Ausrüstung und Lebensmitteln großzügig ausgestattet hatte,[19] und noch weniger durfte herauskommen, daß diese Investition in den Krieg der Alliierten zur Fehlspekulation und damit zu einem gewaltigen Finanz-Crash zu werden drohte, weil die Alliierten trotz gigantischer amerikanischer Hilfe den Krieg militärisch nicht zu gewinnen vermochten, so daß die USA Deutschland auch militärisch angreifen mußten. Das war eine ganz andere Geschichte als das Geschrei von den verderbten Hunnen, die man lediglich töten müsse, um ein gottgefälliges Werk zu tun.[20]

Das Diktat: Versailles, die deutsche Alleinschuld am Kriege und die Saat für den nächsten

Um den Weg der Ablenkung vom eigenen Tun zu betonieren, kam es zu dem verheerenden Entschluß, die deutsche Alleinschuld am Kriege zum Gegenstand des Völkerrechts zu erheben. Der Vertrag von Versailles, den die Deutschen das *Diktat* von Versailles nannten, machte es möglich. Wilsons Finanzberater Bernard Baruch war der Geburtshelfer.[21] Ihm zur Seite stand ein junger Wall Street-Anwalt, John Foster Dulles.[22] Dieser und sein jüngerer Bruder Allen sollten die nächsten vier Jahrzehnte ihre Finger im Spiel haben, wenn es darum ging, Amerikas imperiale Interessen mit Intrigen und Gewalt durchzusetzen.[23] 1918/19 war der Anfang: Es wird berichtet, daß aus Dulles Feder der einschlägige Alleinschuld-Passus stammte, der in Artikel 231 des Versailler Vertrages noch heute nachzulesen ist.[24]

Den europäischen Siegermächten Frankreich und England konnte derartige Schützenhilfe nur recht sein. Auf solcher Grundlage ließ sich nun aufbauen, womit sie Deutschland zu strangulieren gedachten: Wegnahme der Kriegs- und vor allem auch der Handelsflotte, Wegnahme weiterer existenzerhaltender Wirtschaftseinrichtungen und von Rohstoffen, Wegnahme der Kolonien, Abrüstung bis auf eine winzige polizei-ähnliche Truppe, Verbot der freien Teilnahme am Welthandel, Wegnahme eines guten Achtels des Reichsgebiets, Zerschneidung desselben in zwei ungleiche Teile, Verbot des Anschlusses des deutsch-österreichischen Rumpfstaates, Zahlung von Reparationen in unbegrenzter Höhe und die mutwillige Installierung von Konfliktherden an der Ost- und Südostflanke des Reiches durch die Errichtung von Polen und der Tschechoslowakei mit erkennbar großen deutschen Minoritäten.

Keine NS-Propaganda, sondern allgemeine Meinung: 1929 gab die Reichsregierung die obige Karte für den Schulgebrauch heraus; dort fand sie noch 1953 Verwendung. Die Karte zeigt, wie die Folgen von Versailles in Deutschland gesehen wurden. Hitler sattelte lediglich auf solche Anschauungen auf.

Über weitere Forderungen kam es unter den Siegermächten zum Streit.[25] Frankreich wollte Deutschland durch Atomisierung ein für alle Mal ausschalten. Großbritannien war daran hingegen nicht gelegen. Sein französischer Ex-Verbündeter sollte nicht die alles dominierende Macht auf dem Kontinent werden, denn dafür hatten die britischen Kriegsmacher den Krieg 1914 nicht angezettelt. Vielmehr war es die Furcht vor Deutschlands wirtschaftlicher Übermacht gewesen und die Überzeugung, diese Überlegenheit in einem kurzen, auf maximal drei Monate begrenzten Blockadekrieg brechen zu können, wobei Franzosen und Russen die Drecksarbeit des Landkrieges erledigen würden.

Frankreichs Revanchisten hatten ganz ähnlich gedacht. Als sie 1912 an die Macht gekommen waren, hatten sie kaum noch erwarten können, daß aus London das Signal zum Kriegsbeginn kam, das nach jahrelanger minutiöser Absprache die russische Dampfwalze nach Berlin in Gang brachte und die französischen Rot-Hosen zu ihrem Spaziergang nach Baden-Baden antreten ließ. Im Herbst

1914 würde man wieder zu Hause sein. So lautete der Plan, man kann ihn heute aus den Akten, sofern sie nicht vernichtet wurden, und privaten Aufzeichnungen mit einiger Mühe rekonstruieren. Doch es war nur ein Plan, er platzte nach nur vier Wochen im August 1914.

Der tatsächliche Krieg war lang andauernd und verlustreich gewesen. Vor allem hatte er Geld und andere Vermögenswerte gekostet, um ihn führen zu können. Die Rechner in der Londoner City wußten nur zu gut, daß jetzt gigantische Rückzahlungsverlangen der Finanzfirmen Amerikas anstanden.[26] Dieses Geld sollte aus Deutschland kommen, was nur möglich war, wenn man es jetzt nicht vollends zerschlug. Diese britische Politikausrichtung war zu erkennen, gleich nachdem der letzte Schuß gefallen war, denn Englands zweiter Kriegspremier, David Lloyd George, führte im Dezember 1918 einen Deutschland-zahlt-alles-Wahlkampf, den er gewann.

Dieses Deutschland-zahlt-alles konnte nur funktionieren, wenn man dem Deutschen Reich eine wirtschaftliche Grundausstattung beließ. So entstand fast zwangsläufig der britisch-französische Gegensatz.[27] Über dem allem schwebte der US-Präsident. Der Rausch über seinen triumphalen Empfang auf dem alten Kontinent hielt nicht lange an. Dann zeigten sich die unüberbrückbaren Gegensätze mit den politischen Exponenten der anderen Siegermächte. Wilsons Idee von einem Weltgremium – selbstredend unter seiner, also amerikanischer Aufsicht – schien der Alten Welt wie ein Produkt aus Utopia. Auch das Gerede von christlicher Nächstenliebe und dem Glück der ganzen Menschheit mußte in Europa schrill und anmaßend klingen. Vor allem Frankreichs kirchenfeindliche Politiklenker waren angewidert.

Es kann dem amerikanischen Professor für politische Wissenschaften und jetzigem US-Präsidenten nicht entgangen sein, was sich da zusammenbraute. Es ist nicht zu erkennen, daß er diesem Treiben merklichen Widerstand entgegensetzte. Spätere amerikanische Autoren haben hieraus den Schluß gezogen, daß er auf diese

Weise den Zweiten Weltkrieg auslöste.[28] Nach seinen eigenen Äußerungen wäre es statt dessen wohl seines Amtes gewesen, einen dauerhaften Frieden zu installieren.

Hierzu wäre es nötig gewesen, seine Ex-Verbündeten mit den Dollar-Daumenschrauben zu erpressen. Es hat nicht an Stimmen gefehlt, die Wilson auf diese Situation aufmerksam gemacht haben.[29] Doch stur hielt er an seiner missionarischen Idee eines Völkerbundes fest. Man muß nur den ersten Teil des Versailler Vertrages nachlesen, dann wird klar, wovon hier die Rede ist. Diesen Völkerbund wenigstens wollte er retten, dafür nahm er alles andere in Kauf. Auch nahm er in Kauf, daß England die Hungerblockade gegen das Deutsche Reich fortführte, um die Unterschrift unter die Unterwerfungserklärung von Versailles zu erpressen.[30]

Die Erpressung gelang, denn erst nach dem Waffenstillstand und der damit einhergehenden deutschen Entwaffnung konnten die Kriegsplaner von Downing Street ihre perversen Vorkriegsphantasien vollends in die Tat umsetzen, nämlich Deutschland in einem Hungerkrieg in die Knie zu zwingen. Durch diese Nachkriegsblockade krepierten erneut Zweihundertfünfzigtausend an Hunger, Kälte und den einschlägigen Mangelkrankheiten, vor allem Kinder aus den ärmsten Schichten der Großstädte.[31]

Um von seiner Verantwortung für dieses Verbrechen abzulenken, behauptete Premier Lloyd George alsbald, die Bankenmacht hätte ihn hierzu gezwungen,[32] denn das zähe Festhalten an der Vernichtung Deutschlands war bestenfalls in Frankreich und seinen ost- und südosteuropäischen Satrapen populär, in England geriet es bereits im Frühjahr 1919 in Mißkredit, nachdem sich die Berichterstattung über verhungernde Kinder nicht mehr durch Kriegszensur unterdrücken ließ.[33] Für Amerika gilt diese Feststellung in verstärktem Maße.[34] Von Wilson schlecht eingeschätzt, drehte sich dortzulande der Wind des politischen Mainstreams. Der US-Präsident hätte gewarnt sein müssen, als, noch in Paris, bemerkbar wichtige Personen seines Mitarbeiterstabes zu ihm und seinem phantastischen Völkerbund Abstand zu nehmen begannen.

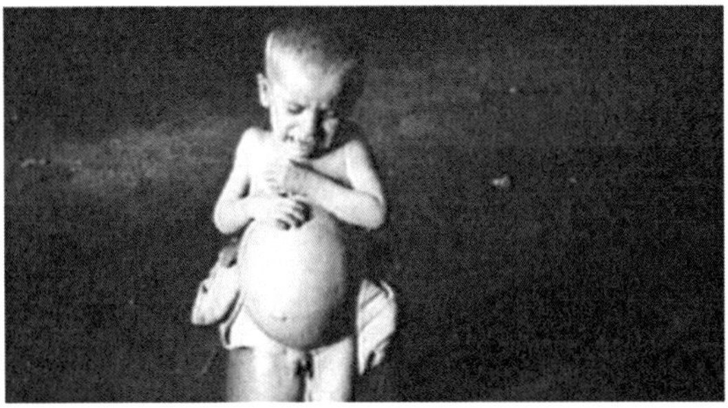 

Die Macht der Bilder: Im Mai 1919 wurde in England die Organisation Save the Children *gegründet, die noch heute existiert und mit Bildern, wie diesem hier, wirbt. Es ist möglich, daß der Junge mit dem typischen Hungerödem 1919 in Deutschland aufgenommen wurde. Aktivisten, wie die Organisationsgründerin Eglantyne Jebb, wurden in London festgenommen.*

Wilsons Gegensatz zum eigenen Außenminister wurde unüberbrückbar. Dieser, Robert Lansing, war ein Anwalt aus der Juristenelite von Wall Street, der vor dem Krieg als Rechtsvertreter von großen Geschäftemachern internationale Streitigkeiten zu deren Zufriedenheit gedeichselt hatte. Ab 1914 hatte er an prominenter Stelle im State Department dafür gesorgt, daß die USA 1917 Kriegspartei wurde.[35] Jetzt waren zwei weitere Jahre vergangen, und man schrieb das Jahr 1919. Nun war es die Aufgabe von Lansing, dem US-Präsidenten deutlich zu machen, wo die Interessen der Geldhäuser lagen – Interessen, die in der amerikanischen veröffentlichten Meinung wie selbstredend mit denen der USA gleichgesetzt wurden.

Diese Interessen besagten, daß Deutschland für die amerikanische Wirtschaftsmacht unbrauchbar würde, wenn man den europäischen Anrainerstaaten gestattete, das Deutsche Reich zu zerschlagen und finanziell auszusaugen. Vor allem Frankreich würde durch die gigantischen Reparationszahlungen[36] aus Deutschland so profitieren, daß es auf die Dollars aus New York nicht mehr angewiesen war.[37] Diese Erwartung bestimmte Lansings Marschroute, doch der US-Präsident erwies sich als beratungsresistent. Lansing demissionierte und kehrte an seine Fleischtöpfe in der Wall Street zurück. Auch Wilsons Zeit lief ab. Als der Präsident von seinen Pariser Abenteuern nach Hause zurückkehrte, erwartete ihn eine herbe Niederlage. Der US-Senat verweigerte die Ratifikation der Friedensverträge von Paris.

Aus der Hybris von Wilson, die Gründung des Völkerbundes zum integralen Bestandteil des Vertrages von Versailles zu machen, resultierte die Groteske, daß die übrigen Siegermächte den Völkerbund gründeten, den sie in der Mehrzahl nicht wollten, und die USA, als dessen Erfinder, diesem Völkerbund fern blieben. Die Verlierermächte, Deutschland, Österreich-Ungarn und Rußland, wurden erst gar nicht zum Beitritt eingeladen. Amerika zog sich auf sich selbst zurück. Die Zeit des Isolationismus begann. So jedenfalls kann man es überall nachlesen. Ob es stimmt oder eben doch nicht, wird im Folgenden beschrieben.

Der kleine, aber feine Unterschied: Die US-Elite formiert den CFR

Wenn man die Herrschafts-Geschichte der USA betrachtet, so sticht ins Auge, daß dortzulande eine eigenwillige Form der Meinungsbildung durch privat organisierte Personengruppen vorherrscht. Eine dieser Gruppen gilt es im Folgenden zu beleuchten, den *Council on Foreign Relations* (CFR – Rat für auswärtige Beziehungen). Er wurde Anfang 1921 gegründet.[38] Zu seinen Gründervätern gehörte der Bankier Paul Warburg.[39] Das ist derselbe ehemalige Deutsche, der unmittelbar vor dem Ersten Weltkrieg maßgeblichen Anteil an der Gründung der *Fed*, also der privaten Zentralbank der USA hatte.[40]

Liest man in den offiziösen Annalen des CFR nach, findet man hiervon wenig, dafür aber anderes, was aufschlußreich ist. Hiernach hatte der CFR zwei Wurzeln, nämlich eine bereits seit Jahren bestehende kommerzielle und eine im Winter 1917/18 gegründete wissenschaftliche. Die kommerzielle Wurzel waren die üblichen Verdächtigen aus Hochfinanz und Großindustrie, die mit ihrer Kriegsunterstützung der Alliierten in Europa Fuß gefaßt hatten und sich durch den absehbaren Frieden nicht das Geschäft verderben lassen wollten.

Theorie und Praxis der Beeinflussung auf dem Schlachtfeld der öffentlichen Meinung: Walter Lippmann (hier in einer Aufnahme von ca. 1914), der Erfinder von Wilsons 14 Punkten. Er schrieb auf, wie man die öffentliche Meinung erzeugt. Edward Bernays (rechtes Bild, Anfang der 1920-er Jahre) setzte noch eins drauf, indem er Theorie und Praxis der Propaganda analysierte.

Bei der wissenschaftlichen Wurzel des CFR war anderes im Spiel. Es war die Idee von Wilsons Präsidentenberater und *alter ego* „Colonel" Edward M. House gewesen, den zunehmend beratungsresistenten US-Präsidenten mit jungen Wissenschaftlern zu umgeben, von denen House annahm, daß der Präsident und ehemalige Hochschulrektor zu solcher Klientel eher Zugang finden würde als zu gestandenen Politikern oder gar Beamten. An die Spitze dieses Beratungsteams mit dem Namen *Inquiry* (zu deutsch in etwa: Recherche) trat der 28-jährige Walter Lippmann.[41] Für ihn und seine *fellows* wurden Büroräume in bevorzugter Lage am Broadway in New York angemietet.[42] Und als der Krieg aus war, fuhren 23 von ihnen zusammen mit ihrem Präsidenten nach Europa, um als Sieger das Fell des Bären zu verteilen.

Bei dem Namen Walter Lippmann hebt sich die Augenbraue des Beobachters der amerikanischen Kabalen. Lippmanns erste und für die Weltgeschichte entscheidende Tat war die Erfindung von *Wilsons 14 Punkten.* Diese waren eine Art Kochrezept für den Frieden, mit dem der US-Präsident im Frühjahr 1918 an die Öffentlichkeit trat. Es bestand im wesentlichen aus den Forderungen, die Türkei und die Donaumonarchie zu zerschlagen, einen polnischen und einen tschechischen Staat zu errichten sowie Deutschland das Elsaß und Lothringen abzunehmen. Die 14 Punkte wurden das Kernstück der US-Propaganda gegen die deutsche Armee, und als Ludendorff Ende September 1918 den Reichskanzler aufforderte, den US-Präsidenten auf der Grundlage seiner 14 Punkte um Frieden zu ersuchen, zeigte es sich, daß er, Ludendorff, das prominenteste Opfer dieser Propaganda geworden war, denn Wilson dachte, wie schon geschildert, nicht im Traum daran, auf den Wunsch der deutschen Reichsleitung einzugehen. Vielmehr verlangte er eine Kapitulation bei gleichzeitiger totaler Selbstentwaffnung – und zwar als einseitige Vorleistung für jeglichen Frieden.

Diesen Walter Lippmann für Wilsons Glaubwürdigkeitsakrobatik verantwortlich zu machen, wäre kühn. Eins jedoch läßt sich mit einiger Sicherheit sagen: Lippmanns Weg vom wissenschaftlichen Kuschelzoo in die politische Wirklichkeit ließ ihn in rasanter Zeit Schlußfolgerungen ziehen, die man zur Kenntnis genommen haben sollte, bevor man ihn aus dieser Geschichte verabschiedet. Lippmann machte sich nämlich grundlegende Gedanken über den Zusammenhang von politischer Willensbildung und Propaganda innerhalb eines demokratisch organisierten Staates.

Diese Gedanken waren für die Missionare der *democracy* nicht eben schmeichelhaft. Man kann sie in seinem Grundlagenwerk *Public Opinion* aus dem Jahre 1922 nachlesen. Sie gehen, vereinfacht gesprochen, so: Die amerikanische Gesellschaft teilt sich in zwei Teile, die unwissende Masse und wissende, komplexe Nachrichten vereinfachende Transporteure. Letztere sind zuständig für die Herausbildung der öffentlichen Meinung, ohne die ein demokratisches Staatswesen nicht gelenkt werden kann. Legt man den Maßstab der Logik an solche Ketzergedanken, käme vermutlich heraus, für die

Abschaffung der Demokratie zu plädieren. Doch diesen Weg ging Lippmann gerade nicht. Hierfür gibt es einen guten Grund. Er ist außenpolitischer Natur. Die *democracy* ist das Markenzeichen des US-amerikanischen Expansionsstrebens. In ihrem Namen traten die USA in den Weltkrieg ein. *To make the world safe for democracy*, wie US-Präsident Woodrow Wilson seinen Landsleuten und dem Rest der Welt salbungsvoll verkündet hatte. [43]

So wundert es kaum, daß auch der CFR dieses Motto an die Spitze seiner unumstößlichen Wahrheiten stellte. Hundert Jahre weiterer Kriege sollten folgen, um die Welt im Namen der Demokratie sicherer machen. Erst im Jahre 2016 schwante den US-Denkfabrikanten, daß die *democracy* à la USA nicht mehr sexy sei. Deswegen plädierten sie dafür, bei der weiteren Bündnisgestaltung instabile Demokratien im Zweifel fallen zu lassen und statt dessen auf stabile Diktaturen zu setzen.[44] Das Exportgut US-Demokratie ist, wenn diese Strategie Allgemeingut werden sollte, Geschichte.

Noch einmal Lippmann: Sein Einfluß auf die Technik des Meinungsbeeinflussungs-Prozesses ist kaum zu überschätzen. Nur wenige Jahre nach seiner *Public Opinion* erschien ein weiteres richtungsweisendes Werk. Es hieß schlicht *Propaganda*. Sein Autor Edward Bernays nahm ausdrücklich Bezug auf Lippmann. Der Propaganda-Autor Bernays hatte zuvor erste praktische Meriten im Gegenstand seines Forschungsinteresses erworben, indem er im Sinne seiner Geldgeber deren kommerzielle Produkte an den Mann gebracht hatte.

Mit dem Buch *Propaganda* brachte Bernays die Beeinflussungsinstrumente und die entsprechenden Methoden auf den Punkt. Er vertrat, daß wirtschaftliche und politische Propaganda ein und denselben Gesetzen gehorchen würden, und daß es an der Zeit sei, daß die Politik die Erkenntnisse der Wirtschaft nutzbringend anwende. Hier wie dort käme es darauf an, Leuten ein Produkt schmackhaft zu machen, das ihnen ansonsten eher gleichgültig sei.

Man mag es bezeichnend finden, daß in den USA theoretische und praktische Grundlagen der Beeinflussung von Massen erarbeitet und angewendet wurden, während in Deutschland die Wandervogelbewegung wundersame Blüten trieb und Männer im Alter von Lippmann und Bernays die Denkerstirn in Falten legten, um über den Begriff des Seins zu sinnieren.[45] Ich will mich nicht versteigen, den Grund für solcherlei Unterschiede zu erklären, vielmehr soll der Hinweis als solcher genügen, und der Leser möge sich seine eigenen Gedanken machen.

Das amerikanische Denken machte Schule. Mainstream-Autoren heben empört hervor, daß auch der NS-Propagandaminister Josef Goebbels ein fleißiger Schüler von Bernays war. Bernays selbst kommentierte in seinen Memoiren Jahrzehnte danach:

> *Sie benutzten meine Bücher als Grundlage für eine destruktive Kampagne gegen die deutschen Juden. Das schockierte mich, doch ich weiß, daß man jegliche menschliche Aktivität für soziale Zwecke nutzen oder für unsoziale Zwecke mißbrauchen kann.*[46]

Dem mag man zustimmen, ebenso kann man der Abscheu gegenüber der Goebbels'schen Propaganda beitreten. Doch warum man der auf denselben manipulativen Grundsätzen basierenden anti-deutschen US-Propaganda Lob zollen soll, die das deutsche Volk als eine minderwertige auszurottende Rasse beschrieb, bleibt rätselhaft.

Betrachtet man die Gründungsphase des CFR etwas genauer, als es in den heutigen offiziellen Annalen geschieht, stößt man neben den beiden genannten Wurzeln, der kommerziellen und der wissenschaftlichen, auf eine dritte. Diese ist prononciert britisch und wird deswegen in amerikanischen Verlautbarungen gern beiseite gelassen. Der Ort des Geschehens war das Hotel Majestic in Paris, wo es sich die alliierten Konferenzteilnehmer gut gehen ließen. Hier beschlossen einige US-Amerikaner und Briten am 30. Mai 1919 das, was später der CFR genannt wurde.[47] Am 5. Juni 1919 kamen sie überein, eine Doppelgründung in New York einerseits und London andererseits zu veranstalten. So kam es in England zur Gründung des *Royal Institut of International Affairs* (RIIA), das bald nach seinem Standort bekannt werden sollte: Chatham House.[48]

In Chatham House hielten dann die längst bekannten Imperialisten Einzug. Ihre Wurzeln waren die *Secret Society* des Kriegsverbrechers Cecil Rhodes und über dessen Vermögen Alfred Milners *kindergarten* und sein *Round Table*.[49] CFR und Chatham House waren für die nächsten zwei drei Jahrzehnte die beiden geistigen Brennpunkte für eine Kombination von britischem und US-amerikanisch -monetärem Imperialismus. Zwar wurde von hier aus nicht die Welt regiert, wie manch einer später behauptet hat, aber genau von hier kamen die Personen mit ihren Querverbindungen, die es dann tun sollten.[50]

Für den deutschen Leser mag interessant sein, daß CFR und Chatham House in Deutschland einen Ableger gründeten, das Institut für Auswärtige Politik. Dessen Standort war Hamburg, nach der Einschätzung seiner Patrizierfamilien das Tor zur Welt – und der Sitz des Bankhauses Warburg.

Vorsicht Volk: Die Amerikaner fordern Rechenschaft für die Kriegsteilnahme

Die amerikanische Demokratie enthielt stets die vage Möglichkeit, daß das Wahlvolk sich bei der Präsidentenkür in einer existentiell wichtigen Frage Gehör verschaffen konnte.[51] Daß dies 1919/20 der Fall sein könnte, schwante den alles bestimmenden Eliten, als es um die Wahl von Wilsons Nachfolger ging, der dann Anfang 1921 sein Amt antreten würde. Deswegen galt es, einen genehmen Kandidaten zu kreieren und das Wahlvolk von schädlichen Gedanken abzubringen.

Diese schädlichen Gedanken zeigten sich sehr bald nach Kriegsende, als drei äußere Faktoren ein riskant erscheinendes Gebräu entstehen ließen. Zum einen war dies das Ende der unter Kriegsrecht durchgesetzten Unterdrückung abweichender Meinungen,[52] zum zweiten die explodierte Schuldenlast des Staates USA,[53] die nach Rückzahlung verlangte, und zum dritten die Entlassung einer zwei Millionen Mann umfassenden Expeditionsstreitmacht bei gleichzeitiger Freisetzung von Arbeitermassen durch den rapiden Rückgang der Rüstungsaufträge. Unter solchen Voraussetzungen wurde die Sinnhaftigkeit der amerikanischen Teilnahme am soeben zu Ende gegangenen Weltkrieg zu einem brisanten Thema.

Amerikas besitzende Elite unternahm große Anstrengungen, um das Volk von diesem Thema abzubringen. Zur Ablenkung waren zwei große Themenkomplexe bei der Hand: Der Alkohol und der Kommunismus (*red scare*). Beide Themen wurden in den USA mit dem Feldgeschrei der dort üblichen Intoleranz orchestriert.[54] Das ist wohl nur zu begreifen, wenn man den aus englischer Wurzel stammenden christlichen Rigorismus berücksichtigt.

Die nach Wilson nächste Präsidentenwahl würden aller Wahrscheinlichkeit nach die oppositionellen Republikaner gewinnen. Deren Schwierigkeit war es, sich auf einen Bewerber zu einigen. Davon gab es acht. Zur Überraschung der Partei-Granden und ihrer Hintermänner im geldbesitzenden Establishment blieben deren Wunschkandidaten bei den Vorwahlen auf der Strecke. Warren G. Harding blieb übrig, bereits 1916 ein erklärter Kriegsgegner.[55] Hardings Botschaft war simpel: Er werde im Gegensatz zu seinem Vorgänger, dafür aber in Übereinstimmung mit den US-Gründervätern, Amerika aus fremden Händeln heraushalten. Damit traf er die Meinung der Leute auf den Kopf, was ihm einen erdrutschartigen Wahlsieg einbrachte. Es war der bislang höchste in der amerikanischen Geschichte.

Hardings Amtszeit begann am 4. März 1921. Sie endete nach 2 Jahren und 5 Monaten am 2. August 1923 in Chicago. Zu diesem Zeitpunkt befand er sich auf einer Ansprachen-Reise durch Amerika. Er war dem äußeren Anschein nach, auch ohne seine durch Europa tourende Geliebte, bei bester Gesundheit, kein Wunder, denn er war erst 55 Jahre alt. Amerikas etablierte Geschichtsschreibung hat sich auf zweierlei verständigt: Harding war kein guter Präsident, und er starb eines natürlichen Todes. Lebensmittelvergiftung sagen die einen, Herzattacke die anderen. Es mag so sein. Vielleicht fühlt sich der Leser an den plötzlichen Tod des US-Präsidenten McKinley im Jahre 1901 erinnert, nachdem dieser sich mit den Inhabern der Supervermögen angelegt hatte

Schiffeversenken: Die Seemächtekonferenz von Washington 1922

Die Amtszeit des Präsidenten Harding wird gern als der Beginn des amerikanischen Isolationismus bezeichnet.[56] Doch wer hierunter ein Heraushalten des Landes aus internationalen Angelegenheiten versteht, der irrt. Vielmehr ist jetzt ein Ereignis zu betrachten, das einen Meilenstein im Aufstieg der USA als Weltherrschaftsmacht darstellt. Es handelt sich um die Seemächtekonferenz zu Beginn des Jahres 1922. Zu ihr trafen sich in Washington die Haupt-Siegermächte des Weltkriegs, sie waren identisch mit den fünf verbliebenen Seemächten: Großbritannien, Frankreich, Italien, Japan und die USA. Die Verlierer waren selbstredend nicht geladen.

Glaubt man dem Oxford-Historiker Martin Gilbert und seinem Monumentalwerk über das 20. Jahrhundert, dann ging es in der US-Hauptstadt wie folgt zu:

> *Die Bemühungen der Vereinigten Staaten, einen umfassenden Flottenabrüstungsvertrag für den Pazifik und den Fernen Osten zu erreichen, gelangten am 6. Februar 1922 zur Reife. Dieses Datum wurde als Meilenstein zu einer friedlichen Nachkriegswelt betrachtet.*[57]

So kann man es sagen, doch niemand ist gezwungen, diese Moritat für bare Münze zu nehmen. In Wirklichkeit ging es darum, daß die USA Großbritannien zur Aufgabe des seit zwei Jahrzehnten bestehenden Flottenabkommens mit Japan zwangen und selbstherrlich die sog. Flottenstandards neu regelten, also die Größen der Schiffe und die der Flotten zueinander. Auch dies ein eindeutiger Affront gegen Großbritannien, das bis dato diese Standards alleine festgelegt hatte. Mit dieser englischen Weltmachtposition war es nun vorbei. Das nackte Ergebnis der Konferenz war die Formel „Großbritannien : USA : Japan = 5 : 5 : 3". Unterm Strich bedeutete es, daß England 657 Schiffe mit 1,5 Mio. BRT abrüsten und verschrotten mußte. Die stolze Überlegenheit der Royal Navy war damit Geschichte.

Für die US-Amerikaner war das Ergebnis ein dreifacher Erfolg: (1) Der Pazifik wurde ihr unbestrittener Seeraum, denn dort waren sie die stärksten, zumal ein Zusammengehen von England und Japan zumindest de jure ausgeschlossen wurde. (2) Die US-Flotte wurde die stärkste, weil sie die modernste war, denn bis zuletzt hatten die Amerikaner, im Gegensatz zu den Engländern, neue Schiffe gebaut. (3) Das Ganze ließ sich vortrefflich als Abrüstungserfolg der großen und friedfertigen USA feiern, obschon bei den Amerikanern alles beim Alten blieb und nur die Briten abrüsten mußten.

Der Hebel, das Einknicken der Engländer zu erzwingen, war der Schuldenknüppel, den die Amerikaner herausgeholt hatten, also das Rückzahlungsverlangen für die Weltkriegsschulden.[58] Mit der friedlichen Welt als solcher und ähnlich noblen Dingen hatte das Abkommen von Washington also deutlich weniger zu tun, als mit der Ausweitung der amerikanischen Einflußzone über den Pazifik hinaus und mit der Wachablösung der britischen Weltmacht.[59] Genau so wurde das Abkommen auf den Britischen Inseln auch begriffen, der Ton zwischen beiden Mächten wurde eisig. Er wurde so eisig, daß die Militärplaner beider Seiten ohne Verzug daran gingen, Angriffskriege gegeneinander zu planen. Hierzu kam es nicht, das ist bekannt. Es waren nur wenige Männer auf beiden Seiten, die das Steuer herumwarfen. Diese waren keine Friedensapostel, sondern Kriegsfreunde. Sie einigten sich auf dem kleinsten gemeinsamen Nenner – zum Krieg gegen einen Dritten. Dieser Dritte war das Deutsche Reich.

Nüchternheit und Hysterie: Stimmung und Stimmungsschwankungen in den USA nebst ein paar Bemerkungen über die *Mixed Claims Commission*

In diese Zeit fällt auch die Einrichtung einer *Mixed Claims Commission* (MCC), eines gemischten Schiedsgerichts, das deutsch-amerikanische Vermögens-Streitfälle aus dem Weltkrieg, und speziell aus der Zeit der angeblichen amerikanischen Neutralität, entscheiden sollte. Natürlich war hier nur *pro forma* ein gleich zu gleich in einem bilateralen Vertrag installiert. In Wirklichkeit mußte sich das machtlose Deutsche Reich darauf einlassen, daß die jeweils tätig werdenden Instanzen aus je einem von den Streitparteien zu benennenden Vertreter bestanden, die im Zweifel entscheidende Stimme kam einem Schiedsrichter (*umpire*) zu. Dieser war ein Amerikaner.

An dem bemerkenswertesten Fall der MCC läßt sich die Fortentwicklung der deutsch-amerikanischen Beziehungen exemplarisch beleuchten. Es ging der Sache nach um die Schadensersatzforderungen von Munitionsfabriken, die im Sommer 1916 und Januar 1917 durch gigantische Explosionen auf Black Tom Island bei New York und Kingsland in New Jersey geschädigt worden waren. Die Anspruchsteller behaupteten, ganz wie es die US-Presse 1916/17 abgefeiert hatte, eine Verursachung durch Sabotage, für die man das Deutsche Reich verantwortlich machte. Ich habe diese Verfahren und die zugrundeliegenden Fakten an anderer Stelle ausführlich dargestellt.[60] Hier interessiert nur noch das Verfahren mit seinen formalen Ergebnissen.

Das Ursprungsverfahren endete mit der Feststellung, daß die Anspruchsteller ihre Behauptungen nicht hatten belegen können, und, mehr noch als das, daß das Gegenteil des Behaupteten, also die Nicht-Verursachung durch das Deutsche Reich, wahrscheinlich sei. Damit mochte sich die unterlegene Seite nicht zufrieden geben. Sie strengte eine Wiederaufnahme an, die erneut, nicht nur formal als unzulässig, sondern auch inhaltlich als unbegründet zurückgewiesen wurde. Doch die Anspruchsteller gaben keine Ruhe. Sie betrieben nunmehr eine Neuaufnahme, und, da das Deutsche Reich sich nicht mehr beteiligte, da es, formal zutreffend, das Verfahren als abgeschlossen erklärte, verhandelten die Amerikaner nunmehr mit einem „leeren Stuhl", d.h., sie waren unter sich und kamen zum gewünschten Ergebnis deutscher Schuld, wobei sie immer noch genötigt waren, die Tatsachen bis zur Groteske zu verdrehen. Zum Hauptbelastungs-Argument avancierte die Behauptung, es sei gerichtsbekannt, daß das Deutsche Reich von notorischen Lügnern repräsentiert werde, so daß deren Einlassungen in den vergangenen Verfahren keinerlei Bedeutung zukomme.

Der Leser verlangt mit guten Gründen nach einer Erklärung. Hier ist sie: In Amerika hatte während der jahrelangen Verfahrensdauer ein Meinungsumschwung, ja, man kann sagen: ein Meinungsumsturz stattgefunden. Er sei hier kurz skizziert. Die 1920-er Jahre waren solche der Ernüchterung nach dem Rausch der Wilson'schen Kreuzzugsideen. US-Senator Robert Owen stellte am 18. Dezember 1923 nach einschlägigen Anhörungen öffentlich fest:

> *Die verschiedenen Behauptungen der alliierten Propaganda, vor allem die, daß die Entente kämpfen mußte, um (1) den Kaiser zu hindern, die Welt mit Gewalt zu erobern, (2) die Welt für die Demokratie sicher zu machen, (3) die amerikanischen Ideale zu verteidigen, sind falsch, lächerlich und unwahr.*[61]

Eine breite wissenschaftliche Literatur befaßte sich mit der Auslösung des Weltkriegs und den Gründen für Amerikas Kriegseintritt.[62] Von dem Lügengebäude der gewohnten anglo-amerikanischen Propagandaformeln blieb praktisch kein Stein auf dem anderen.

Man gewöhnte sich in den USA, diese Form der Geschichts*neu*justierung als revisionistisch zu bezeichnen. Der Bezeichnung haftete damals kein Unwert-Urteil an – ganz im Gegenteil.[63] Auf diese Art und Weise machte sich die Überzeugung breit, daß die Kriegsschuldzuschreibung von Versailles ein *fake* war, eine vorsätzliche Täuschung. Diese, auf recht nüchterner Faktensammlung beruhende Tendenzwende hatte jedoch nicht lange Bestand, denn nach dem Amtsantritt des demokratischen Präsidenten Franklin Roosevelt im Jahre 1933 änderten sich die Dinge erneut. Deutschland mußte wieder in seine alte Rolle als welterobierndes Schreckgespenst zurückgetrieben werden – jedenfalls in amerikanischen Verlautbarungen. 1937 war dieser Vorgang im Sinne der Installierung einer unverrückbaren Doktrin abgeschlossen.

Tanz auf dem Vulkan und Absturz: Die Folgen des Weltkriegsprofits, der Schwarze Freitag und die Große Depression

Man nannte ihn später den Schwarzen Freitag. An diesem 25. Oktober 1929 brachen an der New Yorker Börse die Aktienkurse ein. Die Verluste betrugen durchschnittlich 40 Prozent. Wenige Wochen später, am 19. November 1929, der zweite große Kurssturz.[64] Auf dem Fuß folgte ein Zusammenbruch vieler großer und kleiner Vermögen, die Zeit der Großen Depression.

In den meisten Geschichtsdarstellungen wird der Schwarze Freitag als der Auslöser der Katastrophe festgemacht, auch wird die Kettenreaktion, die er auslöste, mit Liebe zum Detail beschrieben.[65] Solcherlei Geschichtsbetrachtung ist oft inkomplett und wird offenbar von der Absicht diktiert, die Verursachung auszublenden.[66] Es soll nämlich unerörtert bleiben, daß die Verursacher des Übels im Verlauf der Katastrophe und vor allem danach so weitermachten, als wäre nichts geschehen. Wenn einer 100 Millionen besitzt und davon 90 Millionen verliert, ist er immer noch ein steinreicher Millionär. Wenn einer 100 $ Monatslohn hat und hernach von 10 $ leben muß, ist er ein Bettler.

Doch nun von vorne: Nach der Umstellung der amerikanischen Kriegswirtschaft auf Friedensbetrieb ab 1919 wurden die Motor-Industriezweige zum Motor der Konjunktur. Es waren Branchen wie die Autoindustrie. Henry Ford errichtete ein florierendes Firmenimperium, indem er einheitliche Autos baute, darunter den legendären Ford T. Der sollte für jedermann erschwinglich sein und wurde es auch bald, denn dieses Auto wurde aufgrund normierter Massenherstellung über die Jahre der Produktion im Stückpreis immer billiger.[67]

Am Beispiel von Henry Ford läßt sich das Doppel-Gleisige amerikanischen Wirtschaftens beleuchten. Die Firma Ford gehörte einem Mann namens Ford und wurde von diesem Mann namens Ford geführt, also einem klassischen Unternehmer, so wie er auch in Deutschland hätte vorkommen und wirtschaften können. Doch beim Namen Ford verfinstern sich in der Regel die Gesichter der deutschen Diskutanten, denn bei Ford handelt es sich zugleich um den Musterfall eines nicht-deutschen Anti-Semiten, der aus seiner Meinung keinen Hehl gemacht hat.[68] Diese Art Anti-Semitismus hat ganz unterschiedliche Reaktionen hervorgebracht: Zum einen fühlen sich diejenigen gestört, die hier ein urdeutsches Problem sehen wollen, zum anderen solche bestätigt, die dem jüdischen Unternehmertum unterstellt haben, es habe nie etwas produziert, sondern immer nur mit Geschäftsanteilen spekuliert. Beide Auffassungen sind unhaltbar und vielfach widerlegt worden.[69]

Allerdings war das Unternehmertum à la Ford in den USA nicht die Regel, sondern es dominierten in beliebigen Branchen Geldanleger und Geldverleiher. Von denen gab es zunächst zwei Sorten: Die einen investierten in eine Firma, damit sie jährlich an der Gewinnausschüttung partizipieren konnten, die anderen verliehen Geld und waren lediglich daran interessiert, das Kapital nebst Zinsen zurückzubekommen. Bald gab es noch eine dritte Gruppe, die zusehends Beliebtheit erlangte, das waren Anteilsspekulanten, die durch rasanten Kauf und Verkauf von Firmenanteilen Gewinne zu erzielen suchten. Das Tun dieser Letztgenannten hat deutliche Ähnlichkeit mit dem Zocken am Spieltisch. Es ist strikt egoistisch motiviert und hat mit dem Wohlergehen einer Firma und ihrer Mitarbeiter nichts zu tun. Solange die großen Finanzfirmen und die von ihnen betreuten Großvermögen das Zocken unter sich ausmachten, konnten sie hoffen, daß ihnen bei ihrem zutiefst asozialen Tun niemand auf die Finger sah.

Doch in den 1920-er Jahren änderte sich das Bild. Ohne zu übertreiben, kann man sagen, daß Amerika vom Zocker-Fieber heimgesucht wurde. Jedermann, der es sich irgendwie leisten konnte, zockte am Aktienmarkt mit. Die Folge waren wegen der stark steigenden Nachfrage an jeglichen Aktien steigende Aktienkurse. Das Spekulieren fing an, sich scheinbar risikolos zu lohnen. Es sollte noch einen Zacken schärfer zugehen. In dem Moment, als sich praktisch jeder, der mitzockte, auf der sicheren Seite wußte, gingen die Leute dazu über, Geld zu investieren, das sie gar nicht besaßen, sondern sich bei Banken liehen. Diese machten fröhlich mit, denn Geld zu verleihen, war nun mal ihr Geschäft, und wo früher einmal Sicherheiten gefragt waren, dienten jetzt Aktien und die von diesen zu erwartenden Gewinne.

Es entbehrt nicht der bitteren Komik, daß es die Creme der Groß-Banker war, die genau erkannte, wohin diese selbstgemachte, im Grunde substanzlose Vermögensmehrung führen mußte. An der Spitze der Mahner stand wieder einmal ein Warburg. Er schrieb im März 1929:

> *Wenn es den Orgien der hemmungslosen Spekulation erlaubt wird sich auszubreiten, ist ein endgültiger Kollaps sicher, der nicht nur die Spekulanten selbst treffen, sondern eine allgemeine Depression des gesamten Landes auslösen wird.*[70]

Er ist in der einschlägigen biographischen Literatur für seine Weitsicht sehr gelobt worden. Dem wird man sich kaum vorbehaltslos anschließen müssen.

Wie sich der Leser erinnert, haben wir hier jenen Warburg vor uns, der sich in rasanter Laufbahn in Amerika als Partner von diesem und jenem Geldhaus etablierte, zum Amerikaner naturalisiert wurde und zur Speerspitze des amerikanischen Geldadels aufstieg.

Er war es, der mit Raffinement zum Vordenker der privaten Zentralbank der USA („Fed“) wurde, die vom heimlich gelenkten Bankenpräsidenten Woodrow Wilson am Vorweihnachtstag 1913 aus der Taufe gehoben wurde. Es war ein Staatsstreich, in dem die USA eine der bedeutendsten hoheitlichen Funktionen, nämlich das Geld- und Währungswesen an Privatleute verschenkte. Dieses System bestimmte, wer viel Geld hatte und wer nicht.

Warburg wußte ziemlich genau, was er tat, als er diese Dinge plante und dann führend ins Werk setzte. Er konnte sich ausrechnen, wann dieses Konstrukt gegen die Wand fahren würde. Und selbst, wenn seine Phantasie hierfür nicht ausreichte, ist dies kein Grund, ihn aus der Verantwortung für das zu entlassen, was er und seinesgleichen anrichteten. Entweder die Verantwortlichen taten nichts, um abzuwenden, was sich da anbahnte, oder sie hatten es unterlassen, sich mit einschlägigen Instrumenten einzudecken.

Doch es gibt noch eine dritte Möglichkeit, nämlich die einer mutwillig erzeugten Katastrophe, wobei ich ausdrücklich offen lasse, ob die Erzeuger sich in der Größe des angerichteten Desasters verschätzten. Blickt man nämlich in der weiten Rückschau auf den Schwarzen Freitag, so fällt auf, daß er eine Ouvertüre hatte, die zwei Tage zuvor über die Bühne ging. An jenem 23. Oktober 1929, einem Mittwoch, fanden an der New Yorker Börse Massenverkäufe von Aktien statt. Normalerweise ist es so, daß Aktien sich nicht von selbst verkaufen, sondern daß Menschen hinter den Verkäufen stehen. Es besteht daher der Verdacht, daß Leute zu Werke gingen, die einen Kurssturz provozieren wollten. Ein derartiger Verdacht ist keineswegs aus der Luft gegriffen, sondern entspricht den Erfahrungen, die man in den USA mit den Bankenpaniken von 1893 und 1907 gemacht hatte.[71] Zyniker sprachen in diesem Zusammenhang von Marktbereinigung. Man muß nur die Leute durchmustern, denen es hinterher besser ging als je zuvor, dann trifft man sicher auch diejenigen, welche die Verkaufsorgie am 23. Oktober 1929 lostraten.

Der Zusammenbruch von 1929 war elementar. Er bedeutete den sozialen Absturz bedeutender Teile der amerikanischen Bevölkerung, die Verarmung von Teilen des Mittelstands und den Verlust des Arbeitsplatzes für einen bemerkbaren Teil der Arbeiterschaft. Die Arbeitslosenzahlen schnellten bis auf 25 Millionen hoch. Das Heer der Chancenlosen sickerte aus den Ballungsgebieten zurück in die ländlichen Räume, von Nordosten nach Südwesten. Millionen Menschen befanden sich buchstäblich auf der Straße, *on the road*, wie es im Amerikanischen drastisch heißt. Sog. Road-Movies aus den Kitschfabriken von Hollywood tun ihr Bestes, um die Verhältnisse im nachhinein zu verzerren. In Wirklichkeit bestimmten Anarchie und Verbrechen den Alltag.

Voraussage oder Ansage? Wie schon bei der Banken-Panik von 1907 gab es beim Schwarzen Freitag von 1929 eine genaue Vorhersage und sodann einige Gewinner des Desasters: Fed-Mitbegründer Paul Warburg wies auf das nahe Ende des Aktienbooms hin. Die Spekulanten Joseph Kennedy und Bernard Baruch versilberten im letzten Moment vor Ausbruch der Panik ihre Aktienbestände. Später kam der Verdacht auf, sie hätten so an der Auslösung des Schwarzen Freitags mitgewirkt. Beide Männer spielten in unter Präsident Roosevelt eine führende Rolle.

Wie bereits angedeutet, gibt es zum Schwarzen Freitag und seinen Folgen eine reiche Literatur, doch bemerkbar wenig zu den Ursachen. Es ist so, als habe sich das politische und publizistische Amerika selbst einen Maulkorb angelegt. Auffällig ist daher eine der Ausnahmen. Sie ist mit dem Namen des republikanischen Abgeordneten Louis McFadden verknüpft. Dieser Bankenmensch aus

Pennsylvania saß seit 1915 im Repräsentantenhaus und machte auf sich aufmerksam, indem er nach dem Crash ein Absetzungsverfahren (*impeachment*) gegen den US-Präsidenten Hoover und andere Finanzverantwortliche beantragte, womit er freilich nicht durchdrang.

Nach dem Präsidentenwechsel 1933 setzte er seine Anklagebemühungen ungebremst fort. Im Antrag von McFadden werden alle Verantwortlichen der Fed beim Namen genannt.[72] Einer nach dem anderen. Sie blieben völlig unbehelligt. Das Ergebnis dieses Tuns läßt sich erahnen. Einer seiner prominenten republikanischen Parteigenossen bemerkte:

> *Wir neigen dazu, alle praktischen Dinge jetzt so zu behandeln, als sei er gestorben.*[73]

Gesagt getan. McFadden verlor seinen Wahlkreis und unmittelbar darauf sein Leben.

> *Der Tod hat McFadden zum Schweigen gebracht.*[74]

So titelte eine amerikanische Zeitung höchst zutreffend. Eine Thrombose infolge einer Grippe sei die Ursache für das Ende des 60-jährigen gewesen.

Abstiegskampf: Die US-Regierung bekämpft die Große Depression nebst einem Exkurs über den US-Präsidenten Herbert Hoover

Der Crash traf vor allem die kleinen Leute, die mit dem Zocken am Aktienmarkt nichts zu tun gehabt hatten. Diese fragten nicht ohne Grund, ob es eigentlich keine Regierung gäbe, dem Chaos gegenzusteuern. Es gab eine. An der Spitze der USA standen nach wie vor die Republikaner. Aktuell war Herbert Hoover US-Präsident.

Über Hoover sind Heiligenlegenden im Umlauf, aber auch Schäbiges. Fest steht lediglich, daß der Mann ein Ingenieur oder Geologe war, der im Auftrag von Investmentfirmen die Exploration von Bodenschätzen in Australien, Asien und Afrika geleitet hatte. Hierbei war Hoover reich geworden. Seine Kritiker wissen zu berichten, er habe aus dem Handel mit chinesischen Arbeitssklaven in Richtung britischer Kap-Provinz den Grundstein für sein Vermögen gelegt. [75] Er selbst und seine Biographen haben das bestritten. Sie haben sich mehr mit dem Menschenfreund Hoover beschäftigt, der in den ersten Jahren des Ersten Weltkriegs ein Rettungskomitee für das hungernde Belgien unter deutscher Besatzung leitete, und dann, als Amerika in den Krieg eingetreten war, einer der vier administrativen Hauptexekutoren unter Präsident Wilson wurde.[76] Sein Fach blieb das Ernährungswesen. Nach dem Krieg dehnte Hoover diese Tätigkeit auf Europa aus. Dort tat noch etwas anderes: Er betätigte sich als Sammler – als Sammler von Originalakten. So könnte man es gutmütig formulieren. Weniger freundlich klingt, daß er Amtsträgern für wenig Dollar ihre aktuellen Dokumentenschätze abkaufte und sie in die USA verbringen ließ. Dort sind sie noch heute in der Hoover Library, einem Teil der Stanford Universität in Kalifornien. Über den vollständigen Zugang zu diesem Material besteht bis zum heutigen Tage Streit.

Wie kommt ein Amerikaner, der in staatlichem Auftrag handelt, auf den Gedanken, Deutschen und anderen in Europa die Akten zu entsteißen?[77] Nun, es sollte Deutschlands Kriegsschuld bewiesen werden, denn zur selben Zeit bastelten Wilson, Baruch & Co in Versailles an der deutschen Alleinschuldformel. Doch das Gewünschte wurde nicht entdeckt, sonst hätte die Welt es im Frühsommer 1919 unter dröhnendem Trommelwirbel aus der *New York Times* erfahren. Statt dessen kam der Hoover-Schatz nach Kalifornien und dort unter Verschluß.

Nach dem Wahlsieg des Republikaners Warren Harding und dessen Amtsantritt im Frühjahr 1921 war für den erfahrenen Organisator Hoover sogleich wieder eine Spitzenverwendung zur Hand.

Er wurde Wirtschaftsminister. Acht Jahre später war er der 31. Präsident der Vereinigten Staaten.[78] Seine Amtszeit dauerte vom 4. März 1929 bis 4. März 1933. Bald nach ihrem Beginn fand der große Börsenkrach statt. Zum Ende von Hoovers Amtszeit waren die Folgen nicht überwunden. Das sollte ihn die Wiederwahl kosten.

...und ernten doch: 1931 begann als Maßnahme der Arbeitsbeschaffung der Bau des Hoover-Damms. Als er 1935 fertiggestellt wurde, heimste Hoover-Nachfolger Franklin Roosevelt das Lob für den Erfolg bei der Bekämpfung der Arbeitslosigkeit mit Hilfe von Regierungsaufträgen ein.

Zu den Beschreibungen von Hoovers Präsidentschaft zählt landläufig der Hinweis, er habe nichts Adäquates gegen die Depression unternommen, so daß seine Abwahl mit einer gewissen Befriedigung dargestellt wird. Schaut man etwas näher hin, dann wird klar, warum Hoover im Geschichtsbild der Amerikaner so jämmerlich abschneidet. Sein Bild wird vom *Big Leader* überschattet, dem Großen Führer, einem Mann, der sein Land und die ganze Welt die folgenden zwölf Jahre in Atem hielt und die USA zu dem machte, was sie heute sind: Ein gewalttätiger Militärstaat, der die Welt zu dominieren sucht.

Noch ein abschließendes Mal Hoover, dann wird der Unterschied zu dem, was folgte, um so deutlicher. Hoover versuchte dem von der Depression geschüttelten Land durch öffentliche Aufträge auf die Beine zu helfen.[79] Betrachtet man die Arbeitslosenzahlen jener Jahre, so fällt auf, daß deren Spitze 1931 erreicht wurde, danach ging die Zahl wieder bergab und die Wirtschaft bergauf. Das war zu einem guten Teil eine Folge der Politik der öffentlichen Aufträge. Das hierfür benötigte Geld sollte aus Steuererhöhungen fließen. Diese Steuerhöhungen trafen die Reichen und die Superreichen, deren Spitzensteuersatz Hoover anhob. Zudem wurden die Gewinnsteuern der Großunternehmen nach oben gesetzt. Der Geschäftsmann Hoover vertrat nämlich die merkwürdige Auffassung, daß das Geld da geholt werden müsse, wo es im Überfluß vorhanden sei. Vom Schuldenmachen hingegen hielt er wenig. Bis zum Ende seiner Amtszeit war er um einen ausgeglichenen Staatshaushalt bemüht. Heutige Leser sind ganz anderes gewohnt. Ihnen muß die Hoover'sche Finanzpolitik wie ein Relikt aus unvordenklichen Zeiten vorkommen.

Wer so handelte wie Hoover, durfte sicher sein, daß er den Zorn des Großkapitals auf sich ziehen würde. In den Kreisen der Bankenwelt war man seit dem Auf-Galopp zum Federal Reserve System, der privaten Zentralbank, bemüht gewesen, die eigenen Tricksereien wissenschaftlich zu flankieren. Akademische Ökonomen erfanden auftragsgemäß und gut besoldet Worte und Theorien, um dem Wirtschaften einen seriösen Anstrich zu geben. Das Unbeschreibliche wurde in anmutige Floskeln gegossen, so die Geldschöpfung, was nichts anders als ein Kunstwort fürs Gelddrucken ist.

Hoover war für derartige Geld-Spiele schlecht zu haben. Hierfür sollte er bei den 1932-er Wahlen die Quittung bekommen, wenn auch der sog. Erdrutsch-Sieg seines Gegenkandidaten Franklin Roosevelt eher am amerikanischen Wahlsystem lag als am Wählervotum.[80] Der neue Mann hatte hinsichtlich der Geldausgaben das glatte Gegenteil zu Hoover angekündigt und versprochen, hieraus 10 Millionen neuer Arbeitsplätze zu zaubern.[81] Das half – wenigstens Roosevelt.

Machtwechsel: Hoover kämpft und wird bekämpft nebst einigen Bemerkungen über die Methoden seines Gegners Franklin Roosevelt und über die *Bonus Army*

Zum Ende der Hoover-Amtsperiode gehörte ein merkwürdiger Vorgang, der hier erwähnt werden soll, weil er einen vortrefflichen Blick auf den Herausforderer des Präsidenten und baldigen Nachfolger Franklin Roosevelt ermöglicht. Es handelt sich um die gewaltsamen Auseinandersetzungen mit der *Bonus Army*.

Hierbei ging es um folgendes: 1924 hatte der Kongreß beschlossen, den Weltkriegsveteranen einen speziellen Bonus zukommen zu lassen, der ab 1945 oder beim Tod des Betroffenen auszuzahlen war. Hiergegen richtete sich 1932 eine langsam aber sicher ausufernde Kampagne von Betroffenen, die nicht einzusehen vermochten, daß im selben Jahr 2 Mrd. $ vorhanden waren, um dahinstolpernde Banken zu stützen, während den Notleidenden unter den ehemaligen Soldaten Hilfe bestenfalls für den Sankt-Nimmerleins-Tag in Aussicht gestellt worden war. Also verlangten sie die Auszahlung jetzt und sogleich.

Im Juni 1932 kamen die Veteranen zu Tausenden nach Washington, um für ihr Anliegen zu demonstrieren. Sie organisierten eine Parade in der Hauptstadt, die, so wird gesagt, von Hundertausenden begeistert gefeiert wurde. Doch politisch tat sich nichts. Da blieben die Veteranen in der Hauptstadt und ihrer Umgebung. Sie gingen nicht nach Hause, weil sie als Arbeitslose dort nichts zu verpassen hatten.

Es war die aktive US-Armee, die diesen Zustand bedrohlich fand. Ihr Stabschef, General Douglas McArthur, ließ die Parole ausgeben, daß es sich hier keineswegs um ehemalige Soldaten handele, sondern um Aufständische und ordnete die Zersprengung der Veteranen-Lager mit Panzerkräften an. Einer von deren Kommandeuren war der Major George Patton, der hier mit seinen Kampfpanzern heldenhaft gegen die unbewaffneten Landsleute und Ex-Kameraden vorging. So wurde Washington gerettet.

Sieg Heil & Nazi Rule in Washington: Allen Geschichtsfälschern der German Menace in den 1930-er Jahren sei dieses Bild zu Illustrationszwecken empfohlen. In Wirklichkeit handelt es sich um eine Versammlung der Bonus Army vor dem Kapitol am 13. Juli 1932. Die Originalbildunterschrift bei AP lautet: Der Polizeichef von Washington D.C., Brigadegeneral Pelham D. Glassford, fordert diejenigen Männer, die wirklich kriegsgedient und zu 100 Prozent Amerikaner sind, die Hand zu heben.

Warum ließ der US-Präsident diesen Militärextremisten freie Hand? Die Frage wird sich Hoover spätestens gestellt haben, als sein Kontrahent für die anstehende Präsidentschaftswahl, Franklin Roosevelt, das Thema aufgriff. Er stellte sich mit scharfen Worten auf die Seite der zu kurz gekommenen „Infanterie". Ja, Roosevelt, der Ungediente, liebte das Militärische und nicht nur die militärische Sprache, wie er als Präsident unter Beweis stellen sollte.

Interessant ist nun, wie Roosevelt seinen radikal-verbalen Kampf für die Kleinen Leute und gegen das Großkapital umsetzte, als er dann selbst ein Jahr später an der Macht war. Als ein die *Bonus Army* begünstigendes Gesetz recht rasch erlassen wurde, war es Roosevelt, der es mit seinem präsidentiellen Veto zu Fall brachte, weil er die dadurch ausgelösten Ausgaben für Geldverschwendung hielt.

Mit diesem rücksichtslosen Schritt offenbarte sich für jeden, der es wissen wollte, eine persönliche Eigenart Roosevelts, die er bis zum Exzeß in seinen Politikstil integrierte. Es war die Lüge. Das

Lügen war, wenn man so will, Roosevelts hervorstechender Charakterzug. Es gibt kaum eine Beschreibung dieses Präsidenten, die nicht, wenn auch nur beiläufig erwähnt, daß dieser Mann log.[82] Sammelt man die Aussagen zusammen und nimmt sie für bare Münze, so kommt heraus, daß Roosevelt ohne Unterlaß log. Ist man bösartig, so könnte man sagen: Er log bereits, bevor er den Mund aufmachte.

Es gab nur wenige, die das in dieser Klarheit erkannten und es, meist hinter vorgehaltener Hand, zum Ausdruck brachten. Ein solcher Mann war Senator Thomas Gore aus Oklahoma. Dessen Enkel, der amerikanische Star-Romancier aus der zweiten Hälfte des 20. Jahrhunderts, Gore Vidal, hat die Aussagen des Großvaters mehrfach kolportiert.[83] Der demokratische Senator Gore sei zu Beginn der ersten Amtszeit Roosevelts ein strikter Unterstützer der Politik des Präsidenten gewesen. Er fiel dann von ihm ab, wie man so sagt. Der Grund: Er hatte erkannt, daß der Präsident ununterbrochen log.[84]

In der Rückschau über die lange Distanz fällt auf, wie dreist Roosevelt immer wieder log, andererseits muß man anerkennen, wie geschickt er log, denn er tat dies in einer Weise, daß diejenigen, welche die Opfer seiner Lügen wurden, immer eine zu überspielende Minderheit waren. Zur Illustration noch einmal die *Bonus Army*. Als Roosevelt sich im Wahlkampf für diese bestenfalls zwei Millionen Männer umfassende Gruppe mit Vehemenz einsetzte, flogen ihm die Herzen des patriotisch gesinnten Amerika zu. So gewann er die Wahl. Als er die Veteranen kurz drauf kalt abservierte, waren sie eine unbedeutende und nicht weiter ins Gewicht fallende Minderheit, weil die Masse der Amerikaner von anderen Sorgen heimgesucht wurde. So einfach und so wirksam war das Prinzip von Roosevelts Lügen.

Indessen: Es gab nicht wenige, die Roosevelts Verhalten verstörend fanden. Sie zogen sich auf den Standpunkt zurück, Roosevelt für unergründlich zu halten. Ein beliebter Vergleich war daher der mit einer Sphinx. Nichts könnte falscher sein. Durch ihr beharrliches Schweigen wirkt die Sphinx unergründlich, doch dieser Präsident war alles andere als schweigsam. Er redete ununterbrochen.

Wie sich die Bilder gleichen oder The Leader in Love: Die heimlichen Geliebten von Roosevelt und Hitler, Lucy Mercer und Eva Braun. Der Unterschied: Roosevelt war und blieb mit einer anderen verheiratet, Hitler war es nicht.

Zu Roosevelts persönlichem Propagandastil gehörte die Nutzung des Radios. Er war nicht der einzige, der diese Entdeckung machte, sein ebenfalls im Jahre 1933 an die Staatsspitze gelangter Co-Machthaber im fernen Deutschland tat es ihm gleich, wiewohl es einen deutlichen Unterschied gibt: Während Hitler die Übertragung von Reden vor Publikum bevorzugte, bei denen sich der deutsche Führer erhitzte, setzte Roosevelt auf etwas niedriger temperierte Ansprachen im Plauderton, die er Kamingespräche (*fire side chats*) nennen ließ.[85] Er nahm, wenn man so will, ein lauwarmes Bad in der am Radio sitzenden Menge. Es entsprach dem Ego dieses amerikanischen Führers, das Volk nicht zu dicht an sich heranzulassen.

Ebenso wie der deutsche Führer schirmte Roosevelt sein Privatleben vor der Öffentlichkeit strikt ab. Doch während der Deutsche lediglich propagierten ließ, daß der Führer eben nur der Führer sei und für Frauen deswegen keine Zeit habe, gab Roosevelt den amerikanischen Familienvater, was insofern richtig war, als er mit der nicht eben attraktiven Cousine Eleanor Roosevelt verheiratet war, mit der er plangemäß vier Kinder zeugte. Doch der biedere amerikanische Familienvater war pure Fassade, da er spätestens seit der Zeit des Ersten Weltkriegs eine ständige heimliche Geliebte hatte – eine Zweitfrau, wenn man so will. Sie war frühzeitig zunächst die Sekretärin von Roosevelts Ehefrau Eleanor, dann ist sie, wenn man so will, von deren Schreibtisch ins Bett von Franklin umgestiegen.[86]

Doch nun kommt der Unterschied zwischen den beiden Führern. Hätten die Deutschen die Existenz von Eva Braun gekannt, wäre dies Hitler kaum abträglich gewesen. Wäre den zahlreichen Sittengestrengen unter den Amerikanern das Liebesleben von Roosevelt klar gewesen, hätten sie ihn kaum viermal zum Präsidenten gewählt.

2. Kapitel

Anlauf auf Krücken – Roosevelt und die 1930-er Jahre

In diesem Kapitel wird die Regierungstätigkeit Franklin Roosevelts als Präsident der USA behandelt. Es wird beschrieben, was er in seinen beiden ersten Amtszeiten unternahm, um sein Land aus der Wirtschaftskrise heraus und in einen Krieg hinein zu führen. Hierbei lassen sich die erste (1933-37) und die zweite (1937-41) Amtszeit unterscheiden. Während es in den Jahren ab 1933 um Binnenpolitik ging, die durch Eingriffe in die Wirtschaft des Landes geprägt war, änderte Roosevelt angesichts der Erfolglosigkeit solcher Maßnahmen spätestens 1937 seinen Kurs in radikaler, wenn auch verdeckter Weise. Roosevelt ging auf Kriegskurs.

Spielernatur: Roosevelt und der New Deal

Man nannte es den New Deal – in der Politik ein Kunstwort. Es kam aus dem Munde des Präsidentschaftsbewerbers der Demokraten, Franklin Roosevelt, und es sollte zum Ausdruck bringen, daß die Zeit für einen neuen Anfang reif sei. Man mag es bezeichnend finden, daß das Wort vom Spieltisch her jedem Amerikaner geläufig war: New Deal, im Deutschen vielleicht so etwas wie: Neues Spiel, neues Glück.

Der New Deal war bei Lichte betrachtet nichts weiter als eine Propagandaformel. Es mag sein, daß jeder Amerikaner sich etwas anders darunter vorstellte, ja erträumte: Der Arbeitslose einen Arbeitsplatz, der ums Vermögen gebrachte Mittelständler eine neue gewinnbringende Spekulation und der Groß-Bankier neue Milliarden am weiten blauen Firmament. Die Hoffnungs-Formel vom

New Deal griff: Millionen amerikanischer Wähler entschieden sich gegen den Amtsinhaber Herbert Hoover und seine hausbackenen Methoden, die amerikanische Wirtschaft wieder in Schwung zu bringen. Statt dessen machten die amerikanischen Wähler den demokratischen Bewerber Roosevelt zum US-Präsidenten. Neues Spiel, neues Glück. Es war eine folgenschwere Entscheidung.

Interessant für den heutigen Betrachter ist, wie der New Deal des Hoffnungsträgers in der Praxis der Politik funktionierte. Es waren im wesentlichen drei Felder, auf denen Roosevelt sich betätigte. Das erste war die Bankenrettung, wo das fortgesetzt wurde, was unter Hoover begonnen worden war. Doch anders als sein Vorgänger griff Roosevelt zusätzlich unmittelbar in die Fed ein. Die Ernennung von deren Gouverneuren bedurfte fortan seines Placets.[87] Einer dieser Roosevelt-Leute war der millionenschwere Ralph W. Morrison. Über ihn schrieb die Zeitschrift *Newsweek* vom 30. Mai 1936, er habe am 1. September 1929 seinen Banken Weisung erteilt, sofort alle Bankbürgschaften zu widerrufen. So sei er mit fliegenden Fahnen durch dic Depression gesegelt. Von wem er den Tip hatte, teilte *Newsweek* allerdings nicht mit.

Das zweite New Deal-Kunststück war die Währungsmanipulation. Sie begann damit, daß Roosevelt gleich nach seinem Amtsantritt die in London stattfindende Weltwährungskonferenz boykottieren ließ.[88] Mit dieser ausgesprochen national-egoistischen Handlung machte Roosevelt klar, daß er nicht daran dachte, mit anderen Ländern auf Augenhöhe zu verhandeln. Im krassen Gegensatz zu dem papiernen Aufwand von hunderten Aktenseiten[89] stand das Ergebnis der Konferenz: Es gab keines. Es ist meist mit leichter Hand darüber hinweggegangen worden, wer oder was den neuen US-Präsidenten und verbalen Internationalisten Franklin Roosevelt veranlaßt haben könnte, die Rote Karte zu ziehen. Um dies näher zu beleuchten, ist ein kurzer Umweg in die unmittelbare Vorgeschichte notwendig. Sie betrifft Deutschlands Unfähigkeit, seinen Zahlungsverpflichtungen nachzukommen.

Die deutschen Verpflichtungen waren unmittelbare, die aus dem

Vertrag von Versailles abgeleitet wurden (Reparationszahlungen), und mittelbare, die aus Schulden bei US- Geschäftsbanken stammten.[90] Diese hatten die Deutschen nicht aus Humanitas mit Kapital versorgt, sondern in der zutreffenden Annahme, daß sich Investitionen in Deutschland lohnen würden. So waren in den 1920-er Jahren US-Investoren als die großen Einkäufer durchs Land gereist, um gewinnträchtige Unternehmensanteile einzusacken. Deutsche Unternehmer hatten diesem Tun nichts entgegenzusetzen, sei es, daß sie sonst nicht an das nötige Kapital herankamen, um weiterwirtschaften zu können, sei es, daß ihnen der schnell verdiente Dollar lieber war als die hart erwirtschaftete Mark.

Als die amerikanische Wirtschaft zusammenbrach, hatte das nach kürzester Frist verheerende Folgen für die dollar-gestützte deutsche Wirtschaft. Deutschland geriet 1931-33 in die Zahlungsunfähigkeit. Jeder vernünftig erscheinende Anlauf, die Pleite aufzuhalten, wurde von den ehemaligen Feindstaaten blockiert. An deren Spitze Frankreich, das den Plan der Atomisierung Deutschlands nicht aufgegeben hatte. Mit Brüning brachte man den letzten demokratisch gesinnten, um einen moderaten Ausgleich bemühten Kanzler zum Absturz. Danach war der Weg in eine Diktatur nahezu unausweichlich.

Nach Hitlers Machtübernahme waren die Schulden- und Zahlungsprobleme selbstredend nicht vom Tisch. Die deutschen Rückzahlungen verkümmerten zu einem Rinnsal. Dieses wurde in diejenigen Staaten geleitet, die mit Deutschland einen erträglichen Handel pflegten, vor allem Großbritannien und die Niederlande. Die USA, die dies durch Handelsschranken verhinderten, wurden von den Rückzahlungen notwendigerweise abgeschnitten.

In dieser Situation machte der Präsident der Deutschen Reichsbank, Hjalmar Schacht, einen Versuch, im Mai 1933 eine Einigung mit den eigentlichen Geldgebern des Reiches herbeizuführen. Das waren amerikanische Banken in der Wall Street.[91] Der Vorschlag eines Zahlungsaufschubs war kaum ausgesprochen, als eine schlanke Ablehnung eintraf.[92] Sie wurde durch John Foster Dulles ausgesprochen, das war der Mann, der auch schon in Versailles amerikanische Bankinteressen vertreten hatte. Mit dieser Ablehnung hatte sich alles weitere erledigt, nämlich das Einbinden der nationalen Feindstaaten-Regierungen in die deutsch-amerikanische Bankenvereinbarung. Der zweite Schlag kam prompt. Roosevelt ließ den ganzen Londoner Aufmarsch torpedieren.

Damit habe, so liest man, Roosevelt den Isolationskurs seiner Vorgänger konsequent fortgesetzt. Doch das ist ein wenig zu simpel, denn seine Vorgänger waren, wie schon beleuchtet wurde, außenpolitisch ziemlich rege.[93] Dabei hatten sie den Kreditexport nach Europa zugelassen, weil Amerikas Elite im Geld schwamm.[94] Aus solchen Krediten bediente sich Deutschland, das wiederum Reparationen vor allem an Frankreich zahlte. In dem Moment, als Deutschland als Folge der Weltwirtschaftskrise zahlungsunfähig wurde, stellte die amerikanischen Kreditgeber fest, daß sie selbst für Deutschland die Reparationen gezahlt hatten, während die Reparationsempfänger das Geld im weiten Umfang dazu nutzten, die Weltkriegskredite in den USA abzuzahlen. Wenn man so will, trugen damit die Geldgeber der USA die von ihnen ausgereichten Kredite selber ab. Das fand jenseits des Atlantiks nicht jeder witzig.

Diese Schieflage schrie also nach einer Regelung, die Roosevelt jedoch boykottierte. Für das deutsch-amerikanische Verhältnis war das nicht förderlich. Hinzu kam das Mißverhältnis in der deutsch-amerikanischen Handelsbilanz, denn amerikanische Einfuhrzölle machten deutsche Waren in Amerika nahezu unverkäuflich. Hinzu kamen Kalamitäten, die durch Boykott-Aufrufe entstanden,[95] die in die offizielle US-Politik durch die Hintertür integriert wurden.[96] Es sei hinzugefügt, daß Auslöser der Boykotte die anti-semitische Politik der NSDAP und ihres Führers Hitler war.

Die anti-deutschen Boykottmaßnahmen verstärkten die Handelsbilanz-Schieflage zwischen den USA und Deutschland und damit die deutsche Unfähigkeit zum Schuldendienst. Roosevelts Währungspolitik verschärfte die Situation, indem er durch eine verdeckte Dollar-Abwertung den USA einseitige Vorteile verschaffte.

In der Praxis ging das so vonstatten, daß Roosevelt sich vorübergehend ermächtigen ließ,[97] im Erlaßwege den Goldpreis festzusetzen.[98] Das tat er, indem er ihn kräftig anhob. Die Folge war ein Zustrom von Gold aus aller Herren Länder. Sogar Gold aus dem Reich des Bösen, sprich: der Sowjetunion, wurde akzeptiert, was seit 1920 verboten gewesen war.[99]

Der Leser fragt mit der gebotenen Neugierde, wo das viele Geld plötzlich her war, mit dem die US-Regierung diesen Goldsegen bezahlte. Es stammte aus langfristigen Schuldverschreibungen (*debentures*).[100] Zugleich wurde die Geldmenge erhöht, zu deutsch: die Fed ließ das Geld drucken. Sie konnte das deswegen, weil der Präsident ermächtigt worden war, die Golddeckung des Dollar zu verändern. Das tat er, indem er die Golddeckung auf 60 Prozent reduzierte.[101] Für das neubewertete Gold wurden Dollars nachgedruckt. Einfach, aber wirksam und nur deswegen möglich, weil hinter dem Manöver eine riesige amerikanische Volkswirtschaft steckte und die Leute weltweit glaubten, daß es mit dem Dollar schon seine Richtigkeit haben werde. Der Dollarstrom in andere Staaten bewirkte, daß diese plötzlich Devisen besaßen, mit denen sie weltweit, speziell aber in den USA einkaufen konnten.

Die dritte New Deal-Maßnahme war eine Fortsetzung der Versuche der Vorgängerregierung, durch öffentliche Aufträge die Arbeitslosigkeit zu bekämpfen. Doch anders als unter Hoover ließ die Roosevelt-Administration nicht nur zweckgebundene Gelder ausreichen, um infrastrukturelle Mißstände zu beseitigen, sondern Roosevelt & Co gründeten eine Reihe von Behörden, bei denen solche Arbeiten stattfanden und die zu diesem Zweck große Mengen von Leuten anstellten. Daß auf diese Weise eine Konkurrenz für ganz normale Unternehmen ins Leben gerufen wurde, an der etliche private Firmen pleite gingen und folglich wiederum Arbeitslose produzierten, juckte Roosevelt und seine Helfer offenbar wenig.

New Deal, das war eine merkwürdige Mischung aus Propagandazirkus und Regelitis. Nicht jeder Amerikaner, der eins und eins zusammenzählen konnte, war begeistert. Um dem gegenzusteuern, erhielten die New Deal-Kritiker spätestens 1935 ein eigenwilliges Etikett verpaßt: Sie seien Nazis, und Anti-Semiten seien sie ohnehin.[102] Ja, da staunt man, denn eigentlich wäre zu vermuten gewesen, daß die Roosevelt-Kritiker den US-Präsidenten bezichtigt hätten, NS-Methoden zu verwenden, denn das, was in Deutschland und in den USA in punkto Arbeitsplatzbeschaffung an staatlicher Wirtschaftslenkung versucht wurde, sah sich erstaunlich ähnlich. Nimmt man's zynisch, wäre hinzuzufügen, daß es einen bedeutsamen Unterschied gab: Deutschland war recht erfolgreich.

Lügengebäude: Die Wiederwahl Roosevelts nach dem Scheitern des New Deal und die Rolle des Supreme Court hierbei, nebst einigen Anmerkungen über die Hochzeit des Jahres

Der berühmte New Deal war unterm Strich ein Flop. Er erinnert an die Mahnungen des österreichischen Wirtschaftsdenkers Ludwig von Mises, der beschrieben hat, daß staatliches Eingreifen neben dem erwünschten auch immer unerwünschte Effekte auslöst, die dann gewöhnlich mit neuen Maßnahmen bekämpft werden, die das Unerwünschte, wenn auch an anderer, unerwarteter Stelle verstärken. So auch in den USA. Das schon seit 1932, dem letzten Hoover-Amtsjahr, zu beobachtende Sinken der Arbeitslosenzahlen, kam 1936 zu einem Ende. Danach stiegen die Zahlen wieder an.[103]

In der Rückschau ist man geneigt, das Scheitern des Präsidenten festzustellen und sich darüber zu wundern, daß es ihm gelang, wiedergewählt zu werden. Es mag verrückt klingen, aber Roosevelt verdankte seine Wiederwahl unter anderem einer Reihe von juristischen Niederlagen. Der oberste Gerichtshof der USA (*Supreme Court*) hatte Entscheidungen des Präsidenten für verfassungswidrig erklärt, weil die Bundesorgane Kompetenzen auf dem Gebiet der Wirtschaftspolitik in Anspruch genommen hatten, die sie *de jure* nicht besaßen.[104]

Doch Roosevelt dachte im Traum nicht daran, sich den Richtersprüchen zu beugen,[105] sondern er sah sie als ein Geschenk des Himmels. Der Plauderton des Präsidenten wurde um eine Nuance schärfer, als er anfing, dem amerikanischen Volk zu erklären, warum sein New Deal bislang nicht die versprochenen Erfolge erbracht hatte. Es gäbe nämlich jemanden, der dies mutwillig verhindere. Dieser Jemand sei der Supreme Court, der mit seiner republikanischen Mehrheit die Erfolge des Präsidenten auf juristisch spitzfindige Weise zu torpedieren suche. Zänkische greise Besserwisser im Richterkittel als Saboteure dessen, was für jeden fair fühlenden Amerikaner auf der Hand lag. Ergänzend brachte Roosevelt das Komplott dieser Armutsverlängerer mit den Großbanken aufs Tapet.

Alles Fassade: Kurz nachdem Vater Roosevelt mit einem zum Schein anti-kapitalistischen Wahlkampf seine Wiederwahl ins Weiße Haus gesichert hatte, heiratete sein Sohn eine der reichsten Erbinnen aus dieser Kaste. Der wohlgeratene Junior posierte am 27. Juni 1937 auf dem Titel des Magazins Time im Trachtenlook, damit kein Gedanke aufkommen konnte, daß der Präsident gleichzeitig seinen Krieg gegen Deutschland plante.

Doch auch dieser Furor von Franklin Roosevelt war nichts als Fassade. Die Eingeweihten unter den Reichen und Superreichen mögen auf ihren Wohltätigkeitsbällen vor lauter Lachen kaum zum Spenden gekommen sein, denn sie gründeten mit viel Geld, für das sie Steuerbefreiungen erhielten, ein Bedrohungsgespenst, die Liberty-League, an der sich Roosevelt öffentlich abarbeiten konnte – an jenem Wirtschaftsadel und diesen Privilegien-Erben und so weiter und so fort, auf jeden Fall rechts und hohle Nüsse (im Originalton *rightwing nuts*).

Wie gesagt: die Eingeweihten amüsierten sich über diesen Bluff, um ausgestattet mit allem, was glitzerte, ein halbes Jahr nach der Wiederwahl von Franklin Roosevelt auf der Hochzeit des Jahres zu erscheinen, wo der Sohn des Präsidenten, Franklin Delano Roosevelt jun., seine Braut zum Traualtar führte. Man schrieb den 28. Juni 1937, und die Dame des Herzes hieß Ethell Du Pont, Millionenerbin aus der Familie von Munitionsherstellern, die, wie wir am Anfang dieses Buches gesehen haben, im Oktober 1918 zum damaligen Präsidenten Wilson geeilt waren, um diesen vom Friedensschluß abzubringen. Es war dieselbe Familie, die auch beträchtliche Beiträge in die Liberty-League gesteckt hatte,[106] die Präsident Roosevelt dann so erfolgreich verbal bekämpfte.

So kam es zur Wiederwahl Ende 1936 und die Flickschusterei der Roosevelt-Administration ging in die zweite Runde.

Der altböse Feind: Roosevelt reanimiert die deutsche Bedrohung

Schon bald nach Beginn der zweiten Amtszeit von Franklin Roosevelt stieg die Zahl der Arbeitslosen auch ganz ohne erneute Intervention des Supreme Court wieder an. Doch wo war diesmal der Sündenbock zu finden? Roosevelt hatte ihn bald ausgemacht. Es war das Böse in der Welt. Es hatte einen Namen: Es war Deutschland, das sich erneut anschickte, die ganze Welt mit seinen wahnwitzigen Eroberungsgelüsten zu bedrohen. Und dann war da noch ein zunächst minder böser Bösewicht. Das war Japan, das in Fernost die Welt bedrohte.

Der Popanz der *German menace* (deutsche Bedrohung), den Roosevelt in den Jahren seiner zweiten Amtszeit nach zwei Jahrzehnten der Abwesenheit wieder aufbaute, darf bewundernswert genannt werden. Er war vielschichtig und verdient es, vor den Augen des Lesers Hülle um Hülle entkleidet zu werden. Was danach übrigbleibt, hat recht wenig zu tun mit dem Bild, das Roosevelt von sich selbst entworfen hat, und das durch seine Propagandisten und Bewunderer für die Nachwelt konserviert worden ist: Ein Präsident, der die Wohlfahrt der Menschheit befördert hat und den ewigen Frieden auslöste.

Um mit dem ewigen Frieden zu beginnen. Roosevelt baute diesen Teil seines Lügengebäudes nicht auf der grünen Wiese. Er konnte an die Arbeiten seines demokratischen Amtsvorgängers Woodrow Wilson anknüpfen. Auch dieser wußte vom letzten Krieg der Menschheit zu fabulieren, der nötig war, um den ewigen Frieden zu sichern (*the war to end all wars*). Wenn dies wirklich Wilsons Ziel gewesen sein sollte, läßt sich ohne großes Bemühen feststellen, daß er zu 100 Prozent gescheitert war.

Sea Power: Die US-Navy und das Hemisphären-Denken als Instrument der Außenpolitik Roosevelts

In der Wilson'schen Friedens-Werkstatt während dessen gesamter Doppelperiode als Präsident hatte Roosevelt an prominenter Stelle mitgearbeitet. Er hatte dort das Amt des stellvertretenden Marineministers versehen. Der Mittdreißiger war in diesem wichtigen Ressort der aufsteigenden Seemacht USA die treibende Kraft und der Macher gewesen. Der weltweiten Seestrategie gehörte sein Herz. Sein Vordenker war der US-Admiral und Strategie-Theoretiker Alfred Thayer Mahan. Dessen mehrbändiges Hauptwerk The *Influence of Sea Power upon History* (Der Einfluß von Seemacht auf die Geschichte), befaßte sich mit der Frage, wie in der Vergangenheit der Geschichtsverlauf durch den Einsatz von Seemacht beeinflußt worden war. Mahons Resümee: Der globale Einsatz von Seemacht sei Grundpfeiler erfolgreicher Weltmacht. Für US-Imperialisten wurde

The Influence of Sea Power zur Herrschafts-Bibel.

Große Ideen bedürfen eines handfesten Exekutors, um Wirklichkeit zu werden. Dieser Mann war Franklin Roosevelt. Sein ganzes Streben ging dahin, solcher Seestrategie zu den passenden Schiffen und Stützpunkten zu verhelfen, die aus der Seemacht USA die dominierende Weltmacht machen sollten. Von Anfang an war er ein kompromißloser Befürworter des Kriegseintritts der USA, allerdings hütete er sich, durch unvorsichtige Äußerungen einen Gegensatz zu seinem damaligen Präsidenten Wilson zu provozieren. Vielmehr konnte er an Wilsons Aktionen bewundern, wie dieser seine Wiederwahl 1916 mit dem Versprechen sicherte, die USA aus dem schrecklichen Gemetzel herauszuhalten, um genau einen Monat nach dem Beginn seiner zweiten Amtszeit dem Deutschen Reich den Krieg zu erklären.

Die hieraus gezogene Lehre war für Roosevelt beträchtlich. Wilson hatte vorgeführt, daß es einzig auf den richtigen Zeitpunkt ankam, um das Gegenteil von dem tun zu können, was als sicher versprochen worden war. Kam dieser Zeitpunkt nicht von alleine, so konnte man ihn mit verdeckten Mitteln herbeiführen. Die sog. Zwischenfälle, die mit Hilfe des britischen Wunschpartners stattfanden, von der Versenkung des Ozeanriesen *Lusitania* über weitere Schiffsversenkungen im Kanal von Dover bis hin zu den Munitionsexplosionen von Black Tom Island und Kingsland eigneten sich vortrefflich, um von deutschen Angriffen auf das friedliche amerikanische Volk sprechen zu können. Amerika trat nach den Worten seines Präsidenten in den Krieg ein, um sich zu verteidigen. Das war Heuchelei auf Weltniveau.[107]

Roosevelt hatte ab 1913 die Welt von seinem maritimen Kommandostand beobachten können, wie man das kriegsunwillige amerikanische Volk und dessen gesetzgebende Körperschaften in den Krieg hineinzwingen konnte. Es war, wie gesagt, eine Frage des richtigen Zeitpunkts, den man mit geeigneten Mitteln herbeiführen mußte. Jetzt, Jahre später, handelte die zweite Amtszeit des US-Präsidenten von nichts anderem als von diesem Thema.

Die vortrefflichste Lüge, die dem US-Präsidenten einfiel, war der Aufbau eines Bedrohungsszenarios, oder besser noch: Bedroht-sein-Szenarios für das amerikanische Volk. Zwar mußte man nur einen Blick auf den Globus werfen, um feststellen zu können, daß die USA nicht bedroht waren. Sie grenzten an zwei Ozeane und einen südlichen und einen nördlichen Landnachbarn, von denen keinerlei Bedrohung ausging. Im Gegenteil, es waren die südlichen Anrainer im Staate Mexiko, die seit einem guten Jahrhundert unter steten amerikanischen Aggressionen zu leiden hatten.

Die geopolitisch günstige Lage des eigenen Landes war natürlich auch den Amerikanern bekannt. Dennoch wußte Roosevelt das Gegenteil zu propagieren. Hierzu dienten zwei unterschiedliche Denkfiguren, die mit großem Aufwand gepflegt wurden. Zum einen handelte es sich um die Benennung der Weltstörenfriede, als da waren Deutschland, Italien und Japan und deren Qualifizierung als expansive, den Weltfrieden bedrohende Mächte. Zum anderen ging es um die heimliche Ausdehnung des Gebietes, in dem sich jeder Amerikaner bedroht fühlen durfte.

Eine solche argumentative Ausdehnung des eigenen Territoriums war nicht neu. Bereits gut hundert Jahre zuvor war dem damaligen US-Präsidenten James Monroe eingefallen, daß der amerikanische Doppelkontinent (*the Americas*) allein US-amerikanische Einflußzone sei, in dem keine fremde Macht etwas zu suchen habe. Es versteht sich am Rande, daß die anderen, auf dem Gebiet von Nord-, Mittel- und Südamerika liegenden Staaten nicht gefragt wurden, ob sie dieser Einflußzone angehören wollten, auch die europäischen Staaten nicht, die als Kolonialmächte weltweit unterwegs waren.

So kam die Monroe-Doktrin in die Welt. Sie wäre nicht weiter erwähnenswert, wenn nicht die US-amerikanische Politik hieraus in den Folgejahrzehnten ganz konkrete Folgerungen abgeleitet hätte, die bei aggressiven Akten als Rechtfertigung herangezogen wurden, so als habe es sich hier um völkerrechtlich verbindliche Regeln gehandelt. Erwähnenswert mag sein, daß Präsident Woodrow Wilson, dessen Regierung Roosevelt angehörte, in seinem ersten Jahr nach dem Amtsantritt bei einer Rede am 13. Oktober 1913 in Mobile/ Alabama die Monroe-Doktrin öffentlich wiederholte und hinzufügte, daß die USA alle jene Länder auf dem amerikanischen Doppelkontinent, die von fremden Interessen betroffen seien, *befreien* würden. Der Beobachter solcher Vorgänge mag notieren, daß in einschlägigen Mainstream-Publikaten diese eindeutig aggressiven Sentenzen jener Rede fortgelassen werden.[108]

Roosevelt ging nun daran, diese Befreiungs-Rhetorik in eine Verteidigungs-Rhetorik umzuändern. Da man nur verteidigen kann, was man bereits besitzt, wurden, aus amerikanischer Sicht durchaus folgerichtig, die territorialen Besitzansprüche verändert. Es waren nunmehr nicht mehr nur die Küsten Amerikas und die damals übliche Zone der vorgelagerten Küstengewässer, sondern es durften nun schon mal die gesamten vorgelagerten Ozeane sein.

Blickt man auf den Globus, so bot sich hierfür eine griffige Formel an: *die westliche Hemisphäre.* Diese westliche Hemisphäre war anfangs zwar nicht explizit amerikanischer Besitz, aber sie besaß, so wurde das erklärt, den Anspruch, von den USA gegen jede fremde Einmischung verteidigt zu werden. Aus den angrenzenden Ozeanen wurden alsbald auch die gegenüberliegenden Küsten. Fortan rechnete die atlantische Ostküste ganz automatisch zur westlichen Hemisphäre. Und nicht nur das: praktisch erschien den amerikanischen Imperialisten und Propagandisten rund um Roosevelt alsbald, die Inkorporierung des europäischen Festlandes bis an den Rhein.[109]

Damit war man bereits tief in Deutschland angekommen, oder genauer gesagt: mit Hilfe amerikanischen Anspruchsdenkens in Deutschland eingedrungen. Der deutsche Leser fragt sich, ob irgendein Deutscher, irgendein Belgier, irgendein Franzose gefragt worden sei, dieser amerikanischen Schutzzone, genannt westliche Hemisphäre, angehören zu wollen. Selbstredend wurde er das nicht. Es kam dem US-Präsidenten auf solche Kleinigkeiten gar nicht an, denn er brauchte die betroffenen Europäer für seine

Verbal-Akrobatik nicht. Diese richtete sich nämlich an das US-amerikanische Volk, dem er klarmachen mußte, daß die Notwendigkeit der Verteidigung auf der aktuellen Agenda stand.

Es ist kein Zufall, daß Roosevelt zu Beginn seiner zweiten Amtszeit auf Krieg-in-Sicht umschaltete. Wie schon weiter oben dargestellt, stiegen die Arbeitslosenzahlen erneut kräftig an, und der Präsident mochte sich daran erinnern, wie die amerikanische Wirtschaft, die nach dem Banken-Crash von 1907 jahrelang vor sich hin gedümpelt hatte, durch den Krieg in Europa 1914 Fahrt aufnahm und schließlich wie nie zuvor boomte. Doch in Europa herrschte kein Krieg, sieht man von den Bürgerkriegsereignissen in Spanien einmal ab. In Europa herrschte Frieden. Den konnte man im Zweifel stören, um sich sodann über die Störung zu empören. Das wird jetzt zu besprechen sein.

Die Aussätzigen: Roosevelt kündigt mit der Quarantäne-Rede den Wirtschaftskrieg gegen Deutschland und Japan an

Am 5. Oktober 1937 hielt Roosevelt die später berühmt gewordene Ansprache, die als Quarantäne-Rede bezeichnet wird. Hierin sprach er in der wie gewöhnlich vage gehaltenen Sprache und im Tonfall evangelikaler Prediger aus, daß er Krieg zu führen gedachte. Er sprach die Prophezeiung aus, daß der Krieg, der irgendwo in der Welt schon jetzt stattfinde und vor unschuldigen Frauen und Kindern mit seinen Bomben, die aus der Luft abgeworfen würden, nicht haltmache, in vier Jahren die westliche Hemisphäre und auch Amerika erreicht habe werde. Dem gelte es frühzeitig entgegenzuwirken. Er trat als fürsorgender Arzt auf, der mahnenden Worte dafür fand, daß man Störenfriede in Quarantäne stecken müsse.

Nehmen wir diese Rede in ihre Grundbestandteile auseinander, so war folgendes gesagt worden: Erstens, es finden ungerechte Kriege statt, die auf dem Wege sind, auch zu uns herüber zu schwappen. Zur Zeit der Rede gab es weltweit zwei bemerkenswerte Kriege: Japans Krieg in China und der seit einem Jahr stattfindende Bürgerkrieg in Spanien.

Was hatten beide Ereignisse mit Amerika zu tun? Die Antwort lautet: im Prinzip nichts, doch dann sehr viel, wenn man Spanien der von den USA zu beherrschenden westlichen Hemisphäre zurechnet, da es an den nördlichen Atlantik angrenzt. Mit einem solchen Maßstab befand sich Amerika mitten in einem Krieg. Nichts anderes galt auf der anderen Seite des Globus, wenn man den Maßstab noch etwas großzügiger wählte. Hier war es nämlich so, daß der Inselstaat Japan sich zu einer eigenen Großmachtpolitik ermutigt fühlen durfte, nachdem die Amerikaner die Briten im Londoner Flottenabkommen von 1922 gezwungen hatten, auf den seit zwei Jahrzehnten zwischen England und Japan bestehenden bilateralen Beistandspakt zu verzichten, der zugleich ein Pakt der Anerkennung und der Abgrenzung wechselseitiger Interessen in Fernost gewesen war.

Nach Wegfall dieser Bremse stieß Japan vor und traf hierbei auf einen neuen Gegner, der keineswegs auf Ausgleich, sondern auf Auseinandersetzung aus war. Das waren die USA, die sich anschickten, ihr ostpazifisches Großreich zu konsolidieren. Wenn nun also Japan in seinem Expansionsbestreben einer solchen Auseinandersetzung auswich und sich statt dessen dem benachbarten China zuwandte, war dies den Amerikanern auch nicht recht, denn hier drohte an ihrer pazifischen Westflanke ein Imperium von unvorstellbaren Ausmaßen zu entstehen. Spanien und China, das waren, bei Lichte betrachtet, die Auseinandersetzungen, die aktuell vorhanden waren und die, wenn man sich nur genügend verdrehte, die Interessen der USA bedrohten.

Zweitens, Roosevelts Prophezeiung besagte, daß diese Kriege in vier Jahren Amerika erreicht haben würden. Blickt man heute auf die Geschichtstabellen und rechnet zu 1937 vier Jahre hinzu, so kommt man auf 1941, das Jahr des offiziellen Kriegseintritts der USA und kann sagen: wie klug, wie wahr. Doch die Bewunderung für die Weitsicht des US-Präsidenten läßt nach, wenn man die Rechnung etwas anders aufmacht und Roosevelts Aussage wie folgt liest: In dieser meiner zweiten Amtszeit will ich mich im Krieg befinden und damit in einem Vorgang, der es mir ermöglichen wird, noch eine weitere Amtszeit für mich herauszuschinden, denn ich habe noch Großes vor auf dieser Welt.

Mit solcher Sicht lag der Präsident in seiner Rolle als Prophet allerdings falsch. Zwar war 1939 auch in Europa der Krieg ausgebrochen, doch es ist Roosevelt in seiner zweiten Amtszeit nicht gelungen, den offenen Kriegsbeitritt als die letzte Hürde zu nehmen. Da er völlig zutreffend kalkulierte, daß der Kriegsbeitritt seines Landes an seiner Person hängen würde und ein anderer Präsident auf die Idee kommen könnte, die USA aus dem Gemetzel herauszuhalten, griff Roosevelt erneut auf die bewährte Methode Wilsons zurück. Der hatte 1916 seine Wiederwahl dadurch gesichert, daß er versicherte, er und nur er würde es schaffen, die USA aus dem europäischen Krieg herauszuhalten. Diese Masche wendete Roosevelt nun erneut und erneut mit Erfolg an. 1940 wurde gewählt, 1941 war man im Krieg.

Drittens, so kündigte Roosevelt an, werde er die Störenfriede dieser Welt unter Quarantäne stellen müssen. Der Krieg als eine Seuche, die der gute Doktor Roosevelt bekämpft, hart im einzelnen, aber gerechtfertigt zur Rettung der übrigen, der friedfertigen Menschheit: *The War to End All Wars* (der Krieg zur Beendigung aller Kriege), wovon der Großmeister der Heuchelei, Woodrow Wilson, bereits 1917/18 gesprochen hatte. Dieses Konzept war schmählich gescheitert. Doch was schert die Wirklichkeit überzeugte Ideologen.

Das Seuchenbild und die Quarantäne besagten, auf die praktische Politik übertragen, daß die als Übeltäter ausgemachten Völker isoliert werden sollten, um ..., ja, um was zu erreichen? Quarantäne bedeutete das Abschneiden vom Miteinander der übrigen Völker, oder weniger wolkig ausgedrückt: die Entfesselung eines Wirtschaftskrieges, um ein zum Gegner erklärtes Volk ökonomisch zu strangulieren.

Fliegende Zigarren: Der Transatlantikverkehr mit Zeppelinen, die Katastrophe von Lakehurst und wer den Nutzen daraus zog

Die Quarantänerede war eine Kriegserklärung für den Wirtschaftskrieg. Dabei sprach sie lediglich aus, was als Boykottmaßnahmen gegen Deutschland bereits längst Praxis war. Das amerikanische Vorgehen soll bespielhaft an den Ereignissen um die Zeppelinflüge zwischen Frankfurt am Main und New York erörtert werden.[110]

Am 6. Mai 1937 explodierte das deutsche Luftschiff LZ129 *Hindenburg* bei seiner Landung in Lakehurst im US-Bundesstaat New Jersey. Es war nicht die erste Atlantik-Überquerung eines deutschen Luftschiffs, und speziell dieses Luftschiff hatte bereits zehn erfolgreiche Amerika-Touren hinter sich. Ein noch moderneres, die LZ130, war im Begriff in den Liniendienst einzutreten, die Probefahrten waren absolviert. Daraus wurde nach der Explosion nichts mehr. Vorbei eine Epoche, die soeben eingeleitet werden sollte, der ständige Waren- und Personenverkehr zwischen Frankfurt und New York.

Was ein Meilenstein in der Luftfahrt werden sollte, endete im Desaster: 22 Menschen starben, 62 Passagiere überlebten wie durch ein Wunder. Alle Experten waren sich einig: Es war ein Unfall, verursacht durch die Benutzung eines brennbaren Gases, nämlich Wasserstoff, mit dem das Luftschiff gefüllt war. Eine elektrostatische Aufladung wird gern als Explosionsursache angeführt. Mit dem unbrennbaren Helium gefüllt, wäre das Luftschiff nicht explodiert.

Die Unfallgeschichte habe auch ich für richtig gehalten, bis mir Bedenken bei der Lektüre jener Quellen kamen, die schildern, was davor und was danach geschah. Helium war in der benötigten Menge auf der Welt nur in den USA zu bekommen. Die deutschen Luftschiffer bemühten sich um den Ankauf. Sie bemühten sich vergebens. Wie auch immer sie es drehten und wendeten, aus dem US-Außenministerium kam ein Nein. Da half auch kein Besuch des

Luftschiffer-Chefs Hugo Eckener beim US-Präsidenten. Dieser empfing den Deutschen mit der üblichen Nonchalance, zeigte sich, wie man lesen kann, *überrascht*, daß seine Regierung ein Ausfuhrverbot verhängt hatte und versprach wollwollende Erledigung. Er tat das Gegenteil.

Sympathieträger mit Hakenkreuz und der Lügner im Weißen Haus: Das Luftschiff Hindenburg, hier über Manhattan, überquerte 11 mal den Atlantik, bis es in Lakehurst verbrannte. Gegenüber dem deutschen Luftschiffunternehmer Hugo Eckener, der dem US-Präsidenten seine Schwierigkeiten schilderte, in den USA das unbrennbare Helium einzukaufen, erklärte Roosevelt, er sein erstaunt, dass dies nicht möglich sei. In Wirklichkeit setzte er heimlich alle Hebel in Bewegung, ein Exportverbot durchzusetzen, um die deutsche Luftschiff-Verkehr zu unterbinden, dessen Beliebtheit in den USA ihm nicht paßte.

Roosevelt streute in Wirklichkeit Sand ins Getriebe, indem er zunächst bei der Marine und der Munitionsüberwachungs-Behörde Gutachten angeforderte, mit welchen er die Gefährlichkeit von Helium in deutschen Händen nachzuweisen hoffte. Doch die Gefragten lieferten Ergebnisse ab, mit denen der Präsident nichts anfangen konnte. Helium ein kriegstaugliche Mittel? Die Fachleute winkten ab. Jetzt half nur noch ein begründungsloses Ausfuhrverbot, herbeigeführt durch eine Weisung des US-Außenministers.

Was aus heutiger Sicht absurd anmuten mag, hatte in Wirklichkeit Methode. Es kam Roosevelt und seinen Kriegsfreunden darauf an, Deutschland mit allen denkbaren Mitteln vor sich her zu treiben. Natürlich gab es keinen Grund zur Befürchtung, Deutschland könne mit dem Helium irgend etwas Amerika-schädliches beginnen. Ganz im Gegenteil, die Befürchtung lautete, Deutschland könnte etwas für die Kriegsfreunde Schädliches mit dem Helium machen, nämlich völlig friedliche, kriegs*un*taugliche Luftschiffe nach Amerika fahren lassen. Das war es, was die Kriegsfreunde fürchteten, denn sie wußten, was für prächtige Sympathieträger die Riesenzigarren in der technikbegeisterten Welt der Amerikaner darstellten.[111] Sympathie mit *the Nazis* durfte nicht sein, denn das schadete den Kriegszielen von Roosevelt & Co.

Wenn man unter diesen Prämissen noch einmal einen Blick auf die Zerstörung von LZ129 wirft, erscheint die spektakuläre Explosion in einem ganz anderen Licht. Addiert man die einschlägigen Erkenntnisse aus den Sabotagehandlungen in der sog. Neutralitätsphase der USA während des Ersten Weltkriegs, so ist der Schluß naheliegend, daß im Fall des Luftschiffs Hindenburg gezielt gezündelt wurde. Die Explosion erreichte ihr Ziel zu hundert Prozent. Der sympathische und begeisternde Luftschiffverkehr wurde beerdigt.

Gute Lügen schlecht verpackt: Roosevelts Weltfriedensplan nebst einigen Bemerkungen über die Destabilisierung der britischen Regierung und über den illegalen Waffenexport

Nunmehr ist der Frage nachzugehen, was es eigentlich bedeuten sollte, ganze Völker, die man als unheilbar krank bezeichnete, unter Quarantäne zu stellen. Auch hierüber hatte der US-Präsident konkrete Vorstellungen. Zusammengefaßt könnte man das Konzept so beschreiben: Die Abtrünnigen sind so lange wirtschaftlich zu knebeln, bis sie anfangen, um sich zu schlagen. Wer's nicht glauben mag, sollte wenigstens das Folgende lesen.

Im November 1937, gleich nach der Quarantäne-Rede, wurde

der britische Botschafter in Washington einbestellt, um ihm in größter Heimlichkeit einen Plan des US-Präsidenten zu offenbaren. Es handelte sich hierbei um nichts Geringeres als um den Weltfriedensplan. Der sah so aus: Großbritannien stimmt einer durch den US-Präsidenten konzipierten Weltneuordnung auf den Gebieten Kolonialbesitz und Welt-Rohstoffverteilung zu. Diese Zustimmung geschieht heimlich, damit die anderen Länder nicht ahnen, daß die beiden bedeutendsten See- und Geldmächte sich bereits geeinigt haben. Sodann werden die zehn wichtigsten Länder, einschließlich der Störenfriede Deutschland, Italien und Japan nach Washington geladen, mit den Ergebnissen dieser Planung konfrontiert und durch die Androhung von Sanktionen zur Zustimmung veranlaßt. Sollte sich einer widersetzen, werde man ihn mit den geeignet erscheinenden Mitteln zum Wohlverhalten zwingen.

Das war ein Plan aus Absurdistan, denn es gab für die von Roosevelt nach Washington einzubestellenden Nationen keinen gescheiten Grund, sich einem amerikanischen Diktat zu beugen, das zwischen den beiden Weltmächten USA und Großbritannien bereits die Welt aufgeteilt hatte. Nicht einmal England mochte Roosevelts Phantasien zustimmen. Abgesehen von der ans Unverschämte grenzenden Zustimmungsfrist von fünf Tagen, in welchen sogar noch ein Wochenende lag, bedeutete der Weltfriedensplan für England, daß man es als Weltmacht nicht mehr ernst nahm und seine jahrelangen Bemühungen, aus den Zwängen von Versailles herauszukommen, für Makulatur erklärt wurden. Dementsprechend fiel die höfliche, aber kühle Reaktion des britischen Premiers Neville Chamberlain aus.[112]

Unterstellt man, daß in Washington keine Narren saßen, die das Papierschiff des Weltfriedensplans gebastelt hatten, so kann der Grund, es heimlich aufs Wasser zu setzen, nur ein anderer gewesen sein. Auf der Suche wird man fündig. Der Weltfriedensplan hatte eine doppelte Spitze: Die eine zielte auf England, die andere auf Deutschland. Um mit der deutschen zu beginnen: Würde sich der deutsche Diktator auf das amerikanische Wirtschaftsdiktat nicht einlassen, wovon auszugehen war, bedeutete das Krieg, den eine britisch-amerikanische Allianz ihm aufzwingen würde – beginnend mit den Daumenschrauben eines rabiaten Wirtschaftskriegs. Das war aus Roosevelts Sicht ohnehin erwünscht.

Die andere Spitze zielte auf England. Genau zu dem Zeitpunkt, als dem britischen Botschafter in Washington die Planungen des US-Präsidenten zur Weiterleitung zugänglich gemacht wurden, machte der britische Außenminister Anthony Eden Urlaub in Südfrankreich. Die Geschäfte in London führte Premier Chamberlain. Der lehnte den Plan ab. Er tat es, bevor Eden in London zurück war. Wenig überraschend stimmte dieser jedoch im nachhinein dem Roosevelt-Plan zu, so daß es in London zu einer Regierungskrise kam, in deren Verlauf Eden schließlich zurücktrat.

Roosevelt hatte durch seinen Weltfriedensplan eine Zwickmühle installiert: In jedem Fall würde die britische Regierung eine schwere Krise erleiden, die sie über entscheidende Wochen handlungsunfähig machen würde. Jeder Tag britischen Nichtstuns würde die Chance vergrößern, einen europäischen Krieg auszulösen. Warum das der Fall war, wird im Kapitel über die britische Zwischenkriegspolitik im einzelnen zu erörtern sein. Hier genügt der abschließende Hinweis, daß Roosevelt seinem Ziel einen entscheidenden Schritt näher gekommen war. Das war der Krieg. Als bezeichnend mag man notieren, daß der US-Präsident, nachdem die Krise in London ausgelöst worden war, den Weltfriedensplan nicht weiter betrieb. So als hätte es ihn nie gegeben.

Doch das bedeutete keine Änderung seiner Strategie. Ganz im Gegenteil, am 16. August 1938 tat er den nächsten Schritt. Er nahm die Gelegenheit einer akademischen Ehrung durch die Queens Universität in Kingston, Ontario, zum Anlaß, um vom kanadischen Boden aus, das Folgende zu verkünden:

> *Ich gebe Ihnen die Zusicherung, daß das Volk der Vereinigten Staaten nicht abseits stehen wird, falls die Herrschaft über den kanadischen Boden von irgendeiner anderen Weltmacht (empire) bedroht wird.*[113]

Es versteht sich, daß kein Kanadier gefragt worden war, ob ihm dieser Schutz auch recht sei.

Dazu wäre Anlaß gewesen, denn wieder bedeuteten die Worte des US-Präsidenten einen Angriff mit doppelter Speerspitze. Die eine zielte gegen Deutschland, daß nebulös zu einem von Weltherrschaftsplänen geleiteten Empire stilisiert wurde. Die andere Angriffsrichtung war das Britische Empire, denn zu diesem gehörte Kanada. Sollte also England irgendwo auf der Welt Krieg führen, saß Kanada mit im Boot und seit jüngstem auch die USA. Die Rede war also nichts anderes als die neuerliche Ausweitung der westlichen Hemisphäre, die nunmehr auch das ganze Britische Empire umfaßte.

Noch einmal: Roosevelts Ziel war der Krieg. Zu seinem Erfahrungsschatz als US-Politiker zählte das Boomen der amerikanischen Wirtschaft, als unter seinem demokratischen Vorgänger Wilson die materielle Kriegsunterstützung der Alliierten ab 1914/15 als eine zynische Form der amerikanischen Neutralität freigegeben worden war. Millionen und Abermillionen von Granaten des Pulverfabrikanten Du Pont überquerten den Atlantik, um deutsche Soldaten zu töten. Die US-Wirtschaft florierte, es gab nicht nur Vollbeschäftigung, sondern sogar Arbeitskräftemangel.

Dieses Spiel sollte nun wiederholt werden. Roosevelt redete viel, das wurde schon erwähnt. Doch nur wenige bekamen zu hören, was er wirklich dachte und erstrebte. Einer der Auserwählten war US-Finanzminister Henry Morgenthau. Dem sagte er im November 1938:

> *Die auswärtigen Waffeneinkäufe in unserm Land bedeuten wirtschaftliches Wohlergehen. Die [Partei der] Demokraten wird ohne wirtschaftliches Wohlergehen nicht mehr gewählt werden.*[114]

Der Präsident wußte wovon er sprach: Es handelte sich um verschleierte Waffenverkäufe an Frankreich und Großbritannien.[115]

Dabei ging es nicht um hier mal ein Flugzeug und da mal ein Flugzeug, sondern es ging um Bomber-Export im Zehntausendermaßstab.[116] Empfänger sollte die Luftwaffen Frankreichs und Großbritanniens werden. Wozu diese Luftflotten gebraucht werden sollten, war den Planern auch klar: Sie sollten die Industriezentren des Deutschen Reiches unwiderruflich zerstören. Das alles war gut, denn es war für das amerikanische Wohlergehen nützlich. Nur heimlich mußte es gehen, denn der amerikanische Kongreß hatte mit seinen Neutralitätsgesetzen strikte Ausfuhrverbote für Kriegswaffen verhängt, nachdem parlamentarische Untersuchungsausschüsse wie das Nye-Komitee schonungslos offengelegt hatten, wie die US-Rüstungsindustrie den Staat USA in den Ersten Weltkrieg getrieben hatte.[117]

Short of War: Der amerikanische Handelskrieg gegen das Deutsche Reich

Neben den propagandistischen Feindseligkeiten, welche von der Roosevelt-Regierung veranlaßt wurden und auf die noch ausführlich einzugehen sein wird, gab es auch eine ganze Reihe von wirtschaftlichen Maßnahmen, die das deutsch-amerikanische Verhältnis vergifteten und deren Zweck es war, genau dies zu erreichen.

In seiner Neujahrbotschaft an den Kongreß im Januar 1939 brachte Roosevelt diese Attitüde nahezu ungeschminkt zum Ausdruck. Er sprach öffentlich erstmals von amerikanischen Maßnahmen *short of war*.[118] Dieses Knapp-am-Krieg-vorbei schlug sich in den gegen Deutschland verhängten Handelsblockaden nieder. Sie waren bereits 1933 begonnen worden und wurden vorsätzlich organisiert, um Deutschland zu schaden.

Um zu verhindern, daß das Deutsche Reich sich aus seiner desaströsen Finanzlage befreien konnte, hatte das US-Außenministerium bereits ab 1934 deutsch-amerikanische Tauschverträge (*barter deals*) in ruppiger Form verboten, weil sie angeblich gegen US-Recht verstießen.[119] Doch diese Art Medizin, die der gute Arzt Roosevelt dem deutschen Patienten verabreichen ließ, hatte unerwartete Nebenfolgen. Deutschland schloß fortan mit zahlreichen Staaten der Erde bilaterale Tauschverträge. Diese bilateralen Handelsabmachungen ermöglichten einen devisen-unabhängigen Warenaustausch. Dieser war für alle daran beteiligten Länder lukrativ und zudem deshalb beliebt, weil er nach Prinzipien der Gleichberechtigung stattfand.

Als nun die Südamerikaner überhaupt nichts Anstößiges an Tauschverträgen mit Deutschland entdecken konnten, fühlten sich die US-Amerikaner in ihrer selbstdefinierten Rolle bedroht:[120] Südamerika gehörte nun schon seit der Formulierung der Monroe-Doktrin vor 120 Jahren zu ihrer Hemisphäre, in der sie fremdes Tun nicht dulden würden. Aber es mußte erst ein Krieg her, damit sie das auch mit Hilfe ihrer Kriegsflotte durchsetzen konnten.

Wir haben uns heutzutage angewöhnt, das Verhalten von Roosevelt, das gezielt einen zweiten Weltkrieg im Auge hatte, unter dem Ex-post-Gesichtspunkt abzuhaken, daß auf diese Weise die Welt vom Nationalsozialismus befreit worden sei. Das ist Gerede, das mit den damaligen Plänen der Weltmächte nicht zusammenpaßt. Geplant war Krieg als Wirtschaftsfaktor. Die Befreiungstheologie kam später, als die vielen Toten erklärt werden mußten. Diese wurden aus einer moralisch besseren Position gerechtfertigt. Ob man diesen Standpunkt teilen muß, ist eine ganz andere Frage, denn sie hat mit dem Ablauf der Ereignisse wenig zu tun.

Zur Chronologie der *short-of-war*-Maßnahmen gehört die vielfach belegte Vorgehensweise amerikanischer Diplomaten gegenüber polnischen Funktionsträgern ab dem Jahresbeginn 1939. Diesen wurde versichert, die USA würden in jedem Fall in einen Krieg eingreifen, in den Großbritannien und Frankreich verwickelt seien. Die Amerikaner wußten genau, was sie taten. Sie wollten Polen animieren, es auf einen Krieg gegen Deutschland ankommen zu lassen. Die amerikanischen Ermunterungen fielen auf fruchtbaren Boden.[121] Wie sich dieses Tun schließlich auswirkte, wird in einem späteren Kapitel dieses Buches zu besichtigen sein. Einstweilen ließ sich der Präsident wie folgt vernehmen:

> *Müssen wir wirklich annehmen, daß Nationen keine besseren Methoden finden können, um ihre Ziele zu verwirklichen als jene, welche die Hunnen und Vandalen vor 1500 Jahren benutzten?*[122]

Da waren sie wieder aus der Mottenkiste geholt, die guten alten Hunnen, die man schon im Ersten Weltkrieg so erfolgreich bekämpft hatte.

Das alles war blanke Kriegstreiberei – jedenfalls nach Ansicht einflußreicher republikanischer US-Politiker.[123] Die mitgelieferte Moral zum Kampf gegen ein verderbtes Nazi-Regime war willkommene Dekoration. Der Leser, der das nicht glauben mag, stelle die Moralfrage einmal um eine Nuance anders: Was befugte ein Land, im dem zur selben Zeit vieltausendfaches Lynchen von Negern zum guten Ton gehörte, über andere Länder zu Gericht zu sitzen? Was befugte ein Land zu überbordenden Moralappellen, dessen Präsident einen dieser Lynchmordgesellen zum Richter am Obersten Gerichtshof der USA ernannt hatte?[124] Die Antwort ist diese hier: Es waren Ablenkungsmanöver. Wie sie funktionierten, wird nunmehr zu besprechen sein.

3. Kapitel

Kriegsgeschrei und Krieg in Sicht – Roosevelts willige Vollstrecker

Roosevelts New Deal-Politik war vor allem eines: ein fruchtloses Hantieren mit Wirtschaftstheorien, um eine hartnäckig festgefahrene Volkswirtschaft wieder in Gang zu bringen und, als das nichts half, auf Kriegspolitik umzuschalten. Bei einer Bevölkerung, die mehrfach zum Ausdruck gebracht hatte, daß sie keine weiteren Kriege wünschte und auch dementsprechend die Volksvertretungsorgane personell bestückt hatte, kam es darauf an, die anlaufende Kriegspolitik zu verschleiern und die Öffentlichkeit Stück um Stück an die neuen Verhältnisse zu gewöhnen.[125]

Roosevelt schuf hierfür die Voraussetzungen, indem er große Mengen genehmer Propagandisten in den Staatsdienst nahm und andere durch persönliche Vergünstigungen an sich band. Aus diesem Heer der willigen Vollstrecker werden im folgenden einige vorgestellt. Die Beispiele mögen zugleich deutlich machen, wie dieses System funktionierte.

Die Spinne: Dorothy Thompson nebst ein paar Bemerkungen über deutschsprachige Ghostwriter

Wenn man den Spuren des Wechselspiels zwischen US-Politik und propagandistischer Einflußnahme folgt, stößt man auf die Journalistin Dorothy Thompson.

> *Sie sieht immer noch prachtvoll aus, wenn auch so jung und knusprig nicht mehr wie damals,... Aus dem scheuen „girl" ist eine Matrone von selbstbewußter Stattlichkeit geworden, eine Frau, die es gewohnt ist, bei*

großen Banketten und Meetings als „Madame Chairman" (Präsidentin) zu figurieren, auf Cocktailpartys den Kreis andächtig lauschender Verehrer mit nachlässiger Autorität um sich zu scharen, an den intimen Zusammenkünftigen der Mächtigen als gleichberechtigt teilzunehmen. Sie ist mächtig, in jedem Sinne des Wortes: Busen, Bankguthaben, Verstand, Prestige – alles hat Format.[126]

So beschrieb sie der Emigrant Klaus Mann in seinen Memoiren zu Beginn der 1940-er Jahre. Er hatte sie anderthalb Jahrzehnte zuvor kennengelernt, da verkehrte sie im Münchner Hause der Skandalautorin Christa Hatvany-Winsloe. Zu ihr unterhielt die amerikanische Journalistin eine lang andauernde Liebesbeziehung.

Zur Lebensskizze der Amerikanerin Thompson gehört ein zweiter prominenter Literat, der *sweet Dorothy* heiratet. Es war Sinclair Lewis, ein bekannter und, was in Amerika vor allem zählt, ein sehr erfolgreicher amerikanischer Romancier. Er konnte es sich leisten, den ihm zugedachten Pulitzer-Preis abzulehnen. Den 1930 verliehenen Nobel-Preis für Literatur nahm er dagegen an. Im selben Jahr wurde das erste und einzige Kind von Sinclair und Dorothy geboren.

Die Ehe der beiden dauerte noch bis 1942, doch daß sie irgendwie einen gemeinsamen Weg gegangen wären, wird man kaum behaupten können. Während Sinclair Lewis ein Unterstützer des *American First Committee* wurde, einer Bewegung, deren erklärtes Ziel es war, die Vereinigten Staaten aus den weltweiten kriegerischen Auseinandersetzungen herauszuhalten, tat Frau Dorothy das glatte Gegenteil. Sie war eine der hartnäckigsten und erfolgreichsten amerikanischen Kriegstreiberinnen gegen Deutschland. Hierfür gibt es eine eher simple Erklärung.

Ein Jahr bevor Hitler in Deutschland an die Macht kam, führte Dorothy Thompson ein Interview mit ihm in dessen Berliner Hauptquartier Hotel Kaiserhof. Was im Einzelnen geschah, ist umstritten. Klar ist nur: ihr mißfiel dieser Mann – als Mann, vor allem mißfiel ihr seine Nase. Sie äußerte sich hierüber, und zwar äußerst abfällig. Sie kam zu dem Schluß, daß ein Mensch mit so einer Nase niemals an die Macht gelangen könne.

Mit diesem Fehlurteil stand sie nicht alleine da, doch im Gegensatz zu ihren irrenden Zeitgenossen wußte die Thompson aus ihrer Fehlprognose Kapital zu schlagen. Hierbei half, daß die NS-Clique, nachdem sie die Macht erobert hatte, der Amerikanerin ein wunderbares Geschenk machte: Das Deutsche Reich fand es richtig, die Thompson am 25. August 1934 auszuweisen – wenn auch erst anderthalb Jahre nach der Machtergreifung. Bis dahin hatte sie ganz unangefochten mit ihrer Geliebten in der deutschen Hauptstadt gelebt, was in den meisten Biographien dieser wichtigen Freiheitsfrau pietätvoll beiseite gelassen worden ist.

Liebhaber der US-Propaganda bevorzugen es, diese Geschichte etwas anders zu erzählen: Frühzeitig wandte sich Dorothy Thompson gegen Ungleichbehandlung und Unterdrückung und wurde so eine profilierte Gegnerin des Nationalsozialismus. Das klingt wunderbar und edel und hat nur den winzigen Haken, daß es die Sicht mit einer linken Scheuklappe war, nachzulesen in ihrem Buch *New Russia*, das 1928 erschien, nachdem sie das gelobte Land einige Wochen unter der fürsorglichen Aufsicht der sowjetischen Geheimpolizei OGPU bereist hatte. 1932 folgte ihre fehlprognostizierende Schmähschrift *I saw Hitler* (Ich sah Hitler). Dessen Machtergreifung im Jahr drauf muß ein Tiefschlag gewesen sein. Doch erst durch die schließlich erfolgte Ausweisung schuf sich das NS-Regime eine unversöhnliche Feindin.

Nunmehr hatte Thompson ihr Thema gefunden. Ab 1936 ist es dann nicht mehr zu übersehen, geschweige denn zu überhören.[127] Vom 17. März 1936 bis zum 30. April 1941 schrieb sie die Kolumne *On the Record* (Auf dem Laufenden) in der *New York Herald Tribune* und später sendete sie Radiokommentare. Einer ihrer gefeierten Sprüche, den sie 1937 vom Stapel ließ, war:

Kein Volk wird seinen Diktator jemals in seinem Aufstieg erkennen. Auf der Plattform der Diktatur stellt er sich niemals einer Wahl. Er stellt sich immer als die Verkörperung des nationalen Willens dar. ... Wenn unser Diktator zur Macht strebt, kannst du sicher sein, daß er einer der Jungs ist, und daß er für alles Traditionelle in Amerika steht. Und keiner wird je „Heil" zu ihm sagen oder ihn „Führer" oder „Duce" nennen. Aber sie werden ihn mit einem großen, universalen, demokratischen, schafsartigen Gruß begrüßen: „O.K., Chef. Mach es wie du willst, Chef! Okaaaaay!"[128]

Was wollte sie damit sagen? Daß die USA im Jahre 1937 an einem Abgrund zur Diktatur stünden? Wer weiß, jedenfalls war es bedeutungsschwanger genug, daß die US-Illustrierte *Time* sie zwei Jahre später zur einflußreichsten Frau hinter Eleanor Roosevelt ausrief.

Mittlerweile war sie auf dem Radiosender NBC mit der Sendung „Listen Hans" (Hör zu, Hans) zu hören, in der sie einem imaginären Deutschen öffentlich ihre demokratischen Leviten las. Erreichte sie ihn auch? Die Antwort lautet Nein. Bei Lichte betrachtet war er auch gar nicht ihre Zielperson, der tumbe Hans, sondern es war der nicht minder blöde Joe aus Pennsylvania, dem klar gemacht werden mußte, daß sein friedliches Leben in Gefahr sei, bedroht durch die deutschen Hunnen in Übersee.

Auf der Hunnen-Welle schwamm die Thompson ganz nach oben. Und wie sie schwamm. Manch einer wie der mißgünstige Klaus Mann sah sie bei Hotelzimmer-Gelagen im Alkohol schwimmen, um sie nach durchzechter Nacht morgens erklären zu hören, sie müsse jetzt aufbrechen, um ihren Sekretären die nächstfälligen politischen Kommentare zu diktieren. Das klingt nach Neid, doch hält sich das Mitleid in Grenzen, denn die sog. Sekretäre bedurften des Diktats nicht, sie schrieben von selbst.

Wer danach Ausschau hält, wer der Vielschreiberin und Dauerrednerin Dorothy Thompson die Texte lieferte, wird bald auf eine Reihe von Deutschen stoßen. An prominenter Stelle auf Hermann Budzislawski. Als dieser Komintern-Agent im Januar 1940 in den USA als Flüchtling anlandete, war er noch keine neununddreißig Jahre alt, hatte aber bereits mehr Winkelzüge hinter sich als manch einer, der doppelt so lange lebt. Die Hürden der amerikanischen Einreisebeschränkungen schaffte er offenbar ohne viel Mühe, und bald schon hatte er sich im ehrenwerten Beruf des Ghostwriters von Dorothy Thompson etabliert. So bekam der Erzdemokrat Josef Stalin auf Umwegen eine Stimme in der US-Propaganda. Als dann nach dem Krieg in den USA niemand mehr mit Budzislawski spielen mochte, rächte er sich mit einer selbstironischen Glosse: *I was America's Most Famous Woman* (Ich war Amerikas berühmteste Frau).[129]

„Listen Hans!" und Wiener Walzer links rum: Die amerikanische Journalistin Dorothy Thompson (links) ruft zum Krieg gegen das Reich des Bösen auf. Daneben die Ghostwriter dieser prominenten Kriegshetzerin: Komintern-Mann Hermann Budzislawski und der Ex-Revoluzzer und Vielfach-Agent Karl Frank.

Die Zahl der weiteren Thompson-Trittbrettfahrer war ziemlich groß. Unter diesen auch Edel-Linke, die von London aus gesteuert wurden. Zu deren besten Exemplaren gehörte ein Paul Hagen, der in Wirklichkeit Karl Borromäus Frank hieß, aus einer Wiener Fabrikantenfamilie stammte und der zunächst Psychologie, Biologie und Philosophie studierte, in Wien den obligaten Doktor phil. erwarb und nebenbei genug Zeit fand, 1919 die österreichische Kommunistische Partei aus der Taufe zu heben.

Kommunismus wurde fortan sein Vollzeitjob. All seine Aktivitäten in Deutschland, Österreich und der Tschechoslowakei zu erzählen, würden einen Roman füllen. Rechtzeitig vor dem Machtantritt der Nationalsozialisten floh er aus Berlin nach Wien, wo er an den Vorbereitungen der blutigen sozialistischen Aufstandsbemühungen teilhatte. Folgerichtig verschwand er sodann nach Prag, wo prompt ein Wilhelm Müller auftauchte und sich zum Sprecher einer namenlosen Gruppe machte, die durch ein Manifest *Neu Beginnen* unter eingeweihten Linken für Furore sorgte. Dieses Manifest gab der namenlosen Gruppe fortan ihren Namen: Neu Beginnen. Als ihr Chefdenker wurde fortan jener Wilhelm Müller angesehen, hinter dem niemand anderer steckte als Karl Frank. Der war fortan ununterbrochen auf Reisen.

Frank reiste 1935/36, 1937, 1938 und 1939 in die USA. Zu diesem Zweck mußte er aus einem europäischen Hafen den Atlantik per Schiff überqueren und vorher und zwischendrin ungezählte Formalitäten erledigen, die andere Leute Monate kosteten und zur Verzweiflung trieben. Nicht so Frank, er reiste wie einer, der reisen sollte. Sein Auftraggeber saß in Prag, wo eines der europäischen Zentren anti-deutscher Konspirationsarbeit lag. Am Tag, als die Tschechoslowakei von der Landkarte verschwand, übernahm der britische Auslandsdienst MI6 den tschechischen Laden. Seine Anschrift war fortan 53 Lexham Gardens, Kensington, London.[130] Dort in England residierte nun auch Frank.

Franks letzte Reise in die USA, im Jahre 1939,[131] nutzte er, um dort zu bleiben. Formal war das möglich, weil er zwei Jahre zuvor eine US-Bürgerin zur Frau genommen hatte. Daß er überhaupt in einer Zeit nach Kriegsausbruch reisen konnte, in der andere Emigranten längst in britischer Internierungshaft steckten, legt nahe, daß Franks Reisegeld aus der Schatztruhe Seiner Majestät kam. Was die Briten zu dieser teuren Dienstreise veranlaßt haben könnte, erschließt sich, wenn man beobachtet, was er sodann tat. Hierüber sind wir informiert, weil auch der US-Dienst COI dem Einreisenden mißtraute und ihm einen Agenten hinterherschickte. Dieser Agent ist einer, der lediglich als tschechische Quelle in New York in den Akten seine Spuren hinterlassen hat.[132] Davon gab es sicher nicht nur eine, mein Favorit wäre Klaus Mann, der Sohn des großen Thomas.

Diese Quelle wußte den Amerikanern zuzutragen, daß Karl Frank Eingang in den eleganten New Yorker Kreise gefunden hatte. Namentlich genannt wird eine Ingrid Warburg, vermutlich identisch mit der deutschstämmigen Millionenerbin gleichen Namens.[133] In solchen Kreisen bewegte sich nur, wer das nötige Kleingeld bei der Hand hatte, um mit gestärkter Hemdenbrust beim Waldorf Astoria vorzufahren. Dort traf sich, wer Geld und Einfluß hatte. Frank war am Ziel seiner Auftraggeber angelangt. Ihr Mann hatte sich von der Emigrantenquelle zum Einflußagenten gemausert.

Zu Franks Legendengeschichte gehörte, daß er immer noch Verbindungen ins Reichsgebiet unterhielt. Das war eher unwahr, denn Berichte aus dem Dunstkreis von *Neu Beginnen*, die aus Deutschland nach außen drangen, lassen sich bestenfalls bis 1936 nachweisen.[134] Das ist verständlich, denn 1935/36 zerschlug die Gestapo die Gruppenstrukturen. Dennoch bastelte Karl Frank fleißig weiter an seinen *Reports from inside Germany*. Dieses Bemühen führte schließlich zu einem Bestseller: *Will Germany crack? A Factual Report on Germany from Within*.[135] Die Kernthesen des Frank'schen scheinbaren Insiderwissens beschäftigten sich damit, daß es die Arbeiterschaft sei, die dem NS-Regime ernsthaften Widerstand leiste. Die US-Propagandamaschinerie verschlang dies mit Behagen. Ihr war es gleichgültig, wenn hier ein selbsternannter Berufsrevolutionär über Arbeiter schrieb, die er bestenfalls als theoretischen Gegenstand seiner Diskussionszirkel kannte.

1944 gründete Frank zusammen mit Dorothy Thompson den *Council for a Democratic Germany*. Mit von der Partie war, schon wegen seiner Formulierungskünste, ein weiterer in Deutschland recht bekannter Zeitgenosse, der mit Thompson und Frank und auch mit den US-Diensten auf das seltsamste verbandelt war: Carl Zuckmayer, der Theaterdichter und Ehemann von Franks erster Ehefrau.[136] Zuckmayers Beitrag für ein demokratisches Deutschland war ein vielhundertseitiges Personendossier über Leute, die nicht emigriert waren. Zuckmayers Denunziationen reisten 1945 im Gepäck der Besatzungsoffiziere nach Deutschland.[137]

Ein letztes Wort zu Frank: Er war in New Yorks feinen Kreisen zum Psychoanalytiker aufgestiegen. Zu gerne hätte man gewußt, ob und wie er das Sofa für seine Einfluß-Operationen nutzte. Doch man forscht vergebens. Die in seinem Nachlaß in Graz befindlichen Psychoanalyse-Aufzeichnungen sind gegen den neugierigen Zugriff gesperrt.

Die Krake: Roosevelts anti-deutsche Propagandamaschine nebst einigen unerfreulichen Bemerkungen über die Familie Mann

Bereits in seiner ersten Wahlperiode (1933-37) gründete Roosevelt eine beträchtliche Zahl von Bundesbehörden, mit denen er in das Wirtschaftsleben der Amerikaner eingreifen ließ. Er rief damit auch in seiner demokratischen Partei Widerspruch hervor. Solcher Widerspruch wurde mit Hilfe von Propaganda erfolgreich bekämpft. Diesen Kampf führten Tausende von Intellektuellen, die in den neuen Behörden Lohn und Brot gefunden hatten. Besonders erwähnenswert die NRA,[138] in der sage und schreibe 3000 Schriftsteller ihren Schreibtisch bezogen.[139]

Inhaltliches Standbein dieser Schreibkundigen wurde die antideutsche Propaganda. Ihr primäres Ziel war nicht der Kampf gegen Deutschland, sondern es war die eigene, die amerikanische Bevölkerung, denn ihr mußte beigebracht werden, daß der Teufel in Europa fröhliche Wiederauferstehung feierte und sich anschickte, das friedliebende Amerika heimzusuchen, weil die Weltherrschaft nun mal zu seinem Plan gehöre. Diese anti-deutsche Propaganda begann schon deutlich vor Roosevelts zweiter Amtsperiode (1937-41). Das ist bemerkenswert, da allgemein angenommen wird, Roosevelts außenpolitischer Abenteuerkurs habe erst im Herbst 1937 mit der berüchtigten Quarantäne-Rede begonnen.[140] Doch die anti-deutsche Wirklichkeit spricht eine andere Sprache.

Hierzu ein Beispiel: Erneut betritt die Kriegshetzerin Dorothy Thompson die Bühne. Doch dieses Mal ist sie nur Nebenfigur. Im Mittelpunkt steht ihr Noch-Ehemann, der Literatur-Nobelpreisträger Sinclair Lewis. Auftragsgemäß fertigte er ein anti-deutsches Propagandastück an, das, raffiniert gestaltet, die Fiktion einer faschistischen Diktatur in den USA heraufbeschwor. *It can't happen here* (Es kann hier nicht geschehen), so lautete der beziehungsreiche Titel des Stückes, das dem Amerikaner vor Augen führte, was passiert, wenn es doch passiert.

Das Stück kam 1936 am Kulturplatz Nr. 1, also in New York, auf die Bühne. Richtiger Weise muß man sagen: auf die Bühne*n*, denn die *It can't happen here*-Produktion begann zeitgleich an vier Spielstätten, und zwar auf englisch, deutsch, italienisch und jiddisch. Das ist bemerkenswert in einem Land, in dem Erfolg und Mißerfolg im Kulturbetrieb bis dato vom Daumen des Publikums (und der *New York Times*)[141] abhängig war. Hier hatte der Staat mit Rückgriff auf amerikanische Steuergelder die Regie übernommen. Auffällig auch die Vier-Sprachen-Produktion. Hiermit wurden nicht nur die vier hauptsächlichen Kultursprachen in New York abgedeckt, sondern es kam der politische Wille zum Ausdruck, eine über die Kulturgrenzen hinwegreichende einheitliche Meinung zu erzeugen.

Dieses Zugehen auf die scheinbaren Randgruppen der Gesellschaft war eines der Roosevelt'schen Markenzeichen, das in seiner Wirkung kaum überschätzt werden kann. Während bei seiner ersten Wahl (1932) Roosevelts Hauptzielgruppe die weißen arbeitenden und um ihren Arbeitsplatz ringenden Amerikaner gewesen waren, die als Opfergruppe des großen Wirtschaftscrashs von 1929 leicht zu identifizieren waren, änderte sich dies bereits in den ersten Tagen der Amtszeit seiner ersten Wahlperiode.

Roosevelt wendete sich von den WASPs, den weißen angelsächsischen Protestanten ab und scheinbar unbedeutenden Minderheiten zu. Roosevelts war offenbar der Überzcugung, daß diese zusammengenommen für stabile Mehrheiten gut seien. Seine erste Wiederwahl 1936 sollte den Beweis erbringen. Sie erfolgte gegen den vielstimmigen Widerspruch genau jener WASPs, die deutlich artikulierten, daß die Politik des Präsidenten die Grundwerte der Gründerväter verraten würde.[142] Die Geschichte sollte ihnen recht geben. Unter Roosevelt wurden die USA zum Kriegsherrn in aller Welt.

An der Premierenfeier von *It can't happen here* nahm im Appartement des weltbekannten Autors einer teil, der mit Bezug zum Thema der anti-deutschen Propaganda als Beispiel für alles Mögliche dienen kann und es auch aus Unterhaltungsgründen wert ist, vor dem Leser zu posieren. Die Rede ist von Klaus Mann, dem ältesten Sohn des Weltstars Thomas Mann. In dieser Quasi-Berufsbezeichnung „Sohn von..." liegt vielleicht seine Tragik begründet. Aber vielleicht auch nicht. Allzu wohlfeil schien schon seinem jüngeren Bruder, Golo Mann,[143] ein solcher Ansatz, denn Klaus Mann war einer, der bereits in ganz jungen Jahren auf den Klang dieses Namens setzte.

Früh hatte sich Klaus Mann dem Kampf gegen das NS-Regime verschrieben. Und das zu einem Zeitpunkt, als andere den Reichskanzler Hitler noch für einen böhmischen Clown hielten. Doch diese Hellsichtigkeit hatte eine fragwürdige Quelle. Als Hitler im Januar 1933 an die Macht kam, waren die Eltern von Klaus Mann, Thomas und Katia Mann, in der Schweiz. Sie hatten dort nach anstrengender Vortragsreise gewohnheitsgemäß einige Urlaubswochen eingelegt, aus denen sie bei normalem Verlauf der Dinge in ihr Haus in München zurückgekehrt wären.

Während die würdigen Eltern noch in den Alpen das schlechte Wetter ertrugen, feierten ihre beiden Ältesten, Erika und Klaus, in der Münchner Villa in der Poschinger Straße rauschende Faschingsfeste. Klaus Mann notierte ins Tagebuch:

> *E[rika], früh besoffen, verträgt nichts mehr, hingefallen, sie aus dem Kinderbadezimmer geholt.*[144]

Das mit dem Rausch der rauschenden Feste darf man wörtlich nehmen, denn beide waren rauschgiftsüchtig. Mustert man ihre Freunde durch, so kommt man bei einem guten Teil zu ähnlichen Ergebnissen. Wen juckt das? Eigentlich niemanden. Nun gilt es aber als ausgemacht, daß sich Rauschgiftsüchtige häufig irrational verhalten, schon weil sie periodisch unter inneren Abstürzen leiden.

Klaus Mann hat etliches davon sorgfältig aufgezeichnet. Dank seiner Selbstdarstellungsmanie kennen wir die Auswirkungen solcher Reisen ins Nichts. In seinen Worten:

> *Erika liegt auf dem Bett, ich habe mir's im Lehnstuhl bequem gemacht. Ihr Aufschrei weckt mich. Sie ist auf den Füßen, stürzt durch den chaotischen Raum. Ich sehe den angstvoll aufgerissenen Blick in ihrem weißen Gesicht; ich höre sie jammern, ich verstehe kaum, was sie sagt. ... „Ich muß sterben", schreit Erika, wobei sie mit schreckensbleichem Gesicht zwischen Bett und Fenster hin- und herrennt, immer wieder hin und zurück, dieselben drei vier Schritte. „Es ist aus mit mir! Oh, mein Gott!"*[145]

Das war der Zustand, als Klaus und Erika Mann im Frühjahr 1933 ihre Eltern anstifteten, nicht nach Deutschland zurückzukehren, indem sie ihnen vorspiegelten, es gehe um Leib und Leben.

Es war pure Phantasterei. Eine Verfolgung von Thomas Mann war nicht geplant, geschweige denn eingeleitet. Seine Bücher blieben im Handel, auch nachdem zu erkennen war, daß er nach Deutschland nicht zurückkehren mochte. Der Ton wurde erst rauh,[146] nachdem er dem dreijährigen Drängen des Geschwisterpaars Klaus und Erika nachgegeben und sich öffentlich als Exilant zu erkennen gegeben hatte. Er tat es in dem Moment, als er die Zusage des tschechischen Präsidenten Eduard Benesch in der Tasche hatte, als Bürger in den tschechoslowakischen Staatsverband aufgenommen zu werden.

Was veranlaßte den tschechischen Präsidenten Benesch zu seinem Schritt? Barmherzigkeit wird es kaum gewesen sein, denn dann hätte er sich in erster Linie des kleinen Heers wirklich Verfolgter angenommen, die in seinem Land vor NS-Nachstellungen Schutz gesucht hatten. Nein, Benesch hatte die Absicht, das Hitler-Regime öffentlich zu düpieren. Eine solche Blamage mußte das Abspenstigmachen und die Eingemeindung des weltbekannten Autors darstellen.

Die Einbürgerung der restlichen Familie Mann, außer Erika, die durch Scheinheirat bereits Engländerin geworden war, mag für Benesch nur ein Nebenkriegsschauplatz gewesen sein. Klaus Mann erhielt den tschechischen Paß im Jahre 1937. Dazu suchte er Benesch in dessen Dienstzimmer auf dem Hradschin auf. Dort große Gesten und zum Schluß ein theatralisches Auf-Wiedersehen.[147] Es fand ein paar Jahre später in den USA statt. Da gab es keine Tschechoslowakei mehr, und Benesch war deren selbsternannter Exil-Präsident, ein König Ohneland.

Zweiter Teil

God save the King – Krieg gegen Deutschland: *inevitable* (unausweichlich)

Sie fragen mich, was unsere Politik ist? Ich werde es Ihnen sagen: Es ist die Kriegführung, zur See, auf dem Land und in der Luft, mit aller Macht und mit aller Kraft, die Gott uns gibt. ... Das ist unsere Politik. Sie fragen, was ist unser Ziel? Ich kann es mit einem Wort beantworten: Sieg – Sieg um jeden Preis. (Winston Churchill am 13. Mai 1940 unmittelbar nach der Ernennung zum Premier im Parlament.)[148]

[Dieser Krieg ist ein künstlich] geschaffener Konflikt. Nie war ein Krieg leichter zu beenden als dieser. (Winston Churchill, kurz vor Kriegsende 1945.)[149]

Zu den Lieblingsbegriffen in anglo-amerikanischen Darstellungen der Vorgeschichte des Zweiten Weltkriegs gehört der Begriff *inevitable* (unausweichlich).[150] Er suggeriert ein Es-mußte-so-kommen. Zugleich wird auf den deutschen Diktator gezeigt. Solche Darstellungen ignorieren, daß etliche Entscheidungsträger im Zwischenkriegs-England diesen Begriff ständig im Munde führten: *inevitable* – der Krieg mit Deutschland ist unausweichlich.

Bemerkungen über ein *inevitable* lassen zwei Deutungen zu: Man wird uns einen Krieg unausweichlich aufzwingen, oder wir werden einen unvermeidlichen Krieg führen.[151] Der Unterschied liegt auf der Hand. In diesem zweiten Teil des Buches wird erörtert, welcher der Varianten der Vorzug gebührt. Zu diesem *inevitable* gehören auch diejenigen Ereignisse, die bis zum Mai 1940 den Krieg in den Augen derer, die ihn führten, unumkehrbar machten. Im Zentrum dessen steht die Installierung von Winston Churchill als Kriegspremier.

Locarno vs. Versailles: 1925 verpflichtete sich das Deutsche Reich, die Westgrenzen, so wie sie 1919 diktiert worden waren, noch einmal und diesmal freiwillig anzuerkennen. Für die Ostgrenzen gab es das Gegenteil zu Protokoll. Damit war der Vertrag von Versailles partiell obsolet. Auf dem Bild die Architekten von Locarno, der britische Außenminister Sir Austen Chamberlain, Reichsaußenminister Gustav Stresemann, und Frankreichs Außenminister Aristide Briand.

Wo beginnen? Zu den gängigen Geschichtslegenden über die Zwischenkriegszeit gehört die Behauptung, daß es Hitler war, der das Fundament des Friedensvertrags von Versailles zerbrach. Solche Erzählungen haben ihren Ursprung in einer Kombination von NS-Selbstlob und alliierter Propaganda. Die Wirklichkeit sieht etwas anders aus. Wenn schon, dann gehört dem deutschen Politiker Gustav Stresemann das Verdienst, mit dem Vertrag von Locarno 1925 die Axt an das scheinbar unzerstörbare Bollwerk von Versailles gelegt zu haben.[152] Ironischerweise wurde er hierfür mit dem Friedens-Nobelpreis ausgezeichnet.

In diesem Vertrag, der die Voraussetzung für die Aufnahme Deutschlands in den Völkerbund schuf, verpflichtete sich Deutschland ausdrücklich, die durch Versailles gezogenen Grenzen im Westen anzuerkennen. Was die Ostgrenzen anging, tat es dies ausdrücklich nicht.[153] Damit war nicht nur *de facto*, sondern auch *de jure* die Ostgrenzziehung deutscherseits in Frage gestellt, und sensationell genug: Frankreich und Großbritannien nahmen dies hin.

Es ist nicht so, als habe das niemand bemerkt. Ganz im Gegenteil: Die von der deutschen Vorbehaltserklärung betroffenen Länder, in Sonderheit Polen und die Tschechoslowakei, liefen Sturm, denn sie wußten nur zu genau, daß ihr zusammengeraffter Staatsbestand auch in den Augen der westlichen Siegermächte zur Disposition künftiger politischer Entwicklungen stand.[154] Insofern war Locarno ein Kahlschlag, was immer man darüber später auch gesagt haben mag. Und vor allem, es war nicht der deutsche Diktator Adolf Hitler, der für diesen Kahlschlag gesorgt hatte, sondern es war England, das lange vor Hitler sehenden Auges mitgewirkt hatte. Alles, was nun folgte, war vor allem von England abhängig. Der Leser mag sich auf einen komplizierten Weg gefaßt machen.

Großbritannien stand zum Kriegsende 1918 bei den USA mit 1.364 Mio. £ in der Kreide.[155] Die Lage wurde dadurch verschärft, daß England während des Krieges gezwungen war, zur Kreditfinanzierung beträchtliche Teile seines Auslandsvermögens zu verkaufen. Der Druck, den die amerikanischen Kreditgeber aufgemacht hatten, war immens, und die Lage des Verkäufers nicht gerade rosig zu nennen. Mit anderen Worten: Großbritannien war genötigt, wichtige Einnahmequellen zur Kreditbeschaffung auf Nimmerwiedersehen zu verhökern.

Man kann sich vorstellen, daß es in London Rechner gab, die davon Abstand nehmen wollten, sich erneut in einen Krieg mit Deutschland hineinziehen zu lassen, mochte der seit 1933 in den USA im Amt befindliche Präsident auch noch so drängen.[156] Man kann diese britischen Vorbehalte nachvollziehen, weil Englands

Probleme ganz anders aussahen als die der USA. Zwar hatten die Beutezüge bei den geschlagenen Kriegsgegnern aus Deutschland und dem Osmanische Reich noch einmal reichen Landzuwachs in Afrika, im mittleren und nahen Osten gebracht, doch war die Gesamtlage des Empires alles andere als erfreulich zu nennen: Das Kriegsende ließ den irischen Bürgerkrieg nun offen ausbrechen, und der indische Subkontinent war nur noch mit nackter Gewalt bei der Stange zu halten.

Für die nötigen Gewaltmaßnahmen war die Allzweckwaffe der britischen Liberalen gut, der Munitions-, Kriegs- und Luftfahrtminister Winston Churchill. Während andere um den Friedensschluß rangen, führte Churchill weiter Krieg. Das vom Bürgerkrieg geschüttelte Rußland gab Gelegenheit für abenteuerliche bewaffnete Interventionen, die 1919/20 im Nichts endeten. Churchill hielt sein Tun für einen Feldzug gegen das organisierte Judentum.[157] Das Jahr 1921 sieht ihn dann mit weiteren Weltambitionen, er wurde britischer Kolonialminister. Er sagte und schrieb:

Ich spreche mich ausdrücklich für den Einsatz von Giftgas gegen unzivilisierte Volksstämme aus.[158]

Das barbarische Vorgehen gegen aufsässige Kolonialvölker mit Hilfe der Royal Air Force nannte man beschönigend polizeiliche Luftkontrolle. Sie wurde in Indien, im Irak und in Afrika angewendet. Ausdrücklich gelobt wurde, daß die britischen Verluste hierbei gering waren. Die Deutschen von 1919 durften sich glücklich schätzen, daß ihre Unterschrift in Versailles lediglich mit der Hungerblockade erzwungen worden war, denn Churchill, zu dieser Zeit der britische Kriegsminister, plante allen Ernstes, das wehrlose Deutschland flächendeckend mit Gasbomben einzudecken, gegen die es keinen wirksamen Maskenschutz gab.[159]

Wenn man das Agieren von Churchill betrachtet, fällt auf, daß Gewalt seine Obsession war. Seit der Jahrhundertwende war er eine

Gefahr für den inneren Frieden in Großbritannien – und für den Weltfrieden. Wenn dabei etwas wundert, so ist es dies: daß ihm niemand in den Arm fiel. Zu den beliebten und ärgerlichen Entschuldigungen gehört die Floskel: Eine Demokratie müsse so etwas aushalten. Hinzugefügt wird meist die ebenso sinnlose wie unzutreffende Bemerkung, daß Englands Demokratie dank ihres direkten Wahlsystems für permanente stabile Mehrheiten gesorgt habe.

Wo diese Weisheit her ist, bleibt schleierhaft, denn die Mehrheitsverhältnisse im englischen Unterhaus sind im 20. Jahrhundert fast durchgängig das Beispiel für das Gegenteil. Es handelte sich um fragile Koalitionen über fragwürdige Parteigrenzen hinweg, die dazu prädestiniert waren, Seitenwechsler zu erzeugen. Ein solcher typischer Seitenwechsler war Winston Churchill. Sein Wechsel von den Konservativen zu den Liberalen am Anfang des Jahrhunderts wurde bereits erörtert.[160] In den 1920-er Jahren wechselte er von den verfallenden Liberalen zu den Konservativen zurück. In einer neuen Koalitionsregierung erhielt er das einflußreiche Amt des Schatzkanzlers (= Finanzminister). Das behielt er fünf lange Jahre.

Fast ist man geneigt, schadenfroh festzustellen, daß er nun auslöffeln durfte, was er anderthalb Jahrzehnte zuvor als Marine-Hochrüstungs-Minister und Kriegshetzer angerichtet hatte, denn Churchills Hauptaufgabe war das Rückzahlen von Zinsen und das Bedienen von Krediten.[161] In dieser Zeit erzwang er eine radikale Abrüstung der britischen Streitkräfte und begab sich auf den Weg der Währungsmanipulation. Sein Experimentierfeld wurde der Goldstandard des britischen Pfunds.[162] Nach einer Abschaffung dieser Bindung kam 1925 ihre Wiedereinführung, Sie führte kurze Zeit später im Zusammenhang mit dem Wirtschafts-Crash in den USA zu einem bodenlosen Absturz der britischen Wirtschaft, denn anstatt die gute alten Zeiten wieder aufleben zu lassen, machte der Goldstandard britische Waren im Export unerschwinglich teuer. Die Zahl der Arbeitslosen stieg sprunghaft an und die Talfahrt der britischen Wirtschaft beschleunigte sich. In einer neuen Regierung nach den allgemeinen Wahlen von 1929 war für Churchill kein Platz mehr.

4. Kapitel

Pride & Prejudice – Die Weltwirtschaftskrise erreicht Großbritannien sowie einige Bemerkungen über Deutschenhaß und Luftrüstung

Zu den gängigen Geschichtsdeutungen der Zwischenkriegszeit gehört die Fabel, daß die Machtergreifung und das Agieren der Nationalsozialisten England auf einen gegen Deutschland gerichteten Verteidigungskurs gezwungen habe. Wie so oft sprechen die Fakten, wenn man sie chronologisch ordnet, eine andere Sprache.

Großbritannien wurde auch noch in den 1930-er Jahren durch eine strikt vom Volk abgesonderte Oberschicht geführt. Zwar hatte diese Alleinherrschaft infolge der Zugeständnisse der *upper class*, die sie im Verlauf des Ersten Weltkriegs zu machen hatte, durch die Labour-Partei eine unbequeme politische Konkurrenz bekommen, doch blieb man in den entscheidenden Zirkeln von Wirtschaft und Verwaltung unter sich. Diese Zirkel waren anti-bolschewistisch und in Teilen anti-deutsch.[163]

Ein prominenter Vertreter der anti-deutschen Fronde war Churchill. Sobald er aus der Regierungsverantwortung entfernt worden war, und es nicht so aussah, als könnte er dorthin zurückgerufen werden, besann er sich darauf, was er schon vor dem Ersten Weltkrieg gepredigt hatte, nämlich militärische Stärke gegen einen drohenden Feind. Dieser Feind hieß Deutschland. Nach dem Zweiten Weltkrieg ist ungezählte Male behauptet worden, so habe Churchill die NS-Barbarei bezwungen.[164] Eine schöne Legende, und sie wird noch lange leben, denn sie enthält viel Seelenkleister. Die Wirklichkeit ist viel zu ernüchternd, um geliebt zu werden: Churchills anti-deutsche Hetzkampagnen begannen lange bevor Hitler an die Macht kam, und das Bezwingen der deutschen Wehrmacht besorgte nicht der britische Kriegspremier, sondern die Rote Armee.

Fliegende Untertassen: Gefälschte Luftrüstungszahlen als Sprengstoff der britisch-deutschen Beziehungen, nebst einigen Anmerkungen zur Ähnlichkeit von Churchills und Hitlers Lügen

Bereits 1931 hatte sich Churchill erneut auf den deutschen Feind eingeschossen.[165] Er sparte nicht mit Vorschlägen, durch welche Rüstungsanstrengungen Großbritannien der deutschen Gefahr zu begegnen hätte. Es versteht sich am Rande, daß er sich keine Zwänge auferlegte, wie das, was er da forderte, zu bezahlen sei, und daß er als der bis vor kurzem im Amt befindlicher Schatzkanzler wissen mußte, wie sehr Großbritannien pleite war.[166]

Fragt man nach den Quellen, aus denen Churchill für seine Attacken schöpfte, fällt der Blick auf den britischen Geheimdienst MI6. Der hatte Übung, durch gefälschte Meldungen an der deutschen Bedrohung (*German menace*) zu basteln.[167] Einer aus den Reihen von MI6, Major Desmond Morton, erhielt Ende der 1920-er Jahre einen neuen, speziellen Job. In größter Heimlichkeit trat er an die Spitze einer Neugründung mit der Bezeichnung *Industrial Intelligence Center* (IIC). Die Aufgabe des IIC war die Industriespionage, speziell gegen Deutschland, und noch spezieller: die Schädigung der deutschen Wirtschaft zum Wohle Englands. So begann noch in den 1920-er Jahren der britische Wirtschaftskrieg von neuem. Man kann es in den offiziellen Annalen des späteren Ministeriums für die Wirtschaftskriegführung (MEW) nachlesen.[168]

Aus eigenem Antrieb behielt Morton eine zweite Aufgabe: Er blieb der Verbindungsmann des britischen Geheimdienst-Establishments zu Churchill. Churchill und Morton besaßen Privathäuser in Kent, wo sie sich an den Wochenenden besuchten.[169] Bei solchen Gelegenheiten wurde Churchill gebrieft.[170] Die Luftrüstung wurde Churchills parlamentarische und publizistische Spielwiese.[171] Es war ein Informations-Spielfeld, auf dem sich auch Morton bewegte.[172] Churchill nutzte Morton, um sich selbst gegen die britische Regierung in Stellung zu bringen. Er nutzte dessen Zahlen, um den britischen Luftfahrtminister, das war von 1931 bis Anfang 1935 Lord Londonderry, in Schwierigkeiten und letztlich zu Fall zu bringen.

Wenn man fragt, wozu Churchills Attacken eigentlich gestartet wurden, so fällt die Antwort eher bescheiden aus. Er griff ab 1931 mit Londonderry einen Mann an, den er um jeden Preis aus dem Amt drängen wollte. Er hatte sich diesen entfernten Verwandten ausgesucht, weil er für derartige Spielchen besonders anfällig war, denn er besaß bei den Konservativen kein besonderes Standing. Böse Zungen kolportierten, daß er das Amt einer Liebesbeziehung verdankte, nicht einer eignen – auch daran hatte er keinen Mangel, sondern einer solchen seiner Frau, Lady Londonderry. Deren glühende Liebesbriefe mit dem Labour-Ministerpräsidenten MacDonald sind der Nachwelt erhalten geblieben. Spätere Beschwichtiger haben erklärt, daß beide lediglich einen schwülstigen Stil bevorzugten.[173]

Churchills wütende Angriff gegen Londonderry wären wohl vergeblich geblieben, wenn nicht der deutsche Diktator eingegriffen hätte. Er löste im Frühjahr 1935 in England eine Welle der Hysterie aus, die ihren Ursprung in einem Besuch des britischen Außenministers Sir John Simon in Berlin hatte. Bei dieser Gelegenheit prahlte Hitler auf die Nachfrage des Briten zur deutschen Luftrüstung damit, diese habe die Royal Air Force längst eingeholt.[174] Das war eine grobe Lüge. Den etwa 850 fronttauglichen Flugzeugen der RAF, welche die Heimatverteidigung bildeten, standen auf deutscher Seite fünf Aufklärungsstaffeln, drei Jagdstaffeln, fünf Kampfstaffeln und drei Seefliegerstaffeln gegenüber.[175] Das waren maximal 150 kriegstaugliche Flugzeuge. Bestenfalls 50 davon waren in der Lage, mit Bomben bewaffnet anzugreifen. Keines dieser Flugzeuge hatte eine Reichweite, die es gestattet hätte, die Britischen Inseln zu attackieren.[176]

Hitler bluffte also. Sein Bluff verdient es, eine Eselei genannt zu werden, denn diese Lügen lösten in Großbritannien hysterische Reaktionen aus. Die politische Klasse sah plötzlich die nationale

Sicherheit ernsthaft bedroht. Der seit Jahren mit seinen Erkenntnissen prahlende Churchill wurde (vor allem durch Nachkriegsautoren) zum Propheten ernannt, und ausgerechnet der Luftfahrtminister Londonderry, der seit seiner Ernennung einer moderaten Erneuerung und Verstärkung der RAF gegen den erbitterten Widerstand seiner konservativen Kabinettkollegen das Wort geredet hatte, wurde in Verkehrung der Fakten zum Buhmann, dem jahrlange Rüstungsversäumnisse in die Schuhe geschoben wurden,[177] und so mußte er im Frühjahr 1935 seinen Hut nehmen.

Blick in den Abgrund: Lordsiegelbewahrer Anthony Eden und Außenminister Sir John Simon im März 1935 bei Hitler in der Reichskanzlei (Foto: Bundesarchiv). Bei dieser Gelegenheit protzte Hitler mit der angeblichen Größe der deutschen Luftwaffe. Seine Äußerungen lösten in England eine hektische Nachrüstungsdebatte aus. Major Desmond Morton, der seit 1929 den Wirtschaftskrieg gegen Deutschland plante und vorantrieb, wußte es besser, dennoch heizte er über seinen Verbündeten Winston Churchill mit falschen Zahlen die Hysterie weiter an.

Geschichtsdeuter der Nachkriegszeit sind sich unter Weglassen des eher irritierenden Details der falschen Zahlen weitgehend einig: Churchill wurde zum frühzeitigen Mahner vor der deutschen Drohung. Die Wahrheit sieht wie gewohnt anders aus. Als Churchill mit seinen Attacken begann, existierte die Drohung bestenfalls in seiner Phantasie. Seine Bewunderer haben deswegen bereits während des Krieges einen argumentativen Rettungsring aufgeblasen: Die spätere Entwicklung habe ihm schließlich Recht gegeben. Er habe durch seine frühzeitige Warnung bewirkt, daß die RAF die notwendige Entwicklung nahm, welche sie später die Luftschlacht um England gewinnen ließ. Auch das ist falsch: Als im Herbst 1940 die Luftschlacht um England geschlagen wurde, zeigte sich nach kurzer Zeit, daß die deutsche Luftwaffe nicht das war, was sie zu sein vorgab, nämlich ein scharfes Schwert zur strategischen Luftkriegsführung. Es mangelte ihr an einer entsprechenden Bomberwaffe und an weitreichenden Jagdflugzeugen. Großbritannien war durch die Luftwaffe nicht ernsthaft zu bedrohen, geschweige denn zu besiegen.

Was also wollte Churchill in Wirklichkeit? Er wollte auf Biegen und Brechen ein Ministeramt. Doch darauf mußte er noch ein paar Jährchen warten, denn zur Erfüllung seines Traumes bedurfte es eines Krieges und zwar mit dem Deutschen Reich.

Beton in Whitehall: Das Foreign Office und Robert Vansittart

Es wäre ein Irrtum anzunehmen, daß Winston Churchill der alleinige Befürworter eines strikten anti-deutschen Kriegskurses gewesen wäre, vielmehr sattelte er aus naheliegenden Gründen wie schon vor dem Ersten Weltkrieg auf diesen Kurs auf. Das grundsätzliche britische Vorgehen gegen Deutschland wurde vielmehr durch das Foreign Office (F.O.) gesteuert. Hier saßen die Leute, welche die Doktrin der *Balance of Power* zur Richtschnur ihrer Handlungen machten.

Bei dem harmlos klingenden Konzept des Gleichgewichts der Kräfte ging es darum, britische Interessen als Richtschnur für die Außenpolitik wie folgt zu definieren: Großbritannien als führende Kolonialmacht Europas hat seinen Umgang mit den anderen europäischen Großmächten danach auszurichten, daß keine von diesen der führenden britischen Stellung gefährlich werden kann. Droht eine solche Gefahr, hat Großbritannien so einzugreifen, daß der Hauptkonkurrent entscheidend geschwächt wird. Dieses Konzept funktionierte im 19. Jahrhundert zufriedenstellend, so daß britische Politiker keinen Anlaß sahen, es nicht fürderhin anzuwenden. Der nächste Anwendungsfall hieß Deutschland, und er führte auf geradem Wege in den Ersten Weltkrieg.

Nüchtern betrachtet, war die Anwendung des Prinzips der *Balance of Power* mit dem Ersten Weltkrieg gescheitert. Großbritannien hatte den militärischen Sieg mit substantiellen Einbußen an seiner Weltgeltung bezahlt, es war hochverschuldet, und die Zentrifugalkräfte des Empire waren so stark beschleunigt worden, daß die Rolle des Mutterlandes ernsthaft erschüttert war. Doch diese Erkenntnis verschloß sich den Herren des Foreign Office. Sie glaubten weiterhin, die Geschicke Europas als Schiedsrichter dirigieren zu können. Arrogante Deutschfeindlichkeit blieb hierbei ein unverzichtbares Accessoire.

Der Exponent dieser Haltung war Sir Robert Vansittart, von 1929 bis zum Jahreswechsel 1937/38 Ständiger Unterstaatssekretär im F.O. Er war einer der Strippenzieher im politischen London. An seiner Deutschlandphobie ließ Vansittart keinen Zweifel aufkommen. Den nächsten Krieg mit Deutschland hielt er für unausweichlich (*inevitable*).[178] Das mag erstaunen, denn seine Amtszeit fällt genau mit der Periode zusammen, in der – jenseits des F.O. – namhafte Teile der britischen politischen Klasse um einen Ausgleich mit dem Deutschen Reich bemüht waren. Mitgliederstarke Verbände britischer Kriegsveteranen, wie die British League, sahen den vergangenen Krieg mit Deutschland als einen schweren Fehler britischer Politik an, fanden den Versailler Vertrag grob ungerecht und plädierten für eine Verständigung mit dem Deutschen Reich.

Wie bei manchem andern gilt es bei Vansittart festzuhalten, daß sein Deutschenhaß mit dem Nationalsozialismus nichts zu tun hatte.[179] Seine Aversion hatte sich spätestens im Ersten Weltkrieg ausgeformt. Er hatte sich ein Bild vom deutschen Nationalcharakter zurechtgezimmert. Die Deutschen darin waren aggressiv und friedensunfähig und folglich mit allem Mitteln frühzeitig zu bekämpfen.[180] Fragt man nach den Wurzeln für die anti-deutsche Grundhaltung, so ist es, als blicke man in einen Zerrspiegel. Er trägt die Aufschrift: Ansichten zum Rassismus. Es ist nicht der gestikulierende deutsche Diktator, den man erblickt, sondern der britische Spitzendiplomat Vansittart, kühl, ironisch, gesittet dasitzend und Beängstigendes über die deutsch-germanische Rasse predigend: Unvernunft, Aggressivität, Unbelehrbarkeit, Freude am Töten, das alles mache die deutsche Bedrohung (*German menace*) aus, und es gebe nur ein vernünftiges Mittel hiergegen: die Auslöschung des deutschen Volkes.

Mit dem Machtantritt der Nationalsozialisten hatte das alles nichts zu tun, denn diese anti-deutschen Haßtiraden waren älter. Leuten wie Vansittart & Co[181] kam die NS-Herrschaft in fataler Weise entgegen, denn nun zeigte es sich in ihren Augen ganz offen, was sie immer schon gesagt hatten: Deutschland liebt die Gewalt, es muß beseitigt werden.[182]

Diese Beurteilung des britischen Spitzenmannes ist unbequem. Es gilt sie im Hinterkopf zu behalten, wenn in diesem Buch von den nahezu verzweifelten Versuchen die Rede sein wird, welche deutsche konservative Anti-Hitler-Kräfte unternahmen, um mit den Männern um Vansittart zu einem deutsch-britischen Ausgleich zu gelangen. Nichts war diesem Engländer unangenehmer als das, denn Konservative vom Schlage eines Carl Friedrich Goerdeler oder eines Ludwig Beck an der Macht waren viel gefährlicher als der deutsche Diktator. Sie würden ein wirtschaftlich prosperierendes Deutschland repräsentierten, das dieselben politischen Spielregeln wie die Engländer anwenden würde. Das war für das britische Empire *à la longue* riskanter als die nationalsozialistische Diktatur. Mit andern Worten: Mit einem Hitler an der Spitze war Deutschland einfacher zu bekämpfen. Ihn durch eine innerdeutsche Opposition abgeräumt zu sehen, erschien den britischen Imperialisten um Vansittart kontraproduktiv. An dieser Weisheit richteten sie ihr Handeln aus: Sie benutzten die deutschen Konservativen, die an ihre Tür klopften, aber sie unterließen alles, um sie zu stützen.

Zum Jahreswechsel 1937/38 wurde der sechsundfünfzigjährige Vansittart von seinem Posten als Ständiger Unterstaatssekretär abgelöst, da der neue britische Premier Neville Chamberlain es satt war, daß seine Versuche, mit Italien und Deutschland zu einem wenigstens zeitweiligen Ausgleich zu gelangen, durch Vansittart sabotiert wurden, indem er mit der Presse oder den Oppositionellen innerhalb der Konservativen zum Nachteil der Regierung konspirierte.

Anti-deutsche Ressentiments in Whitehall: Sir Robert Vansittart (links). Er war der Strippenzieher der Kriegsbefürworter im britischen Establishment. Er orientierte sich an seinen Vorgängern vor dem Ersten Weltkrieg und organisierte Lecks zur britischen Presse, um die öffentliche Meinung anti-deutsch einzustimmen. Hierbei bediente er sich so zweifelhafter Figuren, wie des exil-russischen Journalisten Vladimir Poliakov (mittleres Bild, zusammen mit seinem Hund Rib = Ribbentrop; Foto: Margaret Bourke White, 1938). Rechts der Staragent von Van's Circus, Group Captain Malcolm Christie; seine Akten wurden nach den Krieg sorgsam bereinigt.

Doch Chamberlain machte nur halbe Sachen, indem er Vansittart ins neugeschaffene Amt eines Außenpolitischen Chefberaters der Regierung treppauf fallenließ, was diesem weiterhin die Möglichkeit bot, in seinen alten Amtsräumen zu residieren, dort in die Papiere der britischen Diplomatie Einsicht zu nehmen, überall seinen Senf dazuzugeben und weiterhin gegen die Regierung zu intrigieren. Das Tagebuch seines Nachfolgers Alexander Cadogan enthält eine Flut von Eintragungen über das, was der Tagebuchschreiber als die Querschüsse und Verrücktheiten seines Amtsvorgängers notiert hat.[183]

Zu diesen Querschüssen gehörte es, daß Vansittart weiterhin seine Drähte in die Presse dazu nutzte, um die öffentliche Meinung gegen jegliche Verständigungspolitik mit Deutschland zu erzeugen. Er bediente sich hierfür einer Reihe von Journalisten, die er mit Informationen aus dem Regierungsapparat versah. Ein Adressat dieser wohlorganisierten Lecks war der russische Exilant Vladimir Poliakov,[184] der unter dem Pseudonym augur[185] Horrormeldungen über Deutschland verbreitete. [186] Diese Falschberichterstattung setzte ein, lange bevor Hitler in Deutschland an die Macht kam.[187]

Van's Circus: Der halb-private Nachrichtendienst des Robert Vansittart nebst einigen Bemerkungen über den Ursprung der gefälschten Luftrüstungszahlen

Zu Vansittarts Instrumentarium gehörte der britische Auslandsdienst MI6.[188] Doch war dessen Zustand nach dem Ende des Ersten Weltkriegs nicht eben ermutigend zu nennen.[189] Deswegen installierte der Staatssekretär darüber hinaus etwas, was später als sein privater Nachrichtendienst bezeichnet worden ist.[190] Dieser Dienst, Van's Circus, war Informationsbeschaffungs- und Beeinflussungsinstrument in einem. Sein Zielland war das Deutsche Reich. Um den Start dieses Unternehmens sind viele antinazistische Legenden gewoben worden. Es handelt sich um Nachkriegs-Latein, denn wenn man die Daten des involvierten Personals miteinander vergleicht, so wird deutlich, daß die Anfänge deutliche Jahre vor dem Machtantritt der Nationalsozialisten zu suchen sind. Richtig ist allerdings, daß sich nach Hitlers Machtergreifung eine Reihe von Deutschen zum Mittun bereit fand, die dies zuvor vermutlich strikt abgelehnt hätten.

Herzstück von Van's Circus war zunächst ein einzelner Mann, Malcolm Christie, ein pensionierter britischer Luftwaffenoffizier und Geschäftsmann. Christie hatte vor dem Ersten Weltkrieg in Aachen Chemie studiert. Während des Krieges brachte er es im Royal Flying Corps zum Group Captain. Nach dem Krieg diente er zunächst als Luftattaché in den USA und von 1927 bis 1930 in derselben Funktion in Berlin. Als er 1930 in den Ruhestand trat, blieb er in Berlin und wurde Geschäftsmann, so sagte man, in Wirklichkeit jedoch war er Nachrichtenagent in Van's Circus – der erste in einer ganzen Reihe.[191]

Christies Einsatz in Deutschland begann im Jahre 1927. Zu dieser Zeit gab es keine deutsche Luftwaffe – nicht nur offiziell nicht.[192] Richtig ist allerdings, daß sich soeben die Zusammenarbeit mit der Roten Armee entwickelt hatte. Das deutsche Interesse an dieser Zusammenarbeit wurde durch den Wunsch geleitet, in Rußland heimlich Kampfflugzeuge, Kampfpanzer und Giftgas auszuprobieren.[193] All dies war nach dem Vertrag von Versailles verboten.[194] Eine deutsche Luftwaffe, die diesen Namen verdiente, entstand hierdurch nicht, jedoch ein Ausbildungsnukleus. Das änderte sich mit der Machtübernahme durch die Nationalsozialisten *peu à peu*. Die Gründung eines Reichsluftfahrtministeriums im Mai 1933[195] unter dem Spitzen-Parteigenossen und ehemaligen Weltkriegsflieger-Helden Hermann Göring weckte Neugierde, was die Deutschen dort trieben.

Die Zugangslage des Nachrichtenagenten Malcolm Christie über diese Vorgänge wurde als ausgezeichnet eingeschätzt,[196] denn er führte einen deutschen Sub-Agenten mit einschlägigen Erkenntnissen,[197] den Offizier Hans Ritter. Auch Ritter war ein Weltkriegsflieger gewesen. Nach Kriegsende verdingte sich der Hauptmann a.D. als Militärberater der Flugzeugfirma Junkers. Er machte sich in dieser Zeit auch als Militärtheoretiker des Luftkriegs einen Namen.[198] Später wurde Ritter als sog. Ergänzungsoffizier in die Wehrmacht eingestellt, von 1935 bis 1938 diente er als Gehilfe des deutschen Militärattachés in Paris. So war er in der Tat eine erstrangige Quelle für Angelegenheiten der deutschen Luftrüstung. Er nutzte seine Position für eine intensive Spionagetätigkeit zugunsten der Briten aus. Die Wurzeln seines Handelns sind ungewiß, klar ist nur, daß er im Frühjahr 1938 in die Schweiz desertierte.[199]

Bei der Frage, wann Hans Ritters Spionagetätigkeit begann und wozu sie nutze war, stößt man in den britischen Quellen auf krasse Lücken. Die Papiere seines *controllers* (Führungsoffiziers) Malcolm Christie wurden nach Kriegsende absichtsvoll bereinigt, um schließlich nach Jahren ins britische Churchill-Archiv in Cambridge zu wandern.[200] Doch die drastische Aktenretusche kann nicht verhindern, daß man den in Deutschland auffindbaren Spuren des Christie-Agenten Ritter folgt. Und diese führen zum Anbeginn der deutschen Luftrüstungsbemühungen, also in die Zeit der Weimarer Republik.

Durch seine luftkriegs-strategischen Publikationen war Ritter nicht nur für ein Fachpublikum von Interesse, seine Gedanken fanden auch Eingang in die deutsche Rüstungspolitik, denn kaum war Hitler als Reichskanzler installiert, da legte Ritters Anstellungsfirma Hugo Junkers in Dessau im Mai 1933 dem soeben gebildeten Reichskommissariat für Luftfahrt[201] eine Studie vor,[202] in der grundlegende Aussagen zur Strategie des Luftkrieges und zur hierfür notwendigen Rüstung zu finden sind. Zum Entzücken der Junkers-Leute notierte Staatssekretär Erhard Milch, er sei *voll einverstanden.*[203] Das Einverständnis des Luftrüstungs-Staatssekretärs bezog sich auf Ritters Konzept einer strategischen Luftflotte mit 390 schwerbewaffneten viermotorigen Langstreckenbombern, durch deren schiere Existenz jeglichen französischen und polnischen Präventivkriegserwägungen entgegenzutreten wäre. An diesen Gedankenspielen interessiert weniger, ob es solche Präventivkriegerwägungen gegen Deutschland gab (es gab sie[204]), sondern entscheidend sind vielmehr zwei andere Gesichtspunkte: Mußte sich England durch derartige Planungen bedroht fühlen? Und wurden die Planungen in die Tat umgesetzt?

Die Junkers-Studie widmete sich ausschließlich einem potentiellen Krieg gegen Frankreich und Polen. England kam in diesen Erwägungen nicht vor. Und doch wird man nicht von der Hand weisen können, daß eine Bewaffnung Deutschlands mit viermotorigen Langstreckenbombern auch für England eine Bedrohung darstellen würde, wenn... Ja, wenn es sie denn gegeben haben würde, diese Bomberflotte, doch hier liegt die eigentliche Krux. Obschon der Luftrüstungsstaatssekretär von der Idee einer strategischen Bomberkriegsführung angetan war, kamen diese Pläne nie zur Ausführung, jedenfalls nicht in der deutschen Luftwaffe. Einschlägige Bomber wurden in Deutschland niemals produziert.[205] Beim Aufbau der Luftwaffe behielten diejenigen die Oberhand, die in der Luftkriegsführung keine eigenständige strategische Variante erblickten, sondern sich auf die Unterstützung schnell operierender Erdkampfverbände konzentrierten.

Es ist eine Ironie der Geschichte, daß die Gedanken Ritters, die sowohl in der Junkers-Studie als auch in seiner Spionagetätigkeit für die Briten Eingang fanden, nicht nur an der deutschen Wirklichkeit um Meilen vorbeigingen, sondern beim Auftraggeber der Ritter'schen Spionage zweierlei auslösten: Sie bestärkten die Briten in ihren eigenen Vorstellungen über die Anschaffung einer strategischen Bomberflotte, die in den 1930-er Jahren in Angriff genommen wurde, und sie bedienten auf vortreffliche Weise die britische Furcht vor einer deutschen Bedrohung. Ritters Berichte lassen sich wie die Perlen an einer Schnur verfolgen: Ritter bediente Christie, dieser Vansittart und der wiederum über Desmond Morton Churchill und dessen Kreis der Kriegsbefürworter. Keinem von diesen kam es auf die Wahrheit an, sondern sie munitionierten sich und andere für einen neuerlichen Krieg gegen Deutschland.

Am Nasenring: Vansittarts Einflußnahme auf die deutsche Politik nebst einigen Bemerkungen über den Sturz von Reichskanzler Brüning

Zur selben Zeit, als Malcolm Christie mit der Militär- und Rüstungsspionage begann, etablierte sich in Van's Circus ein Zweig, der zum Ziel hatte, die deutsche Politik im britischen Sinne zu beeinflussen. Zu diesem Zweck wurde in den 1920-er Jahre auf höchster Ebene ein Informationskanal geschaffen. Sein lebender Briefkasten war ebenfalls ein ehemaliger Offizier, Major Archibald Church.[206]

1919 war der Artillerieoffizier bei dem von Churchill ausgeheckten Murmansk-Abenteuer gegen den Bolschewismus mit dabei, danach wechselte er in die Politik. Für Labour saß er zweimal im Unterhaus. Zu eben dieser Zeit knüpfte er eine enge persönliche Beziehung zu Heinrich Brüning.[207] Dieser war einer der führenden Köpfe des Zentrums, jener Partei, die den politischen Arm des deutschen Katholizismus darstellte. Brüning war seit 1928 Fraktionsvorsitzender im Reichstag und vom 30. März 1930 bis zu seinem Sturz am 30. Mai 1932 deutscher Reichskanzler.

Was beim Sturz und in den acht Monaten danach passierte, gilt als Allgemeingut: Ein Franz von Papen intrigierte Brüning aus dem Amt, um selbst Kanzler zu werden, um dann seinerseits von einem Kurt von Schleicher aus dem Amt intrigiert zu werden, um nach einer neuerlichen Intrige eines Papen die Macht an den Ungeist Hitler abzugeben. Die Frage ist lediglich, ob der Brüning-Sturz tatsächlich auf diese Weise stattfand, oder ob hier auch ganz andere Kräfte an den Strippen zogen. Auch das ist zuweilen so behauptet worden.[208] Sehen wir uns die bruchstückhaften Beweismittel an.

Brüning galt als ein glaubwürdiger Exponent für ein moderates Deutschland. Im Untergangsstrudel der Weltwirtschaftskrise bettelte er um einen sichtbaren Erfolg, die Reparationsfrage betreffend, damit er sich im wirtschaftlich und innenpolitisch in den Abgrund taumelnden Deutschen Reich im Amt halten konnte. Doch die

Herren von Whitehall versagten ihm hochmütig diesen Erfolg.[209] Ehe sie sich's versahen, war er weg vom Fenster. Oder aber, sie versagten ihm diesen Erfolg absichtlich, um ihn zu Fall zu bringen. Böse Zungen behaupten, daß es ein finsteres Konsortium unterschiedlich motivierter Männer aus den USA, aus Frankreich, Großbritannien, Polen und der Tschechoslowakei war, die Brünings Absturz herbeiführten, um Hitlers Aufstieg zu bewirken.[210] Man kann die Entscheidung zwischen beiden Varianten schlecht treffen, ohne die passenden britischen Akten gesehen zu haben, doch besteht wenig Aussicht, daß dies je der Fall sein könnte: Der Aktenbestand von MI6 bleibt Staatsgeheimnis und der des Vansittart-Zentralagenten Malcolm Christie wurde bis zur Unkenntlichkeit verstümmelt.[211]

So kann man nur Mutmaßungen anstellen, mit welcher Zielsetzung die Deutschlandhasser des F.O. bei Brüning ansetzten.[212] Was war Brünings Rolle in diesem Schurkenstück? War er ein Agent der Briten, der zum Glück in seiner politischen Laufbahn scheiterte? Man kann dies mit hoher Wahrscheinlichkeit ausschließen. Eine Analyse scines weiteren Lebensweges und der Vergleich mit einem parallellaufenden Lebensweg seines politischen Kompagnons Gottfried Treviranus nötigen zu dieser Feststellung. Brüning entkam den anstehenden Verfolgungen des NS-Regimes, als dieses 1934 der Zentrums-Partei nicht mehr bedurfte, und entfloh nach Großbritannien. Von dort entkam er in die USA, wo er zunächst als Landwirt seinen Lebensunterhalt zu verdienen suchte. Hier in den USA ist er gestorben. Alle Versuche, ihn dauerhaft in einen der Emigrantenzirkel einzubinden, oder gar als Galionsfigur auf einen der grellbunten geheimdienstlich gesteuerten Propagandakarren zu setzen, scheiterten. Büning lehnte definitiv ab.[213]

Ganz anders sein politischer Weggenosse Gottfried Treviranus: Der ehemalige Marineoffizier hatte nach seiner Entlassung seinen Weg in die Politik eingeschlagen. 1924 bis 1932 saß er für diverse konservative Parteien im Reichstag. Unter Reichskanzler Brüning war er Reichsminister für die besetzten Gebiete, dann Minister ohne Portefeuille und schließlich Verkehrsminister. War Treviranus bei seiner rasanten Kariere auch heimlich den Briten dienlich? Seine Überwachungsakte bei MI5 weist aus, daß der Geheimdienst bald nach dem Ende des Ersten Weltkriegs bei ihm ansetzte.[214] Sorgsam spähte MI5 seine Kontakte aus.[215] Überwachung ist nicht Lenkung, doch es springt ins Auge, wie es mit Treviranus weiterging. Er mischte an der Reichsspitze jahrelang mit, bis er bei den Wahlen vom 31. Juli 1932 sein Mandat verlor. Er fiel weich, um es milde zu sagen, denn er wurde Direktor der deutschen Niederlassung der tschechischen Schuhkonzerns Bata.[216] Das liest sich nur für den harmlos, der es für selbstverständlich erachtet, daß ein deutscher Quereinsteiger bei einem tschechischen Armeeausrüster seine Brötchen verdient. In den Zeiten von Massenarbeitslosigkeit pflegten Wunder dieser Art rar zu sein.

Treviranus' bevorzugter Kontaktmann war der Engländer John Wheeler-Bennett, der unter dem Deckmantel eines Auslandskorrespondenten in Deutschland in Diensten von Van's Circus stand.[217] Seine Rolle dort war zum einen die Nachrichtenbeschaffung und Einflußnahme in Deutschland und zum andern die Einflußnahme in Großbritannien, wo er seine publizistischen Bemühungen darauf konzentrierte, seinen Landsleuten das schlechte Gewissen wegen der Erpressung von Versailles auszureden.[218] Im Sommer 1934 versorgte Wheeler den bedrohten Treviranus mit echten Falschpapieren, mit denen dieser heimlich aus Deutschland ausreiste.[219] Sie lauteten auf den Namen Church und gehörten, bevor sie amtlich verfälscht wurden, dem Major Archibald Church, den wir soeben als ehrenwertes Mitglied in Van's Circus kennengelernt haben. Treviranus benutzte diesen falschen britischen Paß auch später noch.[220]

Es ist auffällig, mit welcher zuvorkommenden Selbstverständlichkeit die Briten 1934 den Flüchtling Treviranus bei sich aufnahmen, andere politische Emigranten aus Deutschland haben diesen Komfort nicht kennengelernt. Auch erlaubten sie ihm ohne die üblichen Umschweife die Aufnahme einer beruflichen Tätigkeit, und als es wegen der illegal nachgefolgten Treviranus-Tochter Ärger mit den britischen Innenbehörden gab, tauchte ein geheimnisvoller Mr.

X aus den Kulissen auf, der alles in Ordnung brachte. Ja, Treviranus war der britischen Kriegspartei unter Vansittart höchst wertvoll. „Van" stellte für Treviranus die persönliche Verbindung zu den seinerzeit ins Abseits geratenen anti-deutschen Konservativen Winston Churchill und Anthony Eden her. Was genau Treviranus in deren Auftrag trieb, läßt sich kaum exakt rekonstruieren. Vermutlich hat er ein Kontaktnetz ins Reich hinein unterhalten, zumindest weist seine MI5-Überwachungsakte zahlreiche Ausreisen aus Großbritannien und Wiedereinreisen aus, die im Gegensatz zu normal sterblichen Deutschen völlig problemlos über die Bühne gingen.

Wann dieses Tun der Gestapo zum ersten Mal aufstieß, läßt sich nicht mehr sagen.[221] Fest steht lediglich, daß Treviranus Ende der 1930-er Jahre ausgebürgert wurde. Mit Beginn des Zweiten Weltkriegs reiste er im Auftrag des britischen Auslandsdienstes in die USA, um die Amerikaner im Sinne eines Kriegseintritts gegen Deutschland zu beeinflussen. Nach der Rückkehr von dieser Mission traf Treviranus 1940 auf die von Churchill eingeleitete Aktion, alle Deutschen ohne viel Federlesens als unerwünschte Ausländer in Konzentrationslagern einzusperren. Treviranus entging dem. Er war für die Briten viel zu wertvoll und wurde deshalb zu Zwecken der Beeinflussung erneut über den Atlantik entsandt, diesmal nach Kanada. In Nordamerika diente er dann auch dem US-Dienst OSS,[222] bis er von einem deutschen Konkurrenten in der Gunst der Amerikaner durch Ausstreuen von Indiskretionen zu Fall gebracht wurde.[223]

Die Ausbeute des Falls Brüning-Treviranus-Vansittart bleibt unbefriedigend, solange handfeste Belege fehlen. Das betrifft nicht nur die britischen Akten, sondern auch die deutschen. Allein die Sonderfahndungsliste GB des Reichssicherheitshauptamtes, auf der Treviranus ausgeschrieben wurde, weist aus, daß die deutschen Dienste und Polizeibehörden mindestens sechs Personenakten zu dem ehemaligen Reichsminister angelegt hatten. Daß diese Akten nach dem Krieg verschwunden sind, versteht sich.

Nutznießer dieses klandestinen Spiels waren die Kriegsfreunde rund um Winston Churchill. Sieht man in dessen Memoiren, so schwant einem nichts Gutes, denn hier sind nicht Vansittart & Co die Verschwörer, sondern es ist Brüning selbst, dessen angeblicher monarchistischer Putsch im letzten Moment durch den greisen Reichspräsidenten von Hindenburg verhindert wurde, so daß Brüning sodann gestürzt werden konnte.[224]

Ein leibhaftiger Reichsminister als erstrangiger Zuträger, sein Anbahner und sein Führungsagent: Gottfried Treviranus (links) stand frühzeitig unter Kontrolle der britischen Dienste und zudem im Verdacht, sich als deren Einflussagent zu verdingen. Der Labour-Abgeordnete und Ex-Major Archibald Church fädelte die Verbindung ein. Der in Berlin lebende Historiker John Wheeler-Bennett (rechtes Foto: National Library of Australia) besorgte die Falschpapiere für die Flucht von Treviranus aus Deutschland. Wheeler war eine der markantesten Figuren im Propagandakrieg gegen Deutschland, später nutzte er seine dienstliche Stellung, um die britischen Akten hinsichtlich einschlägiger Deutschland-Kontakte während der Vorkriegszeit zu bereinigen.

Untergejubelt: William de Ropp und Frederick Winterbotham

Im breitgefächerten Spionage- und Einfluß-Spektrum schießt der Agent William de Ropp den Vogel ab.[225] Er lieferte dem deutschen Diktator gezielt die entscheidenden Falschinformationen über das zu erwartende britische Verhalten im Falle eines deutschen Angriffs auf Polen: Man würde zusehen.

Ropp war nach dem Ersten Weltkrieg angeblich die einzige

Agentenquelle des britischen Auslandsdienstes MI6, die dieser sich in den 1920-er und 1930-er Jahren zum Einholen politischer Informationen in Deutschland leisten mochte.[226] Doch das ist Desinformation,[227] die davon ablenken soll, daß Ropp bereits in den 1920-er Jahre in der sich bildenden NSDAP mit seinem dort frühzeitig an prominenter Stelle agierenden baltendeutschen Landsmann Alfred Rosenberg eine enge Informationsbeziehung anbahnte, die von britischer Seite in den folgenden zwei Jahrzehnten zu Spionage- und Beeinflussungszwecken genutzt worden ist.

Rosenberg erkannte die wahren Zusammenhänge nicht. Er notierte in einem Rechenschaftsbericht aus dem Jahre 1935:

> *Die Versuche in England Menschen zu finden mit dem Bestreben, die deutsche Bewegung zu begreifen, gehen in das Jahr 1929 zurück. Unser englischer Mittelsmann R[opp] in Berlin ermöglichte dann 1931 meine erste Reise nach London. Dort konnten eine Anzahl Verbindungen aufgenommen werden, die bisher auch praktisch für eine deutsch/englische Verständigung gut auswirkten. Hier war es in erster Linie Geschwaderchef W[interbotham], Mitglied des Fliegergeneralstabs, der von dem Bewußtsein durchdrungen war, daß Deutschland und England gemeinsam zusammen gehen mußten in der Abwehr der bolschewistischen Gefahr.*[228]

Der als Geschwaderchef bezeichnete Mann war zwar ein ehemaliger britischer Fliegeroffizier, Frederick Winterbotham, aber zu der Zeit, als Rosenberg ihn durch die Vermittlung von Ropp kennenlernte, war er Sektionschef bei MI6 und anti-deutscher Hardliner, zuständig für die Luftwaffenspionage.

Rosenberg ahnte von dem allen nichts. Im Gegenteil, er nahm an, daß er eine Art geheimdienstlicher Dienstherr des Duos war,[229] das in Wirklichkeit alles in seiner Macht stehende unternahm, um den Deutschen abzuschöpfen und mit Desinformation zu füttern. Ropp behauptete, daß im britischen militärischen Establishment, ganz im Gegensatz zu der in England veröffentlichten Meinung, die Bereitschaft, gegen Deutschland in einen Krieg einzutreten, gegen Null tendiere, und sich die britische Regierung bestenfalls zu einem vorgespiegelten Kriegseintritt herbeilassen werde, um bei nächster passender Gelegenheit aus der Sache wieder auszusteigen.

Ropps vermeintlicher Führungsmann Alfred Rosenberg fertigte über diese frohe Kunde einen Aktenvermerk an, den er seinem Führer vorlegte. Er schrieb:

> *Offiziere des Fliegerkorps sind der Meinung, daß es „absurd ist, wenn sich Deutschland und Großbritannien wegen Polen in einen Kampf auf Leben und Tod einlassen. Wie die Dinge liegen, könne das nur eine Zerstörung der europäischen Zivilisation bedeuten, welche Rußland mit intakten Streitkräften als einzigen Nutznießer übriglasse." Je schneller die totale Beseitigung Polens gehe, desto besser. „Das Britische Empire und Deutschland könnten nicht ihre Existenz für einen Staat aufs Spiel setzen, der sich praktisch selbst beseitigt habe.'*[230]

Diese Nachrichten erreichten nach Rosenbergs Tagebuchangaben[231] den deutschen Diktator, der derartiges gerne hörte, weil es mit seinen eigenen Ansichten über die mangelnde britische Kampfentschlossenheit korrespondierte. Daß Hitler sich irrte, ist bekannt. Die Ropp-Winterbotham-Geschichte erhält durch den Umstand besondere Schärfe, daß die Verursacher dieser Meldung aller Wahrscheinlichkeit nach diesen Irrtum erzeugen helfen wollten. Hitler irrte sich, weil er bewußt aufs Glatteis geführt wurde. In englischsprachigen Darstellungen wird diesem Sachverhalt meist ausgewichen:[232] Das bei Ropp zu rekonstruierende britische Verhalten habe in etwa der Politik des britischen Premiers Chamberlain entsprochen,[233] dem erst ein Winston Churchill habe auf die Sprünge helfen müssen. Doch das ist Nachkriegs-Latein.

In Wirklichkeit gab es eine direkte Verbindung zwischen den Geheimdienst-Desinformanten und Churchill. Das Zwischenglied zwischen Ropp und Winterbotham war Desmond Morton.[234] Die persönliche Anbindung der beiden Geheimdienstler Morton und

Winterbotham war so eng, daß beide, unmittelbar nach Churchills Amtsantritt als Premier auch offiziell in dessen unmittelbare dienstliche Umgebung einrückten: Morton als eine Art Geheimdienst-Koordinator und Winterbotham als Churchills persönlicher Verbindungsmann zur britischen Entzifferungsbehörde GC&CS[235] in Bletchley Park.[236]

5. Kapitel

Der Mann mit dem Schirm – Die Regierung des Neville Chamberlain

Manch ein Geschichtserzähler erweckt den Eindruck, als betrete der britische Premierminister Neville Chamberlain erst 1938 bei der Tschechen-Krise die Bühne der Weltpolitik, um dann im Frühjahr 1940 schmählich abzutreten.[237] Das wenig schmeichelhafte Bild des Feiglings mit dem Regenschirm, der sich von einem deutschen Diktator schulmeistern läßt, beruht vor allem auf der Sicht seiner beiden ärgsten Feinde: Es ist die Sicht von Hitler[238] und Churchill.[239] Die jetzt zu schildernden Fakten lassen ein anderes Bild erahnen.

Das Hauptproblem, mit dem dieser britische Premier seine gesamte Amtszeit über zu kämpfen hatte, war weniger die Außenpolitik, sondern die innerbritische Parteipolitik. Chamberlain war ein ehemaliger Geschäftsmann und galt als kühler Rechner. Er war erst spät zur Politik gestoßen und hatte mehrere Regierungsämter mit Erfolg hinter sich gebracht, bevor er im Mai 1937 an die Spitze der Konservativen und der britischen Regierung vorstieß. Ihn trieb der Wille, sein Land aus kriegerischen Konflikten herauszuhalten, weil er der Auffassung war, ein solcher Krieg würde England das Empire kosten.[240] Sein Konzept beruhte auf dem Versuch, internationale Unruhestifter durch Vereinbarungen so einzubinden, daß der Friede gewahrt werde, weil die erzielten Vereinbarungen allgemein akzeptable Ziele enthielten.

Diese Politik nannte man Appeasement, was damals kein Schimpfwort war, doch war diese Politik innerhalb der regierenden konservativen Partei in zweifacher Weise umstritten. Die einen argumentierten moralisch. Ihnen erschien es unerträglich, mit Leuten, die man für unanständig hielt, Vereinbarungen zu schließen. Die anderen dachten imperialistisch. Für sie kam im Umgang mit Deutschland nur die Sprache der Waffen in Frage. Für beide Denkschulen gab es namhafte Vertreter, für die moralische Variante beispielsweise Anthony Eden, der seinen Kabinettsposten als Außenminister schließlich räumen mußte. Für die Schlagdrauf-Variante stand Winston Churchill, der nach dem schmählichen Abgang von 1929 nicht erneut mit einem Ministeramt bedacht worden war, mochten er und seine Fans hierfür auch noch so sehr die Reklametrommeln rühren.

Die Kontrahenten belauerten einander. Der britische Premier ließ seine Gegner durch ein Informationsbüro ausspähen, das der Parteizentrale der britischen Konservativen angegliedert war, das *Conservative Research Department*.[241] Dessen Leiter war seit 1927 der Ex-Geheimdienstler Major Sir Joseph Ball, ein zwielichtiger Charakter.[242] Anfangs ganz mit der Ausspähung von Labour und mit Anti-Labour-Kampagnen beschäftig, änderte Ball in den 1930-er Jahren seine Angriffsrichtung, als er nun auch die Abweichler vom Mainstream innerhalb der Konservativen, wie Churchill und Eden, ins Visier nahm. Über deren Volten informierte er den Premier.[243]

Ball traf auch die Auswahl, als es darum ging, den Premier mit einem Kurier auszustatten, der dessen persönliche Botschaften zum französischen Ministerpräsidenten Edouard Daladier transportieren sollte, weil Chamberlain den Hardlinern aus dem Foreign Office zutreffend unterstellte, seine Politik zu hintertreiben. Wenn man diesen Auserwählten betrachtet, kann man ein Lachen kaum unterdrücken, denn es war der Cambridge-Zögling Guy Burgess. Verrückter ging es kaum, denn dieser Musterknabe aus den Boy-Groups der britischen Establishment-Schulen diente allerlei Geheimdiensten, und nicht nur denen Seiner Majestät, vor allem aber diente er seinen eigenen homoerotischen Trieben.

Eine Liebesbeziehung von Burgess mit dem älteren Mitschüler Anthony Blunt verschaffte ihm Zugang zu dem elitären Apostels Club in Cambridge, der aus dem Hintergrund von einem Mann namens Edward Marsh dirigiert wurde. Sir „Eddi“ schätzte es, stets von jungen attraktiven Männern umflattert zu werden, denen er zum Dank für stattgehabte Dienste zum Start ins Establishment verhalf. Dafür hatte er alle Voraussetzungen, denn er war der Privatsekretär von Winston Churchill viele Jahre hindurch, in denen Churchill ein Ministeramt innehatte.[244] Hier biß sich, wenn man so will, die Katze in den Schwanz, denn anstatt dem Premier exklusiv als Kurier zu dienen, sorgte Burgess dafür, daß Chamberlains innerparteiliche Gegner auf dem Laufenden blieben.

Zu Bett mit jedermann und der kleine Unterschied: Links das britische Propagandaplakat, das vor der Ausspähung durch die männermordende deutsche Agentin warnt („Halts Maul, sie ist nicht so doof!"), rechts die peinliche Wirklichkeit, der britische Vielfach-Agent Guy Burgess. Man beachte die Ähnlichkeit der Körperhaltung auf beiden Abbildungen.

Damit immer noch nicht genug. Burgess nutzte seine dienstliche Position, um sein französisches Gegenüber auszuforschen und nach Möglichkeit fremdzusteuern. Hierzu ging er ein Liebesverhältnis zu dem engsten Vertrauten des französischen Ministerpräsidenten Daladier ein. Dieser Mann hieß Edouard Pfeiffer, ein Radikalsozialist. Trittbrettfahrer dieses kruden Geschäfts war der britische Auslandsdienst MI6, denn dieser hatte durch die Hintertür, pardon, den Tausendsassa Burgess als Agenten angeheuert, damit er den

Herren des Foreign Office über seine Tätigkeit als Kurieragent des Premiers Bericht erstattete.[245]

Wem es jetzt immer noch nicht verrückt genug ist, der möge in Gedanken addieren, daß Burgess noch bei weiteren Gegnern des Premiers im Beamtenapparat[246] im Solde stand und, um dem Ganzen die Krone aufzusetzen, auch noch beim sowjetischen Geheimdienst NKWD unter Vertrag genommen war.[247]

Irrungen Wirrungen: Versuche des Foreign Office, den Premier zu überspielen, und dessen Bemühen, dem auszuweichen, nebst einigen Bemerkungen über den Zwischenträger Fritz Hesse

Wer sich mit der Willensbildung Hitlers zur Auslösung des Krieges gegen Polen und seiner Annahme befaßt, England werde ihn gewähren lassen, stößt auf einen Journalisten namens Fritz Hesse. Der hatte, wie es nicht unüblich war, eine doppelte Stellung inne: Er war der Vertreter des Deutschen Nachrichtenbüros (DNB) in London und zugleich Pressebeirat an der deutschen Botschaft. Hesses Doppelfunktion berechtigte ihn einerseits, an den Pressekonferenzen der britischen Regierung als Hauptstadtkorrespondent teilzunehmen, und verpflichtete ihn zudem, der deutschen Botschaft einen Presselagebericht zu erstatten.

Hesse hat bald nach dem Zweiten Weltkrieg ein Erinnerungsbuch verfaßt,[248] in welchem er geschildert hat, wie er sowohl von der britischen als auch der Reichsregierung in vertraulicher Verhandlungsmission seit 1938 verwendet wurde. Das geschah in dichter Form in den entscheidenden Augusttagen 1939 bis hin zum Abend des 2. September 1939, also Stunden bevor England gegen das Deutsche Reich in den Krieg eintrat.

Das Buch erschien 1953 zunächst in einem renommierten Verlagshaus, und fortan war die junge Nachkrieg-Geschichtswissenschaft in Westdeutschland damit befaßt, das Hesse-Buch als Unsinn abzutun. Mit Fleiß wurden die von Hesse genannten Daten überprüft und für unzutreffend erklärt.[249] Hesse wurde in die zu verurteilende Schar der Nazi-Apologeten einsortiert, und folgerichtig erschien eine überarbeitete Neufassung des Hesse-Buches sechsundzwanzig Jahre später in einem einschlägig beleumdeten Verlag.[250] Indessen: Hesses gestrenge Richter hatten ihr Urteil ohne Kenntnis der britischen Akten abgefaßt. Mit der Zeit kamen etliche Dokumente ans Licht, die eines mit Sicherheit belegen: Hesse bewegte sich tatsächlich als *go-between*[251] zwischen den Frontlinien der deutschen und britischen Spitzenpolitik.

Sieht man Hesses Rolle in diesem Licht, so wird seine autobiographische Schilderung eine eigenwillige Quelle. Es sind zudem die Auslassungen eines Mannes, der sich müht, seinen Botendienst zur Rolle eines Machers hochzujubeln. So etwas soll es auch in anderen Autobiographien geben. Hesses Aussagen sind insofern von Reiz, als hier einer die Innensicht der Spitzenclique des NS-Regimes zum Ausbruch des Krieges schildert – mit all den Lügen und Selbstbetrügereien und dem Schön- und Schlechtreden der deutsch-britischen Beziehungen. Natürlich gibt es auch etliche Abweichungen hierzu, sonst wäre das Buch nicht das eines Machers – immer nach dem Motto: dies oder das habe ich dem Führer auch sagen lassen, aber man hat nicht auf mich hören mögen.

Nun zu den Briten. Sie hatten in den 1930-er Jahren eine dichte Post- und Telefonkontrolle gegenüber Deutschen auf britischem Boden etabliert.[252] Ergänzt bzw. gekrönt wurden diese Maßnahmen durch die Überwachung der ausländischen Botschaften in London, an deren Spitze erneut die deutsche Vertretung.

Am 28. November 1938 suchte ein Offizier des britischen MI5 den Unterstaatssekretär im F.O., Alexander Cadogan, auf, um ihm die beunruhigende Mitteilung zu machen, daß ein unmittelbarer Mitarbeiter des Premiers von dessen Amtssitz aus in regem Informationsaustausch mit dem deutschen Botschaftsmitarbeiter Fritz Hesse stehe.[253] Hesse sei der Mittelsmann des Außenministers von Ribbentrop und habe diesen zuletzt dahingehend unterrichtet, daß

Großbritannien Deutschland im Jahr 1939 alles das geben würde, wonach es verlange.

Cadogan vermied es, seinem Tagebuch anzuvertrauen, *wer* denn der verdächtige Landsmann sei. Vielleicht schrieb er es auch auf, aber der Herausgeber der Tagebücher ließ die Stelle weg, weil ihm die Nachricht zu ungeheuerlich erschien. Es ging um Sir Horace Wilson, den Leiter der Zivilverwaltung des Britischen Empire und engsten dienstlichen Vertrauten des Premiers. Da sträubte sich offenbar Cadogans Feder. Ganz ähnlich ging es den Archivaren Ihrer Majestät, als sie zur Jahrhundertwende die Fallakte Fritz Hesse des MI5 offenlegten. Den Namen des britischen Vorkriegskontakts von Hesse tilgten sie schamvoll-diskret.[254]

Cadogan leitete das Unerhörte über den Außenminister an den Premier persönlich weiter. Deren Reaktion kann nicht besonders erfreut gewesen sein, denn es handelte sich hier nicht um einen beklemmenden Fall von Geheimnisverrat aus No. 10 und 11 Downing Street, sondern darum, daß der britische Premier einen Kontakt zwischen seinem Pressesprecher Stewart und Hesse dazu genutzt hatte, um nach seinem Belieben durch seinen engsten Vertrauten innerhalb der britischen Spitzenverwaltung, Horace Wilson, Nachrichten an die deutsche Reichsleitung zu formulieren und abfließen zu lassen.

Das Aha muß ein vielfältiges gewesen sein. Der Außenminister bekam mit, daß der Premier heimlich ein eigenständiges außenpolitisches Spiel spielte. Der Premier bekam mit, daß der Außenminister es mitbekommen hatte, und er mußte zur Kenntnis nehmen, daß seine Konfidenten in eine nachrichtendienstliche Falle getappt waren, die offensichtlich auch dann arbeitete, wenn es sich um den eigenen Premierminister handelte. Hier wurde mit harten Bandagen gekämpft. Telefonüberwachung des Premiers? Kein Problem, kein Zufall und auch keine zufällige Notwendigkeit. Wie ein roter Faden ziehen sich die Beispiele durch die britischen Quellen.[255] Sie werden mit dem Deckmäntelchen umhüllt, *man* habe schließlich feststellen müssen, ob der Premier nicht wieder in die falsche Politik des Appeasements zurückfalle. Doch wer gab „man" eigentlich das Recht hierzu, und was hat das mit der vielgepriesenen britischen Demokratie zu tun? Nichts, denn es ging um Macht.

Wie eine Spinne im Netz saß der Ständige Unterstaatssekretär des F.O., Alexander Cadogan, im Zentrum der Macht und lenkte die Aktionen gegen Leute, die er für untragbar hielt. Ausweislich seiner Tagebücher handelte er dabei noch kaltschnäuziger als sein Amtsvorgänger Robert Vansittart, den etliche zu Unrecht immer noch für den Macher hielten. Nein, die Graue Eminenz war Cadogan. Er notierte:

> *Ging zu Horace Wilson wg. der Telefonüberwachung, die so aussieht, als übe sich Nr. 10 erneut in ‚Appeasement'. Er führte alle Sorten von Entschuldigungen an, denen ich keine Beachtung schenke. Es ist eine gute Sache, ihnen zu zeigen, daß wir sie im Blick haben.*[256]

Doch im Gegensatz zu seinem Amtsvorgänger war Cadogan kein Churchillianer, und das aus dem schlichten Grund, weil er Winston, wie er ihn respektlos nannte, für unfähig hielt.[257] Seine Haltung zu Chamberlain war hingegen ambivalent,[258] was ihn jedenfalls nicht hinderte, den Außenminister spätestens seit München ständig gegen den Premier in Stellung zu bringen und auch diesen überwachen zu lassen.[259]

Doch zurück zu dem von MI5 gegen Horace Wilson und Fritz Hesse geäußerten Verdacht. Es ging um den Ausverkauf der britischen Interessen, denn die Meldung, Hitler könne bei den Briten, sprich: Chamberlain, 1939 alles das bekommen, was er verlange, bedeutet genau dieses. Doch es ist nicht klar, was die Leute von MI5 kolportierten. Eine eins-zu-eins-Wiedergabe eines Gespräches Wilsons mit Hesse, kann man angesichts des behaupteten Inhalts ausschließen. Es gibt keinen vernünftigen Anhaltspunkt, daß der als ausgefuchster Verhandler geschilderte Wilson sich derartig idiotisch und unenglisch eingelassen haben könnte. Bleibt eine Variante: Hesse brüstet sich mit einer scheinbaren Aussage Wilsons gegenüber einem Dritten. Aber auch das erscheint extrem unwahrscheinlich. In diesem Fall dürften Hesses Buchnotate unüberwindliche Zeugnisse sein, denn hätte er tatsächlich mit Wilson oder mit seinem deutschen Auftraggeber in der fraglichen Art gesprochen, das hätte er uns nach dem Krieg mitgeteilt. Doch er hat nichts dergleichen geäußert.

Frischer Lachs vom Premier: Premier Neville Chamberlain geht im Krisensommer 1939 zum Fliegenfischen aufs Land. Seinem Staatssekretär im F.O., „Alec" Cadogan (rechts), schickt er einen selbstgeangelten Lachs nach London, während dieser trickreiche Hardliner heimlich die entscheidenden Weichen für den Krieg gegen Deutschland stellt, wie er seinem Tagebuch anvertraut.

Das bedeutet, MI5 nutzte die Gelegenheit, den Außenstaatssekretär Cadogan über ein Telefonat zu unterrichten, indem der Dienst die Erkenntnisse über das Das mit einer Erfindung über das Was anreicherte. Fragt man nach dem Grund, so gibt es zwei mögliche Antworten: Dummheit oder Intrige. Das Letztere ist wahrscheinlich und so ist es mehr als verständlich, daß britische Aktenbewahrer den Namen des Informationsgebers vernebelt haben.

Noch einmal zurück zu Hesse. Biografische Selbstzeugnisse und Aktenlage stimmen insofern überein, als die Berichterstattung von Hesse 1939 einen erstaunlich klaren Standpunkt zur möglichen Haltung Englands bezüglich seines Kriegswillens aufweist. Dieser

Planung und Aufbaugliederung 1937-39
Ministry of Economic Warfare
MEW
(urspr. Ministry of Blockade)
Sir Hughe Knatchbull-Hugessen (Leiter des Aufbaustabs)
Sir George Mousey (ständiger Unterstaatssekretär)

Plans & Coordination	Foreign Relations	Prize	Financial Pressure	Legal	Establishment	Intelligence
Frank Ashton-Gwadkin	Maurice Ingram	Charles Dexter	N.N.	Gerald Fitzmaurice	Sir William Robinson	Desmond Morton

Intelligence Group A	Intelligence Group B
Enemy Countries	Enemy Trade
Commodity Intelligence	Rationing
Neutral Countries	Black List
Liasion and General	Prize Court

Teil seines Tuns war, anders als bei anderen, nicht vom Wunschdenken zugekleistert, und anders als andere traute er sich auch, derartig unbequeme Nachrichten zu melden.

Um seine Erkenntnisse an entscheidender Stelle an den Mann zu bringen, nutzte Hesse seine Zwitterstellung, die es ihm ermöglichte, an der deutschen Botschaft vorbei als Leiter des DNB Meldungen ins Reich abzusetzen, von denen er wußte, daß Hitler dergleichen las. Hesses Adressat war in diesen Fällen Walter Hewel, der Verbindungsmann des AA in der Reichskanzlei. Hitlers Heeresadjutant Engel notierte am 27. August 1939 in sein Tagebuch:

Bin wieder bei O[ber]B[efehlshaber des Heeres von Brauchitsch] und unterrichte ihn über den Gang der Ereignisse in der Reichskanzlei. Dort ist ein völliges Durcheinander. Gestern war ein Zusammenstoß mit [Ribbentrops Verbindungsmann] Hewel, mit dem [der] F[ührer] wetten wollte, daß die Engländer auch im Kriegsfalle mit Polen nicht in den Krieg eingreifen würden. Hewel widersprach auf das heftigste und sagte wörtlich: „Mein Führer unterschätzen Sie die Briten nicht. Wenn die merken, daß es einen andern Weg nicht mehr gibt, dann sind die stur und gehen ihren Weg. Ich glaube, ich kann das besser beurteilen als mein Minister." [Der] F[ührer] war sehr verärgert und brach das Gespräch ab.[260]

Der Eintrag zeigt, daß Hesses Behauptung, er habe seine Berichterstattung als Korrespondent auch dem Hitler-Vertrauten Hewel auf dessen Wunsch unmittelbar zugeleitet, wahrscheinlich richtig ist. Seine Informationen wären dann in der Tat dort gewesen, wo sie hinsollten.

Das alles macht aus Hesse keinen sog. Widerständler. Zum Glück hat er das entgegen so vieler anderer aus dem Auswärtigen Amt nie von sich behauptet. Der Fall Hesse ist vielmehr der Beleg dafür, daß etlichen Deutschnationalen der Machtantritt Hitlers als eine begrüßenswerte Alternative zur Weimarer Republik erschien und daß viele, die eigentlich ganz anderen Sinnes waren als Hitler und seine Clique, sich von den neuen Machthabern vereinnahmen ließen.

Vor allem aber ist der Fall Hesse ein Beleg dafür, wie zäh der britische Premier versucht hat, die Politik der Nationalsozialisten im britischen Interesse zu beeinflussen. Dieses Tun war von der Erkenntnis bestimmt, daß ein neuerlicher Weltkrieg das Aus des Empires unrettbar einleiten würde. Chamberlain war es zu diesem Zweck recht, einen Nachrichtenkanal zu Hitler zu installieren, wohl wissend, daß er hierbei innenpolitisch auf des Messers Schneide wandelte. Willig und von der Richtigkeit seiner Mission überzeugt, sorgte Hesse für den Transport der Informationen. Chamberlains

Tragik ist es, daß seine Botschaften zwar ankamen, aber nicht gehört wurden.

Deutschland ruinieren: Das Ministerium für wirtschaftliche Kriegführung (MEW) sowie einige Bemerkungen über die Bemühungen von MI6, Hitlers Stimme zu imitieren

Im Jahre 1937 begannen in London die Arbeiten an einem Kriegsinstrument besonderer Art.[261] Die Rede ist vom Ministerium für Wirtschaftskriegführung (Ministry of Economic Warfare – MEW). Es wurde zunächst nur auf dem Reißbrett eingerichtet,[262] wo es anfänglich Blockadeministerium (Ministry of Blockade) hieß. Das war ein Name, der deutlich macht, daß die anti-deutschen Kriegsplaner an das anknüpften, was sie schon einmal im Ersten Weltkrieg und noch darüber hinaus mit Nachdruck betrieben hatten.

Ab Ende der 1920-er Jahre fanden über den Transmissionsriemen Desmond Morton dieselben barbarischen Vorstellungen erneut Eingang in die britischen Kriegsplanungen. Die Akten des MEW geben hierüber Auskunft.[263] Doch beim Aushungern mochte man es nicht bewenden lassen. Ein wirtschaftlicher Kollaps sollte erzwungen werden. Deutschlands Wirtschaft sei von der Zufuhr von Rohstoffen und Brennmaterial abhängig.[264] Also würde man diese Adern, durch die Lebensmittel, Eisenerz und Öl ins Land gepumpt wurden, einfach durchtrennen müssen. Wie sich die Planer einer Wirtschaftskriegsführung das Management ihrer Absichten vorstellten, ist aus einem einschlägigen Organigramm des Jahres 1937/38 ablesbar. Der Leser mag bei dessen Betrachtung bemerkenswert finden, daß neben der Aufgabenverteilung bereits eine Besetzung der leitenden Funktionen stattgefunden hatte.

Es blieb nicht bei der Theorie. Anfang des Jahres 1938 fiel den Verantwortlichen auf, daß England über keinen professionellen Sabotageapparats verfüge, um den Wirtschaftskrieg gegen Deutschland in die Tat umzusetzen. Jetzt bekam es einen. Die offizielle Geschichte von MI6 vermeldet lapidar, daß dessen Chef Hugh Sinclair in der ersten Hälfte des Jahres 1938 die Gründung der Sektion IX anordnete,

> *um Sabotage und andere verdeckte Operationen zu planen, vorzubereiten und wenn nötig auszuführen.*[265]

Chef dieser Sektion, intern auch D (Destruction = Zerstörung) genannt, wurde der Pionier-Major Laurence Grand.

Am 31. Mai 1938 unterschieb Grand ein grundlegendes Sabotagememorandum. Er schlug vor, Deutschlands Elektroversorgung lahm zu legen, Telefon- und Eisenbahnverbindungen zu kappen und die Lebensmittelversorgung der Bevölkerung zu unterbinden, indem man die Viehwirtschaft durch Pestbazillen irreparabel schädigte. Darüber hinaus plante Grand, die deutsche Moral durch das Ausstreuen von Gerüchten aus dem Gleichgewicht zu bringen. Hierzu sei es notwendig, in jeder Stadt eine Vertrauensperson mit einem automatischen Telephonanschluß zu gewinnen, über die dann Gerüchteketten ablaufen sollten. Er glaubte, daß hierfür die in Deutschland lebenden Juden das geeignete Personalreservoir bilden müßten.

MI6-Chef Sinclair zeigte sich einverstanden. Doch nachdrücklich wies er seinen Sabotagehäuptling an, zudem mit Schwerpunkt die Unterbindung der Eisenerzzufuhr aus Schweden und der Öltransporte aus Rumänien auf dem Donauwege einzuleiten. Section X justierte entsprechend nach. Am 1. Juni 1939 unterrichtete MI6-Chef Sinclair den britischen Unterstaatssekretär Cadogan über den Stand der Arbeiten zur Zerstörung der rumänischen Ölfelder. Cadogan gab für die Weiterführung der Sache grünes Licht.[266] Die Maßnahmen liefen an. Nebenbei: Zu diesem Zeitpunkt herrschte in Europa noch tiefer Frieden.

Auch im übrigen fanden die Bemühungen des Sabotage-Majors, verdeckte Kriegsmaßnahmen gegen Deutschland durchzuziehen, nicht nur auf dem Papier statt.[267] Man muß nur die einschlägigen

Quellen durchmustern, dann findet man einen gewissen Mr. Douglas, wohinter sich niemand anderer als Laurence Grand verbarg.[268] Folgt man diesem Mann mit der extrovertierten roten Nelke im Knopfloch nach 71 Chester Square in London, so betritt man den damaligen Dienstsitz des *Joint Broadcasting Committee* (JBC). An dieser noblen Adresse unweit von Buckingham Palace herrschte Grand als Leiter der anti-deutschen MI6-Propaganda.

Ausgestrahlt wurden die Sendungen ab 1938 durch Radio Luxemburg.[269] Doch nicht nur Deutschland war Zielland, sondern auch die USA. Das Einfiltern anti-deutscher Propaganda in die amerikanischen *networks* sei sogar Hauptzweck des JBC gewesen.[270] Der Mann, der dies nach dem Krieg behauptete, müßte es eigentlich wissen, denn er leitete diese Maßnahmen. Es war der MI6-Mitarbeiter und Sowjetspion Guy Burgess. Grand hatte diesen Vielfachagenten auf Empfehlung von dessen Intim-Freund, dem *upper-class*-Sproß und Politiker Harold Nicolson, installiert.[271]

Man mag es drehen und wenden wie man will, es waren die üblichen Verdächtigen aus den Kaderschmieden des Establishments, eng untereinander vernetzt, oft auch auf homosexueller Basis, die hier auf halsbrecherische Weise und ihrem Lustprinzip folgend, gegen Deutschland einen klandestinen Krieg führten, bis der echte Krieg, den sie auszulösen beabsichtigten, endlich da war. Heutige Geschichts-Retuscheure nutzen die Ausrede des nationalen Sicherheitsinteresses, um die zugehörigen Akten der beteiligten Behörden weiterhin unter Verschluß zu halten. Doch wie üblich bleiben Zufallsfunde. Sie befinden sich in den Aktenrudimenten des britischen Foreign Office[272] und des Ministry of Information (MOI),[273] welche die Nachkriegs-Vernichtungsorgien überstanden haben. Dort stößt man auf Emigranten aus Deutschland und Österreich, die sich, verständlich genug, der britischen Propaganda als Broterwerb verschrieben hatten. Werfen wir einen Blick auf zwei von ihnen, Paul Frischauer und seine Frau.

Die Frischauers waren seit 1934 in London und demzufolge nicht vor dem NS-Regime in Wien geflohen, denn das kam erst vier Jahre später ans Ruder. Sie heuerten bei der MI6-Propaganda-Tarnorganisation JBC an, um anti-deutschen Texte zu produzieren.[274] Eine Spezialität soll es dabeigewesen sein, Hitlerreden umzuarbeiten und dann durch Paul Frischauer als Stimmimitator eines Quasi-Hitlers zu verlesen. Diese Posse war keineswegs satirisch gemeint, sondern ein Versuch der Desinformation. Solcherlei Rollenspiel wäre eine eigene Geschichte wert,[275] sie kann hier nur angedeutet werden und soll mit dem Hinweis enden, daß die Eheleute 1940 als suspekte Personen von England nach Brasilien abgeschoben wurden, um dort das Team anti-deutscher Propagandisten zu verstärken.[276]

Deutschland mit Hilfe der dort ansässigen Juden zersetzen: Major Laurence Grand vom Royal Engineer Corps übernahm 1938 die neu gegründete Sektion D (IX) von MI6, um den deutschen Gegner durch Sabotage und zersetzende Beeinflussung zu schädigen. MI6-Chef Hugh Sinclair (Mitte) ordnete an, zusätzlich Maßnahmen zu ergreifen, um Deutschland von der Öl- und Erzzufuhr durch Sabotage abzuschneiden. Paul Frischauer (rechts) diente MI6 als Stimm-Imitator, um verfälschte Hitler-Reden zu verlesen.

Zurück ins Jahr 1938: Manch einem wäre es recht gewesen, neben der Propaganda sogleich mit handfestem Wirtschaftskrieg zu beginnen. So forderte der Spitzenpolitiker George Lloyd[277] am 17. Oktober 1938 bei einer Vorsprache im Foreign Office, 600.000

Tonnen Weizen in Rumänien aufzukaufen, um die deutsche Lebensmittelversorgung zu destabilisieren.[278] Pläne dieser Art wurden unter dem Stichwort eines Balkanblocks im britischen Kabinett diskutiert, aber wegen mangelnder politischer Realisierungsmöglichkeit letztlich abgelehnt.[279] Das bedeutet, der Weizenkrieg wurde nicht abgelehnt, weil er einer friedfertigen Politik zuwider lief, sondern weil er, so wie die Dinge entlang der Donau derzeit lagen, keine Realisierungschance hatte.

Aggressive Sammelbüchse: Das Netzwerk Focus und seine Aktivitäten, einen Krieg gegen Deutschland loszutreten, nebst einigen Anmerkungen zum Anti-Semitismus in Großbritannien und zur Neuerfindung von Winston Churchill

Bald nach der Machtergreifung von Hitler & Co machten einige prominente Briten auf die Gefahren des deutschen Anti-Semitismus öffentlich aufmerksam.[280] Das ist leicht nachzuvollziehen, denn die Diskriminierung von Juden in Deutschland fand in aller Öffentlichkeit statt.[281] Doch bald kamen Zweifel auf, denn was als moralische Verdammung des NS-Staates gedacht war, erzeugte eine ganz und gar unerwünschte Sogwirkung beim englischen Industrieproletariat.[282] Wie wenig man sich der Arbeiterschaft sicher sein konnte, zeigten die Massenversammlungen des britischen Faschistenführers Sir Oswald Mosley.

Bei solchen Perspektiven lag es fast nahe, in England bei der Anti-NS-Propaganda auf verdeckten Kampf umzuschalten. Zu diesem Zweck wurde ein konspiratives Netzwerk mit dem Namen *The Focus for the Defence of Freedom and Peace* gegründet.[283] Hauptzweck des Netzwerks war es, anti-deutsche mit anti-faschistischen Akteuren zusammenzuführten, deren im Prinzip unüberbrückbare Gräben einzuebnen und dem Präventiv- und Wirtschaftskrieg gegen Deutschland das Wort zu reden. *The Focus* vereinigte unter solchem kleinsten gemeinsamen Nenner Akteure, Helfer und Nutznießer aus fast allen politischen Lagern, die wenigsten davon allerdings von den regierenden Konservativen.[284]

Strippenzieher war Robert Vansittart, der überall dabei war, wo es Anti-deutsches zu deichseln galt, und mit von der Partie natürlich Winston Churchill. Man kann es auch so formulieren: W.C. wurde einer der lautstärksten Unterstützer eines Krieges gegen Deutschland, weil sich das für ihn bezahlt machte. Das darf man wörtlich auffassen, denn Churchill besaß seit der Weltwirtschaftskrise vor allem eines: Schulden. Durch sein Mittun im Sinne von *Focus* waren diese erst einmal neutralisiert und das Leben im Stile eines Landedelmannes wieder gesichert. Zudem gilt: Erst vermittels der konsequenten Unterstützung durch das Focus-Netzwerk begann für den stillgelegten Hardliner und Kriegslautsprecher Churchill das politische Comeback. Oder drastischer: Ohne die Aktivitäten von *Focus* hätte es vermutlich 1939 keinen Zweiten Weltkrieg gegeben, auf keinen Fall aber 1940 einen Kriegspremier namens Churchill.

Fragt man, wer diesen anti-deutschen Aufwand eigentlich finanzierte, gerät man in vernebeltes Gelände. Ein Mann namens Erich Spier hat nach dem Kriege den Finger gehoben und behauptet, er sei es gewesen.[285] Spier war in den 1920-er Jahren als Finanzmakler und wohl auch Grundstücksspekulant nach London gekommen. Dies als eine Emigration aus Deutschland zu bezeichnen, ist eher kühn. Doch so richtig glaubhaft klingen Spiers Bekundungen auch sonst nicht.[286]

Wenn man nach dem steuernden goldenen Zügel sucht, sollte man vor allem den Geheimfonds des tschechischen Außenministeriums im Auge haben. Auf das atemberaubende Hantieren des tschechischen Präsidenten Eduard Benesch wird noch einzugehen sein. Hier genügt der Hinweis, daß der aus seinem Land schließlich davongelaufene Benesch im Juli 1939 offizieller Gast des *Focus* war.[287] Es war die letzte Veranstaltung dieser Art, denn mit dem Kriegseintritt Großbritanniens hatte sich die selbstgewählte Aufgabe des *Focus* erledigt.

Bleibt der ironische Schlußpunkt, daß Eugen Spier, der Mann, der die Finanzdrehscheibe des *Focus* angetrieben hatte, im September 1939 in London festgenommen und als unerwünschter deutscher Ausländer für Jahr und Tag ins Konzentrationslager eingewiesen wurde.[288] Kein Churchill und kein Vansittart machten einen Finger für ihn krumm, denn von den Beteiligten mochte keiner an die dubiose Finanzierung ihrer anti-deutschen Aktivitäten erinnert werden.

Brachte Churchill an die Macht zurück und wurde im September 1939 ins Lager gesperrt: Der Börsenspekulant und Mit-Finanzier des Focus, Eugen Spier. Der steinreiche Spekulant Sir Henry Strakosch steckte Churchill 1938 die Kleinigkeit von 150.000 £ Sterling zu, damit dieser die Zwangsversteigerung seines Landsitzes abwenden konnte. Auch der Ex-Shell-Manager Robert Waley Cohen beteiligte sich heimlich mit bedeutenden Beträgen. Nutznießer war auch der Fälscher Henry Wickham Steed, der zugleich aus dem tschechischen Außenministerium finanziert wurde.

Nein, Spier war nicht der große Zampano hinter Churchill. Da gab es in der Londoner City ganz andere Kaliber. Robert Waley-Cohen zum Beispiel, er war einer der Chefs von Shell gewesen. Seine Unzufriedenheit mit den deutschen Fortschritten, Benzin aus Steinkohle zu gewinnen, könnte man nachvollziehen. In der englischsprachigen Literatur wird behauptet, er habe beim antideutschen Wohltätigkeitsbasar die Kleinigkeit von 50.000 £ springen lassen.[289] Es entbehrt nicht der Komik, daß der Shell-Anteilseigner Sir Henry Deterding zur nämlichen Zeit höchst eigennützige Geschäfte mit dem Deutschen Reich abwickelte.[290]

Den Vogel schoß indessen Henry Strakosch ab. Der Sohn österreich-ungarischer Einwanderer machte ein Vermögen mit Goldgeschäftsanteilen in Südafrika. 1938 sprang er ein, als Churchill so klamm war, daß die Zwangsversteigerung seines Landhauses in Chartwell anstand.[291] Seinen Winston zu stützen, ließ sich der Goldspekulant die Kleinigkeit von 150.000 £ kosten. Nur unverbesserliche Kritiker englischer Zunge haben in diesem Zusammenhang von Einfluß auf die Spitzenpolitik geredet.[292] Selbstverständlich handelte Strakosch völlig uneigennützig, allein im nationalen Interesse Großbritanniens[293] oder so, wie es bei superreichen Spekulanten seit Jahrhunderten gute britische Tradition war.

Focus sponserte nicht nur den Kriegstreiber Churchill, sondern auch ausgewiesene Anti-Semiten, wie den einstigen Spitzenjournalisten John Wickham Steed,[294] der dem Leser bereits als Kriegshetzer bei der *Times* aus der Zeit vor dem Ersten Weltkrieg bekannt ist.[295] Sein Anti-Semitismus wurde geduldet, solange er ihn hinter seinem Deutschenhaß einsortierte. Für Geld tut man vieles. Er wurde der Spitzen-Fälscher der Focus-Truppe. An dieser Stelle soll als Vorgeschmack sein Meisterwerk Erwähnung finden: Die von ihm fabrizierte Rede des deutschen Generalstabschefs Franz Halder kurz vor Kriegsbeginn, in der dieser im Kreis militärischer Fachleute die deutschen Weltherrschafts- und Eroberungspläne offenlegte.[296]

Impotenz: Großbritannien muß den Anschluß dulden, nebst einem kurzen Exkurs zur Geschichte Österreichs

Man schrieb den 15. März 1938. Der Heldenplatz in Wien war schwarz von Menschen.[297] Sie brüllten „Heil“, bis Hitler endlich ans Mikrophon trat.

> *Als der Führer und Kanzler der deutschen Nation und des Reichs melde ich nunmehr vor der Geschichte den Eintritt meiner Heimat in das Deutsche Reich.*[298]

So tönte es über den Platz, und die Leute johlten vor Begeisterung.

Die Republik Österreich, die zu existieren aufhörte, um die folgenden sieben Jahre als Ostmark Teil des Deutschen Reichs zu werden, bestand erst seit dem 12. November 1918. Sie war ein deutscher Rumpfstaat, den die siegreichen Alliierten aus der einstigen Donaumonarchie übrigließen. Das neue österreichische Parlament faßte sofort den Beschluß, den Anschluß an das Deutsche Reich zu vollziehen.[299] Doch so hatten die Sieger sich das nicht vorgestellt. Der Anschluß würde die Landmasse des Deutschen Reiches größer werden lassen als vor dem Krieg, deswegen wurde er umgehend verboten.[300]

Eifersüchtig achteten die Alliierten fürderhin darauf, jegliche Annäherung zwischen den beiden deutschen, nunmehr demokratisch verfaßten Staaten zu verhindern, selbst wenn es sich nur um drittrangige Zollfragen handelte. Dennoch gelang es nicht, die Fortexistenz einer starken Anschluß-Bewegung in Österreich zu unterbinden. Diese blieb eine dauernd wahrnehmbare innenpolitische Kraft. Doch beide Staaten entwickelten sich auch auseinander: Während die Weimarer Republik unter der Anschlägen ihrer Feinde von rechts und links hin und her schwankte, gelang es in Österreich den Kräften des politischen Katholizismus, die Macht zu erobern und zu behaupten, indem sie die demokratischen Instanzen allmählich ins Leere laufen ließen.[301] Dieser langgezogene Staatsstreich führte *de facto* zur Ersetzung der republikanischen Staatsverfassung durch einen klerikalen Ständestaat. Dieser überstand in den folgenden Jahren einen sozialistischen Aufstandsversuch und einen NS-gesteuerten Putsch.

Die Jahre danach war das deutsch-österreichische Verhältnis von Unauffälligkeit geprägt. Das änderte sich mit einem Schlag nach einem überraschend anberaumten Treffen beider Kanzler, Hitler und Schuschnigg, auf Hitlers Berghof am 12. Februar 1938. Viel Fragwürdiges ist darüber geschrieben worden. Doch eines ist mit Sicherheit falsch: Schuschnigg wurde nicht von Hitler auf den Berghof „einbestellt“,[302] sondern er fuhr freiwillig und sehr selbstbewußt. Das Zusammensein endete nach Tagesfrist mit beidseitiger Verärgerung und auf Schuschniggs Seite auch mit Furcht. Daß er aber an einen sofortigen Überfall durch die Wehrmacht geglaubt haben könnte, gehört ins Reich der Legende.[303] Österreichs Führung war über einschlägige deutsche Scheinmanöver[304] korrekt informiert.[305]

Was also brachte den österreichischen Kanzler zu seinem überraschenden Einknicken? Es sind zwei einander ergänzende Umstände: Er wurde erpreßt, und er fand keine auswärtige Unterstützung, um sich erfolgreich zur Wehr setzen zu können. Die Erpressungsgeschichte ist eine finstre Geheimdienstklamotte, die auf den Namen Vera von Fugger hört und den erzkatholischen Kanzler in der Rolle des Ehebrechers zeigt. Sie würde den Rahmen dieses Buches sprengen und muß darauf warten, ein andermal erzählt zu werden. Die internationale Isolierung hingegen gehört unabweislich ins Thema.

Österreichs Kanzler Schuschnigg tat während seiner Amtszeit etwas machtpolitisch Nachvollziehbares, um sich eine feindliche Übernahme vom Halse zu halten: Er beschaffte sich einen starken äußeren Verbündeten. Das war Benito Mussolini und das von ihm beherrschte Italien, Mitte der 1930-er Jahre eine Militärmacht, die das Deutsche Reich nicht ignorieren konnte. Sollte sich Hitler ernsthaft der Causa Österreich zuwenden wollen, so bedeutete das, er würde dem italienischen Diktator etwas bieten müssen. Er wählte ein Geschenk, mit dem kein österreichischer Politiker aufwarten konnte: Südtirol.[306] Dieses uralte Stück des Habsburger Reiches wurde 1919 von den Siegermächten von Österreich abgespalten und dem schwindsüchtigen Mitsieger Italien nebst anderen Teilen der ehemaligen k.u.k. Monarchie als Siegesbeute zugeschlagen. Während man bei anderen k.u.k. Gebietsteilen südlich der Alpen debattieren mochte, galt dies für Südtirol nicht: es war fast ausschließlich von Deutschen bewohnt.

Die Pariser Vorortverträge, die dem Rumpfstaat Österreich die Anerkennung dieses Beutezuges abpreßten, änderten nichts an dem Umstand, daß sich auf Jahrzehnte hinaus kein Südtiroler hiermit abfinden mochte. Kein österreichischer Politiker, dem sein Leben lieb war, hätte seine Landsleute südlich des Brenners hierfür getadelt. So blieb das Problem Südtirol virulent, und es bedeutete für die italienische Staatsführung ein unermeßlich wertvolles Geschenk, als der deutsche Diktator sich bereit fand, mit einem Federstrich auf Südtirol zu verzichten.

Dieser Verzicht wurde in jenen Frühjahrstagen, als Schuschnigg in die Österreich-Krise stolperte, durch einen Sondergesandten Hitlers in Rom quasi auf dem goldenen Tablett präsentiert.[307] Italiens Duce war entzückt. Der Entzug der italienischen Unterstützung Österreichs war die Folge.[308] Somit stand Österreich Anfang 1938 ohne Verbündeten da.[309] Zwar regten die Franzosen bei den Briten ein starkes Auftreten an, doch das Foreign Office winkte ab.[310] Das Maximum, was Großbritannien unter bestimmten Umstanden (*in certain circumstances*) für eine Intervention in Europa zur Verfügung stellen könne, seien zwei reguläre und eine Reservedivision.[311] Doch entscheidend war, daß sich die Briten exakt zur selben Zeit, als sich die Österreich-Sache hochschaukelte, eine Regierungskrise leisteten, an deren Ende der britische Außenminister Anthony Eden zurücktrat.[312]

Es war eine kuriose Situation. Monate zuvor hatte Großbritannien sein ureigenes Interesse an guten Beziehungen zu Italien aufgegeben. Der Grund war Mussolinis Angriff auf das nordafrikanische Abessinien gewesen. Die Männer um Außenminister Eden fanden das verwerflich und legten die bis dato guten Beziehungen auf Eis. Nunmehr, im Frühjahr 1938, mußten sie indigniert feststellen, daß sie durch diesen Schritt eine beängstigende Annäherung zwischen Mussolini und Hitler ausgelöst hatten. Jetzt, wo sie den Verbündeten gegen Hitlers Österreich-Abenteuer in Stellung bringen wollten, stand ihnen dieser nicht mehr zur Verfügung.

In klarer Erkenntnis dieser Lage notierte der neue Unterstaatssekretär im F.O. Cadogan kalt in sein Tagebuch:

> *Wurde früh ins Außenministerium gerufen, weil dort helle Aufregung wegen Österreich herrscht. Ich wünsche beinahe, Deutschland würde Österreich schlucken und es übernehmen. Es wird es wahrscheinlich in jedem Fall tun, und in keinem Fall können wir es hindern.*[313]

Am 11. März 1938 gab Hitler dem Generalstabschef des Heeres, Ludwig Beck, die überraschende Weisung, am kommenden Tag in Österreich einzurücken.[314]

Kaum geschehen, trat in England die Kriegspartei innerhalb der Konservativen auf den Plan. Einen Tag nach Hitlers Rede auf dem Wiener Heldenplatz verlangte deren Exponent Churchill eine sofortige Gebietsgarantie für die Tschechoslowakei. Das Foreign Office war wie gewohnt gespalten. Doch seine Führung einschließlich des neuen Außenministers Lord Halifax wiesen derartige Verstrickungen mit Hinweis auf die desolate Lage der britischen Streitkräfte zurück.[315]

6. Kapitel

Versailles zerbricht – 1. Akt: Das Verschwinden der Tschechoslowakei

Südöstlich vom Deutschen Reich lag die Tschechoslowakei. Das war erst seit der Jahreswende 1918/19 so. Der Staat war von den Siegern aus der untergegangenen Donaumonarchie herausgeschnitten worden.[316] Volksabstimmungen wurden mit Waffengewalt verhindert.[317] Die Franzosen rieben sich die Hände, weil sie damit fernab von der deutsch-französischen Grenze im Südosten Deutschlands eine Quelle steter Auseinandersetzungen geschaffen hatten.

Im Staat mit dem Doppelnamen (zunächst Tschecho-Slowakei,[318] dann Tschechoslowakei) lebten dreieinhalb Millionen Deutsche, drei Millionen Slowaken, eine Million Ungarn, eine halbe Millionen Ruthenen (Ukrainer), und hundertfünfzigtausend Polen. Die allein tonangebenden sieben Millionen Tschechen waren aufs Ganze gesehen in der Minderzahl. Mit Schwejk'scher Rabulistik haben die Tschechen diese Zahlen schöngerechnet, indem sie die Slowaken als „unsre Leit", „unterentwickelte Tschechen"[319] oder schlicht als „Slawen"[320] ungefragt dazuzählten[321] – eine Anmaßung, die spätestens nach dem Zerplatzen der Tschechoslowakei im Jahre 1992 offensichtlich wurde, als die vom sowjetischen Zwang befreiten Slowaken die tschechische Knute gleich mit in den Müllsack der Geschichte steckten.[322]

Viel Feind viel Ehr: Wahn und Wirklichkeit der tschechischen Staatsdoktrin

Die Tschechen nutzen die 1920-er Jahre, um sich bis an die Zähne zu bewaffnen,[323] denn sie sahen sich von ihren Nachbarn ringsherum bedroht. Das waren im Uhrzeigersinn Polen, Rumänien, Ungarn, Österreich und Deutschland. Doch der eigentliche Feind saß im Innern des Landes. Bis 1918 hatte es für die Deutschen in Böhmen und Mähren keine Rolle gespielt, daß sie nicht zum Deutschen Reich gehörten. Nach der Zerschlagung der Donaumonarchie wurde das anders. Nun gehörten die Deutschen zu den nationalen Minderheiten zweiter Klasse, und tschechische Unklugheit sorgte dafür, daß das nicht zu übersehen war.[324]

Die anti-deutsche tschechische Innenpolitik steigerte sich 1935 mit dem Amtsantritt des zweiten tschechischen Präsidenten Eduard Benesch zu einem Furioso.[325] Wie sich die tschechische Großmannsattitüde auf die arbeitsame und wenig aufrührerische deutsche Bevölkerung auswirkte, zeigte sich bei den im selben Jahr 1935 stattfindenden gesamt-tschechoslowakischen Parlamentswahlen.[326] Die neu gegründete Sudetendeutsche Partei (SdP), vereinigte 1.256.010 Stimmen auf sich, so viele wie keine andere der konkurrierenden Parteien. Mit diesem verblüffenden Erfolg stellte die SdP nicht nur mit 44 von 300 Sitzen die stärkste Fraktion[327] im tschechischen Parlament, sondern es wurden jene deutschen Parteien marginalisiert,[328] die bislang auf einen friedlichen Ausgleich mit den Tschechen gesetzt hatten. Sie waren am tschechischen Dünkel gescheitert.[329]

Jetzt standen die Signale auf Konfrontation, doch die Tschechen wähnten sich sicher. Ihre Sicherheitsdoktrin beruhte auf der Grundannahme, den 1918/19 in Paris zusammengerafften Staatsbestand durch eine unübersehbare Militärpräsenz und mit Hilfe auswärtiger Verbündeter schützen zu können. Der Verbündete Nr. 1 war Frankreich. Gegen die französische Militärmacht hatte das entwaffnete Deutschland nicht den Hauch einer Chance. Rechnete man noch die Seemacht Großbritanniens hinzu, sank die Waage der deutschen Möglichkeiten auf Null.

Diese Sicherheitsdoktrin wurde durch Grenzbefestigungen ergänzt. Diese hatten den Vorteil, daß sie leicht und kräftesparend zu verteidigen waren. Fraglich war indessen, ob sie an der richtigen Stelle standen, denn ausgerechnet die Abschnitte der tschechischen Landesverteidigung, die durch Grenzsperranlagen gesichert werden sollten, lagen in den Sudeten, also in denjenigen Gebieten, die überwiegend von Deutschen bewohnt wurden. Sie waren im Grunde genommen im Falle eines Krieges gegen die Widersetzlichkeit der dortigen Bevölkerung nicht zu halten, es sei denn, man entschloß sich, Millionen von Deutschen zu eliminieren.

Denkfehler in der tschechischen Militärdoktrin: Die gegen das Deutsche Reich ausgerichteten Grenzforts standen in den ausschließlich von deutscher Bevölkerung bewohnten Sudeten, bei einem Krieg gegen Deutschland also faktisch in Feindesland.

Der Versuch der Tschechen, 1935 zusätzlich an die Sowjetunion Anschluß zu gewinnen, beruhte darauf, daß ihren Militärplanern dämmerte, mit der eigenen Militärdoktrin gescheitert zu sein, nachdem ihren Emissären in Paris klar gemacht worden war, daß Frankreich sich hinter der Sicherheit seiner Maginot-Linie häuslich eingerichtet hatte.[330] So wurden auch der französischen Außenpolitik Grenzen gezogen: Der mit dem gepanzerten Festungswall an der

Ostgrenze Frankreichs verbundene Rückzug in die Defensive machte zugleich die Unterstützung eines fernen Verbündeten zur Illusion. Frankreich war damit als tschechische Schutzmacht *de facto* außen vor.

Nun ein kurzer Blick auf die Briten: Sie standen dem Siegerstaat Tschechoslowakei im Gegensatz zu Frankreich mit bemerkbarer Distanz gegenüber. Die Distanz wuchs, als die Tschechen mit der Sowjetunion anbandelten. Dies zu ändern, war den Tschechen Herzenssache. Folglich gaben sie für die Propagierung ihres Nationalismus in England viel Geld aus.[331] Das von ihnen finanzierte Sprachrohr war Henry Wickham Steed, während der Gründungsphase der Tschechoslowakei als Chefredakteur der *Times* ein prononcierter Deutschlandhasser und bedenkenloser Unterstützer der maßlosen tschechischen Gebietsforderungen in Paris. Nachdem Wickham Steed seine Position als *Times*-Chef in den 1920-er Jahren räumen mußte, weil die *Times* sich Deutschland gegenüber eines moderaten Tons zu befleißigen begann, finanzierte Prag kurzerhand aus dem Geheimfonds des tschechischen Außenministeriums Wickham Steeds Zeitung *Review of Reviews*, und, nachdem diese 1930 pleite ging, sponserten sie den Engländer mit satten Honoraren für seine bei diversen Zeitungen erscheinenden anti-deutschen Artikel.

Besonders übel war beispielsweise ein Hetzartikel von 1934 mit der aus den Fingern gesogenen Behauptung, Deutschland plane den bakteriellen Luftkrieg gegen England.[332] Im selben Jahr veröffentlichte er *The Reichswehr gas-war plans*, bei deren Ausführung die Bevölkerung von Elsaß-Lothringen vergast werden würde.[333] Mit der Frage, wie diese Vernichtungsorgie an der weitgehend deutschen Bevölkerung mit der gleichzeitig angeblich verfolgten Rückeingliederungsabsicht des Elsaß ins Deutsche Reich zusammenpaßte, hielt sich der britische Lügner nicht auf.[334] Wie rücksichtslos die Tschechen bei diesem anti-deutschen Treiben Politiker und Publizisten in ihrem Sinne finanziell korrumpierten, wurde den Deutschen erst nach der Besetzung von Prag im März 1939 bei der Auswertung der erbeuteten Akten klar.[335]

Wickham Steeds zweites finanzielles Standbein beim Focus wurde bereits erwähnt, auch war er bei weitem nicht der einzige, der im tschechischen Sold stand und in Großbritannien anti-deutsche Propaganda im Dienste seiner Prager Meister betrieb. Ein weiteres Musterexemplar war die deutschstämmige britische Journalistin Elizabeth Wiskemann, die Ende der 1930-er Jahre zwei Bücher vorlegte, die im Gewande der Wissenschaftlichkeit tschechische Propagandatexte transportierten.[336] Auch Wiskemann blieb während des Krieges ihrem deutsch-feindlichen Gewerbe treu und diente der britischen Propagandaschmiede PWE[337] als Residentin in der Schweiz.[338]

Schlag ins eigene Kontor: Die Mai-Krise nebst einigen Bemerkungen zum Größenwahn des tschechischen Präsidenten Benesch

Nur zwei Monate nach dem Anschluß Österreichs kam es im Mai 1938 zur ersten Tschechei-Krise. Sie ist der Schulfall einer politischen Intrige, die ihren Verursachern derart außer Kontrolle geriet, daß sie ihren eigenen Staat ruinierten. Diese Verursacher saßen in Prag. Im Gegensatz dazu steht die landläufige Behauptung, die Mai-Krise sei durch einen Aufmarsch der Wehrmacht gegen die Tschechoslowakei ausgelöst worden.[339] Die Bedrohung sei durch die tschechische Mobilmachung von 170.000 zusätzlichen Reservisten und eine britisch-französische Gegendrohung pariert worden.[340]

Doch der Reihe nach: Es waren Tschechen, die im Frühjahr 1938 mit der Schreckensmeldung, die deutsche Wehrmacht stehe zum Angriff auf die Tschechoslowakei bereit, auf den geschwätzigen Markt der Diplomatie kamen. Der britische Botschafter in Prag, Basil Newton, kabelte am 21. Mai 1937 mit höchster Dringlichkeit unter Berufung auf tschechische Quellen nach London, daß unnormale deutsche Truppenbewegungen in der Grenzregion stattfänden und die Tschechen deswegen ihre Armee mobil machten. Selbstredend wurde der britische Premier über die Horrornachricht ins Bild gesetzt.[341]

Tödliches Selbsttor: Tschechenpräsident Eduard Benesch, sein Agentenchef František Moravec und dessen Chefagent Paul Thümmel schufen die Mai-Krise, um Hitler zu Fall zu bringen. Während die Weltpresse noch feierte – am 30. Mai 1938 machte die US-Illustrierte Life mit einem Themenheft zur Abwehr der angeblichen deutschen Aggression auf; das Titel-Foto zeigt den Generalinspekteur der Armee Jan Syrový – ließ die genasführte britische Regierung die Tschechen fallen, während Hitler Befehl erteilte, den lästigen Nachbarn abzuräumen.

Noch Jahrzehnte später hat der exilierte tschechische Aufklärungschef František Moravec davon geschwärmt, daß er es war, der die Meldung mit phantastischen Quellen beschafft hatte. Unter diesen der Agent A/54,[342] der ihm die deutschen Aggressionsabsichten servierte.[343] A/54 hieß mit Klarnamen Paul Thümmel, war ein Zivilangestellter der Abwehrstelle Dresden und damit sicher ein wichtiger Agent. Doch wie immer man ihn glorifizieren will, eines konnte der Mann mit Sicherheit nicht: Er konnte keine gesicherten Erkenntnisse über geheime deutsche Militärplanungen liefern. Hierfür gibt es einen zwingenden Grund: Die behauptete Planung der Wehrmacht existierte nicht.[344] Lieferte A/54 trotzdem solche Angriffsdinge, so lieferte er Fabrikate.[345] Wohl wissend, daß seine Nachricht falsch war,[346] erstattete Moravec dem Staatspräsidenten Meldung, denn dieser hatte verlangt, ihn mit wichtigen deutschen Militärinformationen unmittelbar zu versorgen.[347] Ob sich die Herren in diesem Fall zuzwinkerten, vermag ich nicht zu sagen.

Dieser Eduard Benesch war ein Professor für Soziologie gewesen, der im Ersten Weltkrieg in Paris agitierend, die Idee von einer selbständigen Tschechoslowakei salonfähig gemacht hatte.[348] Sein Name Eduard Benesch war zu diesem Zweck in Edvard Beneš mutiert, daraus wurde dann außerhalb der Tschechei die Schreibweise Benes. Seit 1918 war er der Außenminister, 1935 folgte Benesch dem Staatengründer Tomáš Masaryk als Staatspräsident nach.

Präsident Benesch gründete sein politisches Agieren auf die Annahme, daß jegliches politisches Handeln für ihn planbar sei, weil er in der Lage wäre, die fraglichen Reaktionen seiner Gegner vorhersagen zu können.[349] Er glaubte, einer der großen Spieler am Tisch mit der Weltkarte zu sein – seine Memoiren legen hiervon Zeugnis ab.[350] In Wirklichkeit war Benesch eher eine bescheidene Größe[351] an der Spitze eines Mehrvölkerstaates, der ein klein wenig größer als ein Kleinstaat war.

Dieser Mann entwickelte den Plan, Hitler zu stürzen: Es genüge eine einzige Niederlage von einigem Gewicht, um dessen Regime wie ein Kartenhaus zusammenklappen zu lassen.[352] Das glaubten zwar andere auch, aber Benesch meinte, er habe die Mittel, einen solchen Crash zu organisieren.[353] Dies vorausgeschickt, wird deutlich, was im Mai 1938 passierte: Die Falsch-Nachricht vom deutschen Aufmarsch wurde gespielt, und die Aufregung in London und Paris war beträchtlich. Kurz drauf regten sich auch alle Gutmenschen auf (sie tun es heute noch).[354]

Da lud der erzürnte deutsche Diktator die in Berlin akkreditierten Militärattachés ein, sich selbst ein Bild vor Ort zu machen.[355] Statt preußischer Knobelbecher sahen sie blühende Landschaften – auch der britische Militärattaché, der hierüber nach London berichtete.[356] Dadurch gewann die britische Führung den Eindruck, daß sie mutwillig in eine Krise hineingezogen wurde, die selbstgemacht war, ein *fake* also. Diese Erkenntnis mag den Entschluß bestärkt haben, die Tschechen als politische Größe aufzugeben.

Irritierend ist, daß Engländer zuvor an der Herstellung der Falschmeldungen mitgewirkt hatten. Beharrlich behauptete der Chef des britischen Auslandsdienstes MI6, Hugh Sinclair, noch am 27. Mai 1938, als die Messe gelesen war:

Es gibt nach meiner Vorstellung keinen Zweifel, daß die Deutschen am letzten Wochenende versuchten, in die Tschechoslowakei einzudringen, aber nachdem ihnen klar wurde, daß wir es herausgefunden hatten, und was für ein Aufruhr ihnen drohte, haben sie gegenwärtig von ihren Plänen abgelassen. [Aber ihre Pläne sind] fertig und auf den Befehl „los" werden sie ausgeführt werden, wenn Hitler es so entscheidet.[357]

In Wirklichkeit gab auch diese Meldung nur Wissen vor, das mit der deutschen Wirklichkeit, nämlich der Planung zum Fall Grün, nicht übereinstimmte.

Warum handelten die britischen Geheimen derart verantwortungslos? Sie wußten nur zu genau, daß die Kriegspartei innerhalb der Konservativen nach einem Kriegsgrund suchte. Dieser scheinbare deutsche Aufmarsch hätte ein solcher werden sollen. Doch Premier Chamberlain winkte ab, nachdem er den Rat der Stabschefs eingeholt hatte: Die britischen Streitkräfte hatten nicht das Potential, eine aktuelle deutsche Aggression gegen die Tschechoslowakei zu verhindern.

Wer wen? Die Folgen der Mai-Krise 1938 und die wechselseitige Bestrebungen der Einflußnahme zwischen Deutschland und England nebst einigen Bemerkungen zum Versuch von Benesch, den britischen Premier Chamberlain zu stürzen

Die Mai-Krise war ein tschechisches Selbsttor. Der deutsche Diktator stürzte keineswegs. Ob es tatsächlich so war, daß er im vertrauten Kreise äußerte, „was Herr Benesch behauptet hat, kann er bekommen“, mag dahinstehen.[358] Doch kaum war die internationale Pressekampagne gegen Hitler abgeebbt, da befahl er der Wehrmacht, sich darauf auszuschalten, die Tschechoslowakei mit militärischen Mitteln vorzugehen. Am 30. Mai 1938 unterschrieb er die eilends erstellte OKW-Weisung *Fall Grün*.[359]

Der Generalstabschef des Heeres, General Ludwig Beck, schrieb hierzu eine Stellungnahme.[360] In ihr machte er Ausführungen über die Aussichten einer militärischen Auseinandersetzung mit der Tschechoslowakei. Er stellte fest, daß ein solches Engagement Deutschlands unweigerlich Frankreich und Großbritannien als Gegner auf den Plan rufen werde. Die Überlegungen Becks, die darauf hinaus liefen, daß ein solcher Krieg für Deutschland mit einer Niederlage enden müsse, waren kenntnisreich und folgerichtig. Sie hatten lediglich den Nachteil, daß sie an einem entscheidenden Punkt falsch waren. Richtig allerdings war Becks Annahme, daß die Kriegsplanungen Englands auf eine Wirtschaftskriegführung hinausliefen, die Deutschland *à la longue* schwer treffen mußte, während er Frankreichs Offensivfähigkeit und -absicht völlig unzutreffend annahm.[361]

Becks Verzweiflung veranlaßte ihn zu einem ungewöhnlichen Schritt. Er informierte englische Entscheidungsträger über das, was in Deutschland geplant wurde. Er nutzte als Emissär dorthin den pommerschen Großgrundbesitzer Ewald von Kleist-Schmenzin.[362] Was dieser den Briten mitteilte, ist unbekannt.[363] Vor allem ist unklar, ob Kleist aus dem Munde Becks die jüngsten Auslassungen Hitlers zum *Fall Grün* kannte, denn in Abweichung zu den offenbar von der Wut der Mai-Krise getragenen Weisung vom 30. Mai 1938 hatte Hitler am 18. Juni 1938 eine wesentliche Ergänzung erlassen:

> *Ich werde mich aber zu einer Aktion gegen die Tschechoslowakei nur entschließen, wenn ich, wie beim Einmarsch in die entmilitarisierte Zone und beim Einmarsch in Österreich, der festen Überzeugung bin, daß Frankreich nicht marschiert und auch England nicht angreift.*[364]

Daß die Engländer nach dem Krieg über die Auslassungen des Boten keinerlei präzise Angaben gemacht haben, ist nicht weiter verwunderlich.

Den Untergang Deutschlands frühzeitig vor Augen: Generalstabschef Ludwig Beck und sein Emissär nach England Ewald von Kleist-Schmenzin; beide Männer wurden nach dem Attentat vom 20. Juli 1944 hingerichtet. Bonvivant als Dritter im Bunde: Der Ex-Offizier und Weltkrieg-I-Konspirateur Hans Boehm-Tettelbach; er überlebte das Dritte Reich unbeschadet.

Bekannt ist lediglich, daß Kleist, als er Anfang August 1938 mit seinen brisanten Informationen nach England kam, dort nicht auf den Mann stieß, der mittlerweile der Mittelpunkt der britischen Außenpolitik geworden war, nämlich den seit dem 1. Januar 1938 amtierenden Unterstaatssekretär Cadogan. Der war zum Golfspielen nach Frankreich gefahren. So geriet Kleist an die Politiker Winston Churchill und Lord Lloyd und an denjenigen Mann, von dem er dachte, daß er immer noch das Sagen hätte, nämlich Robert Vansittart.[365] Nichts lag dem Briten ferner, als mit deutschen konservativen Oppositionellen eine Verbindung einzugehen, welche diese hätte stützen können. Er nutze seine deutschen Gesprächspartner, um ihre Informationen gegen sie zu verwenden, kurz gesagt: er nutze sie aus.

Es gab noch einen zweiten Emissär, Hans Boehm-Tettelbach. Anders als beim später hingerichteten Kleist besitzen wir von

Boehm Selbstauskünfte zum fraglichen Vorgang:[366] Er sei am 2. September 1938 nach Großbritannien gereist, habe dort nach Vermittlung eines ihm bekannten Geschäftsmannes[367] einen namenlos bleibenden britischen Geheimdienstmajor[368] getroffen und diesen dahingehend unterrichtet, man wünsche, die Briten möchten fest bleiben, und würde, wenn der Diktator dennoch zur Aggression schritte, diesen ausschalten. Boehm-Tettelbach hat dies um die interessante Tatsache ergänzt, daß sein englischer Bekannter ihm später mitgeteilt habe, Vansittart lasse ihm für die Information danken.

Aus dem Tagebuch von Alexander Cadogan ergibt sich nichts über die Kontakte mit Kleist oder Boehm-Tettelbach, so daß nahe liegt, daß Vansittart seinen Nachfolger hierüber nicht ins Bild gesetzt hat,[369] denn ihm konnte nicht daran gelegen sein, daß führende deutsche Militärs die NS-Herrschaft beiseite räumten, denn Krieg mit Deutschland, das war es, worauf Vansittart seit einem Jahrzehnt hinarbeitete.[370]

Zum besseren Verständnis: Die sog. Widerstandsliteratur aus der Zeit nach dem Zweiten Weltkrieg nimmt an, daß es einen konkreten Plan gegeben habe, Hitler bei Aufnahme der Kriegshandlungen gegen die Tschechoslowakei zu stürzen.[371] Was man hierzu weiß, stammt im Wesentlichen aus Berichten von solchen Überlebenden, die mitgeteilt haben, frühzeitige handfeste Opponenten des NS-Regimes gewesen zu sein.[372] Hieraus hat sich die folgende Geschichte kristallisiert: Der Kern der Verschwörer bildete sich um den Generalstabschef des Heeres Ludwig Beck (oder dessen Nachfolger Franz Halder).[373] Der Leiter der Zentralabteilung des deutschen Militärgeheimdienstes Ausland/Abwehr, Oberstleutnant Hans Oster, stellte einen Stoßtrupp zusammen, der auf ein Stichwort hin Hitler festnehmen sollte, um ihn vor Gericht zu stellen, entmündigen zu lassen und wegzusperren.

Es ist müßig, über die mangelnde Stringenz dieses Umsturz-Plans zu diskutieren, denn er wurde bekanntlich niemals ausgeführt. Angeblich kam ihm eine Aktion des englischen Premiers in die Quere: Dessen Plan Z – die unmittelbaren Verhandlungen

Chamberlains mit Hitler. Bevor darauf einzugehen ist, soll kurz geschildert werden, daß es auch für den Plan Z deutsche Auslöser gab. Die Rede ist von den Aktionen der Gebrüder Kordt. Beide standen im Dienste des Auswärtigen Amtes, Theo als Botschaftsrat und zweiter Mann an der deutschen Botschaft in London, der jüngere Erich als Ministerbüro-Leiter des im Frühjahr 1938 in die Wilhelmstraße als Minister eingezogenen Joachim von Ribbentrop.

Auch die Brüder Kordt versuchten, auf die britische Politik Einfluß zu nehmen. Im Gegensatz zum Beck-Vertrauten Kleist-Schmenzin wußte Theo Kordt genau, wer in Großbritannien bereit und in der Lage war, die Weichen der Außenpolitik zu stellen. Er wandte sich am 5. September 1938 heimlich an Sir Horace Wilson, den Spitzenbeamten im britischen Schatzamt und engen Vertrauten des Premiers. Wilson gab sein Wissen wie eine heiße Kartoffel an den Unterstaatssekretär im F.O. Cadogan weiter. Der hat in seinem Tagebuch festgehalten:

> *...selbe Situation bis zum Abend, als H. Wilson vorbeischaute, um zu sagen, daß er von Mister X. angerufen worden ist (ich werde wahrscheinlich niemals in der Lage sein, hier seinen Namen zu schreiben – das Leben des Mannes steht auf dem Spiel, und ich kann es nicht dadurch gefährden, indem ich den Namen hier auf das Papier schreibe. Ich habe es niemandem weitergesagt und werde es auch nicht tun), der sein Gewissen über die Loyalität stellte und sagte, daß Hitler sich entschieden hätte, am 19. oder 20. [September 1938] „einzumarschieren".*[374]

Diese Nachricht, die unverzüglich an den Außenminister und den britischen Premier durchgereicht wurde, löste, nachdem Außenminister Halifax am folgenden Tag Kordt ebenfalls heimlich traf, den Start des Plans Z aus. Davon wußte Theo Kordt selbstredend nichts.

Kordts Vorstoß paßte mit der eingangs geschilderten Putsch-Planung nicht zusammen, ganz im Gegenteil, denn das Bemühen des Diplomaten war darauf gerichtet, daß die Engländer, wie man damals sagte, eine feste Haltung zeigen sollten, um Hitler von dem geplanten Krieg abzuschrecken. Das war ein krasser Widerspruch zum Putsch-Plan, denn der sollte den Kriegsausbruch als Auslöser nutzen, um Hitler abzuräumen.[375] Kordts Vorstoß brachte den Putsch-Plan zum Einsturz.

Der Plan Z war eine Kopfgeburt des britischen Premiers Neville Chamberlain. Er sah vor, Hitler zu einem persönlichen Treffen aufzufordern, um die anstehenden Streitfragen von Mann zu Mann zu diskutieren und zu lösen. Daß zunächst niemand davon wußte, ist nicht verwunderlich, denn Chamberlain bereitete den Plan Z im kleinsten Kreise vor, weil er die berechtigte Befürchtung hatte, ein vorzeitiges Bekanntwerden bedeute ein öffentliches Zerreden, so daß es Hitler möglich werde, sich dem Ganzen zu entziehen.[376]

In den Geschichtsdarstellungen und in Erlebnisberichten ist Chamberlain für seinen Plan Z beiderseits des Kanals und jenseits des Atlantiks nachträglich viel gescholten worden.[377] In England, weil er nicht gleich draufgehauen, und in Deutschland, weil sein Handeln angeblich einen erfolgversprechenden Militärputsch verhindert habe. Beides sieht aus der Nähe nicht besonders schlüssig aus. Ein Premier, dem von seinen militärischen Spitzen gemeldet wird, das Land sei gegen einen Feind vom Schlage Deutschlands nicht kriegsbereit,[378] handelt, wenn er mit Krieg droht, wie ein Hasardeur.

Für den britischen Premier war es in dieser Situation völlig unklar, ob die deutschen verbalen Putschisten auch meinten, was sie ihren britischen Vertrauensleuten zuwisperten. Diese Vertrauensleute hießen Lord George Lloyd, Winston Churchill und Robert Vansittart. Das war ein Team ausgesuchter Chamberlain-Feinde, die nur auf eine Gelegenheit warteten, den britischen Premier zu stürzen. Chamberlain wog deshalb sehr wohl ab, was ihm aus Deutschland an Putschgerüchten zuflog, doch er kam zu Schluß, daß deutsche Generale, wenn sie denn zum Putsch entschlossen waren, putschen und nicht erst auf englische Erklärungen warten würden.[379]

Die Überraschung traf dann, als Chamberlain die Initiative an sich riß, nicht nur Hitler sowie die innerbritischen Opponenten Chamberlains, sondern auch die deutschen Staatsstreich-Planer. Deren Haupthindernis für ein flexibles lageangepaßtes Vorgehen war der Kopf der Verschwörung, Generalstabschef Ludwig Beck. Beck war bereits äußerlich nicht der Mann, sich an die Spitze einer Bewegung zu setzen. Statt dessen tat er im August 1938, als die Krise ihrem Höhepunkt zustrebte, etwas unerhört Ehrenhaftes und Dummes: Er reichte seinen Rücktritt ein, der vom Diktator scheibchenweise genehmigt wurde.[380] Und Beck tat noch ein weiteres: Er stimmte der Geheimhaltung dieses Rücktritts aus außenpolitischer Rücksichtnahme zu. Im Klartext bedeutet das: aus Rücksichtnahme auf die außenpolitischen Kapriolen des Mannes, den er zu entmündigen trachtete.

Nun zu Hitler. Er war sich im Spätsommer 1938 sicher, daß Briten und Franzosen zu Hause bleiben würden. Was verschaffte ihm diese Sicherheit? Da Agentenmeldungen nicht bekannt sind, bleibt nur das Forschungsamt, dessen Abhörergebnisse in den Schilderungen fast immer zu kurz kommen, weil einschlägige Akten bei Kriegsende weitgehend vernichtet wurden. Diese grundsätzliche und radikale Zerstörung war nur möglich, weil das Forschungsamt seine Meldungen, die sog. Braunen Vögel, per Kurier bei einem sehr eingeschränkten Empfängerkreis ablieferte und nach kurzer Frist wieder einsammelte. Die Zahl der überlebenden Braunen Vögel ist daher gering.

Zu den hervorstechenden Meldungen des Jahres 1938 zählten die Mitschnitte von Telefonaten, die zwischen Prag und den tschechischen Vertretungen in Paris und London geführt wurden, aber auch der Telefon- und Funkverkehr der britischen Diplomaten zwischen Berlin und London. Die Akten der Adjutantur des Führers weisen aus, daß die einschlägigen Braunen Vögel dort zu Hitlers Händen eingeliefert worden sind.[381] Er las sie und machte sich dann sein eigenes Bild. Das gilt es im Hinterkopf zu behalten, sodaß Nachkriegsaussagen, wie des Ribbentrop-Büroleiters Erich

Kordt mit Vorsicht zu genießen sind, Hitler habe halluziniert, als er die Vorgehensweise der Engländer in dieser Zeit als Bluff bezeichnete.[382]

Hitler jonglierte mit den Berichten des Forschungsamtes und scheute sich nicht, während der Verhandlungsphase des September 1938 dieses bestgehütete Geheimnis des Dritten Reiches einen Zipfel weit zu lüften, indem er dem britischen Botschafter in Berlin, Nevile Henderson, Teile des mitgeschnittenen Telefonverkehrs zwischen dem tschechischen Präsidenten Benesch und seinem Botschafter in London, Jan Masaryk, überreichen ließ.[383] Er tat dies, um Unfrieden zu schüren, denn die Tschechen hatten sich drastisch, ja beleidigend über ihre Verbündeten in Frankreich und England geäußert.

Was die Deutschen anlieferten, kann man in den Akten des Foreign Office nachlesen.[384] Es hat alle Zutaten eines schlecht gemachten Film-Drehbuchs, etwa wenn Botschafter Masaryk beim tschechischen Präsidenten große Geldmengen anfordert, um britische Politiker zu bestechen, von denen er verspricht, sie würden die Regierung des britischen Premiers Chamberlain stürzen und einen Krieg mit dem deutschen Reich beginnen.

Hitlers Vorstoß roch nach Desinformation, doch er sagte die Wahrheit. Es gibt zwei sehr gegensätzliche Quellen, welche die Echtheit des Manövers bestätigen. Auf der einen Seite hat der zuständige Beamte des Forschungsamts nach dem Krieg bestätigt, daß die Aufzeichnungen seiner Behörde den bekannt gewordenen Inhalt hatten.[385] Der andere Leumunds-Zeuge ist ausgerechnet der britische Staatssekretär Cadogan. Der sagte sibyllinisch zu Botschafter Masaryk, als dieser sich bei ihm über die angeblichen deutschen Lügen beschwerte:

Von Freund zu Freund, Jan, sei vorsichtig.[386]

Eines war dem Briten klar: das, was er da aufgeschrieben fand, stimmte,[387] denn der britische Auslandsdienst MI6 tat dasselbe wie die Deutschen: Er überwachte den Telefonverkehr der ausländischen Botschaften in London. Dies war seine wichtigste Nachrichtenquelle in dieser Zeit.[388] Cadogan muß auch ohne Nachhilfeunterricht aus Deutschland klar gewesen sein, daß der tschechische Botschafter sein Amt mißbrauchte, um in England eine seinem Land genehme Regierung durch Bestechung ins Amt zu hieven. Betrachtet man unter diesem Gesichtspunkt Cadogans Hinweis an Jan Masaryk, er möge vorsichtig sein, stößt das Doppeldeutige der Aussage doppelt auf, denn es läßt die Auslegung zu, daß der Tscheche in seinem Tun, Chamberlain zu stürzen, weitermachen möge, nur eben vorsichtiger.

Geld bei Benesch angefordert, um die Regierung Chamberlain zu stürzen: Der tschechische Botschafter in London Jan Masaryk.

Ob der Mann, um den es hier ging, Premier Chamberlain, dem deutschen Abhörgeschenk Glauben schenkte, ist nicht belegt. Angesichts seiner schwierigen innenpolitischen Lage kann nicht ausgeschlossen werden, daß das Agieren der Tschechen den letzten Tropfen eines überlaufenden Fasses darstellte und den Beschluß bewirkte, diese Störenfriede endgültig über Bord zu kippen.

Das Ergebnis ist bekannt: Es hört auf den Namen München. Hier schlossen vier europäische Mächte, Deutschland, Großbritannien, Frankreich und Italien, den Pakt, der die Sudeten dem Deutschen Reich zuschlug und das tschechische Staatsgebiet von Böhmen und Mähren auf die Region begrenzte, die weitgehend von Tschechen bewohnt wurde. Zwanzig Jahre zuvor wäre dies sinnvoll gewesen. Jetzt war es eine demütigende tschechische Niederlage, und es war der Tag absehbar, daß sich auch die anderen nicht-tschechischen Gebiete aus dem Staatsganzen der Tschechoslowakei verabschieden würden. Es geschah fünf Monate später.

Wunsch und Wirklichkeit: Nach dem Krieg behauptete der Diplomat Erich Kordt, zusammen mit seinem Bruder Theo frühzeitig eine führende Rolle im Widerstand gegen Hitler gespielt zu haben; nur leider sei man nicht zum Schuss gekommen, um den Diktator zu beseitigen. Das ist zutreffend, weil Erich Kordt, während Hitler in München das Abkommen unterschrieb, die rechte Hand nicht frei hatte, er musste die Löschpapier-Wiege bedienen (linkes Bild: Bundesarchiv). Sein Bruder Theo, Botschaftsrat in London, löste durch seinen Landesverrat unbeabsichtigt die Reisen von Premier Chamberlain nach Deutschland und das Münchener Abkommen aus; das rechte Bild zeigt ihn bei der Begrüßung von Chamberlain am 30. September 1938 auf dem Flughafen Heston bei dessen Rückkehr aus München; hinter Kordt Außenminister Halifax.

Schluß oder Anfang: München und Prag

München, das war wie ein Luftholen in den Beziehungen zwischen Großbritannien und dem Deutschen Reich. Der britische Premier Neville Chamberlain hatte sein ganzes politisches Gewicht in die Waagschale gelegt, um zu einem friedlichen Abschluß mit dem deutschen Diktator zu gelangen. Als er nach London zurückkehrte, wurde ihm ein triumphaler Empfang bereitet.[389] Von seinem Amtssitz in No. 10, Downing Street, verkündete er das fatale Wort *Peace for our Time*.[390] Das hätte er besser unterlassen.

Sogleich regte sich die Kriegspartei innerhalb der Konservativen bei der Debatte der Ereignisse von München am 3. Oktober 1938 im britischen Unterhaus. An deren Spitze der Opponenten diesmal Alfred Duff Cooper, der zwei Tage zuvor als Marineminister zurückgetreten war.[391] Mit der Frage, was denn die Alternative gewesen wäre, hielt er sich nicht lange auf.[392] Wenn man übel will, sucht man den Grund für den Rücktritt im Persönlichen, denn ausgerechnet ihn, den Ersten Lord der Admiralität, hatte man zu informieren vergessen, als die Regierung die Mobilisierung der *Navy* im Vorfeld von München angeordnet hatte.[393] Auch Hinterbänkler Winston Churchill tönte wie gewohnt. Das Abkommen nannte er eine Schande. Weniger geräuschvoll verhielt er sich zugleich hinter den Kulissen, wo er, wenn auch vergeblich, seinen Absprung zu Labour suchte.[394]

Ja, was wollten die Kritiker von Chamberlain eigentlich? Einen Krieg mit Deutschland. Einen Einmarsch der Wehrmacht in die Sudeten hätte dies nicht aufhalten können, denn Großbritannien besaß keine einschlägig geeigneten Streitkräfte. Es besaß sie zu diesem Zeitpunkt, also im Herbst 1938, noch weniger als ein Jahr später, als es sich drastisch zeigte, daß nichts vorhanden war, um Deutschland an der militärischen Zerschlagung Polens zu hindern. Eine Kriegsdrohung nebst anschließendem Bündnisfall hätte im Herbst 1938 den Beginn des Krieges lediglich um ein Jahr vorverlegt. In diesem Fall vermutlich mit Polen auf der deutschen Seite.[395] Über die Sinnhaftigkeit einer solchen Maßnahme kann man bestenfalls spekulieren.

Der deutsche Diktator hatte München keineswegs als Sieg abgebucht. Für ihn war München eine persönliche Niederlage, denn er hatte sich öffentlich fremdem Willen beugen müssen. Ausgerechnet in seiner Hauptstadt der Bewegung hatte man seinen persönlichen Rivalen, den alten Mann von der Insel, öffentlich als Friedensbewahrer gefeiert.[396]

Für das, was jetzt zu berichten ist, kam es Hitler sehr entgegen, daß der tschechische Präsident Eduard Benesch, dessen höchstpersönlichem Agieren die Tschechen dieses Desaster zu verdanken hatten, gleich nach München vom seinem Amt zurücktrat und außer Landes floh. Mit gutem Grund fürchtete er die Rache seiner Landsleute,[397] später ist das dann anders dargestellt worden. In der rauhen Wirklichkeit blieben nach der Flucht ihres Präsidenten irritierte tschechische Politiker zurück, denen die forschen antideutschen Töne abhanden gekommen waren und die sich nun mühten, mit dem Deutschen Reich gut Freund zu sein.

Tataren an der Themse: Das Heraufbeschwören des Krieges durch Falschmeldungen nebst einigen unerfreulichen Bemerkungen über den deutschen Einmarsch in Prag

Um das, was jetzt auf der britischen Seite geschah, recht zu verstehen, muß man die Wochen und Monate nach München in Ruhe Revue passieren lassen. Ein ununterbrochener Strom von Falschnachrichten aus und über Deutschland sorgte dafür, die Empfänger der Scheinneuigkeiten in London dünnhäutig werden zu lassen. Unter den scheinbar zuverlässigen Meldungen aus ebenso scheinbar sicherer Quelle waren so haarsträubende Dinge wie diese hier:

Der im Dezember 1938 nach vierjähriger Amtszeit aus Deutschland nach London zurückkehrende britische Botschaftsrat Ivone Kirkpatrick meldete aus vorgeblich berufenem Munde den Planungsfortschritt des deutschen Generalstabs zur Bombardierung Londons, die für die nächstfolgenden drei Wochen vorausgesagt wurde und zur Verlegung britischer Luftabwehreinheiten in den Raum London führte.[398] Der britische Diplomat hatte die Falschmeldung[399] von seinem Freund „K.“,[400] welchen wir als Ribbentrops Büroleiter Erich Kordt identifizieren, der die Neuigkeit von einem soeben pensionierten hohen Regierungsbeamten hatte, der sie vom ausgeschiedenen deutschen Generalstabschef Ludwig Beck hatte, der sie von irgendwem hatte.

Auch der britische Auslandsdienst MI6, offenbar zur Stellungnahme aufgefordert, wußte Schwerwiegendes hinzuzufügen, was dann in den Akten des Foreign Office seinen Niederschlag gefunden hat. Der ellenlange Vermerk von Gladwyn Jebb, dem persönlichen Sekretär von Unterstaatssekretär Cadogan, beginnt mit den Worten:

> *Deutschland wird von nur einem Mann geführt, Herrn Hitler, dessen Wille oberstes Gebot ist, und der eine Mixtur aus Fanatismus, Verrücktheit und klar vorrausschauendem Realismus ist.*[401]

Das waren zutreffende Worte. Sie sollten verdecken, daß man beim britischen Dienst keine Ahnung hatte, was der deutsche Diktator gerade dachte und wollte. Seit München sei er besonders extremistischen Einflüssen unterworfen und strebe die Hegemonie über Europa an. Er wolle die ehemaligen Kolonien zurück, sei auf einen besonderen Einfluß im Mittleren Osten und in Südamerika aus. Er sei mittlerweile extrem anti-britisch, da seine Umgebung ihn mit derartigen Dingen füttere, die sein Vorurteil über die britische Dekadenz stützen würden. Zudem stehe die Ukraine ganz oben auf seiner Interessenliste.[402] Mit einem Wort: Das alles roch nach Weltherrschaft. Vergeblich allerdings sucht man nach Dingen, mit denen sich Hitler wirklich beschäftigte: Prag, Danzig und Memel. Kein Wort dazu.

Die Aggressionsgerüchte wurden inflationär.[403] Neben den britischen Diplomaten, die entsprechendes Geschwätz weitergaben, waren es auch Deutsche, die ihre unmittelbaren Kanäle nach England nutzten, wie der ehemalige Leipziger Oberbürgermeister Carl Friedrich Goerdeler zur Jahreswende 1938/39.[404] Im Januar dann gleich die nächste Tataren-Meldung: Jetzt wollte eine angeblich sichere Quelle wissen, daß der deutsche Angriff auf die Niederlande oder Belgien oder gleich auf beide bevorstehe. Die britische Regierung nahm dergleichen so ernst, daß das Kabinett insgeheim beschloß, deutsche Angriffe der genannten Art seien für Großbritannien ein Kriegsgrund.[405]

In diesem Chaos von höchster Alarmstufe zu höchster Alarmstufe und niemals ausgesprochener Entwarnung bewegte sich die Regierung des Premiers Chamberlain. Als Überraschung kam dann der deutsche Einmarsch in die sog. Resttschechei. Dieser machte auch deutlich, daß all die Heldenepen über die Wunderzugänge des tschechischen Militärgeheimdienstes unter Oberst Moravec, der mittlerweile am Zügel von MI6 lief, ins Reich der Legende gehörten. Sein Staragent A/54 hatte nichts auf der Pfanne. Als er sich regte, konnte man von Prag aus die deutschen Stahlhelme mit bloßem Auge sehen.[406]

Einen Tag zuvor, am 14. März 1939, hatte der wenig rüstige neue Tschechen-Präsident Emil Hacha leichtfertig und aus eigenem Antrieb Berlin besucht. Für Hitler war das ein gefundenes Fressen. Er erpreßte von Hacha eine Unterwerfungserklärung[407] und machte so aus dem Rest des einst selbständigen Staates ein Protektorat Böhmen und Mähren.

Der militärische Einmarsch stellte einen militärischen Handstreich dar. Er war militärstrategisch sinnlos, denn die einst drohenden Grenzbefestigungen lagen nach dem Anschluß der Sudeten in Deutschland. Was politisch geschehen würde, mußte die Zeit bringen. Eines nicht zu fernen Tages würden die Tschechen das Reich um Hilfe ersuchten, und die hätte dann gewährt werden können. Statt dessen wählte Hitler die Siegergeste. Das machte aus den Tschechen ein Opfervolk – ohne jede Not.[408]

Wer Einschlägiges nachlesen möchte, der nehme den *Official Czechoslovak Report on German Crimes against Czechoslovakia* vom 29. September 1945 zur Hand.[409] In ihm ist aufgeschrieben, was die Deutschen dem friedliebenden demokratischen Bollwerk aller Slawen antaten. Da ist sie wieder, die Schwejk'sche Rabulistik, denn die Slawen mußten herhalten, um über die Unverträglichkeit zwischen Tschechen und Slowaken hinwegzutäuschen und den bemerkenswert großen deutschen Bevölkerungsanteil zu vertuschen. [410]

Dieses Dokument wurde nun im Nürnberger Kriegsverbrecherprozeß als Beweismittel präsentiert. Für Freunde dieses Prozesses sei hinzugefügt, daß Richter Jackson das Dokument 80 Tage, bevor es geschrieben wurde, bereits verwendete (ja, richtig gelesen). [411]

Was auch immer spätere Fälscher daraus gemacht haben: Die Bedeutung, die von der deutschen Aggression gegen Prag ausging, kann kaum überschätzt werden. Zwar war es erneut so, daß sich, sieht man von den gewohnten diplomatischen Protestnoten einmal ab,[412] gegen das überraschende deutsche Vorgehen erneut kein Finger rührte, doch war diesmal die Wirkung des Überrumplungsakts eine ganz andere. Sie fand auf der psychologischen Ebene statt, und sie traf den britischen Premier Neville Chamberlain.

Wasser auf die Mühlen des Krieges: Die politischen Folgen der Besetzung von Prag nebst weiteren Horrormeldungen und einige Bemerkungen über die Polengarantie von Premier Chamberlain

Der scheinbare außenpolitische Erfolg des deutschen Ganovenstücks löste in England eine innenpolitische Katastrophe aus. Chamberlain wurde durch das Vorgehen Hitlers um seine Reputation gebracht. Sein persönlicher Einsatz hatte zur Vereinbarung von München geführt. Dafür war er weltweit gefeiert, aber im Parlament auch angegiftet worden. Doch nun zeigte es sich: Sein erleichterter Ausruf *Peace for our time* war ein schwerer Fehler gewesen, denn nur scheinbar hatte der Premier den deutschen Diktator domestiziert.

Nicht einmal ein halbes Jahr später war die Vereinbarung von München nur noch ein Fetzen Papier. Die Formel *Time for rearmament*[413] war Chamberlain damals nicht eingefallen. Auch sie wäre verstanden worden. Denn genau das tat er. Ab November 1938 wurde die Aufrüstung der Royal Air Force mit Fernstreckenbombern forciert.[414] Das war eine Waffe, die Deutschland fürchten

Horror-Lotto oder wer hat die beste Falschmeldung: Rumäniens Botschafter in London Virgil Tilea, Großbritanniens Botschafter in Paris Eric Phipps (im Bild während seiner Zeit als Botschafter in Berlin), News Chronicle-Reporter und MI6-Agent in Berlin Ian Colvin: Er produzierte die Falschmeldung, die zur britischen Garantieerklärung für Polen führte.

mußte. Zudem stieg die Zahl der produzierten Kriegsflugzeuge nach München von zuvor 250 auf 600 Flugzeuge pro Monat.[415] Doch nun stand Chamberlain vor einem innenpolitischen Scherbenhaufen.[416] Seine Feinde triumphierten. Chamberlain konnte zurücktreten, oder er war zur Aktion gezwungen. Er wählte die Aktion.

Vielleicht war es auch so, daß dem britische Premier gar keine Zeit blieb, über einen Rücktritt nachzusinnen, denn gleich nach dem deutschen Einmarsch in Prag ging der Eingang der Horrormeldungen über angeblich unmittelbar bevorstehende deutsche Angriffe weiter. Den Reigen eröffnete der rumänische Gesandte in London, Virgil Tilea, der es als absolut sicher darzustellen wußte, Hitler habe den Rumänen ein Ultimatum auf Unterwerfung überreichen lassen und stehe mit Truppen bereit, diese zu erzwingen.[417] Zuvor, das sei sicher, werde die Wehrmacht Ungarn überrennen.[418] Auch hierfür gab es keinen Beleg. Doch für die britische Regierung stellte sich das zunächst anders dar, denn ihr Auslandsdienst MI6 hatte gemeldet, das die Wehrmacht Truppenkonzentrationen im Südosten des Reiches vorgenommen habe, während der Westen entblößt sei. Auch das waren pure Fabeln. Die scheinbare

Kongruenz der beiden Falschmeldungen machte ihre Brisanz erst vollständig.

Nachdem das Foreign Office in einer Blitzumfrage bei seinen Vertretungen in Europa die Antwort erhalten hatte, daß die rumänische Sache extrem unwahrscheinlich sei, sah sich Tilea zur Rettung seiner Reputation genötigt. Er wählte die nebulöse Formel, er sei bei seinem Vorstoß bis an die Grenze des Möglichen gegangen.[419] Das bedeutet, daß er um den Charakter seiner Meldung wußte. Sie war falsch. Die Frage *cui bono* ist schnell beantwortet. Die Nachricht war bestens geeignet, die Politik des Appeasements *ad absurdum* zu führen und den britischen Premier innenpolitisch weiter zu desavouieren. Will man belegen, daß es hierfür einen britischen Hintermann gab, muß man nur den weiteren Weg von Tilea betrachtet. 1940 weigerte er sich, dem Rückruf nach Rumänien Folge zu leisten. Er blieb in England, wo er unverzüglich eingebürgert und mit einem hohen Orden geschmückt wurde. Was hatte er England denn Gutes getan? Nun, England führte Krieg, und sein Premier hieß jetzt Winston Churchill – der mutmaßliche Initiator der Tilea-Affäre.[420]

Zurück ins London der Kriegsgerüchte: Wenige Tage nach Tilea meldete der britische Botschafter in Paris, Eric Phipps, *aus sicherer Quelle*, es sei Hitlers persönlicher Wunsch, Großbritannien im Juni oder Juli anzugreifen.[421] Nur scheinbar im Gegensatz dazu meldeten sich die britischen Militärexperten zu Wort. Die Stabschefs bescheinigten den deutschen Streitkräften eine geringe Kampfmoral und sahen es als erwiesen an, daß die wirtschaftliche Lage Deutschlands instabil sei.[422] In dasselbe Horn tutete der britische Luftattaché in Berlin Noel Mason-MacFarlaine; er berichtete:

> *Die Situation ist im Moment und für die nächsten Monate deutlich ungünstiger für Deutschland als sie es wahrscheinlich im nächsten Jahrzehnt sein wird.*[423]

Dergleichen Berichte über angebliche deutsche Stärken und Schwächen blieben im britischen Kabinett nicht ohne Wirkung. Sie gaben all denjenigen Auftrieb, die einen Krieg mit Deutschland für wünschenswert und führbar ansahen.[424]

Den Vogel auf dem Jahrmarkt der Falschmeldungen schoß Ende März 1939 der soeben aus Deutschland ausgewiesene Journalist des *News Chronicle* Ian Colvin ab. Er meldete, Deutschland sei nunmehr bereit, Polen und die Baltischen Staaten zu überfallen, um sich anschließend gegen das Britische Empire zu wenden. Es war pure Phantasterei. Wie gewohnt gab Colvin seine Meldung bei Lord Lloyd ab, der umgehend Vansittart informierte. Dieser blieb diesmal nicht auf der Sache sitzen, sondern setzte am 29. März seinen Nachfolger Cadogan ins Bild, der dafür sorgte, daß Colvin umgehend nach Downing Street chauffiert wurde, wo er seinen Blödsinn wiederholen konnte.[425]

Nun war es, so mußte die britische Führung denken, wirklich Zeit für eine deutliche Reaktion. Im Kabinett war es hin und her gegangen. Außenminister Halifax vertrat die Ansicht, daß eine Unterstützungserklärung an Polen Hitler zurückhalten und ihn in Armeekreisen diskreditieren sowie die öffentliche Meinung wegen eines drohenden Zweifrontenkrieges gegen Hitler aufbringen würde.[426] Nun entschied sich Chamberlain. Am 31. März 1939 um 14 Uhr 52 erhob er sich im Parlament, wie es bei den Zeitgenossen so schön und pathetisch heißt, und sagte:

> *Jegliche Aktion, welche die Unabhängigkeit Polens bedroht und die von den Polen als notwendig zu widerstehen beurteilt wird, führt während des Zeitraums, in welchem Konsultationen stattfinden, zur Unterstützung durch die Britische Regierung.*[427]

Das war, man mochte dies später drehen und wenden, eine britische Garantieerklärung. Sie legte zudem die Beurteilung der Frage, ob der Garantiefall eingetreten sei, allein in polnische Hände.[428]

Wie sich das auf die aggressiven Nationalisten in Warschau auswirkte, wird im nächsten Kapitel zu besichtigen sein.

Hier sei lediglich vorweggenommen: Wenn man in der Rückschau nach dem Auslöser des deutsch-polnischen Krieges sucht, dann hat man ihn gefunden. Besonders befremdlich wirkt, daß diese Garantieerklärung durch eine vorsätzliche Falschmeldung über einen unmittelbar bevorstehenden deutschen Angriff auf Polen verursacht worden war. Und, noch befremdlicher: Die Verursacher der Falschmeldungen saßen im Foreign Office und seinem Auslandsdienst MI6.[429] Sie handelten, wie sich anhand ihrer weiteren Aktionen noch zeigen wird, in voller Absicht, über den Hebel Polen einen Krieg auszulösen. Jetzt waren sie ihrem Ziel einen guten Schritt näher gekommen, denn mit der Garantieerklärung hatte sich Großbritannien vom Verhalten der Polen abhängig gemacht.

Garantieerklärungen für Rumänien und andere sollte bald folgen.[430] So dokumentierte England öffentlich und unverhohlen, daß es gewillt war, Deutschland einzukreisen.[431]

7. Kapitel

Versailles zerbricht – 2. Akt: Polen als Kristallisationspunkt der deutsch-britischen Auseinandersetzungen und Hitlers Kriegserklärung nebst einigen Bemerkungen, was ihn hierzu veranlaßte

Die britisch-deutschen Auseinandersetzungen des Jahres 1938/39 kulminierten im Streit über Polen. Britische Gebietsgarantie und die Danzig-Frage mündeten, so wie damals Politik verstanden wurde, fast automatisch in einen Krieg ein. Das jedenfalls war die damalige Sicht der Dinge. Ohne diese Sicht versteht man die Handelnden nicht. Die Einnahme einer solchen Perspektive setzt sich mit einer in Deutschland gepflegten Auffassung in Widerspruch, nach der es allein der deutsche Diktator war, der die Dinge in seinem wahnhaften Drang vorwärts trieb. Doch solche Sicht ist zu simpel, denn sie würde die anderen handelnden Personen in die Rolle von Statisten, wenn nicht gar Marionetten drängen. Das ist zu viel der Ehre für den Mann aus Braunau am Inn. In diesem Kapitel soll gezeigt werden, wie komplex die Geschichte in Wirklichkeit ablief.

Adler im Höhenrausch: Der Konflikt mit Polen nebst einigen Bemerkungen über die Einflußnahme Englands und Amerikas auf diesen Konflikt

Der Staat Polen war nach einem halbherzigen deutschen Anlauf während des Ersten Weltkriegs[432] von den westlichen Siegermächten Ende 1918 endgültig aus der Taufe gehoben worden.[433] Neben russischen Provinzen, die zu dieser Zeit noch von der deutschen Armee besetzt waren, schlug man ihm Teile Deutschlands und Österreich-Ungarns zu.[434] Auf polnisches Drängen gewährten die Sieger großzügig einen Ostseezugang im deutschen Westpreußen[435] und als flotte Draufgabe die deutsche Hafen- und Großstadt Danzig.[436] Sie wurde unter Völkerbundmandat gestellt und mit weitgehenden außenpolitischen sowie zoll- und handelsrechtlichen Privilegien für Polen versehen.[437]

Jeder, der nur ein schwaches Vorstellungsvermögen besaß, konnte sich ausrechnen, was für einen Konfliktherd es bedeuten würde, einen polnischen Korridor in das Deutsche Reich hineinzutreiben und die rein deutsche[438] Großstadt Danzig unter polnisches Teilkuratel zu stellen. So war an der Ostflanke des Reiches ein Quell andauernder Streitigkeiten geschaffen worden, der die Deutschen von ihrer Westgrenze ablenken sollte.

Polnischer Nationalismus ließ es nicht zu, mit den Nachbarn einen friedlichen Ausgleich zu suchen. Kriegerische Unternehmungen nach allen Himmelsrichtungen waren seit der Staatsneugründung die Folge.[439] Betroffen waren außer dem Deutschen Reich die Sowjetunion, Litauen[440] und die Tschechoslowakei. Solange die Nachbarn militärische Schwächlinge waren und solange Frankreich die polnischen Aggressionen wohlwollend stützte, ging diese Rechnung auf.[441] Die Lage wurde für die Nachbarstaaten keineswegs einfacher, nachdem sich in Polen 1926 eine stramm nationalistische anti-semitische Militärdiktatur unter dem Marschall Józef Pilsudski an die Macht geputscht hatte.[442]

Aus deutscher Sicht war dieser Zustand untragbar, ja, er schrie nach einer Revision, und, heute am liebsten totgeschwiegen, Polen war bei allen politischen Parteien im Weimarer Staat der Feind Nummer Eins.[443] Hierfür gab es aus damaliger deutscher Sicht neben Polens aggressiver Außenpolitik andere gute Gründe, namentlich die rabiate Unterdrückung der deutschen Minderheit in Polen. Polens Kulturminister verkündete ganz unverblümt:

Das fremde Element wird sich in unserm Land umsehen müssen, ob es sich anderswo besser befindet. Das polnische Land ausschließlich für die Polen.[444]

Wie verkündet, so geschehen. Das polnische Establishment befleißigte sich, die Polonisierung Polens durchzuführen – ein gewagtes Unternehmen angesichts des Umstandes, daß unter den 33 Millionen Einwohnern des Landes 13 Millionen Nichtpolen lebten. Unter diesen die Volksdeutschen. Die Angaben über ihre Zahlen schwanken zwischen einer dreiviertel und anderthalb Millionen.[445] Diese Deutschen waren geblieben, nachdem zwischen 1919 und 1922 eine erste große Fluchtwelle stattgefunden hatte.[446] Polen ließ nichts unversucht, auch die im Land gebliebenen zu vertreiben. Sprach-, Schul-,[447] Vereinsverbote[448] gehörten ebenso zum Alltag wie Enteignungen landwirtschaftlicher Flächen[449] und die Behinderung von Gewerbetreibenden.[450]

Als Spiegelbild der wechselseitigen staatlichen Animositäten zieht sich wie ein roter Faden der unerklärte Krieg der Geheimdienste zwischen Deutschland und Polen durch die 1920-er/30-er Jahre.[451] Verhaftungen von tatsächlichen und vermeintlichen Agenten[452] bildeten die Garnitur dieser deutsch- und polnischfeindlichen Melange.[453] Damit nicht genug, Anfang der 1930-er Jahre kam es mehrfach um ein Haar zum offenen Krieg.[454]

Mit dem NS-Regime hatte alles das nicht das Geringste zu tun, denn es war weder im Reich noch in Danzig an der Macht. Der US-Colonel Thomas Powell bezeugte die Verhältnisse im Korridor so:

[Der Fahrzeugverkehr] wird von den Polen mit jedem denkbaren Mittel behindert. Ich spreche aus Erfahrung, denn ich bin mit dem Auto viermal durch den Korridor gefahren.[455]

Man schrieb das Jahr 1931, als der Amerikaner diese Erfahrungen veröffentlichte. Auch nach dem Machtwechsel in Deutschland blieben die aggressiven Provokationen Polens an der Tagesordnung.

Anfang 1933 forderte Polen die Franzosen, wenn auch vergeblich, auf, einen präventiven Angriffskrieg als Zweifrontenkrieg gegen Deutschland vom Zaun zu brechen.[456] Spätere Geschichtsdeuter haben diese Aggression mit der verstärkten deutschen Rüstung zu erklären gesucht.[457] Anfang 1933: Von welcher Rüstung mag da die Rede sein? In Wirklichkeit war Deutschland weitgehend entwaffnet.[458] Hieran hat sich im Wesentlichen bis 1935/36 nichts geändert.[459]

In der Wirklichkeit des Frühjahrs 1933 ging es nicht um deutsche Aufrüstung, sondern der polnische Diktator Pilsudski wollte eine ihm günstig erscheinende Situation zum Angriff nutzen.[460] Die den Konflikt auslösende Provokation fand am 6. März 1933 statt. Das war der Tag nach den deutschen Reichstagswahlen.[461] An einem solchen Tag, so dachte Pilsudski, würde es keine handlungsfähige Reichsregierung geben. Deswegen ließ er Truppen auf der Danziger Westernplatte von See her anlanden.[462] Daß diese massive Verletzung des Danzig-Statuts nicht in Krieg ausartete, war einer Intervention des britischen Außenministers John Simon zu danken, der die Polen öffentlich in die Schranken wies.[463]

Zum Erstaunen des Publikums reagierte Hitler moderat. Er begann seine außenpolitischen Bemühungen mit Schritten, die auf einen Ausgleich mit Polen zielten. Keiner seiner Amtsvorgänger der Weimarer Periode hatte aus innenpolitischer Rücksichtnahme dergleichen gewagt. Im Januar 1934 war dann mit dem Nichtangriffspakt die Notbremse gezogen.[464] Dabei handelte der deutsche Diktator nicht einmal unrealistisch: Der Bündnisnachbar im Osten schien ihm wie ein Bruder im Geiste.[465] Er war eine aggressive nationalistische Diktatur, er war strikt anti-semitisch,[466] doch im Gegensatz zu Deutschland hoch gerüstet.

Mit der Vereinbarung vom Januar 1934 entspannte sich das Verhältnis zu Polen sichtlich. Dadurch bekam Polen die Hände frei, um Front gegen seinen östlichen Nachbarn, die Sowjetunion, zu machen. Auf dem Fuß folgte radikales Vorgehen gegen die polnischen Kommunisten. Am 1. April 1936 wurden Hunderte von ihnen verhaftet.[467] Wer konnte, floh. Doch wer sein Heil im gelobten Land im Osten suchte, hatte schlechte Karten. Dort wurden im Sommer 1937 30 von 37 polnischen ZK-Mitgliedern erschossen. In einem Schreiben an den Komintern-Vorsitzenden Georgi Dimitroff kommentierte der notorische Polenhasser Josef Stalin diesen Massenmord zynisch, ihm käme diese Auflösung der polnischen KP zwei Jahre zu spät.[468]

Hitler hingegen warb weiterhin um die Polen. Durch nichts zeigt sich das deutlicher, als in seinem Einverständnis, die Polen im Herbst 1938 an seiner tschechischen Beute teilhaben zu lassen.[469] Das geschah im Gefolge von München, als polnische Trittbrettfahrer, jegliche britische Warnung in den Wind schlagend,[470] die Westhälfte des ehemaligen Herzogtums Teschen[471] militärisch besetzten und ihrem Staat einverleibten.[472] Gegen das Votum des deutschen Außenministeriums gestand ihnen Hitler hierbei die Annexion der von Deutschen bewohnten Stadt Oderberg zu. Er ließ sich von der irrigen Vorstellung leiten, durch dieses Geschenk eine günstige Basis zur Lösung der leidigen Danzig-Frage geschaffen zu haben.[473]

Im Oktober 1938 machte Hitler Polen dann ein umfassendes Verhandlungsangebot.[474] Es betraf Danzig, die Durchreisemöglichkeit durch den Korridor und die Rechte der deutschen Minderheit in Polen, mithin die drei Themen, die aus deutscher Sicht zu einem Ausgleich gebracht werden mußten. Hitler bot, was kein deutscher Politiker vor ihm gewagt hatte, die Anerkennung der Grenzen von 1918/19 an.[475] Doch die Polen taktierten zögerlich. Nach dem Krieg ist behauptet worden, mit einem Hitler hätte es nichts zu verhandeln gegeben. Das ist reine Propaganda zur Verdeckung des polnischen Nationalismus. Während nämlich Hitler im Frühjahr

1938 mit Österreich und der Tschechoslowakei beschäftigt war, nutzten die Polen einen durch sie selbst provozierten Grenzzwischenfall im Nordosten, um Litauen durch Drohung mit Gewalt zu zwingen, das 1920 von Polen annektierte Gebiet von Vilnius/Wilna als zu Polen gehörig anzuerkennen und die seit Jahren zu Polen geschlossenen Grenzen zu öffnen. Litauen gab zögernd nach, seine ehemalige Hauptstadt Vilnius schien es für immer los zu sein. Fast wäre es erneut zu einem Krieg gekommen.[476]

Diese Erfolge beflügelten die polnischen Nationalisten. Gegenüber den deutschen Vorschlägen verlegten sie sich auf Schiebeverfügungen. Doch gegenüber Dritten sprachen sie von Krieg – einem Krieg gegen Deutschland. So notierte der Völkerbund-Kommissar für Danzig in einem Bericht an den Vorsitzenden Joseph Avenol:

> *Am 2. Dezember 1938 hat mich der amerikanische Botschafter in Warschau, Tony Biddle, besucht. Er erklärte mir mit merkwürdiger Genugtuung, die Polen seien bereit, wegen Danzig Krieg zu führen. Der motorisierten Kraft der deutschen Armee würden sie mit Wendigkeit begegnen. „Im April", so erklärte er, „wird die neue Krise ausbrechen, niemals seit der Torpedierung der Lusitania[477] bestand in Amerika ein solcher religiöser Haß gegen Deutschland wie heute! Chamberlain und Daladier werden durch die öffentliche Meinung weggeblasen werden. Es handelt sich um einen heiligen Krieg!"*[478]

Der US-Botschafter handelte nicht auf eigene Kappe, sondern in amtlichem Auftrag. Es war der Wille des US-Präsidenten Roosevelt Öl ins Feuer zu gießen, indem er seinen Botschafter telegrafisch anwies, die Polen darin zu bestärken, gegenüber den Deutschen keinen Schritt zurückzuweichen.

Die deutsche Seite las diese Nachrichten zu ihrer Verblüffung mit, denn es war dem Forschungsamt gelungen, den amerikanischen diplomatischen Nachrichtenschlüssel zu brechen.[479] Durch den amerikanischen Zuspruch schaukelte sich die polnische Stimmung weiter hoch. Ende Februar 1939 wurden zahlreiche Ausschreitungen gegen Deutsche in Posen und Krakau verübt. Zeitgleich randalierte unter den Augen der Polizei die sog. akademische Jugend vor der deutschen Botschaft in Warschau, warf Fensterscheiben ein und grölte:

Es lebe das polnische Danzig![480]

So spitzten die polnischen Machthaber die Dinge vorsätzlich zu.

Polens Armee marschiert: Am 2. Oktober 1938 rücken polnische Panzer im bis dahin tschechischen Gebiet von Teschen ein (links); Ende März 1939 treffen polnische auf ungarische Truppen in der bis dahin tschechoslowakischen Karpatho-Ukraine.

Doch von einer deutschen Kriegsabsicht gegen Polen konnte noch keine Rede sein. Im Gegenteil: Die vom Militärgeheimdienst Ausland/Abwehr vorbereitete Loslösung der Karpatho-Ukraine aus dem tschechoslowakischen Staatsverband unter Ausrufung eines selbständigen ukrainischen Teilstaats wurde in letzter Minute von Hitler unterbunden.[481] Erneut ließ sich Hitler von der Vorstellung leiten, auf diese Weise den Polen gefällig zu sein, die befürchteten, daß von einem solchen ukrainischen Teilstaat eine unaufhaltsame Sogwirkung auf die eigene, im polnischen Staatsverband lebende ukrainische Bevölkerung ausgehen mußte.[482] Deswegen überließ Hitler den gesamten Landstrich ohne Rücksicht auf dessen Volkszugehörigkeit den im Süden angrenzenden Ungarn. So hoffte er, Ungarn und Polen, im deutschen Sinne zu beeinflussen.

Hinsichtlich Polens war dies ein Irrtum, denn die endgültige Zerschlagung der Tschechoslowakei brachte, wie schon geschildert wurde, den Britischen Premier auf den Plan. Der verkündete, ohne von jemandem darum gebeten worden zu sein, die britische Garantieerklärung für Polen.[483] Für die Polen bedeutete dieses Anerbieten ein unerwartetes Geschenk.

Wenige Tage zuvor, am 21. März 1939, hatte Deutschland seine Vorschläge, über Danzig und den Korridor in Verhandlungen einzutreten, wiederholt.[484] Am 28. März 1939 lehnte die polnische Seite die deutschen Vorschläge schroff ab.[485] Für deutsche Ohren klang das polnische Nein schrill: Die bisherige Regelung von Danzig sei im Interesse der dortigen Bevölkerung und habe sich bewährt, auf den Völkerbund-Kommissar könne man zu Not verzichten, und ein Besuch des polnischen Außenministers in Berlin komme erst in Betracht, wenn eine den polnischen Vorstellungen entsprechende Vereinbarung diplomatisch vorbereitet worden sei.[486] Das war eine feindselige Vertagung auf den Sankt Nimmerleinstag.

Zwei Tag nach dem deutschen Verhandlungsangebot, am 23. März 1939, mobilisierte Polen heimlich seine Armee.[487] Was wollte es damit bewirken? Späteren Geschichtsdeutern blieb die Antwort vorbehalten, daß man so auf eine deutsche Drohung, zumindest eine als sicher zu erwartende deutsche Drohung habe reagieren wollen, ja müssen.[488] Es scheint so, als gehe in der Ex-post-Sicht hier einiges durcheinander. Eine explizite deutsche Drohung gab es in der fraglichen Zeit nicht, sie war nicht einmal geplant.

Die Polen haben sich über den Grund für ihre Mobilmachung ausgeschwiegen. Eine Demonstration in Richtung Deutschland war dies jedenfalls deswegen nicht, weil sonst der Akt öffentlich und mit großem Getöse hätte stattfinden müssen. Nach dem Motto: Seht euch vor, uns könnt ihr wegen Danzig nicht drohen. Statt dessen liefen die Nachrichten über das, was in Polen militärisch vorging, nur mühsam und unsicher in Deutschland ein.[489] Warum also machte Polen im März 1939 mobil? Und warum ließ es mobil gemachte Truppen an der Grenze zwischen Polen und Danzig in Stellung gehen?[490] Es wollte beim gegenwärtigen großen Landkartenroulette dabei sein.[491] Mit England im Rücken, schien Polens große Stunde greifbar nahe zu sein. Die weiß-roten Nationalisten träumten von einem Großpolen, zu dem neben der Ukraine auch weite Teile Nordostdeutschlands gehören sollten, einschließlich der alt-polnischen Städte Lubeka und Lipzk. Schon mal gehört die Namen? Es sind Lübeck und Leipzig.

Großpolen – Leipzig, Berlin und Lübeck inklusive: Polnisches Plakat aus den Dreißiger Jahren. Die Originalbeschriftung lautet: In Polen lebe der Geist Boleslaws Chrobrys, Polen. Wir sind hier nicht erst seit gestern. Wir reichen weit bis nach Westen. Der geringste Staub polnischer Muttererde kehrt zum Mutterland zurück.

Polen machte deswegen mobil, weil es eine Auseinandersetzung mit dem Deutschen Reich beim jetzt anstehenden Spiel wünschte. Nach polnischen Vorstellungen standen neben Danzig auch die Slowakei[492] und die Karpatho-Ukraine an. Eines jedenfalls wollten die Polen auf keinen Fall: einen selbständigen ukrainischen Staat an ihrer Südflanke.[493] Die Erinnerungen an blutige Aufstände von ukrainischen Bauern und Intellektuellen auf eigenem Territorium waren noch taufrisch. Es waren seitdem nicht einmal drei Jahre ins Land gegangen.[494] Als Polen mobil machte, war die Unabhängigkeitserklärung der Karpatho-Ukraine eine Woche alt, und einen Tag später, am 24. März 1939 platzte deren Traum, als ungarische Truppen mit Hitlers überraschender Genehmigung das Land okkupierten.[495]

Hitlers Liebeswerben in Richtung Polen war vergeblich, denn die Dinge änderten sich jetzt rapide. Anfang April 1939 einigten sich Polen und Großbritannien darauf, daß die bisher ausgesprochene einseitige Garantie von England für Polen nun auch in umgekehrter Richtung gelten sollte.[496] Durch das britisch-polnische Manöver fühlte sich der deutsche Diktator bedroht. Neuere deutsche Geschichtsdeuter, die dies in Abrede stellen, verwechseln den Anlaß mit der Wirkung der Drohung. Denn selbstredend war die Prag-Politik Hitlers der Anlaß für die britische Politikverschärfung, die sogar ein Land wie Polen in die britischen Interessen einwob, was bis 1938 wegen der polnischen Abenteuerpolitik ausdrücklich vermieden worden war. Hinzu kommt: Selbstverständlich sollte Hitler sich bedroht fühlen. Chamberlain vollzog die notwendigen Aussagen in aller Öffentlichkeit.[497] Unklar ist lediglich, ob Chamberlain genau sagte, was er wollte. Wollte er Hitler lediglich ausbremsen, wird kaum jemand etwas zu bekritteln finden. Baute er indessen bewußt auf einen gewaltsamen deutsch-polnischen Konflikt, wird das Urteil weniger milde ausfallen. Zumindest die Strategen des Foreign Office haben die aggressive Variante als operativem Ansatz verfolgt.

So rüstete Polen zu einem Krieg, den die deutsche Führung zu vermeiden suchte. Selbst regimekritische Linke, wie die Schriftstellerin Maria Dabrowska, zogen jetzt im erwünschten Sinne mit. Sie notierte am 1. April 1939:

> *Eindrucksvolle Erklärung Chamberlains über die Bereitschaft, Polen im Falle eines Angriffs auf sein Territorium jegliche Hilfe zu gewähren. Spontane Solidarisierung der Gesellschaft wegen der Fliegeranleihe. Alle Parteien im Schloß. Die Haltung Polens ist außergewöhnlich, das bestärkt uns im Geist.*[498]

Damit nicht genug: Polen ließ die Volksdeutschen in Listen erfassen und teilte sie in sofort zu Verhaftende, im Kriegsfall zu Verhaftende und zu Deportierende ein. Gelbe, rosafarbene und rote Haftbefehle wurden an die örtlichen Organe ausgegeben.[499] So kam es zu Verhaftungswellen und zahlreichen Ausschreitungen gegen Deutsche. Erst jetzt sattelte die deutsch Presse auf.[500] Später aufgestellten Behauptungen, daß Berichte über Mißhandlungen und Tötungen von Volksdeutschen lediglich Nazi-Propaganda gewesen seien, halten einer Überprüfung nicht stand.[501]

Als Reaktion auf das britisch-polnische Zusammenspiel unterzeichnete Hitler als Oberbefehlshaber der Wehrmacht am 3. April 1939 die Weisung Fall Weiß,[502] die der Wehrmacht befahl, sich auf einen möglichen Krieg mit Polen vorzubereiten. [503] Unzutreffend scheint die in diesem Zusammenhang vielfach geäußerte Auffassung, Hitler habe mit der Unterzeichnung der Weisung Fall Weiß den Weg in den unbedingt gewollten Krieg beschritten.[504] Der Wortlaut der Weisung gibt das nicht her. Ziffer 1 der Weisung geht vielmehr ausdrücklich davon aus, daß Deutschland sich um die Vermeidung von Störungen im Verhältnis zu Polen bemühen werde.

Man kann dies nicht als Propaganda abtun, denn es handelte sich nicht um eine von Hitlers x-beliebigen Reden, sondern um einen geheimen, unbedingt zu beachtenden Befehl an die Spitzen der Wehrmacht, sich auf die kriegerische Auseinandersetzung mit dem Nachbarstaat Polen als *Eventualfall* vorzubereiten. Mit anderen Worten: In dem Moment, als Polen mobil machte, die Verhandlungen mit Deutschland abbrach und ein offenes reziprokes Bündnis mit England einging, gab es keine deutschen Angriffspläne, ja es gab nicht einmal den ernsthaften Willen, gegen Polen Krieg zu führen.

Das änderte sich insofern, als eine realistische deutsche Führung jetzt von der Möglichkeit eines solchen Krieges ausgehen mußte. Knapp vier Wochen später, am 28. April 1939, kündigte Hitler den Nichtangriffspakt mit Polen wegen dessen britischen Engagements auf.[505] Das war zumindest aus seiner Sicht kein Vertragsbruch, sondern eine Reaktion wegen des von Polen herbeigeführten Wegfalls der Vertragsgrundlagen.[506]

Programmiertes Pulverfaß: Der wunschgemäße Konflikt um Danzig

Danzig liegt in Westpreußen. Dieser Satz galt lange Zeit unbestritten – bis zum Sommer 1945. Heute trifft er nicht mehr zu, denn Gdansk liegt in Pommerellen, und das liegt in Polen. In der Zeit, von der dieses Buch erzählt, war Danzig eine Großstadt mit knapp 350.000 Einwohnern. Unter diesen gut 320.000 Deutsche, der Rest Polen und Kaschuben.

Die Siegermächte des Weltkrieges bestätigten 1919 die Gründung eines neuen polnischen Staates. Mit Gewalt wurde für Polen ein Ostseezugang aus Westpreußen herausgeschnitten, Ostpreußen somit vom Deutschen Reich geographisch abgetrennt und die Großstadt Danzig mit fadenscheinigen Gründen zur Freien Stadt unter Völkerbundmandat erklärt, wobei Polen außen-, handels- und zollrechtliche Privilegien eingeräumt wurden. Das war noch der Zustand von 1939. Man kann ohne Übertreibung sagen, daß die bis dahin vergangenen zwei Jahrzehnte für die Bevölkerung von Danzig keine Freude gewesen waren.[507]

1933 wurden die Hoffnungen vieler Danziger enttäuscht, die angenommen hatten, Hitler werde mit dem unhaltbaren Zustand aufräumen. Noch größer war die Enttäuschung, als dieser im Januar 1934 mit Polen einen Nichtangriffspakt schloß. Für die auch in Danzig innenpolitisch an die Macht gekommenen Nationalsozialisten war das ebenfalls ein schwerer Schlag. Erst im Herbst 1938, nach München, begann sich der deutsche Diktator wie beiläufig Danzig zuzuwenden. Über die Auswirkung auf das polnisch-deutsche Verhältnis wurde bereits einiges gesagt. Hinsichtlich Danzigs ist hinzuzufügen, daß parallel zum Frostig-Werden des Verhältnisses zwischen Deutschland und Polen nun auch die Verhältnisse in und um Danzig zu eskalieren begannen.

Die Keule, mit der die Deutschen drohten, war die Durchführung einer Volksabstimmung über den Anschluß. Genau das war es, was die Päpste und Prälaten des Völkerbunds fürchteten, denn als selbsternannter Wächter des Selbstbestimmungsrechts der Völker eine Volksabstimmung zu verhindern, war eine schwer verkäufliche Angelegenheit. Um sich selbst und die Gegner Deutschlands zu beruhigen, berichtete der Hohe Kommissar des Völkerbunds, Carl Jacob Burckhardt, allen Ernstes, er habe einen Danziger Arbeiter getroffen, der ihm gesagt habe, Danziger Butter sei ihm wichtiger als deutsche Staatshoheit.[508]

Spätestens ab 1936 gingen die Polen zur Erbitterung der Deutschen dazu über, von Danzig als einer polnischen Stadt zu sprechen.[509] Sie überschwemmten das Stadtgebiet mit einer bis dahin nie da gewesenen Menge polnischer Zollinspektoren und schufen so die Grundlage für neuerliche wechselseitige Provokationen. Deren Ziel schien den Deutschen sonnenklar: Es ging darum, die Stadt wirtschaftlich abzuschnüren. Hätten sie das Tagebuch des britischen Unterstaatssekretärs Cadogan gekannt, wäre ihnen ein weiteres Licht aufgegangen, denn dieser hatte nach seinem Gespräch mit dem polnischen Außenminister Józef Beck[510] am 9. Mai 1939 notiert:

Schlage ihm vor, mit der „Quarantäne" Danzigs zu beginnen.[511]

Dieses Mittel der wirtschaftlichen Erdrosselung schien ihm einer militärischen Besetzung zur Verhinderung einer Volksabstimmung vorziehenswert.

Schlagt endlich los: Das Foreign Office mahnt Polen, den Kriegsgrund zu schaffen, nebst einigen Bemerkungen über die Verderblichkeit von Margarine in Danzigs Lagerhäusern

Am 7. Juli 1939 gab das Foreign Office einen frei erfundenen Kabinettsbeschluß an MI6 weiter. Der Text besagte, daß die britische Regierung jeden bewaffneten Zwischenfall zwischen Deutschland und Polen wegen der Stadt Danzig als Kriegsgrund (*casus belli*) ansehen werde.[512] Die britische *official history* führt hierzu aus, daß die Fälschung an die deutsche Regierung weitergeleitet werden sollte, um britische Entschlossenheit zu demonstrieren.[513] Das ist ein Märchen.

Die Herstellung des gefälschten Kabinettprotokolls erfolgte, weil das F.O. wußte, daß die britische Regierung eine Entschließung dieser Art nicht fassen würde,[514] zumal der mißtrauische britische Premier kurz zuvor beim polnischen Außenminister Beck angefragt hatte, was er zu tun gedenke, wenn die Volksvertretung von Danzig einen Anschluß an das Deutsche Reich beschließe. Der Pole hatte geantwortet: Er glaube das zwar nicht, doch, wenn es so käme, würde das die Polen zu einer energischen Reaktion zwingen.[515] Absichtsvoll verschwieg er, daß genau dies für Polen ein Kriegsgrund sei.[516]

Damit nicht genug. Vier Tage vor Herausgabe der Fälschung versuchte das Foreign Office am 3. Juni 1939, den Premier in der Danzig-Frage auf die kompromißlose Linie festzulegen, doch Chamberlain weigerte sich, die Polengarantie weiter aufzubohren.[517] Bleibt hinzuzufügen, daß der Premier bei seiner Erklärung vor dem Unterhaus in der Danzig-Frage moderat blieb, wiewohl er zum Ausdruck brachte, das Großbritannien eine mit subversiven Mitteln erzeugte Änderung des Status der Freien Stadt nicht hinnehmen werde.[518]

Das F.O. und MI6 mußten nun dafür sorgen, daß die gefälschte Botschaft beim Empfänger *glaubhaft* ankam. Dieser Empfänger kann die deutsche Regierung nicht gewesen sein, denn wenn irgendein Agent mit dem geheimen Papier aus dem Nichts auftauchte, stellte sich sogleich die Frage der Echtheit. Wollte die britische Regierung die deutsche von ihrer Drohung heimlich in Kenntnis setzen, genügte es beim Stand der Dinge im Sommer 1939, den britischen Botschafter in Berlin in Bewegung zu setzen. Kam ein anderer Bote, so mußten die Briten damit rechnen, daß Hitler Botschafter Henderson einbestellte und ihm das angebliche Kabinettpapier mit unmißverständlichen Worten vor die Nase hielt.[519]

Legt man diese Meßlatte an, ergibt sich, was hinter der Fälschung steckte. Man tausche den Adressaten aus, streiche Deutschland und schreibe statt dessen Polen, so entsteht eine stringente Geschichte. Die Kriegsfreunde in Polen erhielten auf diese Weise die heimliche Zusicherung, daß die Briten jegliche bewaffnete Auseinandersetzung um Danzig als Kriegsgrund anzusehen bereit waren. Bei solcher Sachlage handelte es sich um eine massive Aufforderung zum Kriege, denn die Briten wußten ganz genau, wie es mit der Kriegsbereitschaft Polens in diesen Sommertagen bestellt war. Sie näherte sich dem Siedepunkt.

Diese Geschichte wirft ein grelles Schlaglicht auf die Kriegsbefürworter im britischen Außenministerium. Sie konterkarierten nicht nur den eigenen Premierminister, sondern taten einen deutlichen Schritt auf dem Weg zum Krieg mit Deutschland.[520] Ihr Tun beruhte auf der Annahme, daß die polnische Armee ein ernst zu nehmender Gegner für die deutsche Wehrmacht sei. Dieses war grundlegende Voraussetzung für die britische Kriegsdoktrin, die einen langgestreckten Abnutzungskrieg gegen das Deutsche Reich vorsah, wobei die Briten das Abschneiden der Deutschen von den benötigten Roh- und Brennstoffen im Wege der Blockade erzwingen würden. Das Konzept setzte voraus, daß sich Deutschland in einen kräftezehrenden Grabenkrieg in Ost und West verstricken werde.

Hinsichtlich der Stärke der Polen konnte sich das F.O. auf eine scheinbar erstrangige Quelle stützen. Es war der deutsche General Georg von Küchler. Der war nicht irgendein x-beliebiger Schießplatzkommandant, sondern seit 1937 der Kommandierende General des I. Armeekorps in Ostpreußen, mithin der entscheidende Flügelmann bei einem Krieg gegen Polen.[521] Küchler äußerte im Frühsommer 1939 gegenüber dem Danziger Völkerbund-Kommissar Carl Jacob Burckhardt, daß ein Krieg gegen Polen eine ernste Angelegenheit werden würde. Es würde, falls die polnische Armee perfekt ausgerüstet wäre, ein langes und schwieriges Unternehmen werden.[522] Burckhardt gab diese Nachricht am 11. Juni 1939 in Basel an den britischen Diplomaten Roger Makins weiter, der für das F.O. eine entsprechende Notiz anlegte.[523]

Wenige Tage nachdem das F.O. den gefälschten Kabinettsbeschluß kreiert hatte, machten die Polen ernst: Am 19. Juli 1939 teilte der polnische Botschafter in Danzig dem Senatspräsidenten mit, daß die polnische Regierung beschlossen habe, die Zollkontrollen bei bestimmten Firmen auf dem Gebiet der Stadt Danzig einzustellen. Zugleich werde man die Kontrolle durch die Danziger Zollbehörde nicht mehr anerkennen.[524] Die Folge war: In den Kontoren vergammelte Danzigs hauptsächliches Exportgut nach Polen, die künstlichen Fette der Firmen Amada, Unida und Oleo. Die Verluste betrugen innerhalb weniger Tage mehr als zehn Prozent des jährlichen Danziger Exportvolumens.[525]

So wurde die Lage zum Krieg hochgeschaukelt, denn mit Schreiben vom 4. August 1939 stellte die polnische Regierung genau dies ultimativ in Aussicht.[526]

> *... bin ich gezwungen, Sie zu warnen, daß alle polnischen Zollinspektoren den Befehl erhalten haben, ihren Dienst in Uniform und mit der Waffe am 6. August d.J. und an allen nachfolgenden Tagen an allen Grenzpunkten auszuüben, die sie für ihre Kontrolle als notwendig erachten. Alle Versuche, ihnen den Dienst zu erschweren, alle Überfälle oder Interventionen der Polizeibehörden wird die polnische Regierung als einen Gewaltakt gegen die Bediensteten des Polnischen Staates während*

der Ausübung ihres Dienstes betrachten. Falls die oben erwähnten Mißbräuche angewendet werden sollten, wird die polnische Regierung unverzüglich Vergeltung gegen die Freie Stadt anwenden…

An den Auseinandersetzungen beteiligte sich jetzt auch das Deutsche Reich,[527] was wiederum die Polen zu einer scharfen Zurückweisung veranlaßte.[528] Man ist es ja gewohnt, die Äußerungen aus dem Hause Ribbentrop als anmaßend zu bezeichnen. Doch daß auch die Polen sich dieses unverschämten Tons befleißigten und dem westlichen Nachbarn mit Krieg drohten, gehört zu den Dingen, die in Deutschland weniger zu lesen sind.[529]

Um kein Mißverständnis aufkommen zu lassen: Was die Deutschen äußerten, besagte, daß man bei solchem polnischen Vorgehen die Lösung der Danzig-Frage ebenfalls erzwingen werde, zur Not auch bewaffnet. Das mag weniger verwundern als der Umstand, daß zunächst Polen den bewaffneten Konflikt wollte.[530] Es wollte ihn so dringlich, daß es sich bemüßigt sah, das Deutsche Reich in unverfrorener Form mit dem Hinweis herauszufordern, es solle sich nicht in Danzig einmischen, denn das sei eine *innerpolnische* Angelegenheit. Das war sie *de jure* keineswegs. Und die verbale Vereinnahmung von Danzig als polnische Stadt[531] konnte und sollte auf deutscher Seite die Befürchtung schüren, daß nunmehr eine polnische militärische Besetzung der Stadt unmittelbar bevorstehe.

Was war also mit den Polen? Es konnte ihnen unter Vernunftgesichtspunkten nicht um Danzig gehen. Sie hatten diese Kriegsbeute dem geschlagenen Deutschen Reich 1919 abpressen lassen, um einen funktionsfähigen Hafen an der Ostsee zu bekommen. Doch dann hatten sie begonnen, durch den Ausbau des im Korridor liegenden Gdingen den Hafen von Danzig auszubluten. Damit waren sie munter vorangekommen.[532] Was also hatte die Polen in Danzig zu suchen, einer Stadt mit fünfundneunzig Prozent deutscher Bevölkerung, die ganz überwiegend nichts anderes wollte, als den albernen Status einer sog. Freien Stadt loszuwerden und wieder Anschluß ans Deutsche Reich zu finden.

Das alles war natürlich auch der polnischen Führung bekannt. Doch sie wollte keine Einigung. Einlenken erschien ihr eine nationale Schande. Sie glaubte, für ihre Haltung gute Argumente zu haben. Diese Argumente waren uniformiert und waren beritten, und ihre Befehlshaber glaubten, in dem jetzt notwendigen Kriege werde man Berlin hoch zu Roß in wenigen Tagen erreichen.[533]

Das war pures Wunschdenken.[534] Über sein Entstehen gab die Auswertung von Akten Auskunft, die von einem Abwehrkommando Ende September 1939 in Warschau beschlagnahmt worden waren: Deutsche Oppositionelle hatten den fleißig mitschreibenden polnischen Geheimdienstlern zu Protokoll gegeben, das Regime des Adolf Hitler werde wenige Tage nach Kriegsbeginn wegen innerer Revolten wie ein Kartenhaus zusammenstürzen.[535] Wenn man in Sachen Polenkrieg nach den Verursachern dieser Falschmeldungen sucht, kommt man zu erstaunlichen Ergebnissen, denn es waren auch hohe Funktionsträger des NS-Systems, die für das Ausstreuen solcher Latrinenparolen sorgten, wie der Berliner Polizeipräsident Graf Helldorf. Was er insofern sagte, wurde von jenen, die mit guten Gründen gegen kriegerischen Aktionismus des deutschen Diktators waren, begierig aufgegriffen und weitergesagt.[536] So entstand die Fama von den zu erwartenden Aufständen gegen das Regime.[537]

Und so kam es in Polen 1938/39 zur Parole vom Ritt nach Berlin. Der Wahn absoluter Überlegenheit gebar jenes auftrumpfende Auftreten, so daß absehbar war, daß es zum Knall kommen würde, fraglich war nur wann.

Wie ein Rohr im Wind: Hitlers Entscheidung zum Angriff auf Polen

Hitlers Entscheidung zum Angriff auf Polen fiel im August 1939, mehrfach halbherzig festgelegt[538] und dann widerrufen und letztmalig getroffen zwei Tage vor dem tatsächlichen Angriffsbeginn. Der Angriffsbefehl war nicht, wie vielfach zu lesen ist, das Ergebnis einer langen und sorgfältigen Planung, sondern die Folge von Erregungszuständen, seelischen Krisen, kalten Überlegungen und einer verfehlten Navigation, durch die sich der deutsche Diktator selbst in Zugzwang gebracht hatte.

Zutreffend kalkulierte Hitler, daß Polen allein kein ernstzunehmender militärischer Gegner sein würde.[539] Polnische Kraftmeierei des Jahres 1938/39 war substanzloses Geschwätz. Ein gefährliches Geschwätz zudem, da es den eigenen Mob zu Ausschreitungen gegen die deutsche Bevölkerungsminderheit ermutigte. Die Flut der eingehenden Meldungen über tatsächliche oder nur vermeintliche Vorfälle in Polen schaukelte Hitler in jenen Furor hoch, in dem man eine gewalttätige Reaktion als wahrscheinlich einkalkulieren durfte.

Es gab genügend viele auswärtige Mitspieler im Konzert der Kräfte, denen daran gelegen war, daß dies nun geschah. Um nicht mißverstanden zu werden: Wenn hier die Frage untersucht wird, aus welchen Faktoren sich Hitlers Kriegsentschluß zusammengesetzt hat, so geht es nicht darum, ihn aus der Verantwortung für das, was er im deutschen Namen angerichtet hat, zu entlassen. Hier ist allein interessant, wie er auf die Gedanken verfiel, die er dann in die Tat umsetzte.

Hitler ging schrittweise vor, er isolierte seine Gegner, er machte großzügige Bestechungsgeschenke: Südtirol an Italien, das Olsa-Gebiet an Polen und die Karpatho-Ukraine an Ungarn. Alles schien glatt zu gehen, doch er hatte keine Ahnung, was er tat, als er mit dem Einmarsch in Prag den britischen Premier desavouierte und auf die Linie seiner Gegner zwang, er hatte keine Ahnung, daß es ihm nicht gelang, Polen zu isolieren, und ihm entging, daß er statt dessen half, das zu tun, was andere von ihm erwarteten, nämlich schrittweise einen großen Krieg auszulösen.

Wie laienhaft der Diktator dabei vorging, wird deutlich, wenn man die sog. Grenzzwischenfälle betrachtet, die dem Angriff in der Nacht vom 31. August auf den 1. September 1939 unmittelbar vorausgingen und von denen der selbstorganisierte Scheinüberfall auf den Rundfunksender von Gleiwitz der bekannteste ist.[540] Diese Aktionen verdienen hier Erwähnung, weil sie belegen, daß Hitler die Kunst des richtigen Zeitpunkts nicht beherrschte. Die Schlagzeilen, die hätten ausgelöst werden sollen, gingen nämlich in der einzigen Schlagzeile unter, die den 1. September 1939 völlig zu recht beherrschte: Das war der deutsche Angriff auf Polen. Gleiwitz & Co zerplatzten daneben wie überflüssige Seifenblasen.

Hitler hatte nicht begriffen, welch wunderbare Vorlage er mit seinem Handeln der britischen Kriegspartei schenkte. Von deren Machern, ihrer Stärke und ihren Zielen hatte er keine zutreffende Vorstellung. Fast tragisch wirkt daneben die dem britischen Premier zugeschriebene Äußerung, man möge diesmal den Fehler von 1914 nicht wiederholen, indem man gegenüber dem Deutschen Reich keinen Zweifel aufkommen lasse, wie Großbritannien sich im Kriegsfall verhalten werde. Es war in den Wind gesprochen, denn Hitler glaubte felsenfest, daß England nur bluffe.

Am 25. August 1939 verschärfte Chamberlain die im März und April gegenüber Polen abgegebenen Garantie-Versprechen durch einen bilateralen Vertrag, in welchem sich beide Länder militärischen Beistand für den Fall eines Krieges mit einer anderen europäischen Macht zusagten.[541] Zudem vereinbarten sie die Aufrechterhaltung des territorialen Status quo in Europa. Zu deutsch: Danzig und der Korridor wurden für nicht mehr verhandelbar erklärt.

Dementsprechend verhielten sich die Vertreter Polens in den folgenden Tagen. Während man dazu überging, gegenüber Volksdeutschen nackte Gewalt anzuwenden, erklärte der polnische Botschafter in Berlin, Lipski, wenn er sich denn überhaupt sprechen ließ, es gebe mit ihm nichts zu verhandeln, ja, er weigerte sich sogar, deutsche Verhandlungsvorschläge entgegenzunehmen.[542] So, als sei das noch nicht genug, machte Polen am 29. August 1939 mobil.

Am 31. August 1939, dem letzten Tag vor Kriegsbeginn, versuchte der italienische Diktator Benito Mussolini in letzter Minute die Notbremse zu ziehen. Richtigerweise nahm er zuerst Kontakt zu den Briten auf, um mit diesen abzustimmen, wie man Hitler am besten in den Arm fallen könne. Er vertrat hierbei die Auffassung, der Kriegsgrund würde sich in nichts auflösen, wenn man Danzig herausgäbe. Außenminister Halifax bemerkte hierzu, man müsse das erst einmal beraten und werde sich dann melden. Auf die Antwort wartet man in Italien bis heute. Als die Italiener zu mahnen versuchten, stellte sich um 20 Uhr 20 heraus, daß Großbritannien alle Nachrichtenverbindungen nach Italien gekappt hatte.[543]

Vergeblich habe ich nach dem Verursacher der einschlägigen Anweisung gesucht. Man dürfte wohl unter den üblichen Verdächtigen des F.O. fündig werden. Dessen Chef, Lord Halifax hat am 4. September 1939 gegenüber dem US-Botschafter Joseph Kennedy Anmerkungen gemacht, die über seinen Kriegswillen keinen Zweifel ließen. Kennedy berichtete nach Washington:

> *Das, was Britannien mehr als alles andere brauche, bevor die Welt kollabiere, sei ein interner Zusammenbruch innerhalb Deutschlands. Sie hätten definitives Vertrauen in Geheimdienstberichte, wonach der Öl- und Benzinvorrat definitiv nicht länger als vier Monate reiche und es gebe in Deutschland ein definitives Gefühl gegen den Krieg, und wenn es wirtschaftlich zu rauh zugehe, werde Hitler abserviert.*[544]

Die polnische Armee schätze man als *tough* ein. Die Deutschen würden Monate brauchen, um irgendeinen Fortschritt zu erzielen.[545] Das also war die Datenbasis, als Großbritanniens Kriegsfreunde Polen animierten, es auf eine gewaltsame Auseinandersetzung mit dem Deutschen Reich ankommen zu lassen. Es war *wishful thinking* (Wunschdenken), gestützt auf fragwürdige Auslassungen von deutschen Oppositionellen und Emigranten.

Zurück zu Hitler: Die ganze Enttäuschung des Diktators am zweiten Tag nach dem törichten Angriff auf Polen ist von einem Augenzeugen festgehalten worden. Es ist der Chefdolmetscher Paul Schmidt, er hat die Szene wie folgt beschrieben:

> *[Ich] betrat das danebenliegende Zimmer, in dem Hitler an seinem Arbeitstisch saß, während Ribbentrop etwas rechts von ihm am Fenster stand. Beide blickten gespannt auf, als sie mich sahen. Ich blieb in einiger Entfernung vor Hitlers Tisch stehen und übersetzte ihm dann langsam das Ultimatum der britischen Regierung. Als ich geendet hatte, herrschte völlige Stille... Wie versteinert saß Hitler da und blickte vor sich hin. Er war nicht fassungslos, wie es später behauptet wurde, er tobte auch nicht, wie es wieder andere wissen wollten. Er saß völlig still und regungslos an seinem Platz. Nach einer Weile, die mir wie eine Ewigkeit vorkam, wandte er sich Ribbentrop zu, der wie erstarrt am Fenster stehen geblieben war. „Was nun?" fragte Hitler seinen Außenminister mit wütendem Blick in den Augen, als wolle er zum Ausdruck bringen, daß ihn Ribbentrop über die Reaktion der Engländer falsch informiert habe.*[546]

Spätestens mit der britischen Kriegserklärung vom 3. September 1939 wollte niemand seinem Führer erklärt haben, daß Großbritannien sich raushalten würde. Die Aufklärung dessen macht Schwierigkeiten, weil nach dem verlorenen Krieg die Überlebenden des Desasters vollmundig behaupteten, sie hätten Hitler offen widersprochen, Widerstand geleistet, das Schlimmste verhindert und ähnliches mehr.

In den vergangenen Kapiteln ist vor den Augen des Lesers eine etwas andere Szenerie beleuchtet worden. Sie zeigt eine Vielzahl von Entscheidungsträgern, die Hitler aus Mutwillen oder aus Verblendung zum Vorgehen gegen Polen bestärkt haben. Zur Partei der Mutwilligen gehören sicher Roosevelt & Co, Churchill & Hinterleute, Vansittart & seine Gang sowie die von diesen Gruppen angestifteten Polen. Verblendet waren Ribbentrop und Rosenberg und deren Unterstützer. Auf der Schwelle zwischen Mutwillen und Verblendung alle jenen, die glaubten, sie könnten durch die Herbeiführung eines Krieges den Diktator stürzen und so in Deutschland alles zum Besseren wenden.

Hitlers Entschluß, Polen anzugreifen, hat mit Sicherheit auf einem ganzen Blumenstrauß von Falschinformationen beruht. Die Auslassungen von US-Botschafter Kennedy über Englands mangelnde Kriegsbereitschaft, über die noch einiges zu hören sein wird, waren neben denen, die sich Ropp und seine Hintermänner im englischen Geheimdienst-Establishment hatten einfallen lassen, sicher die fatalsten.[547]

Hitlers Angriffsbefehl war eine bodenlose Dummheit, denn er versetzte Deutschland in die Rolle des Aggressors und zwar nicht nur mit der unmittelbaren Folge, daß England und Frankreich dem Deutschen Reich den Krieg erklärten, sondern über den Tag hinaus. Es bestand zudem kein Grund, einen Krieg zu führen, zumindest jedoch keinen loszutreten, denn das einzige, was der Diktator tun mußte, war abzuwarten. Nach den Vorgängen in Danzig im August 1939, wo die Polen dem Reich offen mit Krieg gedroht hatten, war es eine Frage der Zeit, bis sie sich selbst in ihrem nationalen Wahn soweit hochgeschaukelt hatten, daß es zu einem massiven polnischen Militäreinsatz kam. Diesen polnischen Angriff galt es abzuwarten, und bei richtiger Einschätzung der Polen, durch immer neue Verhandlungsofferten zu provozieren. Die Wehrmacht war der polnischen Armee turmhoch überlegen. Deutschland hatte alle Zeit der Welt, die Polen in ihr Verderben laufen zu lassen.

Selbst den Krieg zu beginnen, war überflüssig, ja, im höchsten Maße schädlich, denn der deutsche Angriff kittete eine sich anbahnende Zerrüttung des französisch-polnischen Verhältnisses. Hierüber berichtete der US-Botschafter in Paris nervös nach Washington,[548] denn die Franzosen fingen an, die polnischen aggressiven Akte übel zu nehmen. Auch störte sie das auftrumpfende polnische

Verhalten ihnen selbst gegenüber. Ab Juni 1939 war das Verhältnis bereits so gestört, daß es zwischen beiden Ländern keine Kommunikation mehr gab. Hitlers Angriffsbefehl zerschlug diesen gordischen Knoten.

8. Kapitel

Winston is back – Das Comeback des Winston Churchill und das Verschwinden der Vernunft aus der Kriegführung

Zurück nach London. In diesem Kapitel wird geklärt, wie und warum Churchill an die Macht zurückkam und in acht Monaten zum Premier aufsteigen konnte. Hierbei wird geschildert, welche Mittel die britische Kriegspartei benutzte, um jeglichen Friedensschluß im Keim zu ersticken und die Amerikaner in ihr Kriegsboot zu holen.

Mit der Kriegserklärung Großbritanniens an Deutschland am 3. September 1939[549] war die britische Kriegspartei einen großen Schritt in der, wie es ihr damals schien, richtigen Richtung vorangekommen.[550] Der seit anderthalb Jahrzehnten angestrebte neuerliche Krieg mit dem Deutschen Reich war Wirklichkeit geworden. Mit dem Kampf gegen das NS-Regime hatten diese Bestrebungen von Beginn an nichts zu tun. Man muß aber hinzufügen, daß es ohne das bodenlose Agieren eines Adolf Hitler nicht zu *diesem* Krieg gekommen wäre, jedenfalls nicht so, nicht zu diesem Zeitpunkt und nicht unter einem britischen Premier Neville Chamberlain. Das läßt sich mit Sicherheit sagen. Alles andere hingegen, wie etwa die anstehenden allgemeinen Wahlen in Großbritannien ausgefallen wären und was nach dem Tode Chamberlains[551] im Jahr 1940 geschehen wäre, steht in den Sternen.

Nun jedoch, am 3. September 1939, stand fest: England führt Krieg. Die veröffentlichte Meinung stand angeblich wie ein Mann hinter der Kriegsentscheidung.[552] Da war viel zu lesen von Englands Ehre und Weltgeltung und dem Ende der Gesetzlosigkeit, und solchen hehren Dingen, die geschrieben werden, wenn es gilt, die Meinung der Meinungsmacher zu der des Volkes aufzupäppeln.[553] Je heftiger das Trommelfeuer der Propaganda ausfällt, desto sicherer darf man sein, daß sich die Propagandisten nicht des beherrschten Volks sicher sind. Leute, wie der weltberühmte Schriftsteller George Bernhard Shaw, orakelten deshalb mit beißendem Spott, es sei an der Zeit, mit der *Vernichtung des Churchillismus* zu beginnen.[554]

Empfehlenswert ist es zudem, Nachkriegsschilderungen mit Skepsis zu begegnen, die Briten seien gegen das verhaßte Nazi-Regime wie ein Mann aufgestanden.[555] Es war lediglich die tonangebende Elite, die sich auf dieses Argumentationsmuster im nachhinein verständigt hat. Was den britischen Premier zur Kriegführung veranlaßte, wurde bereits erörtert. Es war die berechtigte Empörung über die erlittene öffentliche Blamage – sein zerplatzter Traum von einer ausbalancierten Friedensordnung in Europa, die er kraft seines persönlichen Eingreifens hatte installieren wollen.[556]

Durch nichts kommt Chamberlains Enttäuschung besser zum Ausdruck als durch die öffentlichen Ansprachen, die er am 1., 2. und 3. September 1939 hielt.[557] Hinzuzufügen ist: So spricht kein Mann, der es von Anbeginn an auf einen Krieg mit Deutschland hat ankommen lassen. Das war auch seinen Kritikern innerhalb der Konservativen klar. Sie bemängelten das fehlende Pathos in Chamberlains Reden.[558] Insgeheim befürchteten sie, der Premier könnte bei passender Gelegenheit aus dem Krieg aussteigen. Deshalb drängten sie darauf, daß der markanteste von ihnen ein wichtiges Staatsamt erhielte.[559] Chamberlain ging darauf ein. Er ernannte den Kriegs-Lautsprecher Winston Churchill zum Ersten Lord der Britischen Admiralität.[560]

Zum zweiten Mal in seinem Leben rückte Churchill auf den einflußreichen Posten eines britischen Marineministers. Vergessen war, daß er ihn schon einmal hatte räumen müssen, weil er das Dardanellen-Unternehmen 1915 vergeigt hatte. Vergessen seine Währungsakrobatik als britischer Schatzkanzler, die Großbritannien an den Rand des wirtschaftlichen Kollaps' gebracht hatte. Vergessen auch, daß er die Konservativen hierdurch um die Macht gebracht hatte. Das sollte ihm auch ein zweites Mal gelingen. Das war 1945. Da wurde Churchill und mit ihm die Konservativen, kaum war der Krieg in Europa beendet, Knall auf Fall abgewählt.[561]

Wie also war es 1939 mit Volkes Meinung in der angeblich ältesten Demokratie der Neuzeit in Wirklichkeit bestellt? Wir wissen es nicht. Der britische Politiker Harold Nicolson notierte am 17. September 1940 in sein Tagebuch:

> *Alle sind besorgt wegen der Stimmung im Eastend, wo jetzt große Bitterkeit herrscht. Offenbar wurde dort neulich sogar das Königspaar ausgebuht, als es die von Bomben beschädigten Gebiete aufsuchte.*[562]

Doch so weit sind wir noch nicht. Noch war Churchill nicht der Premier. Mit dem ihm eigenen Klamauk zog er Anfang September 1939 erneut in die Admiralität ein.[563] Von dort gab man an die Flotte die ironische Kurzinformation: *Winston is back*.[564] Später ist gesagt worden, England habe aufgeatmet über diesen wichtigen symbolischen Schritt. Doch nicht einmal unter den konservativen Hardlinern mochte sich Freude einstellen.[565]

Mit Überraschung mag man lesen, was der junge John Colville seinem Tagebuch anvertraut hat. Zu Beginn des Krieges war dieser hoffungsvolle Upperclass-Sproß von den Machern des F.O. ins Amt des Premiers abgeordnet worden, um in der Rolle eines dritten Privatsekretärs zugleich die eines Nahbeobachter gegenüber dem beargwöhnten Chamberlain einzunehmen. Doch statt dessen notierte Colville Seite um Seite, wie er Churchill sah: als chaotisch, ineffektiv und illoyal.[566] Auch die Tagebücher des Außenstaatssekretärs Cadogan mögen erneut als Beleg dienen.[567] Der traute Churchill nicht das notwendige politische Augenmaß zu, um die Geschicke des Weltreichs zu dessen Wohle zu bestimmen. Mit diesem Urteil sollte er Recht behalten.

Doch noch war Churchill nicht an der Spitze angelangt. Erneut benötigte er die Beihilfe des deutschen Diktators, ohne die er niemals Kriegspremier geworden wäre. John Colville notierte am 27. April 1940, wenige Tage vor dem Ende der Regierung Chamberlain:

> *Einer von Hitlers gerissensten Schachzügen ist es gewesen, Winston zum Staatsfeind Nr. 1 zu machen, was dazu beitrug, ihn hier und in den USA zum Helden Nr. 1 hochzustilisieren.*[568]

Wenn dies stimmt, wäre es ein neuerliches deutsches Selbsttor. Um dies auszuloten, sind drei Ereignisse zu diskutieren, die im Tiefparterre der regulären Kriegführung stattfanden, nämlich der Venlo-Zwischenfall, das Norwegenabenteuer und die Kennedy-Kent-Affäre. Der Venlo-Zwischenfall zerstörte durch deutsches Verschulden den letzten informellen Kontakt und führte den Hardlinern der britischen Kriegspartei die letzten Zweifelnden zu. Das Norwegenabenteuer bewirkte den Sturz Chamberlains. Die Kennedy-Kent-Affäre schließlich vernichtete die innerbritische Opposition. Dieses alles fand zwischen Oktober 1939 und Mai 1940 statt.

Schurkenstück: Der Venlo-Zwischenfall

Als Venlo-Zwischenfall (*Venlo Incident*) wird im Auftaktgeschehen des Zweiten Weltkriegs eine Agentengeschichte bezeichnet. Bei ihr ging es darum, zwei britische Geheimdienstoffiziere in eine Falle bei Venlo zu locken, um sie durch ein SD-Kommando gewaltsam über die deutsch-niederländische Grenze zu verschleppen. Zweck der Übung war es, sie als angebliche Hintermänner eines am 8. November 1939 im Münchner Bürgerbräukeller auf Hitler verübten Attentats öffentlich vorzuführen.

Die Einzelheiten der Aktion, ihren geheimdienstlichen Vorlauf und das Nachspiel habe ich an anderer Stelle bereits geschildert.[569] Hier genügt es, einige Eckwerte der Geschichte zu benennen, um dann auf das eigentlich wichtige Ergebnis zu sprechen zu kommen. Es war, um dies vorwegzunehmen, ein weiteres Selbsttor des deutschen Diktators. Der Venlo-Zwischenfall wurde nämlich zu einem entscheidenden Pflock in der Palisade, die letztlich verhinderte, Deutschland und Großbritannien aus dem Krieg wieder herauszuführen.

Nun zu den Fakten: Durch die Verratstätigkeit eines britischen Geheimdienstoffiziers namens Dick Ellis lernte die deutsche Spionageabwehr das heimliche Gewebe des britischen Auslandsdienstes MI6 kennen. Die Drehscheibe der britischen Aktivitäten lag, wie schon während des Ersten Weltkriegs, in Holland. Hier setzten auch die deutschen Abwehrbehörden, Gestapo und Amt Ausland/Abwehr, an. Ihr Ziel war es, die britischen Aktivitäten unter Kontrolle zu bekommen.

Die Gestapo wurde zudem vom Wunsch getrieben, die in England endenden Fäden einer für sie unheimlichen deutschen Militäropposition aufzuwickeln. Hielt man die Enden dieser Fäden in der Hand, würde man sie nach Deutschland zurückverfolgen können. Zum Einstieg in eine solche Operation kreierte die Gestapo einen Hauptmann Schemmel von der Militäropposition. In diese Rolle schlüpfte der frisch ernannte Leiter der Spionageabwehr der Gestapo (Amt IV Gruppe E) Walter Schellenberg.[570] Er nahm Kontakt zur britischen Residentur in Holland auf und spielte seine Rolle so perfekt, daß die Engländer mit Autorisierung durch das britische Kabinett anbissen.[571] Das ging so weit, daß sie sich auf die Installierung einer Funkverbindung nach London einließen, um Kriegsausstieg und Systemsturz zu diskutieren.

In dieses Geschehen platze das Attentat auf Hitler im Hofbräuhaus am 8. November 1939 hinein. Hitlers Anwesenheit dort war dem jährlichen Zeremoniell zum Putsch von 1923 geschuldet. Dieses Mal hatte er die Versammlung vorzeitig verlassen, um nach Berlin zurückzukehren. Als er unterwegs von dem Anschlag hörte, bezichtigte er umgehend den englischen Geheimdienst der Tat. Dem Chef des RSHA Reinhard Heydrich befahl er, die beiden britischen Geheimdienstoffiziere, mit denen man in Holland Katz und Maus gespielt hatte, nach Deutschland zu entführen, um sie der Öffentlichkeit als Täter vorzuführen. Für den intriganten Heydrich galt: Führerbefehl ist Führerbefehl, und so ließ er wider besseren Wissens die Entführung durch seinen Untergebenen Schellenberg ausführen.

Hitlers Reaktion zeigt erstens, daß er die Operation in Holland genau kannte, und zweites, daß es ihm wegen eines öffentlichen Racheeffekts gleichgültig war, einen Informationskanal, der in das britische politische Establishment hineinreichte, zuzuschütten, bevor er richtig schiffbar geworden war. Auch auf Heydrich fällt ein trübes Licht, das ihn als devoten Befehlsempfänger ausweist, wo ein Widerspruch am Platze gewesen wäre, denn soeben waren die ersten Früchte der Unterwanderung des britischen Dienstes eingefahren worden. Sie betrafen die Enttarnung langjähriger Militärspione und die des politischen Agenten Wolfgang Gans Edler zu Putlitz.

Putlitz war Botschaftsrat an der deutschen Vertretung in Den Haag, und er stand bereits seit Jahren heimlich im Dienst der britischen Krone. Bei Putlitz liegen die Dinge allerdings so, daß man Zweifel hegen darf, ob er sich aus eigenem Antrieb gegen den NS-Staat, bei dem er seine Brötchen verdiente, wandte und dem britischen Inlandsdienst MI5 als Agent verschrieb. Seine Rekrutierung geschah in etwa im Jahre 1934. Zu dieser Zeit war Putlitz an der deutschen Botschaft in London tätig. Dort wurde er von einem anderen Agenten von MI5 angeworben, der über viele Jahre die Deutschen an der Nase herumführte. Es war Joan von Ustinoff, später Klop Ustinov geheißen, eigentlich ein Deutscher, wenn auch mit einem etwas verwirrenden Stammbaum.[572] Dieser sei der Grund gewesen, daß Ustinov 1934 in London blieb, anstatt nach Deutschland zurückzukehren. Schöne Geschichte, doch wahrscheinlicher ist, daß Ustinov bereits seit Jahren ein enges Verhältnis zu den Geheimdienstlern Seiner Majestät unterhielt,[573] wiewohl er wohl nicht wie seine geheimdienstlichen Vorleute zur Londoner

Im Funkverkehr mit dem britischen Geheimdienst

„Es grüßt hiermit die euch wohlgeneigte Deutsche Opposition"

Berlin, 22. November.

Mit dem von den Vertretern des britischen Intelligence Service den SS-Führern als den vermeintlichen Abgesandten einer innerdeutschen Opposition übergebenen Gerät gelang es, unter Benutzung des von dem Vertreter des Intelligence Service, Kapitän Stevens, im Haag den Beamten der Sicherheitspolizei ausgelieferten Geheimcode die Verbindung mit der englischen Regierung bzw. dem britischen Intelligence Service aufzunehmen und volle 21 Tage aufrechtzuerhalten.

Der Inhalt der dabei gewechselten Funksprüche mit der vermeintlichen Revolutionsgruppe in Deutschland ist ebenso aufschlußreich wie dumm. Sie werden bei ihrer Veröffentlichung einen Einblick in die trostlose Geistesverfassung der regierenden Schicht des heutigen England geben.

Dieser Verkehr der deutschen Sicherheitspolizei mit der britischen Regierung bzw. dem englischen Secret Service in London wurde am 22. November, 10.10 Uhr, von unserer Seite mit folgendem Abschiedsfunkspruch beendet:

„Auf die Dauer ist die Unterhaltung mit eingebildeten und törichten Menschen langweilig. Sie werden verstehen, daß wir abbrechen. Es grüßt herzlich die euch wohlgeneigte ‚Deutsche Opposition'. Die deutsche Gestapo".

Da die Aufdeckung der englischen Spionageaktion trotz der deutschen Veröffentlichung um diese Zeit anscheinend der Funkstelle des englischen Geheimdienstes noch nicht bewußt geworden war, haben die beiden englischen Funker Inman und Walsh auf diesen letzten Funkspruch noch ebenso bieder wie stupid quittiert.

(Presse-Hoffmann, Zander-Multiplex-K.)
Kapitän Stevens
Leiter des britischen Intelligence-Service für Westeuropa

(Presse-Hoffmann, Zander-Multiplex-K.)
Mr. Best
der zusammen mit Stevens von Beamten der Staatspolizei verhaftet wurde 23.11.

Verkehr abgebrochen: Am 22. November 1939 feierte die Goebbelspresse den Abbruch des Funkspiels, das die Spionageabwehr der Gestapo mit den Briten getrieben hatte; doch in Wirklichkeit war es das Ende einer erfolgversprechenden Gegenoperation, die durch das Kidnapping von Stevens und Best aus Venlo zerstört worden war.

Schwulenszene gehört hat.

Zumindest jedoch kannte sich Ustinov in jenen Kreisen so gut aus, so daß er dort den deutschen Diplomaten Putlitz anwerben konnte. Hierbei mag der zarte Hinweis genügt haben, ihn beim deutschen Botschafter zu verpfeifen. Dieser hätte dann gar nicht anders gekonnt, als Putlitz nach Hause zu schicken, damit er den dortigen Instanzen übergeben werde.[574] Ein deutscher Botschafter namens Joachim von Ribbentrop hätte mit Sicherheit keine Sekunde gezögert. Er ist unbekannt, ob es die Angst vor Ribbentrop war, die Putlitz 1937/38 um seine Versetzung nachsuchen ließ.[575] Jedenfalls war er dann in Den Haag, von wo er kurz nach Kriegsbeginn nach England entfloh.[576]

Ungleiches britisches Agentenpaar, gleich stolz auf seinen langen Stammbaum: Der deutsche Diplomat in Diensten von MI5 Wolfgang zu Putlitz (den Decknamen William Puller mag schön finden wer will) und sein Führungsagent U35, Joan von Ustinoff, alias Klop Ustinov (Fotos: MI5, in TNA).

Nur wenige Tage zuvor hatte Putlitz noch von Holland aus seinen Führungsleuten entzückt mitgeteilt, daß Hitler jetzt in einer Kriegsfalle stecke, aus der ihn die Briten auf keinen Fall herauslassen dürften. MI5-Offizier Guy Liddell notierte genüßlich unter dem 30. August 1939 in sein Kriegs-Tagebuch:

> *P[utlitz] ist der Meinung, wir treiben Hitler jetzt vor uns her, und wir sollten nichts unternehmen, ihm eine goldene Brücke zu bauen, daß er dort wieder herauskommt.*[577]

Nur zur Erinnerung: Als Liddell diese Zeilen in sein Kriegs-Tagebuch schrieb, gab es noch keinen Krieg, aber etliche Leute, die an seinem Ausbruch dringend interessiert waren und alles getan hatten, damit er Wirklichkeit werde. Der führende Geheimdienstler Guy Liddell war einer von ihnen.

Wem das als eine unmaßgebliche Einzelmeinung erscheint, lege die Papiere des *upper class*-Zöglings und Abgeordneten Harold Nicolson daneben. Er schreibt am selben 24. August 1939 an seine Frau:

Ich sehe nur eine mächtig kleine Chance für den Frieden. Es möchte sein, daß [der polnische Außenminister] Oberst Beck die Nerven verliert und [zu Hitler] nach Berchtesgaden fliegt. Aber gerade das würde eine böse Katastrophe sein.[578]

Auch Nicolson ging felsenfest davon aus, daß jetzt die Situation für den Krieg reif sei. Seine einzige Befürchtung war, die Polen könnten umkippen.

Knapp daneben: Das Bürgerbräu-Attentat und Hitlers Reaktion nebst einigen Bemerkungen über das Zuschlagen einer Tür

Es war der Arbeiter Georg Elser, der am Abend des 8. November 1939 im Münchner Bürgerbräukeller eine Bombe hochgehen ließ.[579] Daß dieses Attentat stattfand, ja ohne weiteres stattfinden konnte, straft alle diejenigen Lügen, die nach dem Krieg von ihrem Widerstandstun berichtet und hinzugefügt haben, man sei eben nicht zum Schuß gekommen. Man war nicht, so ist zu folgern, weil man unfähig war, oder man war nicht, weil man es gar nicht ernsthaft wollte.

Hitler entging dem Anschlag nur knapp. Das sogleich aufgekommene Gerücht, er habe das Attentat von der Gestapo inszenieren lassen,[580] hält einer Überprüfung nicht stand. Viel zu ernsthaft waren die Bemühungen, den Täter ausfindig zu machen, und zu echt der anfängliche Unglaube, als man ihn dingfest gemacht hatte. Elser war tatsächlich der Täter. In der Haft baute er Bombe und Örtlichkeit nach. Das war Beweis genug.

Doch während sich die deutschen Polizeibehörden noch der Wahrheit näherten, hatte, wie schon gesagt, einer anderes entschieden. Es war der deutsche Diktator, der Mann, dem dieser Anschlag auf sein Leben gegolten hatte. Er verfügte, es sei seine unumstößliche Überzeugung, daß der britische Geheimdienst hinter der Sache stecke.[581] Die Goebbels-Presse wurde von der Leine gelassen, um über die Machenschaften des britischen Geheimdienstes zu räsonieren. Den Auftakt machte der *Völkischen Beobachter*.[582]

Doch im Gegensatz zu der propagandistisch ausgeschlachteten Agentenoperation sieht die Realität des Venlo-Zwischenfalls für die deutsche Seite keineswegs positiv aus. Die deutsche Spionageabwehr verlor den erfolgversprechenden Einstieg in den britischen Auslandsdienst. Ob es gelungen wäre, ihn zu steuern, muß Spekulation bleiben, doch alles deutet darauf hin, daß eine reelle Chance bestand. Dergleichen achtet nur gering, wer die Verflechtung der britischen Geheimdienste ins dortige Establishment unterschätzt. Diese Fehleinschätzung ist dem deutschen Diktator zu bescheinigen. Von der Willensbildung in der britischen Politik wußte er wenig. Was er in den folgenden Jahren gegenüber seinen Satrapen bei Tisch und in nächtlichen Monologen zum Besten gab, dokumentiert seine mangelhaften Kenntnisse eindrucksvoll.[583] Ebensowenig wußte er davon, welchen Wert die Briten geheimdienstlichen Operationen zumaßen.

Hitlers Eingreifen in der Venlo-Sache hatte einen weiteren gravierenden Effekt. Die öffentliche Düpierung des britischen Dienstes wurde jenseits des Kanals keineswegs sportlich gesehen, nicht als Betriebsunfall, sondern sie nordete auch den letzten Zweifler auf anti-deutschen Kurs ein. So wurden Kanäle verschüttet, die später bitter benötigt wurden und diskrete Friedensfühler unmöglich gemacht. In England bekamen fortan alle Leute Oberwasser, die den Krieg gegen Deutschland bis zu dessen Vernichtung als Selbstzweck ansahen. Als Churchill kurz drauf Premier wurde und die Weisung keine-Kontakte-mit-den-Deutschen ausgab, war die Tür zu. Die Tür war zu, weil Hitler sie zugeschlagen hatte.

9. Kapitel

Über den Wolken – Die große Zange der Alliierten mit strategischen Angriffen gegen Narvik (Norwegen) und Baku (Sowjetunion)

Polen – es existierte drei Wochen nach Kriegsbeginn Ende September 1939 nicht mehr. Den Ausgangspunkt bildete die Fehleinschätzung polnischer wirklichkeits-entrückter Annexionspolitiker, Deutschland in einem eher nach Tagen als nach Wochen bemessenen Krieg besiegen zu können. Britische und französische Versprechungen hatten hieran entscheidenden Anteil. Diese Versprechungen erwiesen sich vom Tage an, als der erste Schuß fiel, als heiße Luft.

Frankreich wollte den Krieg nicht führen und griff deswegen im September 1939 die nur schwach gesicherte deutsche Westflanke nicht an. Statt dessen richtete man sich gemütlich in der Scheinsicherheit der Maginot-Linie[584] ein. Sollen sie nur kommen, die Boches, so dachte man.[585] Großbritannien hatte weder die Mittel noch große Lust, sich auf eine Auseinandersetzung mit der Landmacht Deutschland einzulassen.[586] Nach seiner Kriegsdoktrin sollte Deutschland in einem langgestreckten Wirtschaftskrieg zermürbt werden.[587] So wurde Polen in geradezu demütigender Weise militärisch ausgelöscht.

Mitte September 1939 hatte sich überraschend die Sowjetunion zu den Kriegführenden gesellt. Doch anders, als eilig eingefädelte politische Planung der Briten das am Ende der 1930-er Jahre zu bewerkstelligen suchte,[588] geschah die Teilnahme der Sowjets auf Seiten des Deutschen Reichs. Was der Inhalt des Hitler-Stalin-Pakts vom 23. August 1939[589] wirklich gewesen war, konnte man an den Bewegungen der Roten Armee in den nun folgenden Wochen und Monaten beobachten. Am 17. September 1939 begann der sowjetische Einmarsch in Ostpolen. [590] Ein Krieg im eigentlichen Sinne war das nicht, denn eine polnische Armee, die sich gegen diesen Angriff hätte wehren können, existierte bereits nicht mehr.[591] Polen wurde geteilt. Zum fünften Mal.[592]

Dann ging es Schlag auf Schlag weiter: Am 30. November 1939[593] überfiel die Sowjetunion nach einem scharf gefaßten Ultimatum[594] aufgrund des inszenierten Hilferufs einer scheinbaren finnischen, in Wirklichkeit jedoch auf sowjetischem Boden befindlichen kommunistischen Marionettenregierung den nordöstlichen Nachbarn Finnland. Die sog. freie Welt war empört,[595] während Deutschland sich raushielt, die viel gefeierte Waffenbrüderschaft aus dem Ersten Weltkrieg hin oder her.[596] Finnland war nach der Lesart des deutschen Diktators das Einflußgebiet seines östlichen Co-Diktators. Der finnisch-sowjetische Winterkrieg nahm seinen Lauf. Jedoch vermochte die finnische Armee entgegen jeglicher Erwartung einem ersten sowjetischen Ansturm zu trotzen.[597]

Jetzt wurden auch die westalliierten Strategen mutig.[598] Sie erdachten einen Plan, wie man dem Aggressor Sowjetunion eins aufs Haupt geben könne.[599] Zugleich, so rechnete man, könne das primäre Kriegsziel gefördert werden, Deutschland von seinen Rohstoffen abzuschneiden. Diese Planung war nicht mehr auf das skandinavische Erz beschränkt, sondern nunmehr auch auf das Abschneiden der Ölzufuhr aus Rumänien und Rußland gerichtet: Der französische Staatspräsident Edouard Daladier gab am 19. Januar 1940 eine einschlägige handschriftliche Weisung an die Oberbefehlshaber von Heer und Marine.[600] Die Umsetzung wurde umgehend in Angriff genommen.

Da man die Rote Armee nach deren Auftreten im Dezember 1939 für schwächlich einschätzte,[601] hielt man es für erfolgversprechend, ein Expeditionskorps in die Nordländer Europas zu entsenden,[602] das nicht nur die Sowjetunion in die Schranken weisen, sondern auch das Deutsche Reich vom skandinavischen Erz abschneiden würde.[603] Das war der linke Zangenarm.[604] Aber auch der rechte, der südliche Zangenarm war nicht von Pappe – zumindest in

Mit der Besetzung des Landes durch alliierte Streitkräfte nicht einverstanden: Der norwegische Offizier Konrad Sundlo (links) und die in Norwegen naturalisierte russische Ballett-Tänzerin Marina Lie, die angeblich die englischen Offensiv-Pläne an die bedrängten deutschen Verteidiger von Narvik verriet.

der Theorie. Es sollten Geschwader von Fernbombern vom französischen Mandatsgebiet Syrien aus starten, die Türkei überfliegen und die Ölförderanlagen von Baku zerstören.[605] Das würde, so rechneten die Strategen aus, ebenfalls beide Diktatoren empfindlich treffen.

Es ist bekannt, daß schließlich nichts von alledem geschah. Oder doch fast nichts. Die nordische Zangenbewegung kam halbherzig zustande. Im Folgenden werden hintereinander die Nord- und die Südzange sowie deren über den Tag hinausreichenden Ergebnisse besprochen.

Winstons Feldzug: Die britische Norwegenkampagne und der deutsche Gegenschlag

Der britisch-deutsche Schlagabtausch hatte wie so vieles seine Wurzeln in den Ereignissen des Ersten Weltkriegs. Die verheerenden Folgen der britischen Blockademaßnahmen, führten nicht nur britische Strategen zur Planung eines *da capo*, sondern auf der Gegenseite strategische Köpfe zum Nachdenken darüber, wie dergleichen zu verhindern sei. Es war der ehemalige Seeoffizier Wolfgang Wegener, der 1929 eine Studie unter dem Titel *Die Seestrategie des Welt-*

kriegs veröffentlichte, in welcher er die These vertrat, es werde bei einer künftigen Auseinandersetzung darauf ankommen, Stützpunkte an der norwegischen Küste zu besetzen, um Großbritannien daran zu hindern, erneut aus der Nordsee ein totes Meer zu machen.

Hieran war bei Erscheinen der Studie bestenfalls interessant, mit welchen Gedanken sich die Offiziere der einst so stolzen, nunmehr auf Null reduzierten Kriegsmarine beschäftigten. Dabei könnte es sein Bewenden haben, wenn nicht der britische Ex-Staatssekretär Vansittart im April 1939 die Behauptung aufgestellt hätte, er wisse von einem guten Freund, daß das Buch von Wegener zur Zeit Hitlers Nachtlektüre sei. Und damit nicht genug, *the Fuhrer* habe Sympathie für die Norwegenlösung bekundet.[606]

Zehn Tage nach Eingang des Alarmbriefes in der britischen Admiralität wurde das fragliche Opus in der Bibliothek entdeckt und ordnungsgemäß ausgeliehen. Knapp neun weitere Monate benötigten die Admiralstäbler, bis der Marinedienst MI3 im Januar 1940 eine englische Übersetzung vorliegen hatte. Dort war man alarmiert, denn in der Wegener-Studie stand, *really shocking*, einer neuerlichen Blockade der Nordsee könne nur durch die Besetzung der norwegischen Küste begegnet werden, in deren Schutz dann der deutsche Schiffsverkehr möglich sei – eine Botschaft wie handverlesen für Winston Churchill, den neuerlichen britischen Marineminister. Die deutsche Planung, von der nicht einmal bekannt war, ob es sie überhaupt gab, werde er durch eine britische Besetzung der Küste, vor allem des Erzhafens Narvik verhindern.[607] Zur Durchsetzung dieses Ziels setzte er auf *action*.[608] Die Lage der Neutralen war ihm dabei völlig schnuppe, wie man im Foreign Office stirnrunzelnd bemerkte.[609]

Ohne Rücksicht auf eine möglicherweise dadurch entfachte antibritische Stimmung ließ Churchill am 17. Februar 1940 in norwegischen Gewässern das deutsche Versorgungsschiff *Altmark* entern.[610] Der Fall Altmark trug in der Tat viel zur Erzeugung einer anti-britischen Stimmung in Skandinavien bei. Als nämlich die ersten britisch-französischen Vorauskommandos nach Norwegen kamen, um heimlich die Lage zu peilen,[611] wobei französische Nachrichtenoffiziere Fragebögen[612] (*questionaires*) an die ihnen vertrauenswürdig erscheinenden norwegischen Offiziere verteilten, übten sich etliche der Befragten in Obstruktion. Unter diesen auch der norwegische Oberst Konrad Sundlo. Er gab das Material an den Politiker Vidkun Quisling weiter und dieser reichte die Neuigkeiten an die Deutschen durch.[613] In Berlin läuteten die Alarmglokken und am 9. April 1940 begann die deutsche Operation Weserübung, die Besetzung von Dänemark und Norwegen.[614]

Churchills Eisenerzstrategie wurde ein Schlag ins Wasser. Die zahlenmäßig überlegene *Home Fleet* focht ohne Fortune. Geheimdienstlich organisierte Sabotageunternehmen zur Zerstörung der Erztransportwege in Norwegen und in Schweden flogen auf und sorgten nicht dafür, für die britische Sache zu werben.[615] Spätestens Ende April/Anfang Mai 1940 war klar,[616] die Sache war den Bach runter, und das britische Expeditionskorps trat einen demütigenden Rückzug an.[617] Für etliche britische Mariner lag es auf der Hand: Winston hatte es mal wieder gründlich vergeigt.[618] Das lag daran, daß die deutsche der britischen Seite stets um einen Schritt voraus war.[619] Die funktechnische Marineaufklärung hatte nämlich erkannt, was die Briten im Schilde führten. In einem gewaltsamen Handstreich kam die Wehrmacht den Briten zuvor.

In jüngster Zeit wird die britische Niederlage durch eine rührende Agentengeschichte ergänzt. Es sei die in Norwegen naturalisierte russische Ballett-Tänzerin Marina Lie gewesen, die in das Hauptquartier der britischen Expeditionskräfte eindrang und dort die Angriffsunterlagen stahl. Dadurch seien die deutschen Kräfte in Narvik gerettet worden. Schöne Frau und schöne Geschichte.[620] Nur schade, daß die deutschen Akten davon nichts wissen.

Ölhahn zu, Motor aus: Die Aktionen gegen Ploesti und Baku nebst einer Bemerkung über eine zutreffende, aber fehlinterpretierte Agentenmeldung über die alliierten Pläne

Zu den Plänen der britischen Wirtschaftskriegführung gegen Deutschland gehörte neben dem Unterbinden der Erzzufuhr auch das Abschneiden von den Ölquellen. Soweit diese in der Sowjetunion und in Rumänien sprudelten, waren die eingeübten Maßnahmen britischer Seeblockade nicht erfolgversprechend. Dieses Öl kam nämlich donauaufwärts ins Deutsche Reich. Hieran richteten sich die britischen Maßnahmen der Wirtschaftskriegführung aus. Konsequenter Weise nahm man an, die schwersten Schädigungen müßten durch Zerstörung der Ölförderanlagen eintreten, aber auch eine gewaltsame Verstopfung des Nadelöhrs der Donautransporte stand ganz oben auf der Wunschliste der Wirtschaftskriegsexperten im MEW.[621]

Damit nicht genug: Es sollten Geschwader von Fernbombern vom französischen Mandatsgebiet Syrien aus starten, die Türkei überfliegen und die Ölförderanlagen von Baku zerstören.[622] Das würde, so rechneten die Strategen aus, beide Diktatoren zugleich empfindlich treffen. Daraus wurde nichts. Denn als die Piloten der Alliierten nach längerem Hin und Her am 20. Mai 1940 endlich in ihre Fliegerstiefel steigen sollten, war die Basis der Operationen weggebrochen. Die Wehrmacht hatte zehn Tage zuvor Frankreich überrannt, und die Franzosen hatten fortan anderes im Kopf, als sich an den weltumspannenden Plänen der Briten zu beteiligen.

Ebenso prosaisch ging es bezüglich des Öls aus Rumänien zu. Monatelang hatte sich die Kriegspartei der britischen Konservativen ins Zeug gelegt, um Rumänien auf Linie zu bringen. Doch die rumänische Regierung war nicht bereit, sich von England in einen Balkanpakt einbinden zu lassen, denn Deutschland war ein zu attraktiver Handelspartner. Dagegen hatten die Beziehungen zu Großbritannien nichts Verlockendes, und der Hinweis auf den deutschen Anti-Semitismus konnte die rumänische Elite nicht

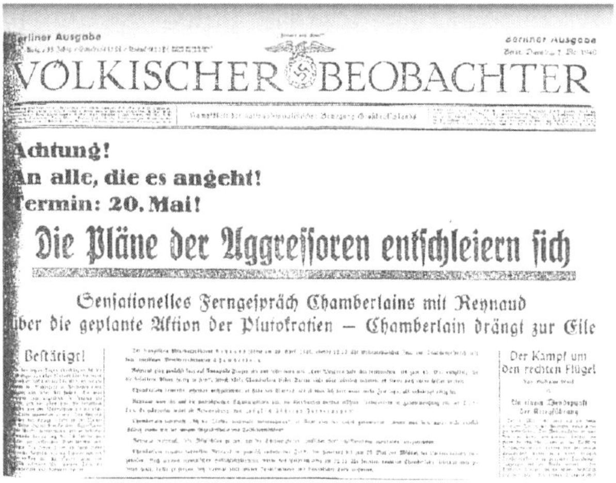

VÖLKISCHER BEOBACHTER

Achtung!
An alle, die es angeht!
Termin: 20. Mai!

Die Pläne der Aggressoren entschleiern sich

Sensationelles Ferngespräch Chamberlains mit Reynaud
über die geplante Aktion der Plutokratien – Chamberlain drängt zur Eile

Bestätigt!

Der Kampf um den rechten Flügel

Eile geboten: Trotz Abhörmaßnahmen und Agentenmeldung blieb der deutschen Führung verborgen, was wirklich hinter der beabsichtigten britisch-französischen Nahostaktion steckte, nämlich die Bombenoffensive gegen Baku, um das deutsche Reich von seiner sowjetischen Ölversorgung abzutrennen (hier der Völkische Beobachter vom 7. Mai 1940)

schrecken, anti-semitisch war man selber.[623]

Nach dem Beginn des Krieges schalteten die Briten von Verhandlungen auf Gewalt um. Sabotagetrupps wurden entsandt, um die Erdölförderung lahmzulegen[624] und den Donaudurchbruch des Eisernen Tores für Schiffe unpassierbar zu machen.[625] Doch die Kommandos kippten auf. Goebbels Presse benannte höhnend Roß und Reiter. Was hierbei verschwiegen wurde, war der Umstand, daß deutsche Kommandosoldaten, sog. Brandenburger, bereits vor den Briten eingetroffen waren.[626] Getarnt als Kraft-durch-Freude-Touristen hatten die Deutschen die neuralgischen Punkte des rumänischen Erdölgeschäfts unter bewaffnete Kontrolle genommen.[627] Die rumänische Obrigkeit sah nach entsprechenden Handsalbungen diesem Treiben wohlwollend zu. Eine Absprache zwischen den Leitern der beiden Geheimdienste hatte den Grundstein hierfür gelegt.[628] Diese Verhältnisse blieben stabil, bis im Sommer 1944 die Rote Armee in Bukarest einmarschierte.

Pyrrhus-Sieg: Die zerbrochene große Zange, die deutsche Westoffensive und die überraschende Inthronisierung Churchills als Premier

Die große Zange war für die Briten ein Schlag ins Wasser. Doch man hüte sich, die Ereignisse im Gegenzug einen deutschen Erfolg zu nennen, oder gar den Ausgang der Sache, so wie Zeitgenossen dies formulierten, dem Genie des Führers zuzuschreiben.[629] Das Gegenteil ist zutreffend, wenn man Ursache, Ereignis und Folge aneinander reiht.

Den Deutschen wurden die Kriegsabsichten der großen Zangenbewegung erst im Juni 1940 nach der Auswertung französischer Beuteakten klar.[630] Vorher war ihnen zumindest der Hauptteil der Südzange kaum bekannt. Das wirft ein scharfes Licht auf den mangelhaften Zustand der deutschen Auslandsaufklärung, des Amtes Ausland/Abwehr.[631] Die deutsche Führung kannte zum Jahreswechsel 1939/40 diese Schwäche recht genau, unternahm aber nichts.[632]

Neben dem militärischen Amt Ausland/Abwehr gab es als zweiten Auslandsdienst, den SD-Ausland. Man muß in den Rudimenten der Akten über dieses Konkurrenzunternehmens forschen, dann stößt man auf einen Mann namens Fritz Wilhelm Lorenz, der im April 1940 via Mailand ins feindliche Frankreich entsandt wurde. Er traf am 25. April 1940 in Paris mit einem Muster-Köfferchen ein, in welchem militärische Ausrüstungsgegenstände zu sehen waren. Das entsprach seiner Legende als Armeelieferant.

Ob Lorenz zu Geschäftsabschlüssen und reichen Provisionen kam, ist Nebensache. Jedenfalls brachte er eine brisante Nachricht auf dem Rückweg mit nach Hause: den Plan des französischen Angriffs im Nahen Osten, der am 20. Mai 1940 beginnen sollte. Dergleichen wurde, als Lorenz am 2. Mai wieder aus Frankreich heraus war, in Berlin als eine beabsichtigte Landoffensive gründlich fehlinterpretiert,[633] mit einer Abhörmaßnahme des Forschungsamtes kombiniert und am 7. Mai 1940 in die Welt herausposaunt.[634] Das war in dieser schlichten Form eine Ente. Drei Tage später begann der Westfeldzug, der alle anderen Schlagzeilen verdrängte.

Die Realisierung der britisch-französischen Pläne gegen Baku, und damit gegen die Sowjetunion, hätte ein Geschenk von ungeheurem strategischem Ausmaß bedeutet, denn die Sowjetunion wäre auch militärisch an der Seite Deutschlands gegen dessen Kriegsgegner Frankreich und Großbritannien in Stellung gebracht worden. Es geschah nicht. Das ist bekannt. Es geschah deswegen nicht, weil die deutsche Offensive, die den Westfeldzug am 10. Mai 1940 eröffnete, alle einschlägigen Kriegspläne der Westalliierten zunichte machte.

Schnell ein Wort zu Stalins Sowjetunion. Dort saß ein lachender Dritter. Denn wie man es auch dreht und wendet: In jedem Fall kam das britische Expeditionskorps im Frühjahr 1940 im Norden zu spät, um mit scheinbar besseren moralischen Argumenten den Krieg gegen die Sowjetunion zu eröffnen, denn der sowjetisch-finnische Winterkrieg hatte mittlerweile sein Ende gefunden.[635] Bei einer zweiten sowjetischen Offensive hatten die Finnen zurückweichen müssen, und nur ein Waffenstillstandsersuchen rettete sie vor der Besetzung des Landes durch die Rote Armee. Bedeutende Landesteile Ostfinnlands gingen an die Sowjetunion verloren.[636]

Es ist viel gerätselt worden, warum sich Stalin auf diesen Kuhhandel einließ. Er tat dies, weil er zu diesem Zeitpunkt eine kriegerische Auseinandersetzung mit den Westmächten vorhersah, die er vermeiden wollte. Im Gegensatz zu seinem Co-Diktator Hitler war Stalin über die strategischen Absichten der Westmächte zutreffend unterrichtet. Man kann dies an einem gleichzeitig ablaufenden Propagandamanöver kontrollieren: Über einen Sowjetagenten liefen die Nachrichten über die britisch-französischen Kriegsabsichten in die USA ab, wo sie für entsprechende anti-englische und antifranzösische Stimmung sorgen sollten.[637]

Das alles hatte sich nach dem Beginn von Hitlers Westoffensive erledigt, die Westmächte näherten sich der Sowjetunion wieder an.

10. Kapitel

Sankt Georg reitet den Drachen – Die Legende von Churchills Kampf gegen Hitler und zur Bedeutung der deutschen Westoffensive

Im Frühjahr 1940 schwelte die Regierungskrise in London seit gut zwei Jahren.[638] Das deutsche Nichtstun, das seit dem beendeten Polenfeldzug im Oktober 1939 andauerte, zerrte an den Nerven des politischen London. Aus dem Gefühl, daß irgend etwas geschehen müsse, entstand die Skandinavien-Kampagne. Sie war Churchills Show. Anfang Mai 1940 war es klar: Winston hatte es mal wieder gründlich vergeigt. Jetzt stand in London die politische Abrechnung auf der Tagesordnung. Daß Churchill nun endgültig abzuräumen war, schien klar.

Auch Chamberlain, so versicherten es sich seine Opponenten gegenseitig, müsse weg. Doch wer sollte folgen? Die Finger wiesen auf Lord Halifax, den Außenminister. Er war 1938 ins Amt gelangt, nachdem sich Anthony Eden mit Chamberlain überworfen hatte. Halifax galt als einer, der sich bevorzugt für seine Kirche und für die Jagd zu Pferde interessierte, was ihm den Spottnamen *holy fox* eingetragen hatte.[639] Was würde dieser heilige Fuchs bezüglich der Fortführung des Krieges unternehmen? Dies zu beurteilen, gilt es zwei Dinge zu unterscheiden: Was dachte und tat Halifax,[640] und was kriegte die deutsche Führung davon mit? Nicht viel. Sie hätte sich sonst die Westoffensive am 10. Mai 1940 verkniffen, denn diese veränderte alles.

In dem Moment, als die deutsche Seite im Westen angriff, stand Großbritannien ohne Regierung da, und alles Bestreben mußte infolge des akuten deutschen Angriffs darauf gerichtet sein, diese Vakanz binnen Stunden zu beenden. Das britische politische Establishment spielte das Schwarze-Peter-Spiel, und alle hoben abwehrend die Hände: Politische Schachzüge ja, militärische Schießereien nein. Alle Vernunft wurde suspendiert und nur noch Hals über Kopf ein Kriegspremier gesucht. Bei ruhigerer Lage wäre er gefunden worden und zwar nachdem im Parlament, so wie vorgesehen, die politische Verantwortung des Marineministers Winston Churchill auf der Tagesordnung gestanden hätte.[641]

Jetzt trat ein gegenteiliger Effekt ein: Winston hat es eingebrockt, jetzt soll er es auch auslöffeln.[642] Ausgerechnet Churchill zum Nachfolger zu küren, mutet in der Tat sonderbar an, denn er war allen Beteiligten durch eine unabsehbare Zahl von politischen Fehlleistungen hinreichend bekannt. Am selben Tag, als die Wehrmacht zuschlug, hätte Deutschlands unversöhnlichster Gegner, Winston Churchill, politisch zu Grabe getragen werden sollen. Er stieg statt dessen ins höchste Staatsamt auf, welches das Empire zu vergeben hatte.

Tötet sie: Die Eröffnung des Luftkriegs gegen die deutsche Zivilbevölkerung als Churchills erste Kriegsmaßnahme im Amt des Premiers

Durch die Eröffnung der Westoffensive beförderte der deutsche Diktator seinen schärfsten Feind auf den Platz in No. 10 Downing Street – einen Mann, der Freude an Gewalt und Krieg hatte. Churchills Inthronisierung war rein äußerlich so etwas wie eine Entscheidung unter: ferner liefen. Doch sie war in Wirklichkeit so grundlegend wie keine andere. Nur 24 Stunden später fand der erste Terrorangriff der Royal Air Force statt, nachdem das Kriegskabinett in seiner ersten Sitzung unter Churchill am 11. Mai 1940 den Bombenkrieg gegen die deutsche Zivilbevölkerung beschlossen hatte.[643]

Tausende solcher Terrorangriffe sollten folgen. Sie wurden geflogen, weil der Mann, der sie befahl, Spaß am Töten hatte.

Das Bomber Command zog am 11. Mai 1940 in den Krieg... Nun begannen wir, Ziele im deutschen Kernland zu bombardieren, bevor die Deutschen es getan hatten. ... Wir sind stolz darauf. [644]

Churchills Befehl, den Bombenkrieg gegen die deutsche Zivilbevölkerung zu eröffnen, gehört zu den am stärksten unterdrückten Tatsachen in der Geschichte des Zweiten Weltkriegs.[645] Der Befehl folgte nicht als Racheakt für vorausgegangene deutsche Bombenkriegsverbrechen, sondern er entsprach kalter Planung, welche besagte, man müsse die Blockadekriegführung sinnvoll ergänzen: Die deutsche Bevölkerung solle nicht nur verhungern,[646] sondern ihre Moral sollte vor allem durch das Abbrennen von Arbeitersiedlungen unrettbar beschädigt werden.[647]

De-housing (Enthausung) nannten die Kriegsverbrecher um Churchill und seinen wissenschaftlichen Berater Lord Cherwell, einen Sohn deutscher Einwanderer, stolz diese neue Kriegsmethode, die 600.000 deutschen Zivilisten das Leben kostete und weitere 800.000 Personen dauerhaft verwundete. Die lebenslang Traumatisierten wurden nicht mitgezählt.

Es ist nicht so, als hätte in Großbritannien niemand das Vertauschen von Ursache und Wirkung des im Mai 1940 beginnenden Bombenkriegs bemerkt. Nach den ersten Bombardierungen tauchten einschlägige Pressemeldungen in England auf. Sie wurden durch das Luftfahrtministerium umgehend und wahrheitswidrig dementiert. Ein gutes Jahr später, am 27. Mai 1941 hielt der Bischof von Chichester, George Bell, auf der Synode von Canterbury eine Ansprache, während der er mit deutlichen Worten vor seinen Amtsbrüdern aussprach, daß die deutschen Angriffe auf England mit ihren verheerenden Folgen für die Zivilbevölkerung eine Reaktion auf vorausgegangenes britisches Tun seien. Der Bischof wurde durch die Kirchenoberen am weiteren Reden gehindert. Über seine Ausführungen wurde die Pressezensur verhängt. Dabei ist es bis heute, wo es offiziell keine Zensur mehr gibt, geblieben.

Nichts hätte den deutschen Diktator gehindert, die britische Regierungskrise in Ruhe auszusitzen – nicht nur am 10. Mai 1940, sondern auch an den folgenden zehn Tagen. Dann hätte er zusehen können, was passiert, wenn eine feindliche Luftwaffe die Sowjetunion bombardiert. Das hätte Folgen über den Tag hinaus gehabt, aber keine zu Lasten Deutschlands. Es unterblieb, um ein dümmliches Propagandafeuerwerk im *Völkischen Beobachter* abzubrennen. Hitler – ein kalt kalkulierender Stratege? Das kann man kaum unterschreiben.

Mit Churchill änderte sich nicht nur Englands Luftkriegsführung, sondern mit Churchill an der Spitze änderte sich die britische Haltung zum Krieg selbst. Churchill, und vermutlich nur er, verfocht die Strategie des totalen Krieges. Er weigerte sich, Kriegsziele zu formulieren, denn für ihn gab es ein einziges Ziel: Deutschland militärisch und wirtschaftlich zu zerschlagen. Diesem Ziel wurde alles andere untergeordnet, auch das, was besonnene Leute vielleicht als das Wohl Englands bezeichnet hätten.

Mit Churchill und seinem singulären Kriegsziel wurde die Tür für eine Verständigung mit Deutschland endgültig zugeschlagen. Der Ausstieg aus dem Krieg wurde als Denkmöglichkeit verboten, alle einschlägigen Initiativen unterlaufen oder unterbunden. Churchillianer haben später behauptet, so habe ihr Meister den Krieg gewonnen. Das ist dummes Zeug. In Wirklichkeit hat Churchill das britische Weltreich an die USA verhökert und verursacht, daß Stalins Einfluß bis zur Elbe schwappte.[648]

Rette sich wer kann: Das britische Expeditionskorps flieht vom Kontinent nebst einigen Bemerkungen, warum die *Spitfires* in Frankreich nicht eingesetzt wurden, Churchill am 18. Juli 1940 zurücktreten wollte und Hitler dies vereitelte

Legenden sind hartnäckig. Hierzu zählen so schöne Dinge, wie: Erst durch Churchills Kommandoübernahme hätten die Briten gekämpft. Haben sie wirklich? Sie haben nicht.

Die deutsche Westoffensive begann am 10. Mai 1940 mit dem Angriff auf Belgien und die Niederlande.[649] Mit dem Einmarsch in Holland und Belgien schien der deutsche Generalstab den Schlieffen-Plan aus der Zeit des Ersten Weltkriegs wiederaufleben zu lassen, doch der Angriff gegen die Niederlande und Belgien war eine Finte, wodurch französische Reserven und das britische Expeditionskorps genau hierher, nach Norden, gelockt wurden.[650] Der eigentliche Angriff fand vier Tage später, am 14. Mai 1940 statt. Er wurde in den als schwer zugänglich bewerteten Argonnen im Maas-Tal ausgeführt. Ein schmaler Angriffskeil durchstieß die französischen, für uneinnehmbar gehaltenen Grenzbefestigungen bei Sedan, und durch den erzwungenen Durchlaß ergoß sich das Gros der deutschen gepanzerten Angriffsverbände, die in Gewaltmärschen der Kanalküste zustrebten.[651] Ihr Ziel konnte bereits nach Tagen nicht mehr fraglich sein: Es war die Abspaltung der nach Belgien vorgerückten operativen Reserven der Alliierten von deren Hauptmacht in Frankreich.

Der deutsche Angriffsplan ging auf, die Durchtrennung des Gegners gelang und wurde deswegen ein so großer Erfolg, weil die Masse des britischen Expeditionskorps, runde dreihunderttausend Mann, nicht kämpfte, sondern floh. Die britischen Soldaten hatten nur ein Ziel: möglichst schnell aus dem kontinentalen Kampfgeschehen zu verschwinden. Das gelang. Über das nordfranzösische Dünkirchen verdrückte sich das Expeditionskorps unter Zurücklassung seiner gesamten Ausrüstung.[652]

Um diesen Akt von Feigheit schönzureden, ist alsbald behauptet worden, durch dergleichen kluge und vorausschauende Maßnahmen sei es Großbritannien möglich geworden, sich gegen den später zu erwartenden deutschen Angriff gegen die britischen Inseln erfolgreich zu wappnen und so letztlich den Zweiten Weltkrieg zu gewinnen. Das ist ein bißchen zu viel Voraussicht, denn erstens fand dieser Angriff gegen die Britischen Inseln niemals statt, und zweitens klingt in diesem Kontext jeder britischer Tadel an der mangelhaften Kampfesfreude der Franzosen schrill, zumal man hinzufügen möchte, daß die Hals über Kopf-Flucht des britischen Verbündeten auf die Franzosen kaum ermutigend gewirkt haben kann.

Damit nicht genug. Die durch die deutschen Angriffe schockierten Franzosen bettelten geradezu flehentlich um den Einsatz der britischen Jagdwaffe, um dem demoralisierenden Treiben deutscher Stuka-Verbände im Verbund mit den deutschen Panzerspitzen Einhalt gebieten zu können.[653] Die Briten lehnten kühl ab, die *Spitfires* blieben auf der anderen Seite des Kanals, und sie blieben am Boden.[654]

Mit viel Wortaufwand ist auch diese Maßnahme verteidigt worden: Man habe die britische Heimatverteidigung nicht von den notwendigen Jagdflugzeugen entblößen können. Nur so sei es möglich gewesen, im Herbst 1940 die Luftschlacht um England zu gewinnen. Auch das ist eine faustdicke Lüge. Es handelte sich auf deutscher Seite beim Frankreichfeldzug um dieselben Junkers- und Heinkel-Maschinen, die auch in der Luftschlacht um England zum Einsatz kamen. Letzteres war nur deswegen möglich, weil sie in Frankreich kaum bekämpft worden waren, wozu die Royal Air Force, wenn sie nur gewollt hätte, in der Lage gewesen wäre.

Die Wahrheit ist einfach die, daß die Briten nicht kämpfen wollten. Sie hatten sich den Krieg, den sie am 3. September 1939 dem Deutschen Reich erklärt hatten, anders vorgestellt. Er sollte ein geruhsamer, mit stets überlegenen Mitteln geführter Wirtschaftskrieg werden, bei dem Deutschland von den Versorgungsadern abgeschnitten werden sollte. Den Wahnsinn eines Landkrieges sollten die für schwer schlagbar eingeschätzten Polen[655] und Franzosen[656] erledigen – eine Planung, die mit der Wirklichkeit des Jahres 1939/40 nicht kompatibel war.

Als im Mai 1940 mit einem Ruck der Vorhang über dem neuzeitlichen Kriegstheater der Westfront hochgerissen wurde, sahen die Briten zu, daß sie in Windeseile durch eine Tapetentür verschwinden konnten.[657] Das Land, das sich erneut angemaßt hatte, Ordnungsmacht in Europa zu spielen, mußte sich auf seine Inseln zurückziehen und auf das Prinzip Hoffnung setzen. Dieses Prinzip wurde Realität. Es forderte einen hohen Preis, denn Britannien verlor ein Weltreich, nämlich seines.

Zu meinen Bedingungen: Hitlers verfehlte Friedensinitiative vom Sommer 1940 sowie Churchills Durchhalteparolen um jeden Preis, nebst einigen Bemerkungen über den Flug von Rudolf Heß nach Großbritannien im Mai 1941

Noch mit einer weiteren Legende wurde Churchill nach dem Krieg bekränzt: Erst durch ihn sei den Deutschen dauerhaft Paroli geboten worden. Stimmt das wirklich?

Die Schlacht in Frankreich endete mit einem militärischen Sieg nach einem Feldzug, mit dem in dieser Kürze und dieser Durchschlagskraft niemand gerechnet hatte. Als die siegreichen Truppen der Wehrmacht in Berlin einzogen, drängte sich das Volk lachend und weinend vor Glück in den Straßen. Hitler war im Zenit seiner Popularität angekommen.

Diese einmalige Zustimmung im deutschen Volk verlieh ihm die Macht, sich großzügig zu zeigen. Adressat der Großzügigkeit wäre allein Frankreich gewesen. Doch bereits der Anfang wurde verpfuscht. Zur Kapitulations-Verhandlung und -Unterzeichnung am 22. Juni 1940[658] wurde ein Museumstück herangekarrt:[659] Der Eisenbahnwaggon aus dem Wald von Compiègne, in dem die deutsche Delegation im November 1918 die demütigende Kapitulationsurkunde unterzeichnet hatte. Was für ein psychologischer Fehlgriff Hitlers im Augenblick des militärischen Triumphes. Eine französische Kaschemme hätte es auch getan, und eine Rede an die französische Nation wäre angemessen gewesen. Laßt uns gemeinsam Frieden finden, hätte ihr Tenor lauten können. Statt dessen machte Hitler am 19. Juli 1940 gegenüber England das, was er ein Friedensangebot nannte. Die Briten wiesen das drei Tage später brüsk zurück.[660]

Dabei hatte Hitler es genau in diesem Sommer 1940 in der Hand, den Krieg zu beenden. Genügt hätte die öffentliche Erklärung, daß Deutschland den Krieg jetzt beendet, notfalls einseitig beendet, weil es keinen Sinn in weiterem Blutvergießen sieht. Ein solcher Schritt hätte in der Tat in überschaubar kurzer Frist den Krieg beendet. Kein britischer Politiker, auch kein Winston Churchill, wäre in der Lage gewesen, seinem Volk die Notwendigkeit weiterer Kriegführung zu erklären. Und genau das war es auch gewesen, was Churchill gefürchtet hatte. Am 18. Juli 1940, genau einen Tag bevor Hitler seine Art von Friedensangebot präsentierte, äußerte sich Churchills politischer Intimus,[661] Brendan Bracken, im Kreis der politischen Insider über die Ansichten und weiteren Absichten seines Herrn und Meisters. Harold Nicolson notierte in sein Tagebuch:

> *Brendan Bracken sagt, daß im Moment der Krieg vorbei ist. Winston wird zurückzutreten wünschen. Er sagt, daß Winston überzeugt ist, daß er alle Freuden gehabt hat, die man aus der Politik gewinnen könne, und wenn dies vorüber sei, wolle er malen und Bücher schreiben.*[662]

Doch, wie gesagt, Hitler hatte nicht das Format, kompromißlos auf Frieden zu setzen. Er konnte es nicht, und er wollte es nicht. Ganz anders als seine Bewunderer das an ihm priesen, besaß er nicht die Kunst der Herrschaft über den richtigen Augenblick.

Dieser Augenblick war da, als die Royal Navy auf Geheiß Churchills die französische Flotte Anfang Juli 1940 in Oran zusammenschoß und 1.147 französische Seeleute den Tod fanden.[663] Da war der Zeitpunkt gekommen. Der Gegner hatte sich genügend ins Unrecht gesetzt,[664] und es wäre an der Zeit gewesen, den verständigungsbereiten Franzosen beide Hände zu reichen. Das wurde verpaßt und verpatzt. Doch was immer man dem deutschen Diktator vorhalten will, eines war er mit Sicherheit nicht: auf dem Weg zur Weltherrschaft. Wer jenseits des anglo-amerikanischen Propaganda-Geschreis, immer noch das Gegenteil behauptet, müßte erklären, warum Hitler in dem Moment, als Frankreich besiegt war, nicht etwa weiter aufrüstete, sondern sage und schreibe 35 Divisionen demobilisieren ließ.[665] Ein Welteroberer, der abrüstet? So verrückt war selbst ein Hitler nicht.

Wie ratlos Hitler war, zeigte sich im folgenden Frühjahr, als er sich damit beschäftigte, die Sowjetunion anzugreifen. Jedem Militärstrategen, und auch Hitler, war klar, daß er das Problem England dann im Nacken haben würde. Um es loszuwerden, wollte er noch einmal einen grundlegenden Ausgleich mit dem britischen Weltreich anbieten. So kam es zum Flug von Rudolf Heß nach Großbritannien am 10. Mai 1941.[666]

In der einschlägigen Literatur wird vor allem die Frage diskutiert, ob Heß mit oder ohne Kenntnis seines Führers in die zweimotorige Me 110 stieg. Das ist die Debatte um einen Nebenkriegsschauplatz. Entscheidend ist vielmehr, welche Nachrichten der Führerstellvertreter den Briten übermittelte und was daraus wurde. Hier nun sind die einschlägigen Details, wie sie der MI5-Offizier Guy Liddell, in Übereinstimmung mit den Vernehmungsniederschriften von Heß,[667] in seinem Tagebuch zusammengefaßt hat:

> ... *Als er [Heß] den Herzog von Hamilton am 11. Mai 1941 sah, sagte er, er sei auf einer humanitären Mission und daß der Führer England nicht zerstören wolle, er wolle nur das Kämpfen beenden. Er stelle sich vor, daß seine Gegenwart die Ernsthaftigkeit zeige und den deutschen Friedenswillen. Sein Hauptthema war, daß der Führer überzeugt sei, daß Deutschland den Krieg früher oder später gewinnen werde, und*

daß er (Hess) unnötige Opfer verhindern wolle. Er bat Hamilton, die Führer seiner Partei zusammenzurufen und Friedensvorschläge zu erarbeiten. Er sagte, er könne ihm mitteilen, was des Führers Friedensvorschläge seien. Ivone Kirkpatrick sah Hess am 13., 14. und 15. Mai. Er sagte, daß er ohne Wissen des Führers gekommen sei, um verantwortliche Personen zu überzeugen, daß England den Krieg nicht gewinnen könne, so daß es das Weiseste wäre, sofort Frieden zu machen. Er gab sein Ehrenwort, daß der Führer nichts gegen das Britische Weltreich unternehmen wolle und daß er selbst die Weltherrschaft nicht erstrebe. Der Führer würde ernsthaft den Zusammenbruch des Britischen Weltreichs befürchten. Die Ausführungen, die Hess machte, waren, daß (1) Deutschland freie Hand in Europa bekommen solle, daß (2) England freie Hand in seinem Weltreich haben solle, mit Ausnahme der ehemaligen deutschen Kolonien, die an Deutschland zurückzugeben seien, daß (3) Rußland in Asien gehalten werden solle, daß aber Deutschland bestimmte Ansprüche an Rußland stellen werde, die im Verhandlungswege oder als Ergebnis eines Krieges befriedigt werden würden. Es sei im übrigen an den Gerüchten nichts dran, daß der Führer eine frühzeitige Attacke gegen Rußland erwäge; (4) daß Deutschland die Irakis nicht im Stich lassen würde. Sie hätten für Deutschland gekämpft und würden deswegen evakuiert werden; (5) der Friedensvertrag müsse einen wechselseitigen Ausgleich britischer und deutscher Ansprüche für die erlittenen Kriegsverluste bringen; und daß (6) der Vorschlag nur unter der Bedingung unterbreitet werde, daß die Verhandlungen mit einer anderen als der jetzigen britischen Regierung stattfänden. Mr. Churchill, der den Krieg seit 1936 geplant habe, und seine Kollegen, die sich ihm für diese Politik zur Verfügung stellten, seien keine Personen, mit denen der Führer verhandeln werde. Hess faßte mit Nachdruck zusammen, daß der Führer einen dauernden Ausgleich mit England anstrebe, der dessen Bestand erhalte. Sein eigener Flug sei veranlaßt, um Großbritannien die Möglichkeit zu eröffnen, die Gespräche ohne Gesichtsverlust zu eröffnen. Falls diese Chance zurückgewiesen werde, sei es die Pflicht des Führers, Großbritannien zu zerstören und das Land nach dem Krieg im Zustand ständiger Abhängigkeit zu halten. ...[668]

Durch den Mund von Heß wurde deutlich: Hitler wollte den Frieden mit England, fast um jeden Preis. Ironischerweise stellte er, als hätte er eine Anleihe bei dem verstorbenen Premier Chamberlain gemacht, der sich Friedensverhandlungen mit der Person des Adolf Hitler verbeten hatte, nur eine einzige Bedingung: Nicht mit Churchill.

Es fällt schwer, die durch Heß übermittelten Vorschläge für baren Unsinn erklären. Churchill tat dies auch nicht. Sein Sekretär John Colville notierte am 12. Mai 1941 in sein Tagebuch, nachdem ihn Churchill kurz ins Bild gesetzt hatte:

> *Aus dem Bericht geht hervor, daß Heß kein Verräter ist, sondern aufrichtig glaubt, er könne uns davon überzeugen, daß der Krieg für uns nicht zu gewinnen und ein Kompromißfrieden erreichbar sei.*[669]

Besonders ernst nahm Churchill naturgemäß die einzige Bedingung, die Heß für den Friedensschluß übermittelt hatte: nicht mit Churchill und seiner Regierung.

Churchills Reaktion kam prompt. Der Kreis der Mitwisser der Aussagen von Heß wurde auf ein knappes Dutzend beschränkt,[670] denn auf keinen Fall durfte herauskommen, was dieser Mann gesagt hatte, weil sonst die Gefahr drohte, daß Churchill & Co nicht erklären konnten, warum man den Krieg unbedingt weiter fortzuführen hätte. Zu konkret und zu verlockend waren die Angebote. Colville notierte:

> *Die Behandlung des ganzen Geschäfts ist schwierig, aber psychologisch sehr wichtig.*[671]

Deswegen mußten der Mann sofort in der Versenkung und die Vernehmungsakten in der hintersten Ecke des sichersten Tresors verschwinden. Von dort sind sie, ebenso wie die Tagebücher von Liddell, erst nach der Jahrhundertwende wieder aufgetaucht.

Die friedliche Beendigung des Krieges war für Churchill eine undenkbare Angelegenheit. Die Mainstream-Geschichtsschreibung ist ihrem Meister in dieser Ansicht gefolgt. Sie blendet rigoros die Tatsache aus, daß es zwischen Sommer 1940 und Mai 1941 einen Versuch wert gewesen wäre, Millionen von Toten zu vermeiden[672] und Europa in einen stabilen Zustand zu versetzen. Der Engländer John Charmley, der als erster Historiker von Bedeutung diesen Gedanken öffentlich vertrat, wurde von der *New York Times* unverzüglich mit dem Prädikat „moralisch ekelerregend" bedacht.[673]

Bohrt man nach, gerät man rasch ins Trübe, denn die beiden zentralen Argumente lauteten: (1) ein Frieden mit Hitler hätte dessen Weg zur Weltherrschaft erleichtert und (2) mit Diktatoren hätte die Demokratien schon aus moralischen Erwägungen keine Verabredungen treffen können. Um mit dem zweiten zu beginnen: Väterchen Stalin, der Erz-Demokrat,[674] muß wohl bei den einschlägigen anglo-amerikanischen Konferenzen zwischen 1941 und 1945 von unbekannter Hand vieltausend Male in die Bilder hineinkopiert worden sein. Und für die Weltherrschaftspläne von Hitler gibt es außer in den einschlägigen Propaganda-Behauptungen keine Belege, für seinen Wunsch, mit dem britischen Empire in Frieden zu leben, hingegen Hunderte.

Hitler geriet nach dem Flug von Heß in ein Dilemma: Er konnte nicht wissen, was Heß in Großbritannien, ggf. nach der Anwendung der bei den britischen Vernehmern üblichen Folter, sagte. Deswegen ließ er ihn umgehend öffentlich für verrückt erklären.[675] Dieses Verhalten mag man nachvollziehen können, doch der Vorgang legt etwas ganz anderes bloß: Hitler besaß keinen brauchbaren Kanal nach England hinein, um seine Vorschläge seriös an den Mann zu bringen. Der Venlo-Zwischenfall ließ erneut grüßen.

Kill him, save him: Der englische Unwille, Hitler zu töten, nebst einigen Bemerkungen über Churchills Gründe, den Mordbefehl zu verweigern

Bleibt die Legende, daß Churchill die Deutschen vom Joch des Nationalsozialismus befreit habe. Auch diese Mär hält einer Überprüfung nicht stand. Churchill wollte Deutschland bekämpfen, die Nationalsozialisten waren ihm lediglich das erforderliche Mittel, und schon gar nicht wollte er die Deutschen von irgendwas befreien. Ganz im Gegenteil. Die NS-Diktatur war der notwendige Katalysator, um gegen Deutschland kompromißlos Krieg führen zu können. Der Nationalsozialismus mit seiner verbrecherischen Politik war so etwas wie die Bedingung, die es möglich machte, mit einer moralischen Attitüde zu vernebeln, was in Wirklichkeit die Zielrichtung des Krieges war. Die Zielrichtung war, Deutschland nach Möglichkeit zu vernichten, zumindest aber als Machtfaktor auf dem Kontinent endgültig auszuschalten.[676] Viele Jahre hatte Churchill geradezu gebetsmühlenhaft gepredigt:

> *Deutschland wird zu stark; wir müssen es zerschlagen.*[677]

Insofern war Churchill ein gehorsamer Sohn der Lehre von der *Balance of Power*[678]

Bei alledem ging es nicht um die ins argumentative Spiel gebrachte anti-nazistische Grundhaltung,[679] nein, es ging um eine britische Variante von Weltmachtpolitik. Wer hier ungläubig den Kopf schüttelt, mache die Probe aufs Exempel. Am Tag, als Churchill als Premier an die Macht kam und von einem deutschen Luftkrieg gegen England noch keine Rede sein konnte, befahl er Flächenbombardements schwerer Bomber gegen die deutsche Zivilbevölkerung.[680] Auch befahl er den Sabotagekräften der jetzt entstehenden und radikal aufgerüsteten SOE,[681] Europa in Brand zu stecken.[682]

Das ist tausendmal zitiert und bewundert worden – vor allem als Ausdruck des Willens, die Unabhängigkeit Englands zu verteidigen. Das ist blühender Unsinn. Das, was Churchill anordnete, haben Untergebene in der Tat umzusetzen versucht.[683] Die in diesem Zusammenhang an der Zivilbevölkerung Deutschlands begangenen Kriegsverbrechen haben mit der Erhaltung der Unabhängigkeit Englands nur wenig zu tun, denn um die behauptete Bedrohung Englands durch das NS-Regime ein- für allemal zu unterbinden, hätte es genügt, den deutschen Diktator Adolf Hitler zu töten.

Technisch und praktisch undurchführbar? Im Sommer 1942 bei der Ermordung von Reinhard Heydrich, Hitlers Statthalter in Prag, wurde unter britischer Regie vorexerziert, wie man das macht.[684] Der Fall Heydrich stützt auch im übrigen die hier vertretene These, denn der Mord an Heydrich galt nicht der Befreiung der Tschechen von einem Despoten, sondern der Herausforderung von schrecklichen deutschen Reaktionen, um wiederum dadurch den tschechischen Widerstandsgeist zu wecken. Heydrichs Ermordung entsprang dieser irrwitzigen Gedankenkette, erdacht vom ebenso irrwitzigen Hirn des tschechischen Ex- und jetzigen selbsternannten Exilpräsidenten Eduard Benesch.[685]

Um es klar zu sagen, Churchill & Co wollten Hitler nicht töten. Sie mußten sonst fürchten, daß mit einem Schlag der ganze schöne Kriegsgrund entfiel – entfiel, weil dann eine an Hitlers Stelle tretende deutsche Regierung allgemein akzeptierte Bedingungen schaffen könnte. Genau das war die Politik von Churchills Vorgänger Neville Chamberlain gewesen.[686] Sie zieht sich wie ein roter Faden durch die Diskussionen um den Wiederausstieg aus dem verheerend werdenden Krieg: Frieden ja, aber nicht mit Hitler und seiner Clique.[687] Die Times brachte es nach Hitlers erstem, noch während des Polenfeldzugs öffentlich abgegebenen Friedensangebots für jedermann nachlesbar auf den Punkt:

> *Es kann keinen Frieden geben, weil es mit Hitler keinen Frieden geben kann.*[688]

Bei dieser Haltung blieb der britische Premier[689] und ebenso sein Außenminister Lord Halifax. Letzterer mühte sich, auch solange er noch unter Churchill im Amt war,[690] seinen deutschen Kontaktleuten diesen Standpunkt nahe zu bringen.[691] Doch diese konnten sich zu keiner Aktion aufraffen. Ebensowenig waren die Briten bereit, selbst den Stein des Anstoßes zu beseitigen, auch wenn Chamberlain mit der Beseitigung des Diktators, freilich durch andere, sympathisierte. Sie war für ihn die Voraussetzung für ein Friedensgespräch mit Deutschland. Diese Ansicht war auch Churchill bekannt, wiewohl er die entgegengesetzte Schlußfolgerung daraus zog: Hitler war der Garant für Churchills Krieg.

Es gibt keinen besseren Beleg für den Unwillen, Hitler zu töten, als den Umstand, daß die staatliche Terrororganisation SOE mit ihren Killerkommandos nichts unternommen hat, um den deutschen Diktator zu ermorden. Man lasse sich durch Nachkriegserzählungen und durch Aktenrudimente nicht in die Irre führen. Natürlich gab es immer wieder, selbst in hochrangigen Stäben, Debatten über eine mögliche Ermordung Hitlers, die wohl intensivste davon im Spätherbst 1944,[692] als die Messe ohnedies längst gelesen war. Doch findet man nirgendwo die alles entscheidende einschlägige Weisung, welche im Fall des Hitler-Mordes eine solche von Churchill hätte sein müssen. Man sucht vergeblich danach. Es gibt sie nicht.

Dafür gibt es Belege für das Gegenteil. Nach ihrer Landung in Nordafrika Ende 1942 griffen die US-Truppen die deutschen Mitglieder der dort residierenden deutsch-französischen Waffenstillstandskommission auf.[693] Deren Leiter, ein gewisser Major Wurmann (in Wirklichkeit hieß er Richard Weis)[694] verlangte, dem britischen Geheimdienst überstellt zu werden, dem er eine wichtige Nachricht zu übermitteln habe. In britischer Obhut kam der Deutsche zur Sache. Er sei Offizier der Abwehr und habe bis vor kurzem mit seinem Chef, dem Admiral Wilhelm Canaris, heimlich in Verbindung gestanden, um den deutschen Diktator zu beseitigen.

Er wolle diese Sache zu Ende bringen.

Die Briten gingen zum Schein darauf ein, verlangten aber als Beweis seiner Vertrauenswürdigkeit, daß er sein Wissen über die Abwehr komplett offenbare. Weis-Wurmann stimmte zu und packte aus.[695] In den folgenden Wochen gingen seinen Vernehmern die Augen über,[696] denn eine so hochrangige menschliche Quelle hatten sie bislang noch nicht gehabt. Sie waren so beeindruckt, daß sie Weis nicht nur zusicherten, seinen Namen für alle Zeiten geheim zu halten, sondern besorgten vom britischen Innenminister eine persönliche schriftliche Zusicherung auf Erteilung einer späteren britischen Staatsbürgerschaft, die indessen nicht ausgehändigt, sondern zu den Akten genommen wurde.[697]

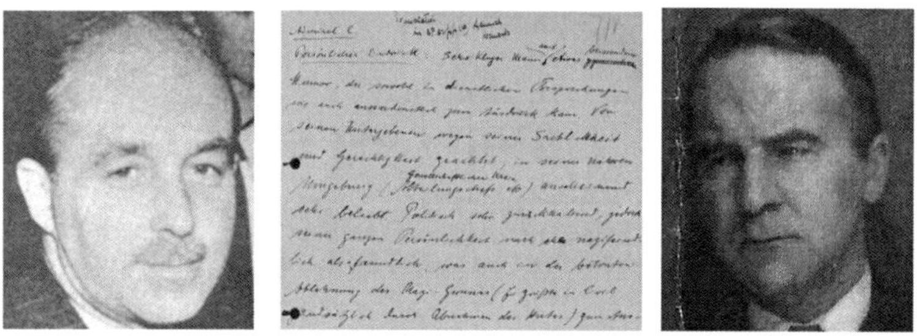

Fallname Harlequin: Zum Jahreswechsel 1942/43 vereinbarte der in Kriegsgefangenschaft geratene Abwehroffizier Dr. Richard Weis mit MI5 eine vollständige Preisgabe seines Wissens gegen Rücküberstellung ins Gebiet der Achsenmächte, um Hitler zu töten. MI5 erfuhr so zum ersten Mal entscheidende Interna aus der Abwehr. Als Weis nach einigen Wochen auf der Erfüllung seiner Bedingung bestand, lehnten die Briten auf Weisung Churchills ab. Der Leiter der B-Division von MI5, Guy Liddell, hat die entscheidenden Details der Operation in seinem Tagebuch aufgezeichnet. Linkes Bild Liddell, rechts Weis (Foto: BA, NSDAP-Zentralkartei). Mitte: „Sehr kluger Mann mit etwas beißendem Humor...", Anfang des handschriftlichen Personendossiers von Weis über seinen Vorgesetzten, Admiral Wilhelm Canaris, in der britischen Fallakte Harlequin.

Doch dann kam es zum Schwure: Als Weis die konkreten Vorbereitungen für die Fortsetzung seiner Anti-Hitler-Ideen einforderte, lehnten die Briten kühl ab. An derartigen Aktivitäten sei ihnen auf höchstes Geheiß hin nicht gelegen.[698] Der genasführte Agent verlangte daraufhin seine Rücküberstellung in ein US- Gefangenenlager als ganz normaler Gefangener.[699] So wurde verfahren. Die Briten gaben ihre Quelle ohne viel Federlesens an die US-Army zurück, nicht ohne ein Begleitschreiben zu formulieren, daß „Wurmann“ als ehemaliger hochrangiger Mitarbeiter der Abwehr auf keinen Fall für irgendeinen Gefangenenaustausch in Frage komme.[700] Folglich blieb er über das Kriegsende hinaus in US-Haft.[701]

Wer nun einwendet, es sei nicht bewiesen, daß Weis’ Absichten eine entscheidende Tat hätte folgen können, der hat recht. Doch darauf kommt es nicht an. Entscheidend ist vielmehr, daß die britische Führung eine solche Tat nicht *wollte*. Denn: Der Mord an Hitler wäre für die britische Kriegspartei nicht zielführend gewesen. Mit Deutschland zu einem Frieden zu kommen, war der eigentlich unerträgliche Gedanke, selbst noch im Frühjahr 1943.[702] So dachten Churchill und seine Anhänger, und stur verfolgten sie ihre Ideen.

Und schließlich: Eine Ermordung Hitlers wäre unmöglich gewesen? Wohl kaum. Großbritannien besaß die Mittel, um die Standorte des deutschen Diktators einzukreisen.[703] Es besaß genügend kaltschnäuzige Intellektuelle, um die notwendigen Planungen durchzuführen. Es besaß genügend mitarbeitswillige deutsche Emigranten, welche die notwendigen Details über den Diktator und seine Gepflogenheiten beisteuern konnten, es besaß die technischen Ressourcen für nahezu beliebig viele Attentate, und es besaß genügend Desperados, um die Tat auszuführen.[704] Wenn etwas fehlte, so war es der politische Wille, den Mord zu befehlen.

Bleibt die Unmoral des politischen Mordes. Doch diese Frage stellt sich so nicht. Nicht bei Adolf Hitler und auch nicht bei Winston Churchill. Beide ordneten die Ermordung hunderttausender von Menschen an, der eine durch schreckliche Lager, der andere durch wohlorganisierte Flächenbrände, das Anzünden menschlicher Fackeln mit nicht löschbarem Phosphor und den Erstickungstod durch Feuerstürme. Der eine hatte, gemessen an den damaligen Rechtsüberzeugungen, sein Leben verwirkt, und der andere wenigstens die Berufung auf Moral.

Dritter Teil

Das Duell der Führer – Hitler und Roosevelt als Herrscher und die Folgen für die Welt

> *...noch kann Roosevelt offenbar den Sprung in den Krieg nicht wagen. Aber, daß er alles darauf anlegt, ihn zu tun, und daß er auch vor den verwerflichsten Mitteln nicht zurückschrecken wird, um den Absprung in den Krieg zu vollziehen, darüber kann kein Zweifel sein. (Propagandaministerium und Oberkommando der Wehrmacht, Mai 1941)*[705]

> *Die Frage war, wie wir sie in die Position manövrieren können, den ersten Schuß abzugeben, ohne uns dabei allzusehr selbst in Gefahr zu bringen. (US-Kriegsminister Henry Stimson, November 1941)*[706]

In diesem dritten Abschnitt des Buches werden die hauptsächlichen Entscheidungsprozesse, in die Hitler und Roosevelt mit Blick auf den Krieg verwickelt waren, gegenübergestellt. Es wird der Frage nachgegangen, ob die Entscheider lediglich auf das Tun anderer reagierten, oder ob sie aus eigenem Antrieb handelten. Hierbei wird der Leser auf überraschende Ergebnisse stoßen. Es zeigt sich nämlich, daß bei aller Ähnlichkeit beider Führer, auf die im ersten Abschnitt dieses Buches kurz eingegangen worden ist, die Entscheidungsstruktur bei beiden Männern gravierende Unterschiede aufweist. Während Hitler sich mit kernigen Worten („mein unumstößlicher Wille“) den Anstrich gab, autonom zu entscheiden, war er oftmals der Getriebene, und dort, wo die Initiative eindeutig bei ihm lag, beherrschte er die Kunst des richtigen Zeitpunktes nicht. Er besaß keine gefestigte politische Strategie. Vieles von dem, was er entschied, war dem Moment geschuldet. Bei Roosevelt war es nachgerade umgekehrt. Er erweckte den Eindruck, als würde er auf Zwangslagen lediglich reagieren und verbarg seine Entscheidungen, wann immer er es konnte. In Wirklichkeit hatte er Ziele, die er Stück um Stück umsetzte. Er verfolgte eine Strategie, die sich auf die gesamte Welt bezog. Der Hauptgegner bei dieser globalen Strategie war das Britische Empire.[707] Der Krieg gegen Deutschland war lediglich ein konsequenter Zwischenschritt auf diesem Wege.

Voraussetzung für die in diesem Teil des Buches zu besprechenden Entscheidungen war, daß in England diejenigen Personen unschädlich gemacht wurden, die der Kriegführung gegen Deutschland bedrohlich im Wege standen. Deswegen beginnt die Schilderung der Ereignisse bei ihnen. Der Fall Kennedy-Kent wird als *pars pro toto* eingehend geschildert, zumal seine Erwähnung in gängigen Geschichtswerken weder inhaltlich zutreffend ist, noch der Bedeutung gerecht wird, die ihm für die Kriegführung Churchills und Roosevelts zukommt.

11. Kapitel

Ganovenstück – die Kennedy-Kent-Affäre und das endgültige Ausschalten der amerikanischen und britischen Kriegsgegner

Als der Zweite Weltkrieg drei Tage alt war, wurde Winston Churchill, auf dessen Wiederaufstieg vor wenigen Tagen noch niemand einen Penny gewettet hätte, an prominenter Stelle in die britische Regierung aufgenommen.[708] Er wurde erneut Erster Lord der Britischen Admiralität, ein Job, der weit über die britischen Grenzen hinausreichte. Aber eines war er mit Sicherheit nicht: der Außenminister oder der Premier des britischen Empire. Dennoch tat er etwas, was man in der Rückschau nur mit Verblüffung registrieren kann. Er nahm eine briefliche Sonderbeziehung zum US-Präsidenten Franklin Roosevelt auf. Selbst Churchillianer, die bekanntlich alles, was ihr Meister tat, für weitschauend und wohlgetan erklärt haben, vermögen nur mit Mühe zu erläutern, was eigentlich ihr Idol legitimierte, als Marineminister sogleich Funktionen des Außenministers und des Premiers zu okkupieren.[709]

Selbst wenn man den Anstoß zur Roosevelt-Churchill-Liaison beim US-Präsidenten ansiedelt,[710] so bleibt die Frage, ob Churchill sich loyal gegenüber seinem Premier und seinem Kabinett verhielt, als er agierte, wie er es tat. Die Antwort fällt nicht schwer, und sie lautet: Nein. Es wäre Churchills Pflicht gewesen, nicht nur Chamberlain, sondern vor allem Roosevelt darauf hinzuweisen, daß er bestenfalls als Bote des Erstgenannten tätig werden könne.

Aus dem Fundus dessen, was der Öffentlichkeit später zum Nachlesen freigegeben wurde,[711] ergibt sich nichts, mit dem sich Churchills Tun als amtsgemäß nachweisen ließe. Churchill und andere[712] wußten genau, daß er illoyal handelte. Er vermied es, die Briefe mit seinem Namen zu zeichnen, statt dessen unterschrieb er mit „ein Marineangehöriger“.[713] Doch er handelte, als wäre er der Regierungschef, und der US-Präsident tat dies auch, weil der richtige Premier die Ideen des Amerikaners als schädlich für das Empire einschätzte.[714] So agierten Churchill und Roosevelt als Brüder im Geiste. Beide wollten gegen Deutschland Krieg führen: Der eine, weil er es sowieso wollte, und der andere, jedenfalls sagte er es so, weil er das Böse in der Welt zu bekämpften gedachte. In Wirklichkeit wollte auch er Krieg führen, nur mit dem Unterschied zu Churchill, daß die Engländer und die übrigen Europäer, allen voran Frankreich und Polen, das Kämpfen übernehmen sollten.

Betrachtet man die beiden Handelnden etwas näher, drängen sich weitere irritierende Unterschiede auf. Churchill brauchte den Krieg, um eine auf Nimmerwiedersehen entschwundene Karriere zu restaurieren, Roosevelt brauchte ihn, um seinem Wahlvolk mit dem erlogenen Versprechen, nur er wäre in der Lage, Amerika aus diesem Krieg herauszuhalten,[715] eine dritte, von der ungeschriebenen Verfassung so nicht vorgesehene Amtszeit abnötigen zu können. Für Roosevelt war Churchill der Garant, daß dieser Krieg wirklich stattfand. Im Gegenzug war Roosevelt für Churchill der Garant dafür, daß dieser Krieg gegen Deutschland gewonnen werden konnte. An diesen Prinzipien richteten beide ihr Handeln aus.

Beiden ging es um nichts anderes als um die Macht. Bei Churchill wurde dieser Handlungstrieb von der Freude am Krieg und am Töten orchestriert, bei Roosevelt vom Missionseifer, daß die Welt am amerikanischen Wesen genesen möge. Beide hatten alle Hände voll zu tun, ihre widerstrebenden Völker auf Linie zu bringen. So taten sie alles in ihren Kräften stehende, den eingeschlagenen Weg unumkehrbar zu machen.

Nun kommen noch ein paar Unterschiede. Während Churchill unbedingt wollte, daß Großbritannien Kriegspartei wurde und es auch blieb, wollte Roosevelt das für seine USA keineswegs. Er wollte, daß England Krieg führt, denn nur so konnte er sich als Friedensbewahrer auf dem amerikanischen Kontinent stilisieren.[716] Das war ein nahezu unüberbrückbarer Gegensatz, denn Churchill war es nach seinen Erfahrungen mit dem Kriegsgegner Deutschland im Ersten Weltkrieg klar, daß die neuerliche Auseinandersetzung mit dem Deutschen Reich ohne die aktive Unterstützung durch die USA kaum gut ausgehen konnte. Deswegen kam es ihm darauf an, die USA unrettbar in Kriegshandlungen zu verstricken.

Roosevelt erkannte diese Intentionen durchaus, und er war auch bereit, Großbritannien zu unterstützen, jedoch konnte er einen Kriegseintritt der USA nicht gebrauchen, denn der würde in den parlamentarischen Gremien nicht durchsetzbar sein und würde zudem jegliche Hoffnung auf eine dritte Amtszeit als US-Präsident im Keim ersticken. Deshalb mußten seine Unterstützungshandlungen für Großbritannien gegenüber dem eigenen Volk verschleiert bleiben – solange zumindest, bis der Boden daheim entsprechend bearbeitet worden war.

Das Vorgehen von Roosevelt und Churchill war für beide mit einem erheblichen persönlichen Risiko verbunden. Wenn die Sache ruchbar wurde, riskierte Churchill wegen Illoyalität seinen Rauswurf aus dem Kabinett Chamberlain und Roosevelt wegen offensichtlichem Bruchs der diversen US-Neutralitätsgesetze ein Amtsenthebungsverfahren.

Schon der Nachrichtenweg, den beide Konspirateure wählten, verursachte notwendig einige Mitwisser. Die Nachrichten wurden nämlich mit dem diplomatischen Schlüssel der USA codiert und per Kabel zwischen dem State Department in Washington und der US-Botschaft in London hin- und hergeschickt. Die Lecks, über die es nun zu berichten gilt, entstanden gleich zweifach: Einmal in der US-Botschaft in London und einmal in ihrem Vorgarten. In der US-Botschaft saß ein Entzifferer (*cipher clerk*) mit Namen Tyler Kent, der mit großen Augen zur Kenntnis nahm, was er da lesen mußte.

Vor der US-Botschaft hatten die Abhörspezialisten von MI6 den Kabelverkehr der Amerikaner angezapft und taten, weil sie den US-Schlüssel geknackt hatten, dasselbe. Von MI6 flossen die Nachrichten auf zweierlei Weise ab: Einmal, was nicht verwunderlich ist, zu den Spitzen des Foreign Office, wo sie mit Verärgerung zur Kenntnis genommen wurden, zum andern nach Deutschland, denn einer der abhörenden Geheimdienstoffiziere (*cable censors*) verriet sie nach dorthin.

Ich werde dem Leser nun mehrere komplexe Handlungsfäden zumuten, die den Kriegstreibern im britischen Establishment zwischen dem Jahreswechsel 1939/40 und dem Mai 1940 erst allmählich klar wurden und die sie sodann in einen einheitlichen Handlungsstrang zu verknüpfen verstanden. Dessen Ziel war es, das Nachrichtenloch in Richtung Deutschland zu verstopfen, die innerstaatliche Opposition hinter Gitter zu bringen und vor allen Dingen den US-Botschafter Joseph Kennedy abzuräumen. Im Folgenden wird die zugehörige Geheimdienstintrige anhand der jetzigen Aktenfunde rekonstruiert. Wem das zu detailliert ist, der mag beim Unterkapitel über den Sturz des US-Botschafters Kennedy mit der Lektüre fortfahren.

Jahrmarkt der Peinlichkeiten: Die Suche nach dem Verräter

Der britische Auslandsdienst MI6 erhielt im August 1939 durch eine Agentenmeldung Kenntnis davon, daß im Jahnke-Büro in Berlin der Nachrichtenverkehr zwischen der US-Botschaft in London und dem State Department in Washington bekannt sei.[717] Die nächsten sechs Monate geschah daraufhin nicht viel.[718] Doch zur Ehrenrettung der MI6-Leute sollte man unterstellen, daß diese sich mühten, die Quelle des Verrats zu suchen.

Das, was sie herausfanden, muß ihnen das Blut in den Kopf getrieben haben, denn ein brauchbarer Kandidat für den Verrat war ein eigener Mann, ein Mitarbeiter der MI6 unterstehenden Government Code and Cipher School (GC&CS). Hinter der Tarnbezeichnung verbarg sich die geheimdienstliche Abhör- und Entzifferungsstelle.[719] Es war genau diejenige Stelle, die im britischen Auftrag den Nachrichtenverkehr zwischen der US-Botschaft und dem State

Department mitschnitt und entzifferte.[720] Durch einen Vergleich der Meldungen war sich MI6 sicher, daß das, was der Agent aus dem Jahnke-Büro gemeldet hatte, nichts als die reine Wahrheit war, denn die eigenen Abhörerkenntnisse sahen genauso aus.

Ausweis 229

Der durch nebenstehendes Lichtbild ausgewiesene Stabsdirektor Kurt Jahnke, wohnhaft Berlin-Steglitz, Sedanstraße 26, ist im Rahmen meines Arbeitsbereiches tätig.

Alle militärischen und polizeilichen Organe und Parteistellen werden ersucht, ihm Schutz und Hilfe angedeihen zu lassen.

München, den 27. Februar 1934.

Der Stellvertreter des Führers

(Rudolf Heß)
Reichsminister.

„Er ist groß, über einsachtzig, und ziemlich fett. Er hat ein rundes Gesicht, brutal und vulgär. Er hat eigenartige Augen, wie ein Schwein...“[727]: Die Filmemacherin Gulla Pfeffer brachte MI5 erste Erkenntnisse über Kurt Jahnke und seine Spionageaktivitäten. Rechts der Partei-Ausweis Jahnkes, unterschieben vom Führer-Stellvertreter Rudolf Heß (Kopie aus der sowjetischen Haftakte Jahnkes).

Der Verratskandidat wurde in einem Spitzentreffen zwischen MI6 und MI5 namhaft gemacht.[721] Ermittlungen bei MI6 hatten ergeben, daß dieser Mann, er hieß Harold Fletcher, neben seiner Tätigkeit als Mathematiker bei GC&CS einem Hobby nachging: Er spielte Agent.[722] In Deutschland war er bereits 1934 mit Kurt Jahnke in Kontakt gekommen. Den Weg dorthin hatte eine Frau geebnet, die Ethnologin und Filmemacherin Gulla Pfeffer. Wie nahe sich der Brite und die Deutsche gekommen waren, verschweigen die Akten diskret.[723] Es muß ziemlich nahe gewesen sein, denn Fletcher besorgte Gulla ein Einreisevisum nach England,[724] als diese ihrem Land und ihrem Ehemann, der zum Clan der NS-Funktionärsfamilie Pfeffer von Salomon gehörte, Valet sagte, nach England entschwand und dort einige Zeit später zum Zwecke der Einbürgerung einen Mann namens Kell heiratete.[725] Soweit so gut.

Fletcher hatte seinen Dienstherrn im Groben über seine Eskapaden auf dem Laufenden gehalten. Indes geriet Gulla Pfeffer nach Kriegsbeginn als feindliche Ex-Ausländerin ins Visier der britischen Spionageabwehr und auf deren Drängen in Internierungshaft.[726]

Durch die Vernehmung von Gulla Pfeffer nahm MI5 vom Wirken eines Kurt Jahnke erstmals Kenntnis.[727] Anschließend notierte der leitende Offizier von MI5, Guy Liddell, Abfälliges über diesen, wie er ihn in seinem Tagebuch nannte, Amateuragenten.[728] Solche Sicht änderte sich alsbald rapide, und schließlich war ein Vorgang von mehreren hundert Seiten entstanden, die dokumentieren, mit welcher Akribie man noch Jahre nach dem Krieg versuchte, die Aktivitäten des rätselhaften Büros Jahnke zu ergründen.[729]

Es versteht sich, daß die internierte Gulla Pfeffer ihren einstigen Geldgeber Kurt Jahnke zu kompromittieren suchte, um sich als loyale Neu-Britin darzustellen. Ebenso klar ist, daß man bei MI5 nun glaubte, dem Quell des rätselhaften Geheimnisverrats auf die Spur gekommen zu sein. Doch wer beschreibt das Erstaunen der britischen Abwehrleute, als ihnen die Spitzen von MI6 und GC&CS am 23. Februar 1940 mitteilten, man habe den Delinquenten Fletcher zur Rede gestellt und dann wieder an die gewohnte Arbeit geschickt, weil er Besserung gelobt habe.[730]

In Wirklichkeit war es so, daß der Auslandsdienst MI6 Fletcher gewähren ließ, weil man wußte, daß er der Verräter des fraglichen Nachrichtenverkehrs *nicht* war. Genau zu diesem Ergebnis kommt man, wenn man addiert, welche anderen Erkenntnisse aus derselben Quelle im Jahnke-Büro sonst noch angelandet waren.[731] Es waren zahlreiche Interna aus MI6, die Fletcher nicht kennen und folglich nicht verraten konnte.[732] Ergänzt man noch die Enttarnung der britischen Geheimdienstresidenten Stevens und Best in Den Haag und zahlreicher anderer Mitarbeiter und deren Agenten, so kam nur ein MI6-Mann mit intimen Kenntnissen aus der Deutschland-Spionage als Verräter in Frage. Das war bestenfalls eine Handvoll, aber nur ein einziger von ihnen wußte auch zugleich über den US-Nachrichtenverkehr zwischen London und Washington Bescheid. Das war Dick Ellis. MI6 wußte also, daß Ellis der Verräter war,[733] sonst läßt sich das weitere Vorgehen dieses Dienstes nicht erklären. Ellis wurde in London aus der Schußlinie genommen und Knall auf Fall in die USA versetzt, wo es eine britisch-amerikanische Verbindungsstelle zu errichten galt. Zum selben Zeitpunkt brach die Berichterstattung an das Jahnke-Büro ab.[734]

Die Erkenntnisse aus dem Fletcher-Fall, dem Ellis-Verrat sowie einem dritten und vierten Vorgang, von denen gleich die Rede sein wird, wurden von MI6 und MI5 nunmehr zu einer Short-Story kombiniert und an den Mann gebracht. Dieser Mann war der in der US-Botschaft in London zuständige Verbindungsmann für Sicherheitssachen. Er war der erste, der die Geschichte von der rätselhaften Quelle „*the doctor*" aufgetischt bekam, bei der es letztendlich darum ging, daß ein gewisses Büro Jahnke in Berlin den US-Nachrichtenverkehr zwischen London und Washington mitbekam.[735]

Der Amerikaner, er hieß Herschel Johnson, wurde auf seine kritischen Rückfragen hin dahingehend unterrichtet, daß die deutschen Erkenntnisse aus Agentenmeldungen herrührten und nicht aus einer technischen deutschen Aufklärungsmethode. Das war eine kühne Behauptung, denn sie machte dem Kundigen klar, daß die Briten eine Vergleichsmöglichkeit zwischen der Agentenmeldung und der amerikanischen Originalmeldung haben mußten.

Auch dem Amerikaner Johnson muß das geschwant haben. Er hatte allerdings keine andere Wahl als mitzuspielen, denn das Nachrichtenloch, das sich vor ihm auftat, war zu brisant, als daß er es hätte ignorieren können. Seine Überprüfung ergab, daß es bei dieser Lage des Informationsabflusses nur zwei denkbare Varianten für das Loch gab: In London oder in Washington. Die Zahl der Verdächtigen in London schmolz daraufhin auf eine Handvoll Leute in der US-Mission zusammen, und binnen Kurzem konnte MI5 den potentiellen Verräter präsentieren.[736] Es war Tyler Kent, ein Chiffrierer (*cipher clerk*) an der US-Botschaft. Jahrzehnte lang ist er als der Schuldige bezeichnet worden.[737]

Doch eins ist sicher: Er war nicht der Informationsquell für die rätselhaften Meldungen, die in der Spionageliteratur mit „*the doctor*" umschrieben worden sind. Hierfür gibt es einen unwiderlegbaren Grund: Als die ersten Meldungen aus dem Leck in London in Berlin eintrafen, gab es in der US-Botschaft in London keinen *cipher clerk* Tyler Kent. Der befand sich in dieser Zeit noch in der Sowjetunion in der dortigen US-Mission. Tyler Kent traf erst am 5. Oktober 1939 aus der Sowjetunion über Skandinavien kommend in London ein. Zu diesem Zeitpunkt lagen die Verratsmeldungen in Berlin längst vor.

Wenn man die einschlägigen Akten nachliest, fällt es ins Auge, daß MI6 den Zeitpunkt des Verratsbeginns verschleierte. Dabei stand fest, daß er *vor* Mitte August 1939 lag. Ob er auch danach noch stattfand, war den Briten unbekannt. Hinzuzufügen ist, daß nach späteren deutschen Angaben die Verratsmeldungen erst im März 1940 abbrachen.[738] Das war exakt derselbe Zeitpunkt, als MI6 offenbar seine internen Ermittlungen abgeschlossen hatte und der Verräter Ellis in London aus dem Verkehr gezogen, auf ein Schiff gesetzt und nach den USA verfrachtet worden war. Nichts davon erfuhr MI5 und schon gar nichts Herschel Johnson von der US-Botschaft. Statt dessen erweckte MI6 gegenüber beiden den Eindruck, als seien die fraglichen „the doctor"-Meldungen nicht von Mitte August 1939, sondern ziemlich aktuell.

Die Präsentation des US-Amerikaners Tyler Kent als Verräter durch MI5 mußte nicht nur MI6 äußerst gelegen kommen, sondern vor allem den Hardlinern im Foreign Office,[739] weil das, was sich aus diesem Verdachtsfall destillieren ließ, bestens geeignet war, den US-Botschafter Joseph Kennedy zu kompromittieren.

Wie es zu dem Verdacht gegen Tyler Kent kam,[740] ist eine Geschichte für sich, und sie demonstriert, zu welchen Methoden MI5 griff, wenn es um das Wohl Englands ging, oder besser gesagt um das, was einige Geheimdienstler sich hierunter vorstellten.

Installieren eines Prügelknaben: Tyler Kent, nebst einigen Anmerkungen über das schöne Leben in Moskau

Bei der jetzt gegen den US-Botschafter „Joe" Kennedy anlaufenden Operation war sein Landsmann Tyler Kent notwendiges Mittel zum Zweck. Er paßte wie die Faust aufs Auge, und man geht nicht zu weit, ihn als einen rechten Taugenichts zu bezeichnen.

Kent wurde in eine amerikanische Familie geboren, die in dem Glauben lebte, daß zwei drei Generationen reputierlicher Vorfahren bereits eine beachtliche Tradition verkörpere, der Vater war US-Diplomat, die Mutter eine Bürgertochter wohlhabender Leute aus Virginia. Der sprachbegabte Tyler erhielt eine gediegene schulische Ausbildung im In- und Ausland und besuchte anschließend zu Sprachstudien mehrere Universitäten. Das Ergebnis war eine für einen Amerikaner auffallende Mehrsprachigkeit sowie eine durch nichts zu beeindruckende Selbstüberschätzung, der geborene Mann für Amerikas Spitzendiplomatie zu sein. Das State Department lehnte ihn ab. Daß er dennoch, wenn auch auf dem bescheidenen Level eines Chiffrierbeamten an die US-Botschaft nach Moskau kam, verdankte er den verzweigten Beziehungen des Vaters und dem Umstand, daß Personal für die soeben wieder etablierten diplomatischen Beziehungen zwischen den USA und Rußland dringend gebraucht wurde.[741]

Im Moskau der 1930-er Jahre konnte man als Devisenausländer alles bekommen: Krimsekt, Kaviar und Nutten beiderlei Geschlechts. Wer es noch einen Zacken schärfer haben mochte, stieg ins Schwarzmarktgeschäft ein, denn Ikonen, Schmuck und Pelze, waren weit unter westlichen Preisen zu haben. Man mußte sie nur an argwöhnischen Zöllnern vorbei ins Ausland schaffen. Das alles hatte lediglich einen winzigen Haken. Wer in Moskau als Ausländer mit Einheimischen dealte, durfte erwarten, daß er es mit Agenten des für die Überwachung von Ausländern zuständigen Direktorats für Spionageabwehr der Geheimpolizei NKWD zu tun kriegte.

Im Fall von Tyler Kent kam alles das zusammen. Er gab mehr

Geld aus, als ihm der Botschaftsjob einbrachte, hatte ein Auto, eine Datsche und eine auf großem Fuße lebende russische Geliebte. Kent beteiligte sich an einem Schwarzmarkt- und Schmugglerring, der sich innerhalb der US Botschaft gebildet hatte und diplomatische Kurierfahrten ins Ausland für den Transport der Hehlerware nutzte – und er stand selbstredend unter der Kontrolle des NKWD.

Als das FBI Jahre später anläßlich des Tyler Kent-Falls die Zustände an der US-Botschaft in Moskau untersuchte, kamen die Spezialagenten des J. Edgar Hoover zu haarsträubenden Erkenntnissen. Der Ort ihrer beruflichen Neugierde war vor allem ein Sündenpfuhl der Homosexualität, mit der im ebenso sittenstrengen wie bigotten Amerika niemand Staat machen mochte. Unter Abwehrgesichtspunkten war das mehr als bedenklich, denn hier bot sich Erpressungsmaterial auf einem Präsentierteller, der auf keine Kredenz paßte.

Eins allerdings stellten die US-Ermittler zu ihrem Erstaunen fest: Tyler Kent gehörte nicht in diesen Kreis schwuler Lebemänner, ganz im Gegenteil, er bevorzugte Frauen, je verheirateter, desto besser.[742] Aber auch das, was über ihn an Erkenntnissen übrigblieb, hätte zehnmal gereicht, um ihn unverzüglich aus der Botschaft zu entfernen. Warum das nicht geschah ist rätselhaft, zumal der ehemalige US-Botschafter in Moskau, William Bullitt, im Juni 1940 gegenüber britischen Geheimdienstlern behauptete, bei Kent sei nach drei Monaten klar gewesen daß er im Solde Moskaus stand.[743] Er fügte hinzu:

Ihr könnt ihn erschießen, aber tut es bald.[744]

Kent wollte aus Moskau weg, 1939 beantragte er seine Versetzung nach Berlin. Statt dessen schickte man ihn nach London. Ob die russischen Professionellen hinter dem Antrag von Kent steckten, von Moskau an die Botschaft nach Berlin zu wechseln, steht in den Sternen, respektive in ungeöffneten russischen Akten.[745]

Tea for two: Die russische Teestube des Admirals Wolkoff, seine Tochter Anna und einige Bemerkungen, wie man aus Gegnern der Kriegspolitik der Konservativen böse Nazis macht

Tyler Kent geriet ins Visier von MI5, als er nach England einreiste,[746] in einen operativen Plan jedoch erst, als er Anfang 1940 die Teestube des ehemaligen Admirals Wolkoff in der Harrington Road im Londoner Stadtteil Kensington betrat.[747] Der Inhaber des Etablissements war einmal der zaristisch-russische Marineattaché in London gewesen, der es nach der Oktoberrevolution gesundheitsförderlicher gefunden hatte, in England zu bleiben.

Mit der Teestube vermochte sich Wolkoff in den folgenden Jahren über Wasser zu halten. Der Umstand, daß diese Adresse eine Art Fixpunkt für die über Europa verstreuten russischen Emigranten wurde, [748] brachte dem ehemaligen britischen Verbündeten eine dauerhafte Überwachung durch MI5 ein.[749] Diese wurde auch auf die Familie des Ex-Admirals ausgedehnt[750] und führte zur Erkenntnis, daß die Tochter des Hauses, Anna Wolkoff, enge Beziehungen zu den britischen Faschisten unterhielt. So jedenfalls ist es später immer wieder berichtet worden. Sieht man in die Überwachungsakten, stellt man fest, daß sie eine Damenschneiderin war, die ihre Dienste bei den Damen der besseren Gesellschaft anbot. Unter diesen Kundinnen waren einige, die zur Britischen Faschistischen Union (BUF) gehörten, die sich im wohlhabenden Klüngel erheblicher Beliebtheit erfreute.

Wenn man nun wollte, und MI5/MI6 wollten dies, so konnte man ein Konstrukt basteln, daß der zum Verräter erkorene Tyler Kent die Verbindung zu Anna Wolkoff suchte und fand,[751] um die geheimen Nachrichten aus der US-Botschaft nach Deutschland abfließen zu lassen.[752] Selbstredend wurde bei solcher Konstruktion unterstellt, daß die BUF geheime Drähte nach Deutschland unterhielt.

Um aus dem Nichts eine Spionagedrama zu schaffen, bedurfte

es kräftiger geheimdienstlicher Beihilfe. Das war der Job von Maxwell Knight. Dieser MI5-Offizier betrieb seit Jahren die Unterwanderung von auszuspähenden Organisationen durch das Einschleusen von Agenten von außen her. Zu Knights Spezialität zählte es, dort, wo sich das vermutete Geheime nicht zeigen mochte, für das Gewünschte selbst zu sorgen. So etwas nennt man eine geheimdienstliche Provokation.

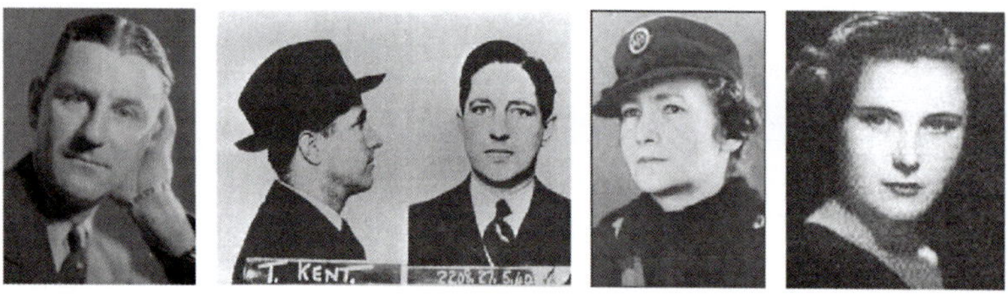

Drei Jahrzehnte Provokation und Täuschung: Der MI5-Offizier Maxwell Knight, alias Captain King, der den Tyler Kent-Fall konstruierte. Daneben die Hauptpersonen dieses Konstruktes: Der Botschaftsangehörige der Londoner US-Mission Tyler Kent (Erkennungsdienstliches Foto der Metropolitan Police) und die Exilrussin Anna Wolkoff (hier in der Uniform der Freiwilligen Feuerwehr), die in einem Geheimverfahren für zehn Jahre hinter Gitter gesteckt wurde. Die MI5-Agentin Joan Miller hatte die Wolkoff angestiftet, sich von Kent Botschaftsdokumente geben zu lassen.

Knight verstand es, hierfür geeignete Agenten anzuwerben und zu führen. In seinem Fall muß man genauer formulieren: Agent*innen*. Er gewann seine konspirativen Mitarbeiterinnen unter solchen Frauen der oberen Mittelklasse, denen es in die Wiege gelegt war, ein Leben mit dem Warten auf den richtigen Mann zu verbringen. Bei ihnen genügte es wohl, an die patriotischen Gefühle zu appellieren und die gewohnte Garden-Party-Existenz durch die Aussicht auf einen Schuß Abenteuer aufzupeppen. Das war der Quell für die erfolgreichen Agentinnen des Maxwell Knight, die er nutzte und schamlos ausnutzte, denn zu den besonderen Eigenarten dieses schillernden Führungsoffiziers gehörte es, die Damen seiner Wahl so zu becircen, daß sich mehr als eine von ihnen auf den Pfad der Hörigkeit begab. Doch wer nun erwartet, daß dieser Don Juan zur

Tat geschritten und mit den Auserwählten ins Bett gestiegen sei, der wird, ebenso wie die Betroffenen selbst, enttäuscht werden. Der mehrfach verehelichte Maxwell Knight lehnte Sexuelles gegenüber Frauen strikt ab, denn er war schwul. Und die Ehe- und anderen Frauen ließen sich das gefallen? Offenbar ja, und oftmals über Jahre.

Maxwell ließ seine Pferdchen laufen, wo sich für MI5 Hindernisse auftaten. Sie drangen in die KP Großbritanniens ebenso vor[753] wie in die faschistische Sympathisantenszene.[754] In das Vertrauen der Anna Wolkoff schlich sich eine der Agentinnen des Maxwell Knight ein.[755] Es war Marjorie Mackie, die bei den Britischen *Right Wing*-Leuten seit August 1939 als vermeintliches Mitglied implantiert worden war.[756] Sie provozierte die etwas begriffsstutzige Anna Wolkoff dazu, sich von dem im Tearoom des Vaters verkehrenden Tyler Kent Botschaftsmaterial aus dessen Sammlung zeigen zu lassen und vermittelte diesem dann eine Bekanntschaft zum *Right Wing*-Vormann Archibald Ramsay. Ihm ließ Kent auf dessen Bitte von zwei Botschaftstelegrammen Fotos anfertigen.

Damit nicht genug: Nunmehr wurde an die abergläubische Wolkoff eine angebliche Wahrsagerin, die Agentin Helene de Muncke, herangespielt, welche die Wolkoff mit ihren angeblichen Verbindungen ins belgische Ausland beeindruckte und dabei zum Ausdruck brachte, daß die Nutzung bestehender diplomatischer Kurierwege sicherer sei als die Post.[757] Wie zufällig kannte sie eine weitere Frau, nämlich die Agentin Joan Miller, die solche Verbindungen hatte. Jetzt erst tat Anna Wolkoff, was von ihr so dringend erwartet wurde: Sie gab Kent-Material weiter, und zwar weil man ihr den Floh ins Ohr gesetzt hatte, daß es zu dem in Berlin residierenden britisch-amerikanischen NS-Propagandisten William Joyce gelangen würde, der dann ungesetzliche Machenschaften von Churchill, Roosevelt & Co öffentlich machen könnte. Es ist klar, daß sie hierbei ertappt wurde.[758]

Als die London Metropolitan Police Tyler Kent am 20. Mai 1940 mit Genehmigung der US-Mission in seiner Wohnung heimsuchte, das Apartment auf den Kopf stellte, einen Haufen Schriftstücke beschlagnahmte und Kent anschließend festnahm, entschwand eine mangelhaft bekleidete Person unbehelligt aus der grimmigen Szenerie, seine Bettgenossin, eine gewisse Irene.[759] Sie werde hier nicht gebraucht, ließ sich der mit der Londoner Polizei angerückte MI5-Offizier Maxwell Knight vernehmen. Dem darüber verblüfften Sicherheitsoffizier der US-Botschaft, der auch an dem Raid teilnahm, erklärte er grinsend, daß die Dame verheiratet sei und mit Sicherheit nichts unternehmen werde, ihren Aufenthalt in der Wohnung Kents herumzutratschen.[760]

Es wäre näher an der Wahrheit gewesen, wenn Knight erklärt hätte, daß Irene von ihm angeheuert war. Der Hebel für ihre Rekrutierung war ein Verdachtsfallverfahren, das MI5 gegen die Firma ihres Ehemannes führte.[761] Doch das wäre ein bißchen zu viel Aufklärung für die Polizei und für die Amerikaner gewesen. Auch hätte es beim anschließenden Gerichtsverfahren gegen Kent gewiß gestört, wenn eine weitere Maxwell-Knight-Agentin im Kreuzverhör hätte Rede und Antwort stehen müssen. Sie hätte möglicherweise gesagt, daß sie an der termingerechten Deponierung des angeblichen Verratsmaterials in der Wohnung von Kent beteiligt war. Das konnte jetzt niemand gebrauchen. So kam es zum Verschwinden der erotischen Irene.[762]

Schwarzhemden im Hydepark: Die britische Variante des Faschismus

Nicht erst mit Beginn des Krieges stellten die Right-Wing-Sympathisanten für MI5 ein Problem dar. Dies resultierte aus der Unvereinbarkeit der Ziele der faschistischen Bewegung mit den in Großbritannien vorhandenen Vorstellungen von konventioneller Politik. Alarmierend wirkte der Umstand, daß eine bemerkbare Zahl von Exponenten der besseren Kreise sich mit dem faschistischen Ideengut verbunden hatte. Besonders gefährlich erschien es den Bewahrern des Althergebrachten, daß sich die Right-Wing-Aktivisten gegen die britische Klassengesellschaft wandten, die sie weder als von Gott gegeben ansahen, noch sonstwie als für Großbritannien zuträglich bezeichneten.[763] Mit Deutschland hatte das alles nur insofern zu tun, als die Aktivisten darauf hinwiesen, daß der staunenswerte Wiederaufstieg Deutschlands an diesem Politikmodell liege. Ob sie mit dieser Auffassung schief lagen, braucht hier nicht diskutiert zu werden, da es hier allein auf die Gefährlichkeit solchen Denkens für die traditionelle britische Politik und ihre etablierten Exponenten ankommt.

Mit dem Ausbruch des Zweiten Weltkriegs verschärften sich die Positionen insofern, als MI5 und seine Verbündeten daran gingen, die Deutschen und die britische Faschisten-Bewegung als Feind gleichzusetzen. Doch in der Umsetzung, die vor allem Ausdruck in der Internierung von Personen aufgrund von Verwaltungsanordnungen fand, machte diese Gleichsetzung von Deutschen und britischen Faschisten Schwierigkeiten. Sie rührten daher, daß der britische Innenminister, Sir John Anderson, der für die Internierung feindlicher Personen zuständig war, sich nicht gewillt zeigte, die von MI5 befürwortete Rasenmäher-Methode auf britische Staatsbürger anzuwenden.[764] Sir John lag mit seiner Skepsis gegenüber seinen Geheimdienstlern richtig. Mosley & Co waren alles andere als anti-britisch und auch keine verwirrten Pazifisten à la Labour. Sie hatten seit Jahren lautstark für ein wehrhaftes Großbritannien plädiert, riefen nunmehr ihre Mitglieder auf, ihrer nationalen (Wehr)-Pflicht nachzukommen.

Doch in einem unterschieden sich Mosleys Anhänger scharf von der Kriegspartei innerhalb des konservativen Establishments: Sie hielten die Formel der *Balance of Power* für den überlebten Schlachtruf alter Männer, welche bereits zu Beginn des Jahrhunderts Großbritannien in das Desaster des Ersten Weltkriegs gestürzt hatten. Das Ergebnis dieses verfehlten Krieges seien Slums und Arbeitslosigkeit.[765] Das waren in der Tat gefährliche Thesen für die Kriegspolitik der Konservativen – allen voran für Winston Churchill und dessen Anhang.

Statt die Leute von Rechts argumentativ zu bekämpfen, schien es Churchill & Co ratsam, diese Opponenten hinter Schloß und Riegel zu bringen. Deswegen war es nützlich, wenn MI5 nunmehr ein kollaborierendes Verhalten dieser befehdeten Personengruppe mit dem Feinde scheinbar nachwies.[766] Diesem Zweck diente die Kent-Wolkoff-Affäre innenpolitisch. Rabiate Internierungsmaßnahmen, die auch vor Mitgliedern des Parlaments nicht haltmachten, waren die Folge.[767]

BRITAIN SWOOPS ON FASCISTS

PAPERS SEARCHED

Gefahr für das britische Establishment: Ansprache des Faschistenführers Sir Oswald Mosley 1938 in London. Am 23. Mai 1940 wurden Dutzende von Mitgliedern und Sympathisanten der British Union of Fascists festgesetzt und ohne Gerichtsverfahren in Haft gehalten (Foto: Daily Mirror vom 24.5.1940)

Im stillen Kämmerlein: Der Prozeß gegen Kent und das Abräumen von US-Botschafter Kennedy

Der Hauptzweck der Kent-Wolkoff-Aktion war außenpolitischer Art. Die nur partiell übereinstimmenden Strategien von Churchill und Roosevelt blieben jenen nicht verborgen, die von Amts wegen mit der Sonderbeziehung zwischen dem US-Präsidenten und dem britischen Marineminister zu tun hatten. An deren Spitze der US-

Botschafter in London, Joseph Kennedy. Von ihm ist bereits gesagt worden, daß er sich in wenig schmeichelhafter Weise über das Land seiner Gastgeber äußerte – zwar nicht öffentlich, doch deutlich genug in seiner Berichterstattung, die er an das State Department und das Weiße Haus richtete.[768] Für ihn war klar: Ein kriegführendes Großbritannien hatte gegen das Deutsche Reich keine reale Chance, eine Kriegsunterstützung Englands würde die USA teuer zu stehen kommen.[769] Und zudem, wie es wohl der Pate von Mario Puzzo formuliert hätte: Dieser Krieg wäre schlecht fürs Geschäft.

Der US-Präsident sah die Dinge glatt entgegengesetzt. Für ihn war die Sache gut fürs Geschäft: Für die US-Wirtschaft und auch für sein eigenes, denn seine Wiederwahl hing davon ab. Zudem dachte er im Traum nicht daran, sich, wie Churchill als sicher unterstellte, an den Kriegskosten Großbritanniens zu beteiligen, sondern er würde sich die Unterstützung in Heller und Pfennig bezahlen lassen. Großbritannien würde sich bei diesem Geschäft erneut und diesmal endgültig übernehmen und so den USA ermöglichen, das britische Weltreich durch eine Pax Americana zu ersetzen.

Im Frühjahr 1940 verschärfte sich die Lage für die Konspirateure, als Kennedy dazu überging, seine Berichterstattung auf den mißlingenden Norwegenfeldzug des britischen Expeditionskorps zu konzentrieren, sowie die mangelnden Fähigkeiten des Marineministers Churchill erneut hervorzuheben.[770] Angesichts dessen liegt es auf der Hand, daß sich nun eine starke Allianz zwischen Churchill und Roosevelt bildete, um den US-Botschafter in London abzuräumen.

Doch Kennedy einfach abberufen und nach Hause holen, war für Roosevelt heikel, denn er war ein ernstzunehmender potentieller Gegner bei der Kandidatenkür der Demokraten. Nur solange er in London auf Posten war, konnte er bei dem anstehenden Vorwahlkampf der Demokraten nicht selbst den Hut in den Ring werfen – und dies womöglich mit dem fundierten Hinweis, daß der amtierende Präsident laufend gegen geltendes US-Recht verstieß. Wenn schon Abberufung dann so, daß ein unschädlicher Joe Kennedy amerikanischen Boden betrat. Wie die Sache dann eingefädelt wurde, ist weiter oben erzählt worden. Jetzt kommt der Rest.

Es dauerte, ganz unbritisch, Monate bis ein Verfahren unter Ausschluß der Öffentlichkeit[771] gegen Kent und Wolkoff anberaumt wurde.[772] Die Amerikaner hatten auf Verzögerung und Heimlichkeit gedrungen, denn erst einmal mußte Roosevelts Wiederwahl unter Dach und Fach. In der Zwischenzeit hatte MI5 sorgfältig die Aussagen der Belastungszeugen präpariert. Sie sind noch heute in der einschlägigen Fallakte sorgsam gebündelt abgeheftet.[773]

Unter Decknamen traten dann die Belastungszeugen wie Knight[774] und seine Agentin Marjorie Mackie auf.[775] Letztere war die MI5-Agentin im Tearoom. Schärfer als deren präparierte Aussage läßt der Prozeßbericht des anwesenden Polizeibeamten keinen Zweifel zu, daß diese Belastungszeugin auf alles, was man der Angeklagten Wolkoff jetzt vorwarf, aktiv Einfluß genommen hatte.[776] Es war eine geheimdienstliche Provokation.

Kent plädierte auf nicht schuldig.[777] Soweit er Dokumente aus der US-Botschaft in seiner Wohnung gehabt habe, hätte es sich um einen privaten Fundus gehandelt, mit dem er habe nachweisen wollen, daß die Briten im Verein mit der Regierung des Franklin Roosevelt auf eine Kriegsbeteiligung der USA hinarbeiteten, und dies bewußt vorbei an den Gesetzen der USA. Einen Kontakt mit den Deutschen schloß er aus. Er wurde zu sieben Jahren Haft verurteilt.

Auch die Angeklagte Anna Wolkoff plädierte für nicht schuldig.[778] Sie wurde zu zehn Jahren Haft verurteilt, weil sie US-Dokumente, die ihrem Land, also der britischen Seite, schaden konnten, kopiert und an andere weitergegeben habe. Die fraglichen Dokumente sind in den einschlägigen Akten nicht enthalten. Man muß sie aus den Vermerken der Beteiligten rekonstruieren und kommt zu einem bemerkenswerten Ergebnis: Es handelt sich um einen Bericht von US-Botschafter Joseph Kennedy, die mangelnden Fähigkeiten von Churchill und der Marine im Norwegenfeldzug betreffend,[779] und um einen Brief aus dem vertraulichen Schriftverkehr zwischen Roosevelt und Churchill über die Lieferung von stillgelegten Zerstörern aus den Arsenalen der US-Marine.[780] Bleibt die Frage: Nützlich für den Feind? Nur wenn man den Feindbegriff auf die innenpolitischen Gegner von Roosevelt und Churchill ausdehnt, wird ein Schuh daraus – und zugleich eine happige Rechtsbeugung.

Der einzige schmächtige Beweis, den die Vertreter der schönen Agentengeschichte in Händen hielten und heute noch halten, ist ein Kontakt zwischen Wolkoff und einem Mitarbeiter des italienischen Militärattachés.[781] Also doch ein Kontakt mit dem Feind? Auch hierfür gibt es letztlich nur Indizien. Hinzu kommt: Sollte es wirklich zwischen Wolkoff und dem Italiener zu den fraglichen Kontakten gekommen sein, so war dies gewiß blöd, aber alles andere als eine Konspiration mit dem Feind.[782] Nur zur Erinnerung: Als diese Ereignisse stattfanden, war Italien nicht der Feind Großbritanniens. Ganz im Gegenteil. Die britischen Offiziellen bemühten sich nach Kräften, durch Drohungen und durch Versprechungen Italien ins Boot der Alliierten hineinzuziehen.[783] Anders als zu Beginn des Ersten Weltkriegs gelang das in diesem Fall nicht. Italien trat am 10. Juni 1940, als Frankreichs Niederlage nur noch eine Frage von Tagen war, auf Seiten Deutschlands in den Krieg gegen Frankreich ein.[784] Zu diesem Zeitpunkt saßen Kent und Wolkoff bereits seit Wochen in Haft.

Außenpolitisch gab die Affäre den Anstoß, den US-Botschafter Joseph Kennedy aus London abzuberufen. Er schien durch die Vorgänge in der eigenen Botschaft schwer kompromittiert. Angekommen in den USA, schwieg er. Es müssen starke Argumente gewesen sein, die Kennedy zu diesem überraschenden Verhalten veranlaßt haben. Die Einzelheiten wären vielleicht in den britischen Überwachungsakten gegenüber der US-Botschaft in London nachzulesen. Zum Beispiel das, was Kennedy als Meinungskundgabe Chamberlains über Churchill nach Washington gekabelt hatte:

[Chamberlain] glaubt zum einen nicht, daß [Churchill] auch nur ein Zehntel von dem leisten könne, was ihm zugetraut wird; er hat sich zu einem großartigen beidhändigen Trinker entwickelt, und sein Urteilsvermögen hat sich nie als gut erwiesen.[785]

Es bleibt der Phantasie des Lesers überlassen, was sonst noch in diesen Akten stand. Wie wäre es mit der praktischen Einstellung des Katholiken Kennedy zur ehelichen Treue? War es das, was Maxwell Knight und seine munteren zweibeinigen Bettwärmer erforscht hatten? Fest steht lediglich, daß die Akten der Botschaftsüberwachung nicht wieder aufgetaucht sind.

Doch den wahren Grund für Kennedys plötzliches geradezu dröhnendes Schweigen sollte man in den USA suchen, in einer Erpressung, deren Drohpotential die Existenzvernichtung war. Hierzu muß der Leser ins Jahr 1929 zurückgehen, als an der New Yorker Börse der große Crash unmittelbar bevor stand. Da taten zwei Männer etwas Seltsames. Sie verhökerten praktisch über Nacht ihre gewaltigen Aktienvermögen.[786] Diese beiden Männer hießen Joseph Kennedy und Bernard Baruch.[787] Zum letzteren ist zu sagen, daß er schon im Ersten Weltkrieg, zu Wilsons Zeiten, einer der einflußreichsten Finanzakrobaten war, der den USA das Krieg-führen ermöglicht hatte. Er setzte unter Präsident Roosevelt als einer von dessen engsten Beratern sein segensreiches Tun fort.

Ich stelle mir vor, daß dieser Wohltäter der Menschheit (*philantropist*)[788] dem durch Kennedy in ärgste Bedrängnis geratenen US-Präsidenten mit sachkundigen Hinweisen dienen konnte, wer für den großen Absturz von 1929 bei Bedarf verantwortlich zu machen war. Dabei wird der Name Kennedy gefallen sein nebst Nennung einiger unangenehmer Details dieses gewaltigen Deals, die außer Kennedy auch Baruch nur zu gut kannte. Kennedy schwieg, doch nicht für immer. Nach dem Ableben von Roosevelt machte er ganz unverblümt vor den Ohren des erstaunten Marineministers James Forrestal den US-Präsidenten, dessen Freund, den US-Botschafter in Paris, William C. Bullitt, und das Weltjudentums für die Auslösung des Weltkriegs verantwortlich.[789] Forrestal notierte:

Heute Golf gespielt mit Joe Kennedy. Ich fragte ihn über seine Unterhaltungen mit Roosevelt und Neville Chamberlain ab 1938 aus. ... Er sagte, Chamberlain stellte fest, Amerika und das Weltjudentum hätten England in den Zweiten Weltkrieg gezwungen...[790]

Man kann die Schlußbemerkung als platten Anti-Semitismus abtun (was zutrifft), doch der Anlaß für diese Äußerung war sicher ein ganz konkreter. Die Beschuldigung dem britischen Premier in den Mund zu legen war zudem clever, denn auch der weilte nicht mehr unter den Lebenden.

Rauswurf per Handschlag: Premier Winston Churchill verabschiedet seinen Widersacher, den von den britischen Diensten kompromittierten US-Botschafter Joseph Kennedy. Haltung und Gesichtsausdruck beider Männer sprechen Bände. Kennedy vermutete, dass Churchill eine Bombe in sein Schiff stecken würde, was er jedoch durch einen Trick verhinderte.

In Kennedy einen Feigling zu sehen, hat sich eingebürgert. In der Tat, er wollte die USA aus Churchills Krieg heraushalten. Dabei unterschätzte er wohl, wie sehr dieser Krieg Roosevelts Krieg war. Er lag ganz richtig in seiner Beurteilung, daß er für beide Kriegsfreunde eine tödliche Gefahr darstellte und hielt es für wahrscheinlich, daß bei seiner Rückfahrt über den Atlantik sein Leben keinen Pfifferling mehr wert war. Folglich kam er auf die Idee, dem State

Department telegrafisch vorzuschlagen, es solle gegenüber dem Deutschen Reich erklären, die Versenkung seines Dampfers stelle für die USA keinen Kriegsgrund dar. Das unterblieb erwartungsgemäß – doch auch der Schiffs-Anschlag Churchills, den Kennedy befürchtet hatte.[791]

Churchill wußte genau, in welcher Gefahr er durch die Mitwisserschaft von Botschafter Kennedy, die Sonderbeziehung Churchill/Roosevelt betreffend, geraten war. Seine Kenntnisse über diese Mitwisserschaft bezog Churchill aus den britischen Diensten. Er war in deren Agieren, was diese Affäre anlangte, auf das engste eingebunden.[792] Aus Churchills Sicht war es absolut notwendig, Kennedy zum Schweigen zu bringen. Dieses Ziel wurde erreicht. Wer sich dem in den Weg stellte, wurde kalt abgeräumt, kaum daß Churchill ins Amt des Premiers vorgedrungen war.

Als ersten traf es den Chef von MI5, Vernon Kell, der diese Position bereits seit der Gründung dieses Dienstes im Jahre 1909 innehatte.[793] Es gibt zahlreiche Theorien, warum er jetzt Knall auf Fall abgelöst wurde.[794] Doch keine handelt davon, daß er im Doppelfall Kent-Kenedy von einer Informations- und Weisungskette überspielt worden war. Es waren die Herren Maxwell Knight, Desmond Morton und Winston Churchill, die in Wirklichkeit die Strippen gezogen hatten. Andere wußten von nichts oder wußten es tatsächlich nicht. Die Frau des geschaßten Geheimdienstchefs, die als Kriegsfreiwillige in der Kantine von MI5 arbeitete, äußerte erbittert vor dem versammelten Personal:

Euer kostbarer Winston hat den General [Vernon Kell] rausgekantet.[795]

Dieser starb bald, andere wurden belohnt. Als Maxwell Knight nach dem Krieg keine Agentenoperationen in England mehr durchführen konnte, wechselte er den staatlichen Arbeitgeber. Fortan durfte er als Onkel Max bei der BBC den Kindern Gute-Nacht-Geschichten erzählen.

12. Kapitel

Die Kunst, das Falsche zu tun – Hitler als Akteur auf der politischen Bühne

Eines der Anliegen dieses Buch ist es, von der Mär des übermächtig agierenden Diktators, der die Mächtigen aus dem Rest der Welt in die Rollen reagierender Hampelmänner drängte, Abstand zu nehmen. Ich denke, ich habe genügend viele Beispiele aufgezeigt, daß bei den entscheidenden Weichenstellungen der 1920-er und 1930-er Jahre ganz andere das Sagen hatten. Es war Hitler, der sich deren Entschlüssen anzupassen hatte. Häufig genug tat er's.

Hitler hatte keinen Einfluß darauf, daß die Sieger des Ersten Weltkriegs erst in Versailles, später dann im Völkerbund über Deutschland hohnlachend zu Gericht saßen. Er hatte keinen Einfluß darauf, daß die durch Versailles ausgelöste Hyperinflation im Deutschen Reich die bescheidenen Vermögen des Mittelstands im Wochentakt vernichtete. Er hatte keinerlei Einfluß auf jene amerikanischen Kriegsgewinnler, die im Lande herumreisten und sich unter den Nagel rissen, was nicht niet- und nagelfest, aber für wenige Dollars zu haben war.[796] Ihm fehlte jeglicher Einfluß auf die zornigen alten Männer in Frankreich, die sich eine starre zweiteilige, nicht zusammenpassende Militärdoktrin schufen, über die man bei klarem Verstand nur den Kopf schütteln kann. Wir haben bereits in diesem Buch betrachten können, daß es nicht funktionieren konnte, an der Ostflanke Deutschlands zwei aggressive Militärstaaten zu installieren und sich selbst an der Westgrenze Deutschlands hinter einen Wall aus Beton zurückzuziehen. Hitler fehlte jeglicher Einfluß auf den wirtschaftlichen Kollaps Großbritanniens, das nach der Überschuldung des Ersten Weltkriegs nicht wieder auf die Beine kam und mit ungeeigneten Währungsmanipulationen der Bank von England und einer konservativen Clique um den Schatzkanzler

Winston Churchill vergebens gegenzusteuern versuchte. Hitler hatte keinen Einfluß auf amerikanische Geld-Gangster, die 1929 die Wirtschaft ihres Landes gegen die Wand fuhren und damit die ganze Welt in eine ökonomische Krise von unbeschreiblichen Ausmaßen rissen. Hitler hatte keinen Einfluß auf eine kommunistische Gewaltherrschaft in Rußland, die Millionen sowjetischer Untertanen mutwillig in den Tod trieb. Hitler hatte gewiß keinen Einfluß auf das immer instabiler werdende Machtdreieck im Pazifik, das sich, von den USA provoziert, in japanischen Aggressionen gegen China Bahn brach.

Das alles waren die wichtigsten Faktoren, die den Ablauf der 1930-er Jahre auf der Welt prägen sollten. Mit Hitler hatte das nichts zu tun. Die politischen und wirtschaftlichen Entscheidungsträger werden in ihrer Mehrzahl den Namen Hitler nicht einmal gekannt haben. Aber auch an dem späteren deutschen Diktator gingen diese Ereignisse nicht einfach vorbei. Vielmehr prägten sie sein Weltbild. Wer es nachvollziehen möchte, der lese *Mein Kampf*.

Hitlers Politik war Reaktion. Er reagierte auf Versailles, er reagierte auf das aufsässige Polen (und zwar mit einem Nichtangriffspakt), er reagierte auf die Weltwirtschaftskrise mit einer Mischung aus Staatsaufträgen und Arbeitsdienst, wie er ihn durch konservative und jugendbewegte Denker vorformuliert fand. Er reagierte auf den Dollar-Imperialismus durch Warentauschverträge mit anderen Staaten. Er reagierte auf die verordnete Hilflosigkeit mit der Aufrüstung. Er reagierte auf die Massenmorde in der Sowjetunion durch die brutale Bekämpfung von Moskaus Hilfstruppen im eigenen Lande.[797] Er nutzte die Selbstisolierung Italiens aus, in die das Land durch Mussolinis Abessinien-Krieg geraten war, um den Anschluß Österreichs zu bewerkstelligen. Er reagierte auf die fatale Selbstisolierung des tschechischen Staatspräsidenten Benesch, um den Anschluß der Sudeten durchzusetzen. Er reagierte auf die britischen Einkreisungsmanöver der späten 1930-er Jahre durch den Pakt mit jener verhaßten Sowjetunion.

Doch Hitler reagierte nicht nur, er entschied auch, ohne zum

Handeln gezwungen zu sein. Eine Beurteilung seines Tuns fällt nicht gerade günstig aus. Im folgenden werden sechs eigenständige Entscheidungen genannt, nämlich (1) Prag militärisch zu besetzen, (2) den Krieg gegen Polen zu beginnen, (3) die West-Offensive auszulösen, (4) den Krieg im Sommer 1940 nicht abzubrechen, (5) den Krieg mit der Sowjetunion zu beginnen, (6) den USA den Krieg zu erklären. Die ersten vier Entscheidungen von Hitler wurden bereits im chronologisch passenden Zusammenhang im zweiten Teil dieses Buches abgehandelt. Diese ersten vier Entscheidungen waren falsch und für Deutschland schädlich – bleiben also die letzten beiden, die Kriegsauslösung gegen die Sowjetunion und die Kriegserklärung gegen die USA.

Um des Kaisers Bart: Hitlers Entschluß, Rußland anzugreifen, nebst ein paar Bemerkungen zur müßigen Streitfrage, ob das Unternehmen Barbarossa ein Angriffs- oder Präventivkrieg war

Am Sonntag, dem 22. Juni 1941, überschritt die deutsche Wehrmacht die seit Oktober 1939 bestehende deutsch-sowjetische Grenze.[798] Das Unternehmen Barbarossa nahm seinen Lauf. Es dauerte nahezu vier volle Jahre, bis es mit der Kapitulation von Berlin vor der einmarschierten Roten Armee Anfang Mai 1945 zu Ende ging. Der Angriff auf die Sowjetunion fand statt, weil Hitler den Befehl hierzu erteilt hatte. Das dürfte kaum zu bestreiten sein. Der Streit entzündet sich jedoch vielmehr an der Frage, ob der deutsche Angriff der Beginn eines Präventivkriegs gewesen ist, ob also die Wehrmacht einem Angriff der Roten Armee mit guten Gründen nur zuvorkam. Um diese Frage wird mit Inbrunst gestritten, dabei sehen die Fakten anders aus, als daß sie sich auf die simple Entscheidung Präventivkrieg ja oder nein reduzieren lassen. Diese Fakten sollen im Folgenden lediglich gestreift werden, da die Präventivkrieg-Streitigkeiten vom eigentlichen Problem ablenken.

Zu den bemerkenswerten Fakten gehört, daß im Frühsommer 1941 beiderseits der deutsch-sowjetischen Grenze der größte Truppenaufmarsch der Weltgeschichte stattfand – auf beiden Seiten der Grenze. Beide, die Rote Armee und die Wehrmacht, wurden in einer grenznahen Angriffsformation disloziert. Sicherer Anhaltspunkt hierfür sind die grenznahen Feldflugplätze. Zu den Besonderheiten dieses beidseitigen Aufmarsches gehörte es, daß beide Seiten über die Absichten der jeweils anderen Seite im Unklaren waren. Einen Unterschied gab es insofern, als Stalin nicht zum aktuellen Zeitpunkt mit einem Angriff der Wehrmacht rechnete, während Hitler einen der Roten Armee nicht ernsthaft erwog.

Nach Osten: Am Morgen des 22. Juni 1941 gab Außenminister Joachim von Ribbentrop vor der Weltpresse bekannt, dass der Krieg gegen die Sowjetunion begonnen habe. Bemerkenswert mag sein, dass Hitler im Gegensatz zu seinen Gepflogenheiten in diesem Fall nicht selbst an die Öffentlichkeit trat, sondern nur in Öl dabei war.

Ich habe den Informationsstand und die hieraus resultierenden Entscheidungsgrundlagen beider Diktatoren an anderer Stelle ausführlich beschrieben.[799] Hier genügen die soeben widergegebenen zusammenfassenden Ergebnisse. Daraus ergibt sich, daß aus deutscher Perspektive zwar die Voraussetzungen für einen Präventivkrieg objektiv gegeben gewesen wären, der Barbarossa-Befehl aber keinen Präventivkrieg auslösen konnte, weil das hierfür benötigte Faktenwissen bei der deutschen Führung nicht vorlag. Ob und wann Stalin dann angegriffen hätte, bleibt müßige Spekulation. Realistisch erscheint aufgrund zahlreicher Indizien: noch im Spätsommer 1941.

Wie schon gesagt, sind solche Erwägungen aus meiner Sicht zweitrangig. Wichtig erscheint hingegen, daß beim Barbarossa-Befehl die Initiative bei Hitler lag. Es ist also zu fragen, was passiert wäre, wenn er den Befehl unterlassen hätte. Zunächst gilt: die Wehrmacht hätte nicht angegriffen. Alles andere sind Vermutungen. Zwei Varianten sind nun denkbar: Stalin hätte in absehbarer Zeit selbst angegriffen, oder er hätte das, aus welchen Gründen auch immer, unterlassen. In keinem von beiden Fällen wäre sodann das passiert, was die Kriegsentscheidung zum Nachteil Deutschlands wesentlich beeinflussen sollte, nämlich ein politisches und militärisches Bündnis zwischen Churchill und Stalin, wie es noch im Sommer 1941 aus der Taufe gehoben wurde, und wohl kaum wäre es zur Erweiterung des Hilfe-Abkommens der USA (*lend-lease*) auf die Sowjetunion gekommen.

Für diese Behauptungen ist die folgende Überlegung maßgebend: Eine für die ganze Welt sichtbare, in Richtung Zentraleuropa angreifende Rote Armee hätte das zementiert, was in Europa und vor allem in Großbritannien seit 1917 als Schreckgespenst umlief, nämlich eine Bolschewisierung der ganzen Welt. Spätestens wenn die Rote Armee die Weichsel überschritten und Warschau verwüstet hätte, wären automatisch die anglo-amerikanischen Propagandaformeln von den Nazi-Weltherrschaftsplänen[800] leiser geworden.

Solche Gedanken waren dem deutschen Diktator fremd. Politische Kriegführung war seine Sache nicht. Er beherrschte nicht die Kunst des Abwartens, bis der Gegner sich selbst unrettbar ins Unrecht setzte. Statt dessen befahl Hitler den Angriff. Der Angriff endete, es wurde schon gesagt, Anfang Mai 1945 in Berlin.

Trotzig: Hitlers Kriegserklärung an die USA

Am 11. Dezember 1941 erklärte Hitler den USA den Krieg.[801] Das war das letzte Mal in seinem Leben, daß die politische Initiative für eine Entscheidung von weltweiter Bedeutung bei ihm lag.

Dieser Kriegserklärung war eine Reihe von Ereignissen vorausgegangen, die im folgenden gestreift werden sollen. In den USA hatte zum Jahresbeginn Franklin Roosevelt seine dritte Amtszeit begonnen. Auch diese hatte er sich mit einer grandiosen Wahl-Lüge verschafft. Wir repetieren: Die erste Wahl 1932 gewann Roosevelt mit dem New-Deal-Versprechen: Jedem Amerikaner sollte es nach dem Absturz in die Große Depression wieder besser gehen. Die zweite Wahl 1936 gewann er durch die Lüge, er sei durch störrische alte Männer im Richterkittel des Supreme Court an der erfolgreichen Gestaltung des New Deal gehindert worden.

Zur selben Zeit hatte Roosevelt, was er wohlweislich verschwieg, bereits anderes im Sinn. Wie sein demokratischer Vorgänger im Amt des Präsidenten, Woodrow Wilson (1913-21), wollte er das Böse in der Welt bekämpfen, weil er nach Weltmacht strebte und zudem die Auffassung vertrat, daß Krieg gut fürs Geschäft sei. Er tat alles in seiner Macht stehende, um einen Krieg in Europa zu provozieren. Sodann trieb er sein Land mit Finten und Tricks voran, um die Teilnahme der USA an diesem Krieg unumkehrbar zu machen.

Nach außen vertrat Roosevelt das glatte Gegenteil. Er sagte am 3. September 1939, am dritten Tag des Zweiten Weltkriegs bei einem seiner berühmten Kamingespräche, die als Radiosendungen ins ganze Land übertragen wurden:

> *Es wird keinen Blackout für den Frieden in den Vereinigten Staaten geben.*

Im Jahr drauf während des Wahlkampfes für seine dritte Präsidentschaft versicherte er dasselbe, nunmehr mit pastoralem Habitus:

Während ich zu euch spreche, ihr Väter und Mütter, gebe ich euch einmal mehr die Zusicherung. Ich habe das schon vorher gesagt und werde es wieder und wieder und wieder sagen. Eure Jungens werden nicht in irgendwelche fremden Kriege geschickt werden.[802]

So sprach der Präsident. Vierhunderttausend dieser Jungen bezahlten die Lüge ihres Präsidenten in den unmittelbar folgenden vier Jahren mit ihrem Leben.

Doch zurück zum deutschen Diktator. Selbstverständlich bekam man in Berlin mit, daß der Schaden, den die USA als vermeintlich neutrale Macht dem Deutschen Reich aus finanziellem Egoismus zugefügt hatte, eine Wiederholung fand. Bereits im November 1939 waren die Neutralitätsgesetze der USA, die jeglichen Handel mit kriegführenden Staaten verboten, auf Antrag des Präsidenten gelockert worden. Das sog. *cash-and-carry*-Verfahren wurde möglich. Es war eine der üblichen Heucheleien, daß es keine Verletzung der Neutralität sei, wenn ein Ausländer in den USA einkaufe, bezahle und das Eingekaufte gleich mitnehme – so, wie jeder Amerikaner auch. Als nächstes kam das *lend-lease*-Verfahren: Leihe und Miete seien kein Bruch der Neutralität, weil jeder vernünftige Mensch seinem Nachbarn den eigenen Gartenschlauch leihe, wenn's bei dem brennt.

Diese Art Leihe führte dazu, daß, wie schon in den beiden letzten Kriegsjahren des Ersten Weltkriegs, Schiffskonvois mit Kriegsgütern den Atlantik überquerten. Gegen diese Kriegsmaßnahmen fand erneut der deutsche U-Boot-Krieg statt. Er war nach anfänglichem Zögern im September 1939 freigegeben worden. Wer abgeblendet durch die nächtlichen Ozeane pflügte, wurde angegriffen. Im Ersten Weltkrieg hatte das noch für genügend Empörungsstoff bei den anglo-amerikanischen Propagandisten gesorgt. Jetzt war die Sache abgegriffen.

Doch Präsident Roosevelt wußte Rat. Wenn sich denn freiwillig niemand erregen mochte, wenn die Deutschen die alliierten Schiffkonvois angriffen, dann mußte man eben dafür sorgen, daß die

Amerikaner, und nur um diese ging es hier, es wieder taten. Zu diesem Zweck wurde eine Schutzzone einseitig erklärt, die bis zur Mitte des Atlantiks reichte. In dieser Schutzzone würden US-Streitkräfte jeglicher Aggression bewaffnet begegnen. Im Klartext; Die USA beanspruchten die Hohe See als eigenes Küstengewässer, in dem sie sich für quasi-polizeiliche Maßnahmen selbst ermächtigt hatten. Wer sich dem nicht beugen mochte, wurde versenkt. Das war Seekrieg ohne Kriegserklärung.

Es war eine Frage der Zeit, wann dieser unerklärte Spezialkrieg in einen allgemeinen Krieg übergehen mußte. Genau das war übrigens auch der Zweck der Übung. Und jetzt kommt das Überraschende: Hitler ging, wenige Tage nachdem Japan mit dem Angriff auf Pearl Harbor den Krieg gegen die USA eröffnet hatte, darauf ein und erklärte den USA förmlich den Krieg, der ohnehin bereits stattfand. Genau das war auch die Begründung für Hitlers Entschluß. Er glaubte, seine Kriegserklärung habe lediglich klarstellende Bedeutung. Das hatte sie nicht.

In Wirklichkeit war es so, daß Hitler durch sein trotziges Wenn-du-Krieg-willst, so-kannst-du-den-haben dem US-Präsidenten ein unermeßlich wertvolles Geschenk machte. Mit einem Ruck konnte Roosevelt den Vorhang der Heuchelei beiseite ziehen und salbungsvoll erklären, vom verruchten, die Weltherrschaft anstrebenden Nazi-Germany, wie man das Deutsche Reich längst nannte, angegriffen worden zu sein.

Man kann nicht genau sagen, was passiert wäre, wenn Hitler diese Kriegserklärung unterlassen hätte, doch sicher kann man sagen, daß er erneut und nunmehr letztmalig die Situation, die nach Abwarten verlangte, durch einen eigenen Schritt vermasselte. Sie zeigt einen Staatenlenker, der die psychologische Situation seiner Feinde nicht einzuschätzen vermochte.

Man muß nur auf die Landkarte sehen, um einzuschätzen, in welchem Stadium seiner Herrschaft Hitler diese Erklärung abgab. In diesem selben Dezember 1941 hatte sich der deutsche Angriff gegen die Sowjetunion im eisigen russischen Winter festgefahren.

All die schönen Blitzkriegsideen waren Schnee von gestern, um es einmal mit einem Kalauer zu sagen. Das Gesetz des Handels war auf Deutschlands Feinde übergegangen. In diesem Moment machte Hitler seinem größten Feind ein großmütiges Geschenk. Hitler, der Politiker, welcher der Welt das Handeln aufdrängte? Vergeßt es. Hitler, der Stratege, der seine Feinde zu militärischen Marionetten degradierte? Auch nicht der Fall. Er vergrößerte die Zahl der Feinde Deutschlands nunmehr im Weltmaßstab.

Falsche Zeit, falscher Ort: Am 11. Dezember 1941 erläuterte Hitler vor dem eigens versammelten Reichstag seine Kriegserklärung gegen die USA. Durch solch absurde Handlung machte er seinem schärfsten Feind, dem US-Präsidenten Roosevelt, ein unbegreifliches Geschenk, denn es war keineswegs ausgemacht, dass es diesem gelingen werde, eine eigene Kriegserklärung durch die US-Gesetzgebungskörperschaften zu boxen.

Geht man es nüchtern an, so hatte Hitler in diesem Moment nur noch eine Option: Rußland den Russen zu überlassen und diese für den Kampf gegen den Bolschewismus mit Waffen auszustatten. Genügend Männer, die diesen Kampf führen würden, hatte man. Allein im Hinterland der Wehrmacht dienten zur selben Zeit an die eine Million ehemaliger Rotarmisten als sog. Hilfswillige. Sie zogen diesen Dienst der Alternative vor, in einem deutschen Kriegsgefangenenlager zu verrecken. Hatte man somit die notwendigen Leute – eine einschlägige Ideologie hatte man schon lange: den Anti-Bolschewismus. Diesen mußte man den Russen, die unter Stalins Herrschaft gelebt hatten, nicht erläutern.

Wie schon gesagt, die Finessen der politischen Kriegführung entzogen sich den Erkenntnissen des deutschen Diktators. Er setzte auf deutsche militärische Kampfkraft. Diese einseitige Kriegführung kann nur so lange gut gehen, bis man auf einen Kontrahenten trifft, der nach anderen Regeln kämpft. Dieser Kontrahent war Franklin Roosevelt. Von ihm und seiner Art, den Krieg zu führen, wird nun abschließend die Rede sein müssen.

13. Kapitel

Macchiavelli läßt grüßen – Roosevelts Weg in den Krieg

Nach dem Ausflug durch Europa kehrt der Leser in diesem Kapitel in die USA zurück. Dort war die Handlung an der Stelle unterbrochen worden, wo der US-Präsident Franklin Roosevelt auf Kriegskurs ging, nachdem er mit seinen innenpolitischen Maßnahmen (*New Deal*) zur Behebung der wirtschaftlichen Folgen des großen Crashs von 1929 gescheitert war. Man schrieb das Jahr 1937, und die Zustände auf der Welt boten die schönsten Hoffnungen, daß es genügend Kriege gäbe, an denen sich die USA geschäftlich beteiligen können würden.

Alle Bewunderer von Roosevelt haben solchen Feststellungen vehement widersprochen. Für sie war Roosevelt eine Art Welterlöser, der Frieden und Menschenrechte über die Welt brachte. Auch die übrige gängige Geschichtsschreibung würde sich mit Sicherheit von Aussagen distanzieren, die den US-Präsidenten in die Nähe einer Kriegsverursachung rücken. Autoren, die das bezweifelt haben, wurden nicht diskutiert, sondern geächtet.[803]

Für die gängige Geschichtsdarstellung ist Roosevelt der Demokrat, nicht nur dem Parteinamen nach, der er angehörte, sondern auch in der Form, die suggeriert, daß das Demokrat-sein, die per se bessere Alternative zu anderen Herrschaftsformen sei. Dem mag ich nicht widersprechen. Doch je überzeugter man dem Satz zustimmt, daß die Demokratie die beste Herrschaftsform sei, desto heftiger drängt sich die Frage auf, ob Roosevelt das wirklich war, was er dem Namen nach zu sein versprach, also ein Repräsentant der Herrschaft des Volkes. Das darf mit guten Gründen bezweifelt werden.

Solche Zweifel setzen spätestens ein, wenn man die von Roosevelt erzeugten Ergebnisse betrachtet. Hierzu gehört an prominenter Stelle, daß er sein Land in eine Position manövrierte, die es ab 1941 bis zum heutigen Tag unablässig in Kriege verstrickte – einen nach dem anderen in dichter Folge und verteilt über den gesamten Globus. Die Kriegführung wurde und wird mit der Begründung versehen, anderen Ländern die Demokratie zu bringen. Daß die durch dieses Geschenk Bedachten nicht danach gefragt werden, ob sie es denn wünschen, versteht sich am Rande.

Die Geschichte der Menschheit strotzt von Kriegen, deren Motivation religiöser Wahn war. *To make the world safe for democracy*[804] – an dieser Heilsbotschaft war schon Roosevelts demokratischer Vorgänger Woodrow Wilson gescheitert. Roosevelt gehörte als jüngerer Mann dessen Kabinett an. Jedoch anstatt aus dem Scheitern seines Mentors die notwendigen Lehren zu ziehen, beschloß er eine, nur eben gekonnterte, Wiederholung.[805]

Hauptsache heimlich: Die Installation eines US-Geheimdienstes gegen Deutschland

Zu Roosevelts verdeckten Bemühungen, einen Krieg gegen Deutschland unumkehrbar zu machen, gehörte die Installierung von Geheimdienststrukturen auf der Bundesebene. Allgemein wird angenommen, daß dies um das Jahr 1940 geschehen sei. Einzelne Autoren tippen auf 1936.[806] Das dürfte der Wahrheit nahe kommen und stimmt mit der in diesem Buch vertretenen Ansicht überein, daß Roosevelt mit seinen Kriegsrüstungen gegen Deutschland bereits in seiner ersten Amtsperiode begann.

Der Mann, dem dieses klandestine Geschäft anvertraut wurde, hieß William Donovan, ein irisch-stämmiger Jurist, der seinen Weg in die bessere Gesellschaft durch reiche Heirat und seine Selbst-Attachierung an die Mächtigen der republikanischen Partei genommen hatte. Während des Spanischen Bürgerkriegs reiste Donovan im Auftrag des Präsidenten auf der Iberischen Halbinsel und in

Deutschland herum. Daß er nebenbei auch im Auftrag des Bankhauses Rothschild unterwegs war, um dessen Vermögen in der in den Abgrund taumelnden Tschechoslowakei zu sichern, wird behauptet, aber nicht belegt.[807]

Aus dieser Zeit stammte Donovans Rekrutenstamm für das, was der US-Geheimdienst OSS werden sollte – stramme amerikanische Kommunisten aus der Lincoln-Brigade, die mit dem Sieg Francos in Spanien arbeitslos wurden.[808] Das zweite Standbein des späteren OSS stand in London. Von dort reiste am 29. Mai 1940 William Stevenson nach New York. Er war ein im Ersten Weltkrieg schwerreich gewordener kanadischer Kriegsgewinnler, der in seiner Brieftasche ein Einführungsschreiben von William Reginald Hall dabei hatte. Dieser lange zur Ruhe gesetzte Admiral Hall war während des Ersten Weltkriegs Direktor des britischen Marinegeheimdienstes gewesen. Seine Spezialität: provokative Akte zu Lasten von Deutschland – deren Ziel: die USA in den Krieg hineinzuziehen. Jetzt sollte ein *da capo* erfolgen.

Bezeichnend ist, daß Roosevelt genau das offenbar recht war, denn er wußte, was die Briten in den Jahren 1914 bis 1917 im formal neutralen Amerika getrieben hatten, denn nachdem das Ziel, der Kriegseintritt der USA im April 1917, erreicht worden war, wiesen die Amerikaner den Statthalter des britischen Marinedienstes,[809] wenn auch formvollendet, aus ihrem Land aus.

Für den Nachfolgeapparat, der 1940 seinen Dienst im Rokkefeller Center in New York aufnahm, gilt diese Distanz nicht, denn er erledigte ungezählte innenpolitische Aufträge für Roosevelt & Co. Darunter solche Sachen, bei denen sich keine amerikanische Behörde hätte erwischen lassen dürfen, wie die Ermordung von Geschäftsleuten, die völlig legal mit dem Deutschen Reich Geschäftsbeziehungen unterhielten.[810] Auch gehörte zum Handwerk die Beeinflussung oder Bestechung von Journalisten, wie Walter Lippmann und Dorothy Thompson, die hier im Buch schon zu Wort gekommen sind, und die Diffamierung von politischen Gegnern als Nazis. Zu den Letztgenannten gehörten so bekannte Leute wie der Atlantikflieger und unbestrittene Nationalheld Charles Lindbergh jun. und der Industrielle Henry Ford.[811]

Von Ford, dem Autobauer, war bereits die Rede, nun zu Lindbergh, der eine Art Dauerbrenner war. Bereits der Vater, Charles Lindbergh sen. war im Ersten Weltkrieg ein prononcierter Gegner der Kriegführung gegen Deutschland gewesen. Als der Kongreßmann Bücher wie *Why is Your Country at War?*[812] herausbrachte, mußte der Junior zwangsweise an einer Verbrennung der Bücher seines Vaters teilnehmen.[813] Sie fand vor dem Haus der Familie in Little Falls/Minnesota statt und wurde von Agenten jener Bundesbehörde veranstaltet, aus der bald das allmächtige FBI entstehen sollte. Das Ereignis hinterließ offenbar bleibende Spuren. Lindbergh jun. wurde ein erklärter Feind der demokratischen Weltbeglücker. Sie fürchteten diesen volkstümlichen Fliegerhelden und unerschrockenen Redner. Die Keule des Anti-Semitismus-Vorwurfs brachte ihn zum Schweigen.

Für das Verständnis der in diesem Buch erzählten Geschichte sind zwei weitere Dinge von Bedeutung: Roosevelt schuf den USA per *presidential order* (Anordnung des Präsidenten) ein Exekutivinstrument für heimliches globales Handeln, das heute noch als CIA existiert. An diesem Tun ließen die wenigen Eingeweihten, die Mehrzahl von ihnen unwillentlich, den Herrn im Kreml als Mitwisser teilhaben. Nicht nur die demokratische Partei mit ihren sozialistischen Satrapen, sondern vor allem auch die amerikanischen Dienste selbst waren durch sowjetische Agenten zerlöchert wie ein Sieb. Daß dies so war, lag nicht zum wenigsten an der britischen Geheimdienst-Nachhilfe, die seit 1940 in New York ihren Sitz hatte. Bereits der Stellvertreter des britischen MI6-Residenten in New York war ein Sowjetagent. Sein Name war Charles Howard Ellis. Die Briten hatten ihn aus London abgeschoben. Der Leser hat diese Intrige, die sich in erster Linie gegen den US-Botschafter Kennedy richtete, bereits kennengelernt.

Jahrelang tappte die Spionageabwehr des FBI im Dunkeln. Es bedurfte des Atomblitzes von Semipalatinsk im Jahre 1949, der mit einem Schlag Erleuchtung brachte. Den Rest besorgten einige Überläufer und der Einbruch von J. Edgar Hoovers *special agents* ins Sowjetische Generalkonsulat in New York, und die Operation Venona nahm ihren Lauf: die Entzifferung des sowjetischen Funkverkehrs von und nach Moskau. Die Ergebnisse waren für die US-Amerikaner niederschmetternd. Doch erst als die Briten bei der notwendigen Aufklärung der massiven Atom-Verratsfälle um den Agenten Klaus Fuchs anfingen, zu taktieren und zu verzögern, wurde das Ausmaß britischer Beteiligung an der Sowjetspionage deutlich.[814] Die berühmt-berüchtigten *Cambridge Five* waren nur die Spitze des Eisbergs. Es sollte nur noch wenige Jahre dauern, dann würden sich die Amerikaner rächen, indem sie die ehemaligen englischen Partner bei deren Suezkrise im Regen stehen ließen. Da gab es keinen Präsidenten der Demokraten mehr, sondern einen General namens Eisenhower an der Spitze des Landes. Doch das gehört bereits in eine andere Geschichte.

Unumkehrbar machen: Roosevelts Schritte in den Krieg

Roosevelt unternahm in seiner zweiten Amtszeit und zu Beginn seiner dritten eine Reihe von Schritten, die in den Zweiten Weltkrieg führten. Das gilt sowohl für den europäischen Kriegsausbruch von 1939 als auch für die Erweiterung des Krieges zum Weltkrieg im Jahre 1941. Eine Auswahl dieser Schritte wird im Folgenden chronologisch geordnet vor den Augen des Lesers ablaufen. Diese Art des erzählerischen Vorgehens macht es unausweichlich, auf einige bereits geschilderte Ereignisse zurückzukommen. Die Auswahl und ihre Schilderung werden auch zeigen, daß der von Roosevelt als erwünscht angesehene Krieg notwendig war, um das politische Hauptziel zu fördern. Dieses Hauptziel war die Zerstörung des britischen Empire, denn das war die Voraussetzung für die globale Herrschaft der USA. Die Zerstörung Deutschlands spielte hierbei die Rolle eines notwendigen Zwischenschrittes. Das

Deutsche Reich war durch das Agieren seines Diktators der ideale propagandistische Punchingball – traurig, aber wahr.[815]

Am **30. August 1938** übermittelte US-Botschafter Joseph Kennedy dem britischen Premier Chamberlain die Botschaft von Roosevelt, die Außenminister Halifax in den Akten wie folgt fixierte:

> *Er [Kennedy] war überzeugt, daß Präsident Roosevelt entschieden hatte, „sich an Chamberlains Handlungen zu beteiligen [to go in], wie auch immer er sich entscheiden werde".*[816]

Das war eine Botschaft, die auf dem Höhepunkt der Sudetenkrise nicht mißverstanden werden konnte: Die USA werden sich am drohenden Krieg mit dem Deutschen Reich beteiligen, und Chamberlain möge nun das seine tun.

American way of life and the back-door to war: Klopapier mit Hitler-Portrait als Propagandaschlager. Während die innenpolitische US-Propaganda frühzeitig Roosevelt-Kritiker als Nazis zu bezeichnen begann, verhielt sich das offizielle Deutschland gegenüber dem US-Präsidenten äußerst moderat; das schmeichelhafte Bild (rechts) stammt aus dem Haushofer-Buch Weltpolitik (dort S. 192); Roosevelt wird dort zutreffend als dritter Gegenspieler im Pazifik bezeichnet.

Am **25. März 1939** erhöhten die USA den Druck auf den englischen Premier Chamberlain, sich in eine Konfrontation mit dem

Deutschen Reich zu begeben. Dem folgte eine knappe Woche später die unheilvolle und, von außen betrachtet, nahezu unverständliche einseitige Garantieerklärung Großbritanniens für Polen. Die Berichterstattung des polnischen Botschafters in Paris vom 29. März 1939 gibt Auskunft, wie das passierten konnte:

> *[Im Gespräch mit dem US-Botschafter Bullitt] stellte ich fest, daß der Schwerpunkt nicht bei Vorschlägen liege, die uns gemacht würden, sondern bei den tatsächlichen Maßnahmen, die in erster Linie England ergreifen müsse. Botschafter Bullitt erklärte sich mit meinem Standpunkt völlig einverstanden. Am folgenden Tag, dem 25. d.M., teilte mir Botschafter Bullitt mit, er habe sich meine Anschauungen zu eigen gemacht und unter Ausnutzung der ihm zustehenden Rechte dem Botschafter der Vereinigten Staaten in London, Kennedy, den Auftrag gegeben, sich am heutigen Sonnabend zu Ministerpräsident Chamberlain in seine Residenz zu begeben und ihm dieses alles unter kategorischer Betonung der Verantwortlichkeit der englischen Regierung zu wiederholen.*
>
> *Am Sonntag, dem 26., erhielt Botschafter Bullitt in meiner Gegenwart von Botschafter Kennedy einen telefonischen Bericht über die Unterredung, die dieser mit Ministerpräsident Chamberlain gehabt hat. ... Er antwortete mir [auf meine vorgebrachten Zweifel über den durchschlagenden Erfolg der amerikanischen Intervention], ich habe wahrscheinlich recht. Dennoch aber seien die Vereinigten Staaten im Besitz von Mitteln, mit denen sie einen wirklichen Zwang auf England ausüben könnten. An die Mobilisierung dieser Mittel werde er ernstlich denken.*[817]

Selbstredend wurden gegen die Authentizität dieses Berichtes, als er 1940 an die Öffentlichkeit kam, die üblichen Einwendungen erhoben. Sie sind unzutreffend.[818]

Am **10. Juni 1939** besuchte das englische Königspaar den US-Präsidenten Roosevelt in dessen Privathaus in Hyde Park im Bundesstaat New York. Gastgeber und Gäste führten eine sog. private Unterhaltung, in welcher der Präsident den Engländern Unterstützung für einen Krieg gegen Deutschland zusagte. Es ging, um nicht mißverstanden zu werden, nicht um warnende Hinweise des Präsidenten vor einem deutschen Angriff, denn solche Informationen gab es nicht. Es ging auch nicht um die Vermeidung eines befürchteten Krieges, sondern darum, einen solchen zu führen. Hierfür versprach Roosevelt die Einrichtung einer Zone im Atlantik, welche von der US Navy überwacht werden würde und

> *für den Fall, daß er [Roosevelt] ein U-Boot entdecken würde, werde er es sofort versenken und abwarten, was passiere.*[819]

Deutlicher ließ sich eine Aufforderung zum Krieg kaum formulieren, und es versteht sich, daß der englische König bei Rückkehr nach London die Regierung unverzüglich über die amerikanischen Absichten ins Bild setzte.

Am **28. August 1939** traf Sir Horace Wilson, der Leiter der britischen Zivilverwaltung und zugleich der wichtigste Vertraute des britischen Premiers, den US-Botschafter in London und ersuchte ihn dringend, den US-Präsidenten um Hilfe zu bitten. Roosevelt solle, so der britische Wunsch, die Polen ermahnen, nicht auf einen Krieg zuzusteuern. Botschafter Kennedy gab diese dringende Bitte sofort telefonisch an das State Department nach Washington weiter.

> *Die Briten wollen eine und nur eine Sache von uns, nämlich daß wir Druck auf Polen ausüben. Sie sind der Meinung, daß sie so etwas selbst nicht können, nachdem sie ihre Verpflichtung [den Polen gegenüber] eingegangen sind, aber wir könnten es.*[820]

Die Bitte wurde wie eine heiße Kartoffel an den US-Präsidenten durchgereicht. Der lehnte mit derselben Eile ab.

Eile und Ablehnung kann man verstehen. Jedenfalls dann, wenn man den Ambitionen des US-Präsidenten wohlwollend zustimmt, daß ein Krieg in Europa im amerikanischen Interesse sei. Wie diese

Ablehnung auf den britischen Premier wirkte, erfuhr der Präsident noch am selben Tag. Botschafter Kennedy berichtete Chamberlains Rückäußerung so: Nun habe der Premier alle Hoffnung verloren, und, wie die Dinge lägen, könne er den Polen nicht mehr helfen. Die englischen Revanchemaßnahmen würden unrettbar zur Zerstörung Europas führen.[821]

Das alles spielte sich an einem einzigen Tag ab. Dieser Tag zeigt einen US-Präsidenten, der es in der Hand hatte, den Krieg zu verhindert. Doch genau das wollte er nicht.

Am **27. Oktober 1939** stimmte der US-Senat dem Pittman-Gesetz zu, der Kongreß folgte am 3. November.[822] Um die Zustimmung zu erwirken, hatte Präsident Roosevelt gelten gemacht, das seit 1935 bestehende strikte Neutralitätsgesetz mit dem ebenso strickten Waffenembargo verstoße gegen internationales Recht. Ja, richtig gelesen.[823] Das neue Gesetz, von der Bankelite in Wall Street begrüßt,[824] hob das bestehende Waffenembargo insofern auf, als es der Regierung erlaubte, Waffenverkäufe gegen Barzahlung an Kriegführende, *de facto* also an Großbritannien zu genehmigen. Der republikanische Senator Arthur Vandenberg aus Michigan kommentierte verärgert:

> *Wir haben uns definitiv auf die Seiten Englands und Frankreichs geschlagen. ... Senatoren, die das Embargo aufheben wollen, sagen dies ganz offen. Im Namen der „Demokratie" haben wir einmal mehr den ersten Schritt in die europäische „Machtpolitik" getan.*[825]

Damit nahm Roosevelts *Cash-and-carry* seinen Lauf. Gewinnstreben hatte sich gegen die Friedens- und Neutralitätspolitik durchgesetzt. Wer eine Ader für bissigen Spott besitzt, wird notieren, daß am selben 27. Oktober 1939, als der Senat in Sachen *democracy* und *crusade* (Kreuzzug) schwelgte, eine sowjetische Marionettenregierung im soeben besetzten Ostpolen nach sog. Wahlen um die Eingliederung des Landes in die große und friedfertige Sowjetunion bat.[826] Der Bitte wurde großmütig stattgegeben. Nicht ganz zwei Jahre drauf würde es auch der Sowjetunion möglich sein, amerikanische Kriegswaffen entgegenzunehmen.

Am **19. März 1940** erlaubte Roosevelt den Verkauf von Flugzeugen neuester Bauart.[827] Großbritannien und Frankreich hatten bis zu diesem Zeitpunkt nur Flugzeuge kaufen können, die von den US-Streitkräften als angeblich ausmusterungsreif bezeichnet worden waren. Roosevelt hatte das mit der fadenscheinigen Begründung zugelassen, daß Verkauf sinnvoller für den amerikanischen Steuerzahler sei, als auch noch die Verschrottung der Maschinen bezahlen zu müssen. Dieses Feigenblatt fiel nun zu Boden. Neben den beiden genannten Ländern wurden bald auch Chinesen, Holländer und Russen die Nutznießer amerikanischer Spitzentechnik – wenn auch um den Preis der Selbstentblößung, wie Kriegsminister Knox nach Pearl Harbor seinem Präsidenten als Aktenvermerk präsentierte.[828]

Am **30. März 1940** veröffentlichte die deutsche Regierung ein Weißbuch über Aktenfunde im besetzten Warschau.[829] Die Dokumentensammlung enthielt die Vorkriegsberichterstattung des polnischen Botschafters in Washington, Graf Jerzy Potocki. Diese Berichterstattung enthüllte die polnische Sicht auf die Politik von Präsident Roosevelt als eines vom Weltjudentum Getriebenen, der sein innenpolitisches Scheitern durch Kriegstreiberei zu bemänteln verstand.[830]

Es bedarf keines Kommentars, daß dieses Weißbuch in Washington auf wenig Gegenliebe stieß und unverzüglich als plumpe deutsche Propagandafälschung abgetan wurde.[831] Das ist bis heute vielfach akzeptierte Ansicht, was um so leichter fällt, als der Ton der polnischen Berichterstattung unverhohlen anti-semitisch ist. Bei solcher Betrachtungsweise werden zwei Dinge absichtsvoll miteinander vermengt: Die Distanzierung vom Anti-Semitismus und die Frage der Echtheit der Dokumente – nach dem Motto: über solchen anti-semitischen Schund lohnt kein weiteres Wort. Doch das ändert am Befund nichts, daß die Dokumente echt sind.[832] Wenn man an ihnen etwas aussetzen möchte, so ist es die Auswahl, die augenscheinlich vom Wunsch diktiert war, Dinge beiseite zu lassen, welche die USA unmittelbar kompromittieren mußten, wie das Agieren des US-Botschafters in Warschau.

Anfang **Juni 1940** erkundigte sich Präsident Roosevelt über den britischen Botschafter in Washington bei der britischen Regierung, wie es um die Überstellung der britischen Flotte im Falle einer deutschen Invasion auf den Inseln aussehe. Churchill antwortete am 9. Juni 1940:

> *Sollte Großbritannien unter einer Invasion zusammenbrechen, so könnte eine pro-deutsche Regierung viel bessere Bedingungen aushandeln, wenn sie die Flotte aufgäbe. Damit wären Deutschland und Japan die Herren der Neuen Welt. ... Wenn wir untergehen, hat Hitler eine sehr gute Chance, die Welt zu erobern.*[833]

Das klang wie ein Offenbarungseid, wobei Churchill nicht zu erwähnen vergaß, daß eine Quisling-Regierung unter Sir Oswald Mosley sicher im befürchteten Sinne handeln würde. Er verkniff sich allerdings, hinzuzufügen, daß Mosley und Gesinnungsgenossen auf seinen Befehl hin seit Mai 1940 ohne den Hauch eines Gerichtsverfahrens hinter Schloß und Riegel saßen.

Am **13. Juni 1940** schickte Roosevelt einen Durchhalteappell an den französischen Ministerpräsidenten Reynaud, der kurz zuvor flehentlich um Hilfe für sein in den Abgrund einer totalen militärischen Niederlage taumelndes Land gebeten hatte.[834] Als Reynaud darum ersuchte, die Roosevelt'sche Zusage zur Stärkung der französischen Kampfmoral veröffentlichen zu dürfen, lehnte dieser brüsk ab – immer nach dem Motto: tue Verbotenes, aber laß dich nicht erwischen.

Am **2. September 1940** schlossen die USA und Großbritannien einen Tauschvertrag. Die Amerikaner lieferten 50 ältere Zerstörer aus ihren Navy-Beständen und erhielten dafür Flottenstützpunkte eingeräumt. Die US-Flagge wehte fortan auf den Bahamas, auf Jamaica, Antigua, Santa Lucia, Trinidad, Britisch Guayana, in Argentia auf Neufundland und auf den Bermudas.[835] Der Tausch war ein schwerer Schlag gegen das britische Empire. Es war ein Geschäft wie unter Roßtäuschern. Der Schrottwert der auszumusternden Zerstörer betrug etwa 5000 $ pro Stück. Die USA erhielten daher für circa 250.000 $ Einnahmeverzicht vorgeschobene Stellungen weit in den Atlantik hinein an strategischen Stellen des Empire. Bis zum Januar 1941 waren nur zwei der Zerstörer für die Royal Navy verfügbar.[836]

Am **17. Dezember 1940** hielt Roosevelt eine seiner Radioansprachen, in welcher er das Gartenschlauchbild bemühte – der Gartenschlauch, den man dem Nachbarn leihe, wenn's bei dem brenne. So kam es zum nächsten Schritt in den Krieg, denn jetzt kam das Leih-und-Pacht-Gesetz (*lend-lease*) ins Rollen. Doch was immer sich die Briten hierunter vorgestellt haben mochten, Realität wurde, daß sich die Amerikaner die Kriegsgüter auf Heller und Pfennig bezahlen ließen. Lend bedeutete nämlich nicht kostenloses Zur-Verfügung-stellen, sondern bestenfalls Zahlungsaufschub gegen die sofortige Hingabe von Sicherheiten. Am 23. Dezember 1940 erhielt die US-Marine den Befehl, mit einem eigenen Kriegsschiff das britische Gold aus Afrika abzuholen. Damit nicht genug: die Briten wurden gezwungen, auch noch die Versicherung und den Transport zu bezahlen.

Wie Finanz-Agenten von Wall Street, die sie schließlich auch waren, ließen sich die Leute von US-Finanzminister Henry Morgenthau jun. penibel eine Einnahme-Ausgaberechnung aus dem Handel mit den Kolonien vorlegen. Die Jahresrechnung per 1937 wies aus, daß der Gewinn 270 Mio. £ betragen hatte. Das würde in Zukunft wegfallen. Man mußte kein Haushaltsexperte sein, um zu ahnen, daß Churchill das Vereinigte Königreich gegen die Wand fuhr. Churchills Wissenschaftsberater, Lord Cherwell (Frederick Lindemann), notierte für den Premier:

Die Früchte des Sieges, die Roosevelt uns anbietet, scheinen Amerika Aussicht auf Sicherheit zu bieten, und für uns bedeuten sie eine Hungersnot.[837]

Churchill blieb unbeirrt. Mit Amerika galt es, das Deutsche Reich zu vernichten. Daran glaubte er felsenfest. Wie hatte er selbst im Mai 1940 getönt: Sieg um jeden Preis. Roosevelt nahm den britischen Premier beim Wort. Der Sieg würde für England teuer werden. Er würde sein Weltreich kosten.

Hollywood greift an: Um die Amerikaner kriegsbereit zu machen, schufen die Traumfabriken im sonnigen Kalifornien auf Kosten des US-Steuerzahlers den blutrünstigen welterobernden Nazi (der dort noch heute zu Hause ist). Eine ganze Serie dieser rassistischen Filme stammte von dem Regisseur und Produzenten Frank Carpa. Links ein Screenshot aus seinem Streifen Why We Fight 2, *in dem die westliche Hemisphäre auf höchst eigenwillige Weise und mit der Behauptung ins Bild gerückt ist, die in der Bevölkerungszahl weit überlegenen euro-asiatisch-afrikanischen Nazi-Hunnen seien dabei, die westliche Hemisphäre zu überrollen. Rechts Capa als Major der US-Army bei Kriegsende, dem von Stabschef George Marshall ein hoher Orden verliehen wird. Den hatte er sich wahrhaftig verdient.*

Der Teufel steckt bekanntlich im Detail. Durch die selbsterzeugte Notlage des Empires war es den Amerikanern möglich, einen Artikel VII in das Leih- und Pacht-Abkommen zu implantieren, der bei Lichte betrachtet nichts mit Leistung und Gegenleistung zu tun hatte, sondern den Briten dreist als Vorleistung abnötigte, was bei normalen Beziehungen nicht einmal in die Nähe des Verhandlungstischs gelangt wäre. Die Rede ist von der britischen Selbstverpflichtung, bei Kriegsende auf das Zollpräferenzsystem zu verzichten. Den zollbegünstigten Warenaustausch innerhalb des Commonwealth würde es also in Zukunft nicht mehr geben. Damit war Axt an das wichtigste praktische Argument angelegt, im Commonwealth Mitglied zu sein.[838]

Am **9. April 1941** besetzten US-Streitkräfte Grönland, das bis zu diesem Zeitpunkt zu Dänemark gehörte. Es war ein klassischer Angriffskrieg, denn daß Dänemark den USA zuvor den Krieg erklärt hätte, ist nicht bekannt.

Am **7. Juli 1941** folgte die militärische Besetzung von Island, auch das war ein Teil von Dänemark. Auf Rückfragen der mit der Politik des US-Präsidenten überkreuz liegenden Hearst-Presse äußerte Roosevelt auf einer Pressekonferenz, er habe es aufgegeben, die westliche Hemisphäre genauer zu definieren, da deren Reichweite davon abhängig sei, mit welchem Geographen er zuletzt gesprochen habe.[839]

Am **21. Juli 1941** rief Roosevelt den nationalen Notstand aus. In einer an den Kongreß gerichteten Botschaft begründete er diesen Schritt u.a. mit dem Anschluß Österreichs an das Deutsche Reich, was drei Jahre zuvor passiert war.

Am **9. August 1941** erfolgte der nächste Axthieb gegen das Empire. Da trafen sich Roosevelt und Churchill für einige Tage in der Placentia-Bucht vor Neufundland. Bei dieser Gelegenheit wurde die Atlantik-Charta verabredet. Sie enthielt neben vielerlei Allerlei auch massiven Sprengstoff:

> *...3. [Die Unterzeichner] respektieren das Recht aller Völker, die Regierungsform zu wählen, unter der sie leben wollen, und es ist ihr Wunsch, daß souveräne Rechte und eine autonome Regierung all denen zurückgegeben werden, denen sie entrissen worden sind...*[840]

Nahm man die Erklärung beim Wort, enthielt der erste Satz der Ziffer 3 das Recht der britischen Kolonialvölker aus dem Britischen Weltreich auszutreten, zum mindesten aber die Beseitigung der Kolonialregierungen zu verlangen, während der zweite Satz beispielsweise die Restituierung von Polen und der Tschechoslowakei im Blick hatte.

Das Restituierungs-Problem schien zunächst keines zu sein, obwohl einem aufmerksamen Leser hätte auffallen können, daß das polnische Versprechen gegenüber dem neuen Verbündeten Sowjetunion nicht durchsetzbar sein würde, denn die überaus friedliche Sowjetunion war am 17. September 1939 im östlichen Polen einmarschiert, um es zu besetzen und alsbald ihrem Staatsverband einzugliedern. Doch das Selbstbestimmungsrecht war das eigentliche Problem. Es fiel sofort auf und Churchill hatte Mühe zurück zu rudern. Also verkündete er, dieses Selbstbestimmungsrecht sollte selbstredend nicht für das Britische Empire gelten. Die Bewohner Indiens und anderswo sahen das anders. Churchill war es egal. Noch wähnte er sich als der Herr im Hause, andere Engländer waren weniger optimistisch.

Für Churchill zählte hingegen, was er nicht öffentlich sagen, sondern am 19. August 1941 nur dem *War Cabinet* anvertrauen konnte: Roosevelt hatte ihm zugesichert, daß er auf Biegen und Brechen in den Krieg gegen Deutschland einsteigen werde. Das einzige Hindernis sei das amerikanische Volk und seine Gesetzgebungsorgane, deswegen brauche er einen gravierenden Zwischenfall, der ihm das Kriegführen auch ohne Kriegserklärung ermögliche. Beide Partner sollten also, so der Präsident, alles in ihren Kräften stehende unternehmen, um einen solchen Zwischenfall herbeizuführen.[841]

Churchill war ein Stein vom Herzen gefallen. Es würde also nicht mehr notwendig sein, die Amerikaner heimlich anzugreifen, wie es seine Untergebenen vorschlugen. Die Einzelheiten der beabsichtigten Provokation sind im Schriftverkehr zwischen dem britischen Marine-Statthalter in Washington, Admiral Sir Charles Little, und seinem Vorgesetzten in London, dem First Sea Lord, Admiral Sir Dudley Pound, festgehalten.

Ansonsten [falls die Deutschen nicht von sich aus angreifen], denke ich, würde es am besten sein, wenn wir einen Angriff durch ein eigenes U-Boot organisieren, und zwar am besten auf ein [US]-Begleitschiff.[842]

Das heimliche Vorgehen gegen die Amerikaner unter falscher Flagge war nun vom Tisch. Dennoch sollten sich die Kriegsfreunde diesseits und jenseits des Atlantiks täuschen. Trotz massiver Provokationen und einiger Schießereien wollte es ihnen nicht gelingen, eine nachhaltige kriegerische Auseinandersetzung auszulösen. Der Grund mag erstaunen: Hitler verbot der Kriegsmarine Reaktionen auf US-amerikanische Angriffe. Aus diesem Grunde mußte Roosevelt sein Germany-first-Konzept (Deutschland-zuerst) ändern.

Am **27. Oktober 1941** hielt Roosevelt eine seiner Rundfunkansprachen an die Nation. In dieser behauptete er bewußt wahrheitswidrig, im Besitz der deutschen Angriffspläne gegen den amerikanischen Doppelkontinent zu sein. Einschlägiges Kartenmaterial wurde sogleich an die Presse ausgeliefert. Der Präsident vergaß zu erwähnen, daß die angeblichen Dokumente aus der Fälscherwerkstatt des New Yorker MI6-Residenten Stephenson stammten.[843] So nahm die Lüge ihren Weg in die Köpfe und in die Geschichtsbücher. Dort befindet sie sich heute noch.[844]

Durch die Hintertür: Roosevelt provoziert den japanischen Angriff, um in den Krieg zu kommen

Als Deutschland 1941 auf die amerikanischen Provokationen nicht eingehen mochte, bot sich der Ausweg eines Krieges mit Japan an. Das war nicht im ursprünglichen Sinne des US-Präsidenten, der eine Germany-first-Strategie vertrat.

Wenn man sich darüber wundert, so muß man einen Umweg über die Finanzinteressen der großen amerikanischen Vermögen machen. Es waren die alten Gegensätze, die auch schon vor dem Ersten Weltkrieg vorhanden gewesen waren, und die sich in wirtschaftliche Aggressionen primär gegen Europa oder primär gegen Asien auslebten. Hierzu ein Beispiel: Das aus dem Öl-Geschäft entstandene Rockefeller-Imperium befürwortete in den 1930-er Jahren einen Krieg gegen Japan, weil die japanische Landnahme in China die dortigen Firmen-Interessen beeinträchtigte, während ein Krieg gegen Deutschland als schädlich angesehen wurde, weil sich Rokkefeller & Co an dem deutschen Chemie-Riesen IG Farben Anteile gesichert hatten, so daß ein Krieg dort schlecht für das Geschäft sein würde.[845] Bei J.P. Morgan und seinen verzweigten Partnern mit ihren amerikanisch-britischen Geschäftsallianzen sahen die Prioritäten geradezu gegenteilig aus.

Mag das auch eine holzschnittartige Beschreibung sein, so zeigt sie doch die Grundbausteine für die Entscheidungen des US-Präsidenten auf, denn dieser war, wie seine Amtsvorgänger seit langem schon, von solchen Finanz-Interessen abhängig. Wenn er also eine Germany-first-Strategie fuhr, so weist das auf den Schwerpunkt seiner Abhängigkeit hin. Wenn er sich nun für Japan als Kriegsgegner entschied, so bedeutete das, daß für ihn der Grundsatz Vorrang gewonnen hatte: Besser dieser Krieg als gar keiner. Nach vorangegangenem Tun konnte er fast sicher sein, daß Japan angreifen würde. Um es klar zu sagen: er war sicher, denn er hatte diesen Angriff mutwillig provoziert, und er kannte auch das Angriffsdatum und den Angriffsort.

Es war der US-Stützpunkt Pearl Harbor auf Hawaii. Hier lag die US-Pazifikflotte untätig vor Anker. Daß sie dort lag, wo sie lag, war Roosevelts eigenem Entschluß zu danken. Die zuständigen Flottenbefehlshaber hatten dem Präsidenten mehrfach davon abgeraten und Lösungen vorgeschlagen, die ihnen strategisch sinnvoll erschienen. Sie stießen auf taube Ohren. So kam es in den Morgenstunden des 7. Dezember 1941 zum japanischen Flugzeugträgergestützten Luftangriff auf die US-Flotte. Das Gros der schweren Einheiten wurde versenkt, ca. 2000 Soldaten fanden den Tod. Nur die beiden zu dieser Flotte gehörigen Flugzeugträger kamen davon. Sie waren kurz zuvor ohne nachvollziehbaren Grund von Hawaii abgezogen worden.

Das Ergebnis von Pearl Harbor ist klar: Die USA befanden sich im Krieg. Der Schock, der durch den Angriff ausgelöst wurde, war so beträchtlich, daß es für die vom Präsidenten verlangte Kriegserklärung keine bemerkenswerte Zahl von Gegenstimmen gab.[846] Wie die Dinge ausgesehen hätten, wenn die Öffentlichkeit die Dinge diskutiert hätte, die nach dem Krieg und nach Roosevelts Tod unaufhaltsam an die Oberfläche kamen, kann kaum zweifelhaft sein. Er wäre mit Schimpf und Schande aus dem Amt gejagt worden.

Japan hatte seit der Mitte der 1930-er Jahre vor seiner Haustür Krieg geführt. Die Radien wurden langsam größer. Großbritannien sah seine ostasiatischen Besitzungen bedroht[847] und die USA ihre Interessen auf den Philippinen und in China. Die USA drohten 1937 erstmals mit Wirtschaftssanktionen. Es blieb nicht bei den Drohungen. Stück um Stück versuchten die Amerikaner, den japanischen pazifischen Konkurrenten von allen Rohstoffen abzuschneiden.[848] Auch bei diesem nicht erklärten Krieg wirkten Briten und Amerikaner konspirativ zusammen.[849] Die Botschafter beider Länder in Tokio, die sich alle Mühe gaben, beschwichtigend auf die sich verschärfende Stimmung einzuwirken, wurden angewiesen, dergleichen zu unterlassen.[850] So schaukelte sich die Lage wunschgemäß bis zum japanischen Angriff hoch.[851] Er begann in Pearl Harbor.

Die Streitfrage, ob Roosevelt die Bombardierung der Pazifikflotte absichtlich zuließ oder nicht, ist so essentiell, daß ganze Bibliotheken dazu verfaßt worden sind.[852] Bei den Vertretern der Mainstreamgeschichtsschreibung, die eine anglo-amerikanische Provokation mit Inbrunst ablehnen, haben sich im Laufe der vielen Jahre, die seit dem Ereignis vergangen sind, interessante Differenzen gezeigt, die man so zusammenfassen kann: Briten pflegen mit zweifelnder Geste auf die Amerikaner zu zeigen, während diese geltend machen, man könne wegen der nach wie vor geschlossenen britischen Akten nicht ganz ausschließen, daß Churchill in Kenntnis des Angriffs die Amerikaner absichtlich nicht informiert habe, um so den voraussehbaren Kriegseintritt auszulösen.[853]

Die Wahrheit liegt diesmal nicht in der Mitte, sondern sie ist eine Kombination aus beidem, wobei ich mich auf seit langem bekannte, wie auch jüngste amerikanische Forschungsergebnisse stütze,[854] um an dieser Stelle nicht mit einem neuen Buch zu beginnen: (1) Roosevelt provozierte den Krieg mit Japan. (2) Er war über den Angriffstermin und, dank britische Beihilfe, über den Angriffsort informiert. (3) Er unterließ es vorsätzlich, die örtlichen Befehlshaber von Army und Navy zu warnen und hoffte insgeheim, daß die Verluste sich im Rahmen halten würden.

Damit nicht genug. Eigentlich konnte Roosevelt beim besten Willen nicht sicher voraussetzen, daß Hitler ihm sodann den Krieg erklären würde. Doch das tat er in einer unbegreiflichen, das Ende Deutschlands besiegelnden einsamen Entscheidung. Über die Unsinnigkeit dieser Entscheidung ist das Notwendige bereits gesagt worden. Man kann vermuten, daß diese Entscheidung das eigentliche Ziel der US-Provokation gegenüber Japan war. Zynisch hatten die anglo-amerikanischen Entscheidungsträger von der *back-door to war*, der Hintertür zum Kriege gesprochen, denn die deutsch-japanischen Absprachen des Jahres 1941 lagen den Briten und Amerikanern vor. Ein Bruch des japanischen diplomatischen Codes im Oktober 1940 hatte diese Erkenntnisquelle eröffnet.

Die Geschichte von Pearl Harbor stellt sich aus heutiger Sicht als ein zweifaches Phänomen dar: Zum einen handelt es sich um die Ereignisse selbst und zum andern darum, was amerikanische Propagandisten daraus gemacht haben. Propagandistisch gesehen, ist Pearl Harbor der Triumph der US-Weltmachtstrategen. Es ist ein Triumph mit Langzeitwirkung, denn auch in jüngster Zeit schreiben Geschichtsprofessoren über den mutwilligen japanischen Überfall auf das friedliebende überraschte Amerika mir einer Inbrunst, als habe es in den letzten 75 Jahren nicht die ernsthaftesten Bemühungen gegeben, der Wahrheit auf die Schliche zu kommen.[855]

Nun danket alle Gott: Gleich nachdem es Roosevelt und Churchill zum zweiten Mal in ihrem Leben gelungen war, die USA in einen Weltkrieg gegen Deutschland hineinzumanipulieren, versammelten sie sich am 13. Januar 1942 mit ihrem engstem Gefolge zum Dankgottesdienst in der Foundry Methodist Church in Washington D.C. Von links nach rechts: Lord Beaverbrook, kanadischer Zeitungszar und britisches Kabinettsmitgied; Eleanor Roosevelt, die pro-forma-Ehefrau des US-Präsidenten; Winston Curchill; Sir Dudley Pound, der britische Marinechef; Franklin Roosevelt; Brigadegeneral Edwin M. Watson, Roosevelts Armeeadjutant; Rossevelts Mutter; Frau Charles Hamlin, die Witwe des Bankmannes und ersten Vorsitzenden der New Yorker Fed; Diana Hopkins, die Tochter des Roosevelt-Vertrauten Harry Hopkins; die Tänzerin Mayris Charney, die für die Erheiterung des Weißen Hauses und seiner hohen Gäste sorgte.

Roosevelt konnte, als er sich Weihnachten 1941 mit dem britischen Premier Winston Churchill zum Plaudern und Trinken im Weißen Haus traf,[856] mit seiner Arbeit des Jahres 1941 zufrieden sein. Sein Tun katapultierte die USA in den Krieg und ihn selbst an die Spitze der Macchiavellisten der Neuzeit. Doch der US-Präsident war bei aller Verschlagenheit vor Fehlern nicht gefeit. Davon handelt das abschließende Kapitel.

14. Kapitel

Ein Freund, ein guter Freund – Roosevelt verteilt die Welt nebst einem Exkurs, warum die Rote Armee in Berlin einmarschierte

Der restliche Stoff dieses Buches ist schnell erzählt. Er handelt vom Größenwahn, der dem US-Präsidenten den Gedanken eingab, die Welt zwischen sich und seinem Freund, dem sowjetischen Diktator Stalin („Joe"), aufzuteilen. Roosevelt-Kenner werden hier einwenden, daß es genau das nicht war, was der US-Präsident wollte, nämlich die Welt in Einflußzonen zwischen dem amerikanischen und dem russischen Weltreich aufzuteilen, weil das seinen One-World-Visionen zuwiderlief. Doch die Teilung ist das, was er erreichte. Falls er das nicht wollte, muß wohl etwas schief gelaufen sein.

Was wollte Roosevelt denn wirklich? Da er nichts Handfestes hinterlassen hat, um seinen Willen zu ermitteln, bleiben den Interpreten Tür und Tor geöffnet, etwas zu ersinnen. Davon haben vor allem die Roosevelt-Apologeten reichlich Gebrauch gemacht. Sie preisen die Roosevelt'sche Ideenwelt, seine *world order*, die Weltordnung also. Diese Weltordnung war eine Schwärmerei: Überall friedliche glückliche Menschen. Und die paar, die an das Glück nicht glauben mochten, wurden von der Weltpolizei in Schach gehalten. Was Roosevelt wirklich wollte, weiß kein Mensch. Vielleicht wußte er es selber nicht. So muß er sich an dem messen lassen, was er tat, aus nicht-amerikanischer Sicht würde man wohl besser formulieren: was er anrichtete. Das wird im folgenden besprochen, wobei es zunächst um die Kriegführung gehen soll, sodann, und abschließend, um die Zerschlagung des deutschen Volkes.

Kämpfen, ohne zu sterben: Deutschland wird militärisch besiegt nebst einem Exkurs zur Frage, wie das Fell des Bären verteilt wurde

Nach dem Kriegseintritt der USA konnte der militärische Ausgang des Krieges kaum noch fraglich sein. Jedem Deutschen, dem ein Rest von Vernunft und ein Gefühl für Proportionen geblieben war, war dies klar. So konnte es aus deutscher Sicht nur noch ein Ziel geben: So schnell wie möglich aus diesem Krieg auszusteigen.

Das wußten auch Roosevelt und Churchill. Sie wußten auch, daß für sie jetzt die Gefahr bestand, daß Deutschland ohne eine komplette Niederlage den Krieg verließ. Das aber widersprach ihrem vordringlichen Kriegsziel, Deutschland mit Stumpf und Stiel zu vernichten. Damit dies geschehen konnte, mußten sie sorgsam, wenn auch verdeckt, bemüht bleiben, Hitler und seine Clique an der Macht und am Leben zu halten, denn der Diktator war ihr Garant für die Existenz des personifizierten Bösen, das sie zu bekämpfen vorgaben. Jede Kontaktaufnahme zu jenem sog. Anderen Deutschland lehnten sie strikt ab. Sie taten alles Erdenkliche, um deutsche Oppositionelle zu demoralisieren und wiesen nach dem mißglückten Putsch des 20. Juli 1944 durch Radiodurchsagen auf bis dato nicht erkannte Verschwörer hin,[857] die dann durch den Volksgerichtshof gnadenlos abgeurteilt wurden.

Roosevelts Magna Charta, den Kampf bis zur letzten Patrone zu erzwingen, war die Erklärung von Casablanca. Bei dieser gab der US-Präsident bekannt, die Alliierten würden kämpfen, bis die Deutschen bedingungslos kapituliert hätten. Da gleichzeitig hiermit die alliierte Propaganda von der Vernichtung aller Deutschen forciert wurde, war fortan allen verständigen Deutschen klar, daß es keinen Zweck haben würde, die Waffen vorzeitig niederzulegen. Demgemäß verhielten sie sich.

Der Kampf zwischen den Deutschen und den Alliierten wurde in erster Linie an der Ostfront, also in der Sowjetunion ausgetragen. Die Rote Armee überlebte die deutschen Offensiven 1941/42 nur, weil sie massiv durch die USA unterstützt wurde. Diese amerikanischen Kriegsmaßnahmen begannen lange vor dem offiziellen Kriegseintritt des Landes. Doch das gigantische Bündnis war eine Mesalliance. Sie hielt nur so lange, bis Deutschland vernichtet war. Bereits auf dem Weg dorthin traten gravierende Unterschiede zutage, die vor allem auf Seiten der Sowjetunion mit tiefem Mißtrauen und zunehmender Verärgerung verbunden waren. Der Ärger läßt sich unter dem Stichwort der Zweiten Front zusammenfassen.[858] Die Sowjets verlangten nämlich aus nachvollziehbaren Gründen, von den Westalliierten durch das Eröffnen einer weiteren Front in Europa entlastet zu werden. Das jedoch wollten Engländer und Amerikaner vermeiden, denn sie wußten nur zu gut, daß sie auf diese Weise in verlustreiche Erdkämpfe mit der deutschen Wehrmacht verstrickt werden würden.

Amerikaner und Briten kämpften nach Grundätzen, die der englische Politiker und Staatsdenker Thomas Morus formuliert hatte: Laß minderwertige Völker für dich kämpfen. Diese zutiefst in der britischen imperialen Staatsdoktrin verankerte Weisheit bestimmte auch das Denken des US-Präsidenten, doch der mangelnde Kampfeswille hatte seinen Preis: Die minderwertigen Völker würden eine Rechnung präsentieren. Roosevelt wußte das, wollte es aber nicht wahrhaben. Er sagte:

> *Ich gebe ihm [Stalin] alles, was ich kann und nehme im Gegenzug nichts von ihm, noblesse oblige [Adel verpflichtet], er wird nicht versuchen, irgendwas zu besetzen und wird mit mir zusammen für eine Welt des Friedens und der Demokratie arbeiten.*[859]

Die Realität fand hingegen auf den Konferenzen von Teheran und Jalta statt, nämlich die Aufteilung des Globus'.[860]

Hinterher sah die Welt anders aus: Die von Roosevelt stets im Munde geführte westliche Hemisphäre wurde erweitert. Ihre östliche Grenzlinie reichte fortan vom Nordkap über den Bottnischen Meerbusen, entlang der Elbe- und Werra-Linie, über die Kämme des Bayerischen Waldes, am Leithagebirge entlang, durch das östliche Kärnten und bis zur Adria. Zu ihrem Erstaunen stellten die Amerikaner fest, daß ostwärts dieser Linie das Einflußgebiet der Sowjetunion begann. Alsbald gewöhnte man sich daran, von diesem Gebiet als dem Ostblock zu sprechen. Hierzu gehörten Staaten, die vor dem Zweiten Weltkrieg nicht im Traum daran gedacht hatten, der Oberhoheit des sowjetischen Bolschewismus unterworfen zu werden wie Estland, Lettland, Litauen, Polen, die Slowakei, die Tschechei, Ungarn, Rumänien, Bulgarien, Albanien und der jugoslawische Vielvölkerstaat.

Die Großen Drei, die sich in Teheran und Jalta zusammengefunden hatten, waren in Wirklichkeit nur zwei. England wurde bestenfalls aus dekorativen Gründen benötigt. Seine Selbstunterwerfung unter die amerikanische Hegemonialmacht garantierten das nationale Überleben des Inselstaates, doch sein Weltreich schmolz in den kommenden wenigen Monaten und Jahren dahin, und damit auch sein wirtschaftliches Wohlergehen und das Gewicht seiner politischen Stimme.

Und die Deutschen? Ihr Staatsgebiet wurde in fünf Teile zerschlagen. Aus seinen altangestammten östlichen Landesteilen und aus allen anderen Siedlungsgebieten wurden die Deutschen zwangsweise vertrieben. Millionen von ihnen kamen hierbei ums Leben.

Bereits in den vier Jahren zuvor hatte gezielter angloamerikanischer Bombenkrieg gegen die deutsche Zivilbevölkerung Millionen mutwillig erzeugter Opfer hervorgebracht. *Moral Bombing* war das Kosewort für dieses Kriegsverbrechen. Der krönende Höhepunkt dieser Gewaltorgie war die Vernichtung der Stadt Dresden Ende Februar 1945. Das Ziel dieses Angriffs war es, wehrlose Menschen in möglichst großer Zahl in möglichst abstoßender und grausamer Form abzufackeln.

Das Motiv dieser Taten war die Freude am Töten. Der Mann, der hierfür die Verantwortung trug, hieß Winston Churchill. Was er hierüber den Akten anvertraute, wurde später wieder entfernt. Seine Antriebsfeder war der Deutschenhaß. Dieser war bei etlichen

Mitgliedern der Ostküstenelite auf der anderen Seite des Atlantiks ebenfalls sehr beliebt.

Rottet sie aus: Die amerikanische Deutschlandplanung für die Nachkriegszeit nebst einigen Bemerkungen über die Schreibtischtäter Henry Morgenthau und Harry Dexter White und über das *whitewashing*

Über die Behandlung der Deutschen hatten sich die Alliierten wahrhaftig grundlegende Gedanken gemacht. Es äußersten sich Berufene und weniger Berufene, was mit den verhaßten *Germans* zu tun sei.

„Rottet die Deutschen im Namen der universalen Menschenrechte aus": Führende amerikanische Ostküsten-Rassisten (v.l.n.r.) Theodore Kaufman, Louis Nizer, Franklin Roosevelt und Henry Morgenthau (Bildquelle: Museum of Jewish Heritage, New York), Harry Dexter White.

Bereits Ende 1940/Anfang 1941 machte ein Anfang-dreißiger namens Theodore Kaufman auf sich aufmerksam, der ein Buch mit dem Titel *Germany Must Perish* (Deutschland muß verschwinden) veröffentlichte. Hierin plädierte er, das Hunnenvolk durch Zwangskastration auszulöschen.[861] An dieser perversen Vernichtungsphantasie ist weniger interessant, ob sie je in die Nähe einer Realisierungschance geriet als vielmehr, was Propaganda und Geschichtsschreibung daraus gemacht haben. Dieses ist nämlich die eigentliche Bedeutung des sog. Kaufman-Plans.

Als erster Multiplikator von Bedeutung widmete das Magazin *Time* dem Buch eine Rezension, welche die Kaufman'schen Gedanken dem amerikanischen Volk nahebrachte.[862] Nunmehr wurde auch die von Josef Goebbels gelenkte Presse aktiv. Doch anstatt die Geschichte als die hirnrissige Tat eines Durchgeknallten zu ironisieren und so den Ball zu Amerikas Kriegsfreunden zurückzuspielen, machte die deutsche Presse unter dem Rubrum *Der Jude will Deutschland vernichten* auf und suggerierte zudem eine Urheberschaft des US-Präsidenten. Das war weder klug noch wirksam, sondern den deutschen Interessen schädlich, denn diese Art der Propaganda rief im Herbst 1941 Gegenpropaganda auf den Plan. Diese hatte zum Inhalt, daß die Deutschen nunmehr als Rache für das Kaufman-Buch zur Judenvernichtung übergegangen seien. Schlagzeilen dieser Art schafften es bis auf die Titelseiten der Ostküstenpresse, die zur selben Zeit bemüht war, den Lesern einen Kriegseinstieg der USA gegen Deutschland schmackhaft zu machen.[863]

Nach dem Krieg sind große Mengen von Papier beschrieben worden, um die Frage zu erörtern, was denn die Motivation von Kaufman gewesen sei. Abscheu, Verständnis und viel Heuchelei betrieben ein munteres Argumentations-Karussell, wobei es sich bei Mainstream eingebürgert hat, Kaufmans Phantasien als aus der Luft gegriffen bzw. idealistisch,[864] aber wirkungslos zu bezeichnen. Den Vogel schießen wie so oft die anonymen Dilettanten von Wikipedia ab, welche die folgende beleglose Sentenz notiert haben:

> *Die wiederholt ausgesprochene Vermutung, Kaufman sei möglicherweise ein Nazi-Agent gewesen, konnte zwar nicht widerlegt werden, wird aber in der Forschung als sehr unwahrscheinlich angesehen.*[865]

Ja, richtig gelesen. So etwas nennt man für gewöhnlich das Ausstreuen einer Verschwörungstheorie: Ich behaupte etwas Abwegiges und füge hinzu, daß dies bislang nicht widerlegt werden konnte. Der Sinn dieser Gespensterdiskussion, die in Deutschland von links-grün[866] bis Rechtsaußen[867] reicht und sich um Aspekte des

Anti-Semitismus rankt, liegt in der Ablenkung von der eigentlich vordringlichen Frage, ob nämlich manifeste amerikanische Pläne zur Vernichtung des deutschen Volkes bestanden haben und ob diese in die Tat umgesetzt worden sind. Fast zwangsläufig stößt man, wenn man so fragt, auf den Morgenthau-Plan und die um diesen nach dem gerade erörterten Schnittmuster entfachten Scheindebatten.

Bevor auf Morgenthau & Co eingegangen werden soll, ist noch ein weiteres Lügengebäude zu beschädigen, welches besagt, es handele sich bei den amerikanischen Plänen für eine Vernichtung der Deutschen um zwei absurde Ausreißer (Kaufman und Morgenthau). Doch in Wirklichkeit ging es um breitgefächerte Ansätze in politischen, wirtschaftlichen und wissenschaftlichen Machtzirkeln. Sie sind zum Beispiel im Buch von Louis Nizer: *What to do with Germany* (Was soll mit Deutschland gemacht werden) nachzulesen. Niemand möge behaupten, Nizer sei ein absurder Außenseiter gewesen. Er war das Gegenteil: ein Insider der Macht. Er war ein Anwalt, Vertreter der Reichen und Schönen, zugelassen bei Hofe, denn bei offiziellen Anlässen kam es vor, daß die Mutter des Präsidenten seine Tischdame war. Mit den Roosevelts war er intim genug, daß er es sich leisten konnte, über Alter und Aussehen der Präsidentenmutter despektierliche Witze zu machen[868] – *very charming*.

Nizers Vorschläge für den Umgang mit Deutschland sind in der Tat der Aufmerksamkeit wert, denn sie haben in der weiteren Deutschlandplanung der US-Regierung unübersehbare Spuren hinterlassen. Zur gedanklichen Grundausstattung gehörte, und das war seit der Hunnen-Propaganda des Ersten Weltkriegs nicht neu, daß die Deutschen eine spezielle unzivilisierte und brutale Rasse seien, die nicht erst seit Karl dem Großen und seinen diversen Nachfolgern die Welt zu erobern trachteten. Nein, bereits durch Caesar und Tacitus sei belegt, welche blutrünstigen Bestien in dieser ansonsten friedlichen Einen Welt hausten. Heutige Gutmenschen würden vielleicht ergänzen, daß der Weltbösewicht schon viel länger unterwegs gewesen sei, was sich an der Ausrottung des Neandertalers nachweisen lasse. Wie auch immer. Nizer folgerte messerscharf, daß die Deutschen für ihr Tun zu bestrafen seien: Strafgericht, Zwangsarbeit, Deportation, De-Industrialisierung. Nizers juristische Vorschläge gleichen aufs Haar dem, was wenig später in Deutschland als Kriegsverbrecherprozesse in die Geschichte eingegangen ist, die Verurteilung für Delikte, die vorher unbekannt waren, wie beispielsweise der Angriffskrieg und die Verschwörung gegen den Frieden.

Überhaupt war Verschwörung (*conspiracy*) die Lieblingsstrecke des US-Anwalts.[869] Seitenweise beschrieb er, wie sich Deutsche in den USA gegen die *democracy* verschworen hätten – fünfte Kolonnen, wohin man auch nur geblickt hat. Zum Glück nennt er Roß und Reiter.[870] Da kommt der Leser ins Staunen und ins Grübeln, denn besonders deutsche Industrielle, Inhaber von Patenten und industriellen Verfahrensweisen hatten es auf die USA abgesehen. An deren Spitze die Vertreter des verhaßten Chemie-Giganten I.G. Farben.[871] Deren strafwürdiges Verhalten hatte darin bestanden, mit Standard Oil gemeinsam an Verfahren zu arbeiten, die der Herstellung von synthetischem Treibstoff und anderen Kunststoffen dienten.[872]

Solcherlei Sentenzen entstammten nicht nur der verdrehten Juristenlogik eines Louis Nizer, sondern sie bildeten die amerikanische Wirklichkeit ab, wo mit Hilfe von neuen Gesetzen, wie dem Foreign Agents Registration Act von 1938,[873] ausländische Beteiligungen gegenüber den Behörden offengelegt werden mußten – gemeint waren jegliche Beziehungen von und nach Deutschland.[874] Für das FBI ergab sich ein neues reiches Betätigungsfeld.[875] Hieraus zu referieren, war das Privileg des Autors Nizer. Ich nehme an, daß er aus erster Hand berichtete, denn bei der Vertretung der US-Firmen und Investoren, die nicht seit den 1920-er Jahren auf die deutsche Karte gesetzt hatten, gab es jetzt mit exekutiver Beihilfe viel Geld zu verdienen.[876] Einfrieren von Auslands-Vermögen hieß das Zauberwort, nach der Besetzung von Deutschland kam die sog.

Entflechtung hinzu. Im Klartext ging es um die widerrechtliche Aneignung der deutschen Chemie-, Stahl- und Maschinenbauindustrie. Wie von Nizer beschrieben, stand die I.G. Farben an der Spitze der amerikanischen Bemühungen (und Begehrlichkeiten).

Soviel zu Nizer und seiner Handlungsanweisung. Es handelte sich nicht, das sei wiederholt, um irgendein Pamphlet irgendeines Außenseiters. Nein, dieser Mann gehörte ins Zentrum der damaligen Macht. Was er aufschrieb, wurde dort gedacht und geredet und schließlich umgesetzt. Nizer wurde steinalt. Sein Ableben, in Deutschland unkommentiert, war der *New York Times* einen doppelspaltigen Nachruf wert.[877]

Von Nizers Vernichtungs-Strategien führte der grade Weg in den Morgenthau-Plan. Auch bei ihm geht es nicht um das Machwerk eines durchgeknallten einflußlosen Einzelgängers, sondern um den Aktionsplan eines leibhaftigen US-Finanzministers, und dessen Verabschiedung durch den US-Präsidenten Roosevelt und den britischen Premier Churchill auf der Konferenz von Quebec am 16. September 1944. Nach diesem, nunmehr amtlichen, Konzept sollten die Deutschen nicht vollständig von der Erde verschwinden, sondern es sollten 15 Millionen übrigbleiben, die das Land als einfache Ackerbauern und Schäfer besiedeln würden.[878] Wie eine Reduktion von über 70 Millionen auf die genannte Zahl von 15 Millionen zu erfolgen hatte, verschwieg der Plan.

Wie tötet man im Namen von Christengott[879] und *democracy* 50 Millionen Deutsche? Diese Frage stellten sich im Herbst 1944 auch einige der amerikanischen Kabinettsminister,[880] und als die ersten Einzelheiten an die Presse durchgesickert waren, begann das offizielle Amerika zurückzurudern: Absurd, dummes Zeug, so nicht gemeint oder gesagt, feindliche Propaganda. Wie zufällig berichteten zur selben Zeit, als der Morgenthau-Plan in den USA ruchbar wurde, die Gazetten auch, daß ein deutscher Plan aufgetaucht sei, nach welchem die Deutschen nach einer Besetzung der Britischen Inseln eben dies vorgehabt hätten, nämlich die Reduzierung der Engländer auf einen Stand harmloser Ackerbürger und Schäfer.[881]

Abwiegelnde Vokabeln dominieren auch heute noch die Diskussion, wenn denn die Rede auf den Morgenthau-Plan kommt. Die Wirklichkeit sieht wie gewohnt etwas anders aus. Sie ist nicht sonderlich bequem, denn das Nachkriegsschicksal des deutschen Volkes basiert auf dem Denkgerüst des Morgenthau-Plans.

Der eigentliche Erfinder und Promotor des Morgenthau-Plans war nicht der US-Finanzminister selbst, sondern einer seiner engsten Mitarbeiter, Harry Dexter White. An diesem in Deutschland kaum bekannten Kriegsverbrecher haben sich im Laufe der vielen Jahre in den USA ideologische Feinde aller Schattierungen abgearbeitet. Sie gruben aus, was White in jenen Jahren getrieben hatte, als das US-Finanzministerium das Schlüsselressort in Amerikas Weltmachtpolitik gewesen war. Der Punkt auf dem „i“ war allerdings Whites Rolle als Sowjetagent.

Ich werde dem Leser nunmehr einen kurzen Exkurs durch diese Geheimdienstkarriere zumuten müssen, denn deren Bewertung hat sich im Laufe der Jahrzehnte grundlegend geändert. Zunächst war es so, daß die Agenten-Rolle Whites – auch durch ihn selbst – rundweg abgestritten wurde.[882] Die Beweislage für den Verrat war dagegen erdrückend[883] – so erdrückend, daß ein Umbesinnen an der Weißwaschfront stattfand. Nicht mehr die Informationsweitergabe aus dem US-Finanzministerium wurde und wird bestritten, sondern auf einer breiten Argumentationsskala in Abrede gestellt, daß diese Weitergabe in irgendeiner Weise für die USA schädlich war, bzw. daß White das, was er verübte, in Schädigungsabsicht tat.[884]

Es ist für deutsche Leser kaum zu begreifen, welchen Aufwand die amerikanische Ostküste getrieben hat, um Whites Taten zu minimalisieren. Das hängt damit zusammen, daß hierzulande die ideologischen Zusammenhänge zu wenig geläufig sind.[885] Für die One-World-Gläubigen ist White ein Säulenheiliger. Das, was er einrührte, reicht bis in unsere Tage hinein. Weltbank und Internationaler Währungsfonds sind seines Geistes Kinder. Er, White, war der Schöpfer, er dominierte die berühmt-berüchtigte Währungs-Konferenz von Bretton Woods.[886] Er bootete dort seinen britischen Kontrahenten John Maynard Keynes aus und schuf die völkerrechtlichen Voraussetzungen der absoluten Dollar-Dominanz zu Lasten aller Staaten dieser Erde, die mit den USA in Kontakt kamen.[887] Bald waren es nicht mehr allzu viele, auf die das nicht zutraf.[888]

Berücksichtigt man dies, so war Harry Dexter White der Begründer eines Imperiums, dessen beste Gründungsidee diejenige war, sich nicht Imperium zu nennen, so daß man jedermann, der vom Gegenteil sprach, in die Verschwörungsecke abschieben konnte. Allein das war und ist eine grandiose Leistung. Dieses Dollar-inspirierte Imperium und der Versuch der New Dealer in der Demokratischen Partei, es sich selbst durch die Zauberformel der One World (eine Welt) zu unterwerfen, katapultierte ein Einwanderer-Kind, dessen Eltern aus dem Litauischen stammten, auf die Weltbühne. Whites Leistungen wurden belohnt. Das Direktorat des Internationalen Währungsfonds war eine unübersehbare Anerkennung. Die längst vorliegenden Hinweise auf sein verräterisches Tut wurden konsequent unterdrückt. Sein abrupter Rücktritt von allen Ämtern kam für das Publikum überraschend. White blieb noch Zeit, seine Verratstätigkeit in einem öffentlichen Auftritt zu leugnen. Tage danach war er tot.[889] Ja, das Herz war für den 55-jährigen ein Problem.

Wer Spaß an makabren Späßen hat, der möge hinzulesen, daß man im Körper des Toten ein Pflanzengift entdeckte. Es war das Gift des Fingerhuts, das bereits im europäischen Mittelalter als Brech- und Abführmittel bekannt war. Fürsorglichen Eltern wird heutzutage angeraten, ihre Zöglinge in der Alles-in-den-Mund-steck-Phase von Fingerhut-Pflanzen fernzuhalten, da nicht nur der menschliche Verdauungsapparat auf das Fingerhut-Gift reagiert, sondern dieses auch signifikant den Pulsschlag senkt – bei genügend großer Dosis bis hin zum Stillstand.[890] Es mag hier unerörtert bleiben, ob White Feinde hatte, die ihm das Gift verabreichten. Auf jeden Fall hatte er genug Freunde, die ihm nur eines wünschten: seinen baldigen Tod, denn an nichts konnte dem US-Establishment weniger gelegen sein als eine Aufklärung der Tätigkeiten eines Harry Dexter White. Es sei hier partiell nachgeholt.

Die Regierung des Franklin Roosevelts war bis in die Spitzenämter hinein von Sowjetagenten zersetzt.[891] Gegen diese kaum zu bestreitende Aussage sind in den Folgejahrzehnten immer wieder Weißwaschaktionen gestartet worden, die unerwartete Schützenhilfe erhielten und zwar ausgerechnet von der Front der fundamentalistischen Aufklärer, deren Tun sich zu einer jener amerikanischen Hysterien hochschaukelte, die irgendwann mit einem lauten Knall zerplatzen. Dieser Teil der US-Geschichte ist mit dem Namen des Senators Robert MacCarthy verbunden. Ihm gehörte für einige Jahre die politische Bühne Amerikas, bis sich die Medien gelangweilt abwendeten. Er hinterließ seinem Land einen politischen Ausdruck, den MacCarthyismus, der bis zum heutigen Tag als Schimpfwort taugt, um Hexenwahn und Hexenjagt zu umschreiben.

Zurück zum Morgenthau-Plan. Während die öffentlichen Beschwichtiger so taten, als sei alles nur ein Witz gewesen und der US-Präsident sich mit der Lüge herausredete, er könne nicht alles lesen, was man ihm zur Unterschrift vorlege, machten seine Mitstreiter auf der Basis des Zerstörungsplans munter weiter.[892] Man mag es kaum glauben, aber genau hierüber geben die Funknachrichten der New Yorker sowjetischen NKGB-Residentur unter ausdrücklicher Bezugnahme auf Morgenthau (Funkdeckname Nabob) Auskunft, wobei der Streitstand zwischen den Alliierten geschildert wird, wie Bevölkerungs- und Industrieabbau zu kombinieren seien, was die Engländer einzuwenden hätten, die das industrielle Herzland an der Ruhr für sich beanspruchten, und vieles mehr.[893]

Zugleich ging eine Riege von Morgenthau-Vertrauten daran, den einmal gefaßten Plan in die militärischen Kanäle einzufiltern, da nach der Besetzung Deutschlands das Militär das Sagen haben würde. So entstand die einschlägige Handlungsanweisung für die US-Streitkräfte. Sie hatte das nichtssagende Kürzel JCS 1067.[894] Das war die Grundlagenweisung für die amerikanische Besatzungsmacht unter General Dwight Eisenhower. Dieser hielt seine Armeen im Frühjahr 1945 an der Elbe an. Der notorische John Wheeler-Bennett, nunmehr der politische Berater im Stab des Oberbefehlshabers, formulierte eine einschlägige Funknachricht an den US-Botschafter in Moskau Averill Harriman, der die Information an Stalin weiterreichte. Berlin zu nehmen, war Sache der Russen.[895] Sie taten es.

Eisenhower und seine Kriegsmannen konnten sich derweil auf zwei andere Dinge konzentrieren: Das Einsammeln dessen, was man heutzutage Hochtechnologie nennt und die Vernichtung der für lebensunwert erklärten Deutschen. Dazu gleich mehr. Die Sache mit der Technik ist hingegen schnell abgehandelt. Sie konzentrierte sich auf den geistigen Diebstahl von Erkenntnissen über Flugobjekte, besonders wenn sie von Strahl- oder Raketentriebwerken angetrieben wurden und auf die Atombombe. Zu diesem Zweck stießen die US-Truppen weit über die vereinbarte Werra-Linie vor, denn ostwärts davon, in Thüringen, lagen die einschlägigen deutschen Fertigungs- und Versuchsanlagen. Die Beute war reichhaltig.[896]

Auch sonst hatten die einrückenden Besatzungstruppen viel zu tun. Sie veranstalteten Exekutionen und Massenvergewaltigungen, führten wirkliche und vermeintliche Kriegsverbrecherprozesse durch, organisierten Millionenvertreibungen und lösten durch mutwillig zerstörte Versorgungsstrukturen Flüchtlingsbewegungen und Massensterben aus, entkleideten die Wehrmachtsangehörigen ihres Kriegsgefangenenstatus und ließen sie zu Hundertausenden mutwillig verhungern.

1948 beauftragten die US-Gesetzgebungskörperschaften den amerikanischen Richter Edward van Roden, der Frage nachzugehen, ob die Justizorgane gegenüber gefangenen Deutschen Folter angewendet hätten, um Geständnisse zu erzwingen.[897] Nur in zwei von 139 untersuchten Fällen, konnte der Richter dies nicht bestätigen, so daß man zusammenfassen folgern darf, daß Folter den Regelfall darstellte. Die angewendeten Methoden reichten von der körperlichen Tortur bis zur Scheinhinrichtung. Besonders beliebt war es, dem Delinquenten eine schwarze Kappe aufzuziehen und sein Gesicht sodann mit Schlagringen so lange zu bearbeiten, bis das gewünschte Geständnis vorlag. Es versteht sich, daß Deutsche, die diese Behandlung überlebten, eine eigenwillige Vorstellung vom großen und guten Amerika bewahrten.

Während der US-Ermittler noch mit seinen Erhebungen beschäftigt war, hatten die US-Eliten einen neuen Feind entdeckt. Es war der sowjetische Herrscher Josef Stalin. Unwillkürlich denkt man an Tante Lotte in Wilhelm Buschs *Hans Huckebein*:

Ach, ruft sie, er ist doch nicht gut
weil er mir was zuleide tut.

Nach solch grundlegender Erkenntnis begannen die Amerikaner, das Vernichtungsprogramm der Deutschen zu drosseln und schließlich ganz einzustellen. Statt dessen bekamen *the bloody Krauts* zwei bittere Medizinen: *re-education and re-armament* (Umerziehung und Wiederbewaffnung).

Epilog

Auf der Suche nach der verlorenen Zeit – Skeptisches zur Geschichtsforschung nebst einigen lausigen Bemerkungen des Autors über seine Leser

Wir haben aus Hitler ein Ungeheuer, einen Teufel gemacht. Deshalb konnten wir uns nach dem Krieg nicht von diesem Bild distanzieren. Immerhin hatten wir die Massen gegen den Teufel selbst mobilisiert. So waren wir gezwungen, nach dem Krieg unsere Rolle in diesem diabolischen Szenarium weiterzuspielen. Wir hätten unserem Volk unter keinen Umständen klarmachen können, daß der Krieg nur eine wirtschaftliche Präventivmaßnahme war. (US-Außenminister James Baker, 1992)[898]

Nachdem die Beteiligten der in diesem Buch geschilderten Ereignisse alle gestorben sind, redet dem Forscher niemand mehr dazwischen. Das ist für diejenigen Geschichtenerzähler von Vorteil, die nach wie vor ungefiltert anglo-amerikanische Propaganda als Wahrheit verkaufen. Jeder andere, der die schlichte Frage stellt, was eigentlich wirklich war, findet das Versterben der Erlebnisgeneration bedauerlich, denn nunmehr bleibt berechtigter Widerspruch aus. Statt dessen ist man auf eine Wunderwelt von Dokumenten angewiesen. Immer wieder begegnet man dort scheinbar gesicherten Fakten, die sich bei näherem Hinsehen als Luftnummern erweisen.

Die Akten des Auswärtigen Amtes sind hierfür ein famoses Beispiel, was nicht an den im Politischen Archiv arbeitenden Bediensteten liegt,[899] die sich durch Fachkenntnis und Hilfsbereitschaft auszeichnen. Ich bin nicht der erste, dem auffällt, wenn es die sich ändernde Papierqualität nahelegt, daß hier mutwillige Veränderungen vorgenommen wurden.[900] Niemanden muß dies wundern, denn der Weg, den dieser Hort an internationalem Wissen hinter sich hat, mahnt zur Vorsicht. Nicht nur die ursprünglichen Verfasser dieser Akten hatten oft genug Anlaß, die Dinge in einem bestimmten Sinne zu gestalten. Erst recht wurden die Sieger des Zweiten Weltkriegs durch ihren selbstgewählten Kampfauftrag gegen das deutsche Volk und seine Repräsentanten in Versuchung geführt, die Akten an sich zu bringen und die Fakten in ihrem Sinne zu verfälschen. Nachdem das erledigt war, gaben die US-Amerikaner den Fundus zu Editionszwecken nach Großbritannien weiter, wo sie in die Hände von John Wheeler-Bennett gerieten – einem alten Round-Table-Strategen und Meistermanipulator zum Ruhme Englands.[901]

Es bleibt viel zu tun, bis wir aus dem Dschungel von Lügen und Scheintatsachen herausgefunden haben werden. Ein Blick auf die Handlungsanweisungen des amerikanischen Starpropagandisten und US-Präsidentenberaters Walter Lippmann mahnt, die Hände nicht in den Schoß zu legen:

> *Erst wenn die Kriegspropaganda Einzug in die Geschichtsbücher der Besiegten gefunden hat und von nachfolgenden Generationen geglaubt wird, kann die Umerziehung als gelungen gelten.*[902]

Der Leser mache die Probe aufs Exempel: Wenn er sich tatsächlich durch mein Buch gequält hat und zu dem Ergebnis gelangt, hier schreibe der Vertreter einer wüsten Verschwörungstheorie, dann ist er gegen Fakten immunisiert. Lippmann & Co haben einen Sieg errungen. Es wäre sicher ein reizvoller Gedanke, an dieser Stelle eine Abhandlung über die Verschwörungstheorie und ihren Einsatz als propagandistisches Kampfmittel einzufügen. Das Thema haben andere vor mir bereits gekonnt begonnen,[903] auch wäre es wohl ein anderes Buch.

Während der Leser noch an diesem Buch sitzt und sich seine Gedanken macht, was er anders dargestellt hätte, wenn er der Autor wäre, bleibe ich an meinen Schreibtisch gekettet und schreibe den dritten Band von *Unterwegs zur Weltherrschaft*. Es muß sein.

PS. Bei Claudia bedanke ich mich für alles.

Quellenverzeichnis

Unpublizierte Quellen

Die unpublizierten Quellen sind jeweils in den Fußnoten genau nachgewiesen, es handelt sich um die Archivalien aus den folgenden Archiven:

Deutschland: Auswärtiges Amt – Politisches Archiv, Berlin; Bundesarchiv, Berlin, Koblenz, Freiburg (Militärarchiv); Institut für Zeitgeschichte, München; Archiv des Verf. (HR-Arch.), Weimar.
Großbritannien: Churchill Archive Centre, Cambridge (CHAR); The National Archives, Kew (TNA); Imperial War Museum, London.
Österreich: Universität Graz (Teilnachlaß Karl Boromäus Frank).
Rußland: Zentralarchiv des FSB (Federalnaja Slushba Besopasnosti = Föderaler Sicherheitsdienst).
USA: Boston University Library [Nachlaß Tyler Gatewood Kent]; National Archives [diverse, u.a. OSS: Personendosier Walter Maria Stennes]; FBI [u.a. Fallakte Gregory (Harry Dexter White im Sivermaster-Ring, Kopien im Archiv des Verf.)]; The University of America (President Franklin D. Roosevelt's Office Files).

Publizierte Akten pp.

Archivkommission des Auswärtigen Amts (Hg.): Die Entstehung des Krieges von 1939. Geheimdokumente aus Europäischen Archiven. Erste Schrift. Berlin, Deutscher Verlag, 1943.

[**Auswärtiges Amt** (Hg.)]: Der Friedensvertrag zwischen Deutschland und der Entente. Vollständige Volksausgabe der deutschen Übertragung auf Grund der letzten amtlichen Revision. Materialien, betreffend die Friedensverhandlungen Band VIII. Charlottenburg 1919; ** Urkunden der letzten Phase der deutsch-polnischen Krise. Berlin 1939; ** Dokumente zur Vorgeschichte des Krieges. Band 2. Berlin 1939; ** Dokumente zur englisch-französischen Politik der Kriegsausweitung. [Weißbuch] 1940 Nr. 4. Berlin 1940; ** The German White Paper. Full Text of the Polish Documents issued by the Berlin Foreign Office. With a Foreword by C. Hartley Grattan. New York, Howell, Soskins & Co, 1940; ** Die Geheimakten des französischen Generalstabs. Sechstes Weißbuch der Deutschen Regierung. Berlin 1941; ** Akten zur Deutschen Auswärtigen Politik 1918-1945 (ADAP). Serie C und D. Baden-

Baden/Frankfurt am Main 1950-1970.

C[asimir] H[ermann] **Baer** (Hg.): Der Völkerkrieg. Eine Chronik der Ereignisse seit dem 1. Juli 1914. 28 Bände. Stuttgart, Julius Hoffmann, 1915-1919.

Archibald Colquhoun **Bell**: A History of the Blockade of Germany and other Countries associated with her in the Great War, Austria-Hungary, Bulgaria, and Turkey, 1914-1918. History of the Great War based on official documents by direction of the Historical Section of the Committee of Imperial Defense. London, H.M. Stationery Office, o.J. [1937].

A[lfred] I[ngemar] **Berndt**/[Hasso] von Wedel (Hg.): Deutschland im Kampf. Mai-Lieferung (Nr. 41/42 der Gesamtlieferung). Berlin, Otto Stollberg, 1941.

Heinz **Boberach** (Hg.): Meldungen aus dem Reich. Die geheimen Lageberichte des Sicherheitsdienstes der SS. 17 Bände. Hersching, Pawlak, 1984 [fortlaufend pag.].

[Galeazzo **Ciano**]: Cianos' Diplomatic Papers. Hg.: Malcolm Muggeridge. London, Oldham Press, 1948.

Henrik **Eberle**/Matthias Uhl (Hg.) Das Buch Hitler. Geheimdossier für Josef W. Stalin, zusammengestellt aufgrund der Verhörprotokolle des Persönlichen Adjutanten Hitlers, Otto Günsche, und des Kammerdieners Heinz Linge, Moskau 1948/49. Bergisch Gladbach, Lübbe, 2005.

Foreign Office (Hg.): The British War Blue Book. Miscellaneous No. 9. Documents concerning German-Polish Relations and the Outbreak of Hostilities between Great Britain and Germany on September 3, 1939. New York 1939.

Helmut **Gordon** (Hg.): Die Beneš-Denkschriften. Die Tschechoslowakei und das Deutsche Reich 1918/19. Kommentar und Kritik. Berg 1990.

[Heinrich **Heim**]: Adolf Hitler. Monologe im Führerhauptquartier 1941-1944. Aufgezeichnet durch Heinrich Heim. Hg. von Werner Jochmann. Sonderausgabe. München, Orbis, 2000.

Walter **Hubatsch**: Hitlers Weisungen für die Kriegführung 1939-1945. Dokumente des Oberkommandos der Wehrmacht. Lizenzausgabe der 2. Aufl. [Bonn 1983], Utting o.J. [ca. 2000].

Institut für Zeitgeschichte: Ohne Titel [Aktenbestand in Sachen Amt Ausland/Abwehr, Befragung ehemaliger Mitarbeiter], IfZ ZA 13, veröffentlicht in: www.ZS_A_014IfZ

Internationaler Militärgerichtshof [IMG] (Hg.): Der Prozeß gegen die Hauptkriegsverbrecher. Nürnberg 14. November 1945-1. Oktober 1946. 24 Bände. Nürnberg 1947; ** Nuremberg [IMT] (Hg.): Trial of the Major War Criminals. 48 Bände. Nuremberg 1948. www.loc.gov/rr/frd/Military_Law/NT_major-war-criminals.html.

Hans-Adolf **Jacobsen** (Hg.): „Spiegelbild einer Verschwörung". Die Opposition gegen Hitler und der Staatsstreich vom 20. Juli 1944 in der SD-Berichterstattung. Geheime Dokumente aus dem Reichssicherheitshauptamt.

2 Bde., Stuttgart, Seewald, 1984.

[Werner **Koeppen**]: Herbst 1941 im Führerhauptquartier. Berichte Werner Koeppens an seinen Minister Alfred Rosenberg. Hg. und kommentiert von Martin Vogt. Koblenz 2002.

Arthur S[tanley] **Link**: The Papers of Woodrow Wilson. Bd. 41. Priceton/New Jersey, Princeton University Press, 1966.

W[illiam] N[orton] **Medlicott**: The Economic Blockade. 2 Bde. London, His Majesty's Stationery Office, 1952.

Ministerwo inostrannich del SSSR [MID SSSR – Außenministerium der Sowjetunion] (Hg.): SSSR w borbe sa mir nakununje wtoroj mirowoj wojni (sept. 1939-august 1939) [Die UdSSR im Kampf um den Frieden vor dem Zweiten Weltkrieg]. Moskwa 1971; ** God krisia. Dokumenty i materialy [Das Jahr der Krise, Dokumente und Materialien]. Moskwa 1991.

National Archives: Industrial Intelligence Centre. www.yourarchives.gov./uk/ index.php?title=Industrial_ Intelligence_Centre. Abruf: 12.1.2011.

Oberkommando der Wehrmacht [OKW] (Hg.): Die Berichte des Oberkommandos der Wehrmacht. 5 Bde., Nachdruck: Köln, Parkland Verlag, 2004.

Helfried **Pfeifer** (Hg.): Die Ostmark. Eingliederung und Neugestaltung. Historisch-systematische Gesetzessammlung nach dem Stande vom 16. April 1941. Wien, Staatsdruckerei, 1941.

Henry **Picker**: Hitlers Tischgespräche im Führerhauptquartier. Hitler, wie er wirklich war. 3. Aufl., Stuttgart 1976, Ungekürzte Studienausgabe, Stuttgart, Seewald, 1977.

[**Polnische (Exil-)Regierung** (Hg.)]: Weissbuch der Polnischen Regierung über die deutsch-polnischen und die polnisch-sowjetrussischen Beziehungen im Zeitraum von 1933 bis 1939. Basel 1940; ** Engl: Polish White Book.

[Franklin D(elano) **Roosevelt**]: The Public Papers and Addresses of Franklin D. Roosevelt 1939. Hg. von Samuel I. Rosenman. New York, Macmillan, 1939.

Percy E[rnst] **Schramm** (Hg.): Das Kriegstagebuch des Oberkommandos der Wehrmacht (Wehrmachtsführungsstab). Eine Dokumentation. Zusammengestellt und erläutert von Hans-Adolf Jacobsen. 4 Bände in 8 Teilbänden. Augsburg, Bechtermünz, 2002.

[**SPD**]: Deutschlandberichte der Sozialdemokratischen Partei Deutschlands (Sopade). 6 Bde. 6. Aufl. Salzhausen/Frankfurt am Main, Petra Nettelbeck, 1982.

Bernd **Stöver** (Hg.): Berichte über die Lage in Deutschland. Die Lagemeldungen der Gruppe Neu Beginnen aus dem Dritten Reich 1933-1936. Bonn, Dietz, 1996.

Rudolf **Urban** (Hg.): Demokratiepressen im Lichte Prager Geheimakten. Prag 1943.

US Department of State (Hg.): Peace and War. United States Foreign Policy

1931-1941. Washington D.C., Government Printing Office, 1942.
US Federal Trade Commission on War-Time Profits and Costs of the Steel Industry. June 25, 1925. Washington D.C, US Government Printing Office 1925.
US Government Printing Office (Hg.): Documents on German Foreign Policy. Washington 1957-1964.
US Senate (Hg.): Brewing and Liquor Interests and German and Bolshevik Propaganda. Report of the Subcommittee on the Justiciary United States Senate. Relating to Charges made against the United States Brewers Association and Allied Interests. Washington, Government Printing Office, 1919; ** Munitions Industrie. Hearings before the Special Committee Investigating Munitions Industry. S[enate] Res[ulution] 206. A Resolution to Make Certain Investigations Concerning the Manufacture and Sale of Arms and Other War Munitions. 19 Bde. Washington, United States Government Printing Office, 1935 [zit: Nye Committee, Bd., S.].
Wayne B[idwell] **Wheeler**/US Senate (Hg.): Brewing and liquor interests and German propaganda. Senate resolution 307 adopted by unanimous vote of United States Senate, Sept. 19, 1918. Westerville/Ohio, A[merican] I[ssue] P [ublication] Co., o.J. [1918 o. 1919].
E.L. **Woodward**/Rohan Butler/J.P.T. Bury (Hg.): Documents on British Foreign Policy [DBFP]. Third Series. 10 Bde. London 1949-1961.
Carl **Zuckmayer**: Geheimreport. Hg. Gunther Nickel und Johanna Schrön. München, dtv, 2004.

Tagebücher, Briefe, pp.

Ferdinand von **Bredow**: Notizen vom 20.2.1933 bis 31.12.1933. Tägliche Aufzeichnungen vom 1.1.1934 bis 28.6.1934. Hg. Ingrid Strenge. Berlin, Duncker & Humblot, 2009.
Heinrich **Brüning**: Briefe und Gespräche 1934-1960. Hg. Claire Nix, 2 Bde., Stuttgart, DVA, 1974.
[Alexander **Cadogan**]: The Diaries of Sir Alexander Cadogan 1938-1945. Hg. David Dilkes. London, Faber & Faber, 1971.
[Galeazzo **Ciano**]: The Ciano Diaries. The Complete, Unabridged Diaries of Count Galeazzo Ciano, Italian Minister of Foreign Affairs 1936-1943. Hg. Hugh Gibson. Reprint London, Simon Pubn, 1992.
John **Colville**: The Frings of Power. Downing Street Diaries 1939-1955. London/Sydney/Auckland/Toronto, Hodder & Stoughton, 1985; ** dt.: Downing Street. Tagebücher 1939-1945. Berlin, Siedler, 1988.
Maria **Daborwska** [recte: Dąbrowska]: Tagebücher 1914-1965. Frankfurt am

Main, Suhrkamp, 1989.

Hugh **Dalton**: The Second World War Diaries 1940-1945. London, Jonathan Cape, 1986.

Georgi **Dimitroff**: Tagebücher 1933-1945. Hg. Bernhard Bayerlein. Kommentare und Materialien zu den Tagebüchern 1933-1945. Hg. Bernhard H. Bayerlein/Wladislaw Hedeler. Berlin, Aufbau, 2000.

[Alfred **Duff Cooper**]: The Duff Cooper Diaries. Hg. John Julius Norwich. London, Phoenix, 2006.

[Gerhard **Engel**]: Heeresadjutant bei Hitler 1938-1943. Aufzeichnungen des Majors Engel. Hg. Hildegard von Kotze. Stuttgart, DVA, 1974.

[James **Forrestal**]: The Forrestal Diaries. Hg. Walter Millis. New York, Viking Press, 1951.

Helmut **Groscurth**: Tagebücher eines Abwehroffiziers 1939-1940. Hg. Helmut Krausnick und Harold C. Deutsch unter Mitarbeit von Hildegard von Kotze. Stuttgart, DVA, 1970.

Franz **Halder**: Kriegstagebuch. Tägliche Aufzeichnungen des Chefs des Generalstabs des Heeres 1938-1942. Bearbeitet von Hans-Adolf Jacobsen. 3 Bde, Stuttgart, DVA, 1962-1964.

Ulrich von **Hassell**: Vom anderen Deutschland. Aus den nachgelassenen Tagebüchern 1938-1945. Zürich/Freiburg i.Br., Atlantis, 1946.

[Edward **House**]: The Intimate Papers of Colonel House. Arranged as a Narrative by Charles Seymour. Boston, Hugh Mifflin, 1926.

[Guy **Liddell**]: The Guy Liddell Diaries. MI5's Director of Counter-Espionage in World War II. Hg. Nigel West. Vol. I 1939-1942, Vol. II 1942-1945. London/New York, Routledge, 2009.

Francis L. **Loewenheim**/Harold D. Langley/Manfred Jonas (Hg.): Roosevelt and Churchill. Their Secret War Correspondence. New York, Saturdy Review Press, 1975.

Klaus **Mann**: Briefe und Antworten. Bd. I: 1922-1937. Bd. II: 1937-1949. Hg. Martin Gregor-Dellin. Reinbek, Rowohlt, 1975; ** Tagebücher. Hg. Joachim Heimannsberg/Peter Laemmle/Wilfried F. Schoeller. 3 Bde., München, Edition Spangenberg, 1990.

[John Pierrepont **Moffat**]: The Moffat Papers. Selections from the Diplomatic Journals of John Pierrepont Moffat 1919-1943. Hg. Nancy Harvison Hooker. Cambridge/Massachusetts, Harvard University Press, 1956.

Henry **Morgenthau** jr: Diaries. Hg. [US] National Archives. www. */fdrlibrary.org/morgenthau.*

Harold **Nicolson**: The War Years 1939-1945. Diaries and Letters. Hg. Nigel Nicolson. New York, Atheneum, 1967; ** The Harold Nicolson Diaries 1907-1963. Hg. Nigel Nicolson. London, Weidenfeld & Nicolson, 2004.

[Alfred **Rosenberg**]: Das politische Tagebuch Alfred Rosenbergs 1934/35 und

1939/40. Hg. Hans-Günther Seraphim. München, dtv, 1964.
Mihail **Sebastian**: Voller Entsetzen, aber nicht verzweifelt. Tagebücher 1935-44. Hg. Edward Kanterian. München, List, 1998.
Arthur H. **Vandenberg** jr. (Hg.): The Private Papers of Senator Vandenberg. Boston, Houghton Mifflin, 1952.
Paulheinz **Wantzen**: Das Leben im Krieg 1939 bis 1946. Ein Tagebuch aufgezeichnet in der damaligen Gegenwart. Bad Homburg, Das Dokument, 2000.

Autobiographien, Erlebnisberichte, pp.

Prinz Max von **Baden**: Erinnerungen und Dokumente, Stuttgart, DVA, 1927.
Nikolaus von **Below**: Als Hitlers Adjutant 1937-1945. Mainz, von Haase & Köhler, 1980.
[Eduard **Benesch**]: The Memoirs of Dr. Edvard Benes. From Munich to New War and New Victory. London 1954.
Kenneth **Benton**: The ISOS Years. Madrid 1941-3, Journal of Contemporative History 3/1995. S. 359-410.
Edward **Bernays**: Biography of an Idea. Memoirs of Public Relations Counsel. New York, Simon & Schuster, o.J.
Heinrich **Brüning**: Memoiren 1918-1934. Stuttgart, DVA, 1970.
Carl Jacob **Burckhardt**: Meine Danziger Mission 1937-1939. Gesammelte Werke Band 3. Bern/München/Wien, Neue Schweizer Bibliothek, o.J. [ca. 1971].
Winston S[pencer] **Churchill**: The Second World War. Vol. 1: The Gathering Storm. London, Penguin Books, 1985; ** The Second World War. Vol. II: Their Finest Hour. London, Penguin, 1988; ** Der Zweite Weltkrieg. Mit einem Epilog über die Nachkriegsjahre. München 2003.
T[homas] Philip **Conwell-Evans**: None So Blind. A Study of the Crisis Years 1930-1939, based on the private papers of Group Captain M.G. Christie. London 1947.
Robert **Coulondre**: Von Moskau nach Berlin 1936-1939. Erinnerungen des französischen Botschafters. Bonn, Athenäum, 1950.
Curtis B[ean] **Dall**: F.D.R. My exploited Father-in Law. An Intimate Account of the Man, the Regime and the Legacy. Tulsa, Christian Crusade Publications, 1968.
Anthony **Eden**: Facing the Dictators. The Memoirs. Bd. 2., London, Cassell & Co, 1962.
Per Olof **Enquist**: Ein anders Leben. München, Hanser, 2009.
Hans Bernd **Gisevius**: Bis zum bitteren Ende. [75. Tausend], Zürich, Fretz und Wasmuth, 1954.
[Edmund **Glaise von Horstenau**]: Ein General im Zwielicht. Die Erinnerungen

Edmund Glaises von Horstenau. Band 2: Minister im Ständestaat und General im OKW. Hg. Peter Brouczek. Wien/Köln/Graz, Böhlau, 1983.

Walter **Hagen** [i.e. Wilhelm Höttl]: Die Geheime Front. Organisation, Personen und Aktionen des deutschen Geheimdienstes. Linz/Wien, Nibelungen Verlag, 1950.

Sir Nevile **Henderson**: Failure of a Mission. Berlin 1937-1939. New York., G.P. Putnam's Sons, 1940.

Hans von **Herwarth**: Zwischen Hitler und Stalin. Erlebte Zeitgeschichte 1931-1945. Frankfurt am Main/Berlin, Ullstein, 1989.

Fritz **Hesse**: Das Spiel um Deutschland. München, List, 1953; ** Das Vorspiel zum Kriege. Englandberichte und Erlebnisse eines Tatzeugen 1935-1945. Leoni am Starnberger See, Druffel, 1979.

Adolf **Hitler**: Mein Kampf. 1027.-1031. Aufl. München, Eher, 1944.

Cordell **Hull**: Memoirs. 2 Bde., New York, Macmillan & Co, 1948.

George F. **Kennan**: Memoiren eines Diplomaten. Memoirs 1925-1950. 5. Aufl. Stuttgart, DVA, 1969.

Erich **Kordt**: Wahn und Wirklichkeit. Herausgegeben unter Mitwirkung von Karl Heinz Abshagen. Stuttgart, DVA, o.J. [1948]; ** Nicht aus den Akten. Die Wilhelmstraße in Frieden und Krieg. Erlebnisse, Begegnungen und Eindrükke 1928-1945. Stuttgart, DVA, 1950.

Robert **Lansing**: Versailler Friedensverhandlungen. Persönliche Erinnerungen. Berlin, Reimar Hobbing, 1921; ** War Memoirs. Indianapolis, Bobbs-Merill, 1935.

Paul **Leverkühn**: Der geheime Nachrichtendienst der deutschen Wehrmacht im Kriege. Frankfurt am Main, Bernhard & Graefe, 1957.

B[asil] H[enry] **Liddell Hart**: Lebenserinnerungen. Düsseldorf, Econ, 1966.

R[obert] H. Bruce **Lockhart**: Als Diplomat, Bankmann und Journalist im Nachkriegseuropa. Stuttgart/Berlin, DVA, 1935.

Golo **Mann**: Erinnerung an meinen Bruder Klaus, in: Klaus Mann: Briefe und Antworten, S. 619-624.

Klaus **Mann**: Der Wendepunkt. Ein Lebensbericht. Mit einem Nachwort von Frido Mann. Reinbek b. Hamburg, Rowohlt Taschenbuch, 1999.

Erich von **Manstein**: Verlorene Siege. Frankfurt am Main/Bonn, Athenäum, 1964.

Frantisek **Moravec** [i.e. František Moravec; vermutliche Autorin: Hanyi V. Disher]: Master of Spies. The Memoirs of General Frantisec Morevec. London, Sphere Books, 1981.

Oswald **Mosley**: My Life. London 1968. Benutzte Version: Mosleys.life.jpg [dort andere Seitenzählung].

Oskar [recte: Oscar] **Reile**: Der deutsche Geheimdienst im II. Weltkrieg. Ostfront. Die Abwehr im Kampf mit den Geheimdiensten im Osten. Lizenzaus-

gabe, Augsburg, Weltbild, 1990.
Elliott **Roosevelt**: As He Saw It. New York, Duell, Sloan & Pearce, [1946].
Fabian von **Schlabrendorff**: Offiziere gegen Hitler. Frankfurt am Main/ Hamburg, Fischer TB, 1959.
Paul **Schmidt**: Statist auf politischer Bühne 1923-1945. Bonn, Athenäum, 1950.
Eugen **Spier**: The Protecting Power. London 1951; ** Focus. A Footnote to the History of the Thirties. London, Garden City Press, 1963.
William **Stevenson**: A Man Called Intrepid. The Incredible WWII Narrative of the Hero Whose Spy Network and Secret Diplomacy Changed the Course of History. New York, Harcourt, 1978.
Hans-Georg von **Studnitz**: Seitensprünge. Erlebnisse und Begegnungen 1907-1970. Stuttgart, DVA, 1975.
Lord [Robert] **Vansittart**: The Mist Processions. London, Hutchinson, 1958.
Gore **Vidal**: Palimpsest. Memoiren. Genehmigte Taschenbuchausgabe, o.O. [München], btb, 1998.
Ernst von **Weizsäcker**: Erinnerungen. München/Leipzig/Freiburg i.Br. 1950.
Sumner **Welles**: The Time for Decision, New York, Harper & Brothers, 1944.
F[rederick] W. **Winterbotham**: The Ultra Secret. London, Littlehampton Bookservices, 1974; ** The Nazi Connection. New York, Harper & Row, 1978; From Victoria to Ultra: An Autobiography of Capt. F.W. Winterbotham. San Anselmo, Vernal Equinox Press, 1984; ** The Ultra Spy. London, Macmillan, 1989.
Elizabeth **Wiskemann**: Erlebtes Europa. Ein politischer Reisebericht 1930-1945. Bern/Stuttgart, Hallwag, 1969.

Sekundärliteratur

Karl Heinz **Abshagen**: Canaris. Weltbürger und Patriot (1887-1945). Stuttgart, Union Deutsche Verlagsgesellschaft, 1949.
Dietrich **Aigner**: Das Ringen um England. Das deutsch-britische Verhältnis. Die öffentliche Meinung 1933-1939. Tragödie zweier Völker. München/ Esslingen, Bechtle, 1969.
Peter **Allen**: The Windsor Secret. New Revelation of the Nazi Connection. New York City 1984.
Christopher **Andrew**: Her Majesty's Secret Service. The Making of the British Intelligence Community. New York, Viking Adult, 1986; **/Vasili Mitrokhin: The Mitrokhin Archive. The KGB in Europe and the West. London, Allen Lane, 1999.
Thomas A. **Bailey**: Woodrow Wilson and the lost Peace. New York, Macmillan, 1944; * Presidential Greatness. The Image and the Man from George Wash-

ington to the Present. New York, Appleman Century Crofts, 1966.
Nicholson **Baker**: Menschenrauch. Wie der Zweite Weltkrieg begann und die Zivilisation endete. Berlin, Rowohlt, 2009.
Harry Elmer **Barnes** (Hg.): Perpetual War for Perpetual Peace. Cadwell/Idaho, Caxton, 1953; darin ** Revisionism and the Historical Blackout, S. 1-78.
Dirk **Bavendamm**: Roosevelts Weg zum Krieg. Amerikanische Politik 1914-1939. Ungekürzte Ausgabe, München/Berlin, Ullstein, 1989.
Patrick **Beesly**: Room 40. British Naval Intelligence. San Diego, Harcourt & Brace & Jovanovich, 1982.
Gill **Bennett**: Churchill's Man of Mystery. Desmond Morton and the World of Intelligence. London/New York. Routledge, 2007.
J[acques] **Benoist-Méchin**: Auf dem Wege zur Macht 1925-1937. Geschichte der deutschen Militärmacht 1918-1946, Band 3. Oldenburg/Hamburg, Stalling, 1965.
Wolfgang **Benz**/Walter H. Pehle (Hg.): Lexikon des deutschen Widerstandes. Frankfurt am Main, S. Fischer, 1994.
Edward **Bernays**: Propaganda. O.O., o.Verl., 1928.
Thomas **Boghardt**: The Zimmermann Telegram. Intelligence, Diplomacy, and America's Entry into World War I. Annapolis/Maryland, Naval Institute Press, 2012.
Heinz **Bonatz**: Die deutsche Marine-Funkaufklärung 1914-1945. Darmstadt, Wehr und Wissen, 1970.
Tom **Bower**: The Perfect English Spy. Sir Dick White and the Secret War 1935-1990. London, St. Mandarin, 1995.
Richard **Breitman**/Allan J. Lichtman: FDR and the Jews. Cambridge/ Massachusetts, The Belknab Press of Harvard University Press, 2013.
Piers **Brendon**: Decline and Fall of the British Empire 1781-1997. London, Vintage Books, 2008.
J[ohann] W[olfgang] **Brügel**: Eine zerstörte Legende um Hitlers Außenpolitik, in: VjZ 4/1957, S. 385-387
Patrick J. **Buchanan**: Churchill, Hitler and "The Unnecessary War". How Britain lost its Empire and the West lost the World. New York, Three Rivers Press, 2008.
Gert **Buchheit**: Ludwig Beck. Ein preußischer General. München, List, 1964.
Karel **Čapek**: President Masaryk tells his Story. London, G.P. Putnam's Sons, 1934.
John **Charmley**: Chamberlain and the lost Peace. Chicago, Ivan R. Dee, 1989; ** Der Untergang des Britischen Empires. Roosevelt, Churchill und Amerikas Weg zur Weltmacht. Graz, Ares, 2004; ** Churchill: The End of Glory. A Political Biography. London, Faber & Faber, 2009.

Bryan **Clough**: State Secrets. The Kent Wolkoff Affair. East Sussex, Hideaway, 2005.

Ian Goodhope **Colvin**: The Chamberlain Cabinet. How the Meetings in 10 Downing Street, 1937-1939, led to the Second World War. Told for the first Time from the Cabinet Papers. London, Tablinger, 1971.

Eckart **Conze**/Norbert Frei/Peter Hayes/Moshe Zimmermann: Das Amt und die Vergangenheit. Deutsche Diplomaten im Dritten Reich und in der Bundesrepublik. 3. Aufl., München, Karl Blessing, 2010.

John **Costello**: Mask of Treachery. The First Documented Dossier on Blunt, MI 5, and Soviet Subversion. London, Collins, 1988.

Gregor **Dallas**: 1945. The War That Never Ended. New Haven, Yale University Press, 2005.

Wilhelm **Deist**: Die Aufrüstung der Wehrmacht, in: MGFA: Das Deutsche Reich und der Zweite Weltkrieg, Bd. 1, S. 371-532.

Günther **Deschner**: Bomben auf Bagdad. Kriegspläne der Alliierten gegen die Sowjetunion 1939/1940. Schnellroda, Antaios, 2009.

Olivier **Desarzens**: Nachrichtendienstliche Aspekte der „Weserübung" 1940. Osnabrück, Biblio, 1988.

Hellmut **Diwald**: Die Erben Poseidons. Seemachtpolitik im 20. Jahrhundert. München, Droemer, 1984.

Justus **Doenecke**: Storm on the Horizon. The Challenge to American Intervention 1939-1941. Lanham/Boulder/New York/Oxford, Rowman & Littlefield, 2003.

Tom **Driberg**: Guy Burgess. A Portrait with Background. London, Weidenfeld & Nicolson, 1956.

Robin **Edmonds**: Die Großen Drei. Churchill, Roosevelt und Stalin in Frieden und Krieg. TB-Ausgabe. Berlin, Siedler-Goldmann, 1999.

Sarah E.V. **Emery**: Seven Conspiracies which have enslaved the American People. Revised Edition, 360.000, Lansing/Michigan, Robert Smith & Co, 1894.

Valentin **Falin**: Zweite Front. Die Interessenkonflikte in der Anti-Hitler-Koalition. München, Droemer Knaur, 1995.

Ladislas **Farago**: The Game of the Foxes. British and German Intelligence Operations and Personalities which Changed the Course of the Second World War. London/Sydney/Auckland/Toronto, Hodder & Stoughton, 1971.

Sidney Bradshaw **Fay**: The Origins of the World War. Bd. 1: Before Sarajevo. 2. Aufl., Paper Back Edition, New York/London, The Free Press/Collier-McMillan, 1966.

Niall **Ferguson**: Der falsche Krieg. Der Erste Weltkrieg und das 20. Jahrhundert. 2. Aufl., Stuttgart, DVA,1999.

V.M.R.D. **Foot**: Grand, Lawrence Douglas (1898–1975), in: Oxford Biography. 2004

[Henry **Ford**]: The International Jew. The World's Foremost Problem. Being a Reprint of a Series of Articles Appearing in The Dearborn Independent from May 22 to October 2, 1920. O.O. 1920.

Rainer W. **Fuhrmann**: Polen. Geschichte, Politik, Wirtschaft. Hannover, Fackelträger, 1990.

Thomas **Gamble**: Naval Stores. History, Production, Distribution and Consumption. Savannah/Georgia. o.J. in: www archive.org/stream/navalstores hist00gambgoog /navalstoreshist00gambgoog_djvu.txt [Abruf: 19.9.2011].

Charles R. **Geisst**: 100 Years of Wall Street. New York, McGraw-Hill, 2000.

Günther W. **Gellermann**: Und lauschten für Hitler. Geheime Reichssache: Die Abhörzentralen des Dritten Reiches. Bonn, Bernhard & Graefe, 1991; ** Geheime Wege zum Frieden mit England. Ausgewählte Initiativen zur Beendigung des Krieges 1940/42. Bonn, Bernhard & Graefe, 1995.

Martin **Gilbert**: The Roots of Appeasement. New York, New American Library, 1966; * Winston Churchill. The Wilderness Years. London, Macmillan, 1981; ** Geschichte des 20. Jahrhunderts. 2. Band: 1919-1933. Düsseldorf/ München, List, 1997.

Hermann **Graml**: Die Alliierten und die Teilung Deutschlands. Konflikte und Entscheidungen 1941-1948. Frankfurt a.M., Fischer TB, 1985.

Percy L. **Greaves** jr.: The Pearl Harbor Investigations, in: Barnes: Perpetual War, S. 407-482.

Russel **Grenfell**: Unconditional Hatred. German War Guilt and the Future of Europa. New York, Devin-Adair Comp., 4. Aufl. 1958.

Peter **Grose**: Continuing the Inquiry. The Council on Foreign Relations from 1921 to 1996. New York, Council on Foreign Relations, 1996.

Dorothea **Haaland**/Hans. G. Knäusel/Günter Schmitt/Jürgen Seifert: Leicher als Luft. Ballone und Luftschiffe. Bonn, Bernhard & Graefe, 1997.

Paul **Hagen** [i.e. Karl Frank]: Will Germany crack? A factual Report on Germany from within. New York/London, Harper & Brothers, 1942.

John **Hamill**: The Strange Carreer of Mr. Hoover Under Two Flaggs. New York, William Faro, 1931.

K[arl] **Haushofer**: Weltpolitik von heute. Berlin, Verlag Zeitgeschichte, o.J. [1934].

Karl **Helfferich**: Das Geld. Hand- und Lehrbuch der Staatswissenschaften. Bd. VIII, Teil 1.6. Aufl., Leipzig, C.L. Hireld, 1923.

Josef **Henke**: Hitler und England Mitte August 1939. Ein Dokument zur Rolle Fritz Hesses in den deutsch-britischen Beziehungen am Vorabend des Zweiten Weltkrieges, in: VjZ 2/1973, S. 231-238;

Francis W. **Hirst**: Wall Street and Lombard Street. The Stock Exchange Slump of 1929 and the Trade Depression of 1930. New York, Macmillan, 1931.

Otto **Hoetzsch**: Auswärtige Politik in den Vereinigten Staaten von Amerika und ihre Ziele, in: Gerhard Anschütz u.a.: Handbuch der Politik. 3. Aufl., Berlin/ Leipzig, Walter Rothschild, 1920, Bd. 2, S. 74-80.

James **Holland**: The Battle of Britain. Five Month that Changed History. May-October 1940. London, Bantam Press, 2010.

David **Irving** (Hg.): Breach of Security: The German Intelligence File on Events leading to the Second World War. London, William Kimber, 1968; ** Das Reich hört mit. Görings Forschungsamt: Der geheimste Nachrichtendienst des Dritten Reiches. Kiel, Eurobuch, 1989; ** Churchill's War. New York, Avon Books, 1991.

Keith **Jeffery**: MI6. The History of the Secret Intelligence Service. London/ Berlin/New York/Sidney, Bloomsbury, 2010.

Burkhard **Jellonnek**: Staatspolizeiliche Fahndungs- und Ermittlungsmethoden gegen Homosexuelle. Regionale Differenzen und Gemeinsamkeiten, in: Gerhard Paul/Klaus-Michael Mallmann: Die Gestapo. Mythos und Realität. Darmstadt 1995, S. 343-356.

Louis de **Jong**: Die deutsche Fünfte Kolonne im Zweiten Weltkrieg. Stuttgart, DVA, 1959.

Matthew **Josephson**: Robber Barrons. The Great American Capitalists 1861-1901. New York, Harcourt, Brace & Co, 1934.

Wolf **Kalz**: Ein deutsches Requiem.Vom Aufstieg Preußens zum Niedergang der Republik. Nachdruck, Neustadt an der Orla, Arnshaugk, 2011.

Peter **Kamber**: Geheime Agentin. Roman. Berlin, Basisdruck, 2010; ** Anm. www geheimeagentin.de [Abruf: März 2010].

Theodore N[ewman] **Kaufman**: Germany Must Perish. New Wark/New Jersey, Argyle Press, 1941.

Vernon **Kellogg**: Herbert Hoover. The Man and his Work. New York/London, D. Appleton & Co, 1920.

Robert F. **Kennedy**: Why the Arabs don't want us in Syria, They don't hate 'our freedoms.' They hate that we've betrayed our ideals in their own countries – for oil. Politico Magazin vom 22.2.2016.

Ian **Kershaw**: Hitlers Freunde in England. Lord Londonderry und der Weg in den Krieg. München, DVA, 2005.

Louis C. **Kilzer**: Churchill's Deception. The Dark Secret that Destroyed Nazi Germany. New York/London/Toronto, Simon & Schuster, 1994.

Warren F. **Kimball**/Bruce Bartlett: Roosevelt and Prewar Commitments to Churchill. The Tyler Kent Affair. Diplomatic History 4/1981, S. 291-311; ** Wheel within a Wheel. Churchill, Roosevelt and the Special Relationship., in: Robert Blake/William Roger Louis (Hg.): Churchill. New York, Norton, 1993.

Charles P. **Kindleberger**: The World in Depression, 1929-1939. New York, Penguin Books, 1987.
Robert **Knauss**/Fa. Hugo Junkers: Die deutsche Luftflotte. Dessau, Junkers, Mai 1933.
Phillip **Knightley**: Die Geschichte der Spionage im 20. Jahrhundert. Aufbau und Organisation, Erfolge und Niederlagen der großen Geheimdienste. [Ost]-Berlin, Verlag Volk und Welt, 1990.
Karl **Köhler**/Karl-Heinz Hummel: Die Organisation der Luftwaffe 1933-1939, in: MGFA: Deutsche Militärgeschichte, Bd. 4, S. 501-579.
Daniel **Koerfer**: Diplomatenjagd. Joschka Fischer, seine Unabhängige Kommission und Das Amt. Potsdam, Strauss Edition, 2013.
Kurt **Koszyk**: Gustav Stresemann. Der kaisertreue Demokrat. Eine Biografie. Frankfurt am Main/Wien, Kiepenheuer & Witsch, o.J. [ca. 1991].
Helmut **Krausnick**: Legenden um Hitlers Außenpolitik, VjZ 3/1954, S. 217-239.
Franz **Kurowski**: Deutsche Kommandotrupps 1939-1945. Brandenburger und Abwehr im weltweiten Einsatz. Stuttgart, Auto Motor Sport, 2000.
Peter **Kurth**: American Kassandra. The Life of Dorothy Thompson. Boston/Totonto/London, Little, Brown & Co, 1990.
Richard **Lamb**: Churchill as War Leader. New York, Caroll & Graf, 1991.
J.R. **Levien**: Anatomy of a Crash, 1929. New York, Traders Press, 1966.
Cleona **Lewis**: America's Stake in International Investments. Washington, Brookings Institution, 1938.
[Basil Henry] **Liddell Hart**: Geschichte des Zweiten Weltkriegs. 6. Aufl., Wiesbaden, Fourier, 1985.
Anne Lene **Lie**: Gåten Marina. Hitlers spion i norske ballettsko. Aschehoug Forum, 2000.
Charles A[ugust] **Lindbergh** [sen.]: Why is your Country at War and What Happens to You after the War and Related Subjects. Washington D.C., National Capital Press, 1917; * Economic Pinch. Costa Mesa/California, Noontide Press, 1923, reprinted 1989.
Louis P. **Lochner**: What about Germany? New York, Dodd, Mead & Co, 1942.
R[obert] H. Bruce **Lockhart**: Giants cast long Shadows. London, Putnam, 1960.
Alfred D. **Low**: The Anschluss Movement 1918-1919 and the Paris Conference. Philadelphia, American Philosophical Society, 1974.
Igor **Lukes**: Espionage. A lot`s game, no more. Boston University Library. www bu.edu/archives [Abruf: 22.6.2009]
Thomas E. Mahl: Desperate Deception. British Covered Operations in the United States 1939-44. Washington D.C., Brassey's, 1998.
Anthony **Masters**: The Man who was M. The Life of Maxwell Knight. The Real-Life Spymaster who inspired Ian Fleming. London, Graffton Books, 1986.

Igor-Philip **Matić**: Edmund Veesenmayer. Agent und Diplomat der nationalsozialistischen Expansionspolitik. (Zugleich Diss. München 2000). München 2002.

Christof **Mauch**: Schattenkrieger gegen Hitler. Das Dritte Reich im Visier der amerikanischen Geheimdienste 1941-1945. Stuttgart, DVA, 1999.

Georg J.E. **Mautner Markhoff**: Major Emil Fey. Heimwehrführer zwischen Bürgerkrieg, Dollfuß-Mord und Anschluss. Graz/Stuttgart, Stocker, 2004.

Walter A. **McDougall**: Promised Land – Crusader State. The American Encounter with the World since 1776. Boston/New York, Houghton Mifflin, 1997.

Gerard **Menuhin**: Tell the Truth and Shame the Deviel. As told to the Author by a little old Man in a Plaid Shirt.Washington D.C., The Barnes Review, 2015.

Militärgeschichtliches Forschungsamt [MGFA] (Hg.): Die Entwicklung der Militärischen Luftfahrt in Deutschland 1920-1933. Planung und Maßnahmen zur Schaffung einer Fliegertruppe in der Reichswehr, in: Die Generalstäbe in Deutschland 1871-1945. Aufgaben in der Armee und Stellung im Staate, Band 3. Stuttgart 1962; ** Das Deutsche Reich und der Zweite Weltkrieg. Bd. 1: Ursachen und Voraussetzungen der deutschen Kriegspolitik. Stuttgart 1979; ** Bd. 2: Die Errichtung der Hegemonie auf dem europäischen Kontinent. Stuttgart 1979.

Otto E. **Moll**: Die deutschen Generalfeldmarschälle 1935-1945. Rastatt/Baden, Pabel, 1961.

Roger **Moorhouse**: Attentate auf Hitler. Die Attentäter, die Pläne und warum sie scheiterten. Lizenzausgabe, Augsburg, Weltbild, 2009.

George **Morgenstern**: Pearl Harbor. The Story of the Secret War. Old Greenwich/Connecticut, Devin Adair, 1947; ** The Actual Road to Pearl Habor, in: Barnes: Perpetual War, S. 315-406.

Friedrich **Muckermann**: Tragödie Danzig. Nachdruck aus den Danziger Neuesten Nachrichten 1931, in: Bund der Danziger (Hg.): Danziger Hauskalender 1982. Klausdorf/Schwentine 1981.

Eustace **Mullins**: Federal Reserve Conspiracy. Union/New Jersey, Chistian Educational Association, 1954; ** The World Order. A Study in the Hegemony of Parasitism. Staunton/Virginia, Ezra Pound Institute, 1985; ** Secrets of the Federal Reserve. The London Connection. O.O., o.J. http://arcticbeacon.com/books/Eustace_Mullins-SECRETS_of_the_Federal_Reserve_Bank.pdf [Kopie im Archiv d. Verf.].

L[ewis] B[ernstein] **Namier**: Diplomatisches Vorspiel 1938-1939. Berlin, Oswald Arnold, 1949.

Francis **Neilson**: The Makers of War. Appleton/Wisconsin, C.C. Nelson Publishing Comp., 1950.

William L. **Neumann**: How American Politcy toward Japan Contributed to War in the Pacific, in: Barnes Perpetual War, S. 231-268.
Allan **Nevins**: Geschichte der USA. Bremen, Schünemann, 1967.
Robert **Nisbet**: Roosevelt and Stalin. The Failed Courtship. Washington/D.C., Regnery, 1988.
Louis **Nizer**: What to do with Germany. 2. Aufl., Chicago/New York, Ziff Davis, 1944.
N.N. [Willi Münzenberg (Hg.)]: Das Braune Netz. Wie Hitlers Agenten im Auslande arbeiten und den Krieg vorbereiten. Paris, Edition du Carrefour, 1935; ** The Brown Network. The Activities of the Nazis in Foreign Countries. Introduction by William Francis Hare, Earl of Listowel. New York, Knight Publications, 1936.
N.N. [National Counter Intelligence Center (Hg.)]: Ohne Titel [CI = Counter Intelligence]. 4 als pdf publizierte Kapitel. O.O., o.J. [ca. 2009].
Albert Jay **Nock**: The Myth of a Guilty Nation. [urspr. New York, Hubsch, 1922], Auburn/Alabama, Mises Institute, 2011.
Ernst **Nolte**: Der Europäische Bürgerkrieg 1917-1945. 6. Aufl., München, Herbig, 1997.
Rainer **Orth**: Der SD-Mann Johannes Schmidt. Der Mörder des Reichskanzlers Kurt von Schleicher? Der Sicherheitsdienst der SS und der 30. Juni 1934. Berlin 2011. Ms. im Besitz des Verf.
Robert L. **Owen**: The Russian Imperial Conspiracy. 1892-1914. New York, Albert & Charles Boni, 1927.
Henry **Picker**/Heinrich Hoffmann: Hitlers Tischgespräche im Bild. Hg. von Jochen von Lang. Stuttgart/Hamburg, Deutscher Bücherbund, o.J.
Lynn **Picknett**/Clive Prince/Stephen Prior: Double Standarts. The Rudolf Hess Cover-up. London, Little, Brown & Co, 2001.
Ernst **Pieper**: Alfred Rosenberg. Hitlers Chefideologe. München, Blessing, 2005.
Chapman **Pincher**: Their Trade is Treachery. Revised Edition. Bantam 1982.
Vladimir **Poliakov**: Germany in Europe. London, Selwin & Blount, 1927 [Erstausgabe unter dem Ps. Augur]; ** A Bulwark of Democracy. London/New York, Appleton & Co, 1931; ** The Polish Corridor. The Facts. London, Printed Privately, 1934.
Bernard **Porter**: Plots and Paranoia, A History of Political Espionage in Britain 1790-1988. London, Routlege, 1996.
E[dward] Alexander **Powell**: Thunder over Europe. New York, Ives Washburn, 1931.
Guido Giacomo **Preparata**: Conjuring Hitler. How Britain and America made the Third Reich. London/Ann Arbor, Pluto Press, 2005.
Friedrich **Prinz** (Hg.): Deutsche Geschichte im Osten Europas. Böhmen und Mähren. Berlin, Siedler, 1993.

Ursula **Prutsch**/Klaus Zeyringer: Die Welten des Paul Frischauer: Ein „literarischer Abenteurer" im historischen Kontext. Wien-London-Rio-New York-Wien. Wien/Köln, Böhlau, 1997.

Caroll **Quigley**: Tragedy and Hope. A History of the World in Our Time. 2. Aufl., Los Angeles/California, Wm. Morrison, 1974; ** The Anglo-American Establishment. From Rhodes to Cliveden. New York, Books in Focus, 1981.

John Bell **Rae**: American Automobile Manufacturers. Philadelphia, Cilton Co., 1959.

Michael **Rademacher**: Promotion www.verwaltungsgeschichte .de [Abruf: 24.3.2011].

Ralph **Raico**: Great Wars and Great Leaders. A Libertarian Rebuttal. Auburn, Ludwig von Mises Institute, 2010; ** Rethinking Churchill. Auburn, Mises Institute, 2008, www. mises.org/library/rethinking-churchill.

John **Ramsden**: Man of the Century. Winston Churchill and his Legend since 1945. London, Harper Collins, 2002.

Eric **Rauchway**: The Great Depression & The New Deal. A Very Short Introduction. 2008, Oxford University Press, 2008.

Lee **Richards**: The Day is comming. British aerial propaganda to Germany 1940 -1944. www psywar.org/psywar/reproductions/day.pdf 1996-2003 [Abruf: 30.12.2011].

*** [i.e. Hans **Ritter**]: Kritik des Weltkrieges. Des Erbe Moltkes und Schlieffens im Großen Krieg. Von einem Generalstäbler. Leipzig, F.K. Koehler, 1921.

Gerhard **Ritter**: Carl Goerdeler und die deutsche Widerstandsbewegung. Stuttgart, DVA, 1954.

Andrew **Roberts**: The Holy Fox. A Life of Lord Halifax. London, Orion, 1997.

Helmut **Roewer**: Skrupellos. Die Machenschaften der Geheimdienste in Russland und Deutschland 1914-1941. Leipzig, Faber & Faber, 2004; ** Die Rote Kapelle und andere Geheimdienstmythen. Spionage zwischen Deutschland und Russland im Zweiten Weltkrieg 1941-1945. Graz, Ares, 2010; * Kill the Huns – Tötet die Hunnen. Graz, Ares, 2014; ** Lesen im geheimdienstlichen Kaffeesatz. Der Venlo-Zwischenfall. Ein Versuch, in: Schmidt: Spionage, Betrüger, Geheimoperationen, S. 245-265; ** Unterwegs zur Weltherrschaft. Warum England den Ersten Weltkrieg ausloste und Amerika ihn gewann. Zürich, Scidinge Hall, 2016.

Jürgen **Rogalla von Bieberstein**: „Jüdischer Bolschewismus". Mythos & Realität. Graz, Ares, 2010.

Olaf **Rose**/Michael Friedrich Vogt: Geheimakte Hess. 2004.

Murray N. **Rothbard**: America's Great Depression. Princeton/NY, Van Nostrand, 1963; ** Wall Street, Banks and American Foreign Policy. 2. Aufl., Auburn/Alabama, Mises Institute, 2011; ** War Collectivisms. Power, Business, and Intulectual Class in World War I. Auburn, Mises Institute, 2012.

Hans **Rothfels**: Opposition gegen Hitler. Frankfurt am Main, S. Fischer, 1958.
Wilhelm **Rott**: Die tschechoslowakische Armee 1918-1929. www giesshuebel.de/951armee.htm [Abruf: 24.3.2011].
Michael **Salewski**: Die bewaffnete Macht im Dritten Reich 1933-1939; in: MGFA: Deutsche Militärgeschichte, Band 4, S. 13-287.
Frederic R. **Sandborn**: Roosevelt is Frustrated in Europe, in: Barnes: Perpetual War, S. 187-229.
Craig E. **Saucier**: Mr. Kerr goes to Washington. Lord Lothian and the Genesis of the Anglo-American Alliance 1939-1940. Phil. Diss. Lousiana State University 2008.
Stefan **Scheil**: Churchill, Hitler und der Antisemitismus. Die deutsche Diktatur, ihre politischen Gegner und die europäische Krise 1938/39. 2. Aufl., Berlin, Duncker & Humblot, 2009.
Richard von **Schirach**: Die Nacht der Physiker. Heisenberg, Hahn, Weizsäcker und die Bombe. Berlin, Berenberg, 2012.
Erwin A. **Schmidl**: Der „Anschluss" Österreichs. Der deutsche Einmarsch im März 1938. Bonn, Bernhard & Graefe, 1994.
Jürgen W. **Schmidt** (Hg.): Geheimdienste. Militär und Politik in Deutschland. 4. Aufl., Ludwigsfelde, Ludwigsfelder Verlagshaus, 2012; hierin ** Zum deutsch-polnischen Verhältnis zwischen den beiden Weltkriegen. Nationalitätenkampf, Spionage und Agentenaustausche, S. 268-315; **(Hg.) Spionage, Betrüger, Geheimoperationen. Fallstudien und Dokumente aus 275 Jahren Geheimdienstgeschichte. Berlin, Verlag Dr. Köster, 2015.
Caspar von **Schrenck-Notzing**: Charakterwäsche. Die Re-education der Deutschen und ihre bleibenden Auswirkungen. Erweiterte Neuausgabe, 3. Aufl., Graz, Ares, 2010.
Gerd **Schultze-Rhonhof**: Der Krieg, der viele Väter hatte. Der lange Anlauf zum Zweiten Weltkrieg. 7. Auf., München, Olzog, 2012.
Ferdinand **Seibt**: Deutschland und die Tschechen. Geschichte einer Nachbarschaft in der Mitte Europas. 2. Aufl. München, Piper, 1995.
Michael S. **Sherry**: The Rise of American Airpower. The Creation of Amageddon. New Haven, Yale University Press, 1987.
J[ames] M[olony] **Spaight**: Bombing Vindicated. London, Geoffrey Bles, 1944.
David **Stafford**: Churchill and Secret Service. London, Overlook Books, 1997.
Rolf **Steininger**: Südtirol im 20. Jahrhundert. Vom Leben und Überleben einer Minderheit. 3. Aufl., Innsbruck/Wien/München/Bozen, Studien Verlag, 2004.
Alexander **Stephan**: Im Visier des FBI. Deutsche Exilschriftsteller in den Akten amerikanischer Geheimdienste. Berlin, Aufbau, 1998.
Lawrence D. **Stokes**: Secret Intelligence and Anti-Nazi Resistance. The Mysterious Exile of Gottfried Reinhold Treviranus. The International History Re-

view 1/2006, S. 42-93.
Wolfgang **Stresemann**: Mein Vater Gustav Stresemann. München, Herbig, 1992.
Rudolf **Ströbinger**: A/54. Spion mit drei Gesichtern. München, List, 1965.
Charles Callan **Tansill**: The United States and the Road to War in Europe, in: Barnes: Perpetual War, S. 77-186; ** Japanese-American Relations 1921-1941. The Pacific Back Road to War, in: ebd., S. 269-313; ** Back Door to War. The Roosevelt Foreign Policy 1933-1945. Westport Connecticut, Greenwood Press, 1975.
A.J.P. **Taylor**: Origins of the Second World War. 1961, o.O. jrbooksonline.com/ PDF_ Books/Origins_Second_World_War.pdf [pdf-Fassung im Archiv des Verf.].
Richard **Toye**: Churchill's Empire. The World that made him and the World he made. London, Pan Books, 2011.
Thomas **Urban**: Der Verlust. Die Vertreibung der Deutschen und Polen im 20. Jahrhundert. München, Beck, 2006.
Freda **Utley**: Kostspielige Rache. The High Cost of Vegeance. Tübingen, Verlag Franz Schlichtenmayer, 1952.
Sir Robert **Vansittart**: The Black Record. Germans Past and Present. London, Hamish Hamilton, 1941.
Frederick J.P. **Veale**: Advance to Barbarism. The Development of Total Warfare From Serajevo to Hiroshima. Word-Datei [vermutlich Kopie von: Frederick J.P. Veale: Advance to Barbarism. How the Reversion of Barbarism Warfare and War-trials Menaces our Future. Appleton/Wisconsin 1953], in: www jrbooksonline.com/DOCs/Advance_to_Barbarism.doc [Abruf: 31.8.1011, Kopie im Besitz des Verf.].
Etienne **Verhoeyen**: Vorspiel und Folgen des Venlo-Zwischenfalls 1939. Das Informationsnetz um Hans Ebeling und Theo Hespers, in: Schmidt: Spionage, Betrüger, Geheimoperationen, S. 227-245.
Gore **Vidal**: Screening History. Cambridge/Mass., Harvard University Press, 1992; ** Perpetual War For Perpetual Peace. How We Got To Be So Hated. New York, Thunder's Mouth Press, 2002; ** The Golden Age. Vintage, 2001; ** *Imperial America. Reflections on the United Staes of America. New York, Claire View, 2004.*
C. Paul ***Vincent**:* The Politics of Hunger. Allied Blockade of Germany, 1915-1919. Athens/Ohio, Ohio University Press, 1985.
Donald Cameron **Watt**: Succeeding John Bull. America in Britain's Place 1900-1975. Cambridge 1984.
Gordon **Welchman**: The Hut Six Story. Breaking the Enigma Codes. New York, McGraw Hill, 1982.

John **Wheeler-Bennett**: Brest-Litovsk: The Forgotten Peace, March 1918. London, W.W. North & Co, 1971 [Erstveröffentlichung 1938]; ** The Nemesis of Power. German Army in the Politics 1918-1945. London, Palgrave Macmillan, 1953; ** King George VI. His Life and Reign. New York, St. Martin's, 1958.
Elizabeth **Wiskemann**: Czechs and Germans. A Study of the Struggles in the Historic Provinces of Bohemia and Moravia. Oxford University Press, 1938; ** Undeclared War. London, Constable, 1939.
Rainer **Wohlfeil**: Heer und Republik, in: MGFA: Deutsche Militärgeschichte Bd. VI, S. 11-303.
Thierry **Wolton**: La France sous influence. Paris-Moscou. 30 Ans de Relations Secrétes. Paris, Grasset, 1997.
Dorothy **Woodman** (Hg.): Hitlers Luftflotte startbereit. Enthüllungen über den tatsächlichen Stand der Hitlerschen Luftrüstungen. Paris, Edition du Carrefour, 1934.
Manfred **Zeidler**: Reichswehr und Rote Armee 1920-1933. Wege und Stationen einer ungewöhnlichen Zusammenarbeit. 2. Aufl. München, Oldenbourg, 1994.
Christian **Zentner**: Der Kriegsausbruch. 1. September 1939. Daten, Bilder Dokumente. Frankfurt am Main/[West-]Berlin/Wien, Ullstein, 1979.
Kurt **Zentner**: Illustrierte Geschichte des Zweiten Weltkrieges. 12. Aufl. München, Südwest Verlag, 1976.
Maxim **Ziese**/Hermann Ziese-Beringer: Generäle, Händler und Soldaten. Ein Totentanz der Tatsachen um die von Gegenüber. Berlin 1930.

Handbücher, Nachschlagewerke

Brockhaus Enzyklopädie in 20 Bänden. Wiesbaden, Brockhaus Verlag, 1973.
Peter **Knight** (Hg.): Conspiracy Theories in American History An Enzyklopedia. Bd. 1, A-L. Santa Barbara/California, ABC-Clio, 2003.
A[lexander] I. **Kolpakidi**: Enziklopedija Wojennoj Raswjedki Rossii. Moskwa 2004.
Wilhelm **Kosch**: Biografisches Staatshandbuch. Lexikon der Politik, Presse und Publizistik. 2 Bde. [fortlaufend pag.]. Bern/München, Franke, 1963.
Militärgeschichtliches Forschungsamt (Hg.): Deutsche Militärgeschichte 1648-1939 in sechs Bänden. Begründet von Hans Meier-Welcker. Projektleitung und Gesamtredaktion Gerhard Papke und Wolfgang Petter. Hersching 1983.
Pschyrembel: Klinisches Wörterbuch. 260. neubearbeitete Aufl., Berlin/New York, de Gruyter, 2004.

Werner **Röder**/Herbert A. Strauss (Leitung und Bearbeitung): Biographisches Handbuch der deutschsprachigen Emigration nach 1933. München/New York/London/Paris, K.K. Saur, 1980.

Helmut **Roewer**/Stefan Schäfer/Matthias Uhl: Lexikon der Geheimdienste im 20. Jahrhundert. München, Herbig, 2003.

Robert **Wistrich**: Wer war wer im Dritten Reich. Anhänger, Mitläufer, Gegner aus Politik, Wirtschaft, Militär, Kunst und Wissenschaft. München, S. Fischer, 1983.

Auskünfte, Hinweise, Hilfestellungen, pp.

Hans Ulrich *Abshagen*, Berlin: Schriftliche Auskunft zu Wolfgang Abshagen. Hartmut Arps: Mündliche und schriftliche Hinweise und Durchführung von Recherchen, das Büro Jahnke und dessen Mitarbeiter betreffend. Alan M. *Brillouet*, Bremen: Schriftliche Auskünfte zum anglo-amerikanischen Forschungsstand der 1930/40-er Jahre und zu seinen eigenen einschlägigen Recherchen sowie Mithilfe bei der Entzifferung, Übersetzung und Einschätzung von diversen schriftlichen Quellen und zur Venona-Entschlüsselung. Svetlana *Chervonnaya*, Moskau: Schriftliche Auskünfte zu ihren russisch-amerikanischen Forschungen. Thomas *Dunskus*, Pfaffenhofen: Kritische Durchsicht des Manuskripts. Peter *Hillebrand*, Iserlohn: Wertvolle Ergänzungen zu meiner Bibliothek. Peter *Kamber*, Berlin: Schriftliche Auskünfte, insbesondere Recherchen zum Roman *Geheime Agentin* betreffend. Vitalij *Krjukow*, Kiew: Schriftliche Auskünfte zur russischen Literatur. Igor *Lander*, Odessa: Schriftliche Auskünfte, die eigenen Forschungsergebnisse zum Zweiten Weltkrieg betreffend. Jiři *Pelikan*: Interview mit dem Verfasser am 3.4.1997 in Berlin über die deutsche Besatzung in der ČSR. Hans *Pfeifer*, Berin: Auskünfte, betreffend seinen Vater Heinrich Pfeifer. Rainer *Orth*, Berlin: Schriftliche Auskünfte, betreffend den Forschungsgegenstand des Röhmputsches, sowie Hilfe bei der Beschaffung von Quellen. Dr. Jürgen W. *Schmidt*, Berlin: Auskünfte zu Archivrecherchen und Überlassung von Manuskripten. Heiko *Suhr*, Großefehn: Archivrecherchen und Auskünfte zu seinen Forschungsarbeiten, Wilhelm Canaris betreffend. Dr. Matthias *Uhl*, Moskau: Schriftliche und mündliche Auskünfte zum russischen Forschungsstand des Zweiten Weltkriegs. Thomas *Urban*, vormals Warschau: Mündliche und schriftliche Auskünfte, betreffend die polnische öffentliche Diskussion zum Kriegsausbruch 1939. Prof. Dr. Michael Friedrich *Vogt*, Leipzig: Auskünfte zu Recherchen, Rudolf Heß betreffend. Dr. Ingmar *Werneburg*: Verlegerische Betreuung. Joachim *Werneburg*, Weimar: Hinweise und Diskussionen zur deutschen Geistesgeschichte des 19. und 20. Jahrhunderts. Allen Vorgenannten sei gedankt, hoffentlich habe ich niemanden vergessen.

Abkürzungen

AA	Auswärtiges Amt
AA PA	Auswärtiges Amt-Politisches Archiv
a.a.O	an angegebenem Ort
abgdr.	abgedruckt
Abt.	Abteilung
ADAP	Akten zur deutschen auswärtigen Politik
A.P.A.	Außenpolitisches Amt der NSDAP
Arch.	Archiv
Art.	Artikel
Aufz.	Aufzeichnung
BA	Bundesarchiv
BA MA	Bundesarchiv Militärarchiv
Bd.	Band
BDFP	British Documents on Foreign Policy
Beisp.	Beispiel/Beispiele
Bl.	Blatt
Botsch.	Botschaft/Botschafter
brit.	britisch
CFR	Councel on Foreign Relations
CHAR	Churchill Archive Center
ČSR	Tschechoslowakei
Dep.	Department
ders.	derselbe
Dipl.	Diplomatisch
Doc.	Document
Dok.	Dokument
dt.	deutsch
Dtl.	Deutschland
ebd.	ebenda
engl.	englisch
Erkl.	Erklärung
Faks.	Faksimile
FO	Foreign Office
Frkr.	Frankreich
frz.	französisch
FSB	Federalnaja Slushba Besopasnosti = (russischer) Föderaler Sicherheitsdienst

GB	Großbritannien
Gen-Konsul	Generalkonsul
GenSt.	Generalstab
GenStCh.	Generalstabschef
Hg.	Herausgeber
IfZ	Institut für Zeitgeschichte
IMG	Internationaler Militärgerichtshof
IMT	International Military Tribunal
insb.	insbesondere
Jh.	Jahrhundert
KTB	Kriegstagebuch (der Wehrmacht)
Memo.	Memorandum
MGFA	Militärgeschichtliches Forschungsamt
MGM	Militärgeschichtliche Mitteilungen
MI5	Military Intelligence 5 (brit. Inlandsdienst)
MI6	Military Intelligence 6 (brit. Auslandsdienst)
Min.	Minister/Ministerium
MinPräs.	Ministerpräsident
m.w.N.	mit weiteren Nachweisen
NA	National Archives (USA)
NKGB	Narodnyj Kommissariat Gosudarstwennoj Besopastnosti = (sowj.) Volkskommissariat für Staatssicherheit
NKWD	Narodnyj Komissariat Wnutrennich Del = (sowj.) Volkskommissariat für Innere Angelegenheiten
N.N.	nomen nescio (den Namen weiß ich nicht)
NSDAP	Nationalsozialistische Deutsche Arbeiterpartei
NYT	New York Times
OB	Oberbefehlshaber
OGPU	Objedinennoje gosudarstwennoje polititscheskoje uprawlenije = Vereinigte Staatliche Verwaltung (sowj. Staatssicherheitsbehörde)
o.J.	ohne Jahresangabe
OKW	Oberkommando der Wehrmacht
o.O.	ohne Ortsangabe
OSS	Office of Strategic Studies
Pg.	Parteigenosse
poln.	polnisch
Ps.	Pseudonym
PWE	Political Warfare Executive
RAF	Royal Air Force
RIIA	Royal Institute of International Affairs

RSHA	Reichssicherheitshauptamt
RundErl.	Runderlaß
SD	Sicherheitsdienst (des Reichsführers SS)
SOE	Special Operations Executive
StS	Staatssekretär
Tgb.	Tagebuch
TNA	The National Archives (GB)
u.a.	und andere
Übers. d. Verf.	Übersetzung des Verfassers
Verf.	Verfasser
VjZ	Vierteljahreshefte für Zeitgeschichte
zit./Zit.	zitiert/Zitat

Anmerkungen

[1] www.historisches-lexikon-bayerns.de/Lexikon/Hitlerputsch,_8./9._November_1923.

[2] Der Vorgang ist geschildert bei Churchill: Gathering Storm, S. 70 f.; zur Planung von Churchills Lecturing-Reise vgl. Briefverkehr mit der Agentur Gerald Christy, London, in CHAR1/405/4-13.

[3] Aus der Vielzahl der Fälle mag das Verschwindenlassen der sog. Lahousen- und Canaris-Tagebücher aus den Gerichtsunterlagen als Beispiel dienen. Der Vorgang ist dokumentiert in IfZ: ZS/A 13 (Abwehr), dort vor allem S. 144 und 151 der pdf-Seitenzählung.

[4] IMT, Bd. 25, engl. Fassung, S. 402-413; in diesem Dokument geht es dezidiert um die deutschen Interessen in Österreich und in der Tschechoslowakei. Vor allem geht es auch darum, daß Hitler zum Ausdruck bringt, keine weitergehenden außenpolitischen Interessen zu haben.

[5] Zur Herstellung und zum Weg des sog. Hoßbach-Protokolls eingehend Tailor: Origins, S. 7 f. (pdf): *a hot potato* (eine heiße Kartoffel); siehe auch ausführlich bei Schultze-Rhonhof: Der Krieg, S. 344-351.

[6] Zum Beleg dessen mag der Umstand dienen, daß die Sowjetunion zwar an der Währungs- und Finanzkonferenz von Bretton Woods 1944 teilnahm, aber deren Schlußdokument nicht ratifizierte, womit sie Weltbank und Internationalem Währungsfonds fernblieb.

[7] Statement vom 3.3.1921, zit. nach Nock: Myth of Guilty, S. 8; Übers. d. Verf.

[8] Die Geschichte dieser Verstrickung habe ich in Unterwegs, Bd. 1, S. 133-167, geschildert.

[9] Baden: Erinnerungen, S. 352, dort auch der Text der Note.

[10] Vgl. die Tabelle über den Anstieg der Reingewinne von 1914 über 1915 nach 1916 für amerikanische Konzerne bei Lindbergh: Why is your country at war, S. 206 f., z.B. die Pulverfabrik E.I. Du Pont: 1914=4.831.793 $, 1915=57.257.308 $, 1916=82.107.693 $; siehe auch Report of the Federal Trade Commission, S. 29: hiernach waren die Profite gemessen am eingesetzten Kapital bei der Stahlindustrie für 1917 wie folgt: Bethlehem Steel 43%, Jones and Laughlin Steel 47%, Colt's Patent Fire Arms 64%, Savage Arms 65%.

[11] Josephson: Robber Barrons, Foreword 1962, S. 1 f.

[12] Es gehört zu den grimmigen Scherzen der Geschichtsschreibung, Typen wie Kahn als Wohltäter der Menschheit zu feiern. So ausdrücklich N.N.: Otto H. Kahn, Banker, Philanthropist, Dead, *NYT* vom 30.3.1934, ebenso amerikanischer wikipedia-Eintrag zu Kahn [Abruf: 15.4.2015].

[13] Durch die Produktionsdrosselung und anschließende Währungsmanipulationen verloren ca. 5 Mio. Arbeiter in den USA ihren Job, vgl. Lindbergh: Economic Pinch, S. 105.

[14] Um das sinkende Pfund zu stabilisieren erhielt J.P. Morgan von der brit. Regierung Mittel für Stützungskäufe im Werte von rund 4 Mrd. $. Als diese Art der Subventionierung bei Kriegsende aufhörte, brach das Pfund gegenüber dem Dollar ein, Helfferich: Geld, S. 247.

[15] *The Washington Times* vom 11. 9. 1915, S. 1: „Finance Leaders of Two Great Nations – J.P. Morgan and Lord Reading (Sir Rufus Isaacs)", wobei der Amerikaner Morgan als Finanzagent der brit. Reg. bezeichnet wird.

[16] GB veräußerte zur Kriegsfinanzierung Auslandsbesitzungen im Wert von 236 Mio £, Ferguson: Falscher Krieg, S. 249.

[17] *14 Punkte*-Rede Wilsons vor beiden Häusern des Kongresses am 8.1.1918, abgdr. in Lansing: Versailler Friedensverhandlungen, S. 235-237.

[18] Unterwegs, Bd. 1, S. 189-198.

[19] Offen eingeräumt vom vormaligen US-Außen-Min. Lansing: War Memoirs, S. 127 f.

[20] Z.B. Präsidentenberater „Oberst" House: „Gott hat ihn [Wilson] ausgesucht, um große Dinge zu tun", zit. nach McDougall: Promised Land, S. 127.

[21] Als Baruch Jahre später vor dem Nye-Commitee des Kongresses nach seinem Beruf gefragt wurde, antwortete er am 13.9.1937: Speculator (Spekulant). Dieses menschenfreundliche Tun hatte ihm im Ersten Weltkrieg allein im Kupfergeschäft einen Gewinn von 50 Mio. $ eingebracht.

[22] Die Dulles-Brüder waren Neffen des US-Außen-Min. Lansing. Mit in Paris war der Schwiegersohn von „Colonel" House, Gordon Auchinclos, Direktor der Chase National Bank. Wall Street war unter sich, Mullins: World Order, S. 46-50 (pdf), jedoch ohne detaillierte Nachweise.

[23] In der negativen Beurteilung ähnlich Kennedy: Why the Arabs don't want us, 1. Abschnitt.

[24] So bei Preparata: Conjuring Hitler, S. 75; aus House: Intimate Papers, Bd. 4, S. 343, ergibt sich indessen, daß Dulles zunächst auf dem Einhalten der 14 Punkte bestand.

[25] Breit dargestellt bei Quigley: Tragedy, S. 272-286, wobei er die frz. Vorstellungen, Dtl. restlos zu zerschlagen, als zielführend bezeichnet. Aber auch ders.: Establishment, S. 147, wo die brit. Position der Round-Table-Gruppe geschildert wird, wonach die frz. Forderungen zum Kollaps der dt. Demokratie führen müßten.

[26] Churchill: Gathering Storm, S. 22 f.

[27] Zum Gegensatz zwischen Premier Lloyd George und dem Macher in der brit. Politik, Lord Milner, Lockhart: Diplomat, S. 30-35.

[28] Z.B. Bailey: Wilson, S. 240: Durch seine Ignoranz verdreifachte Wilson die Rechnung, die Dtl. zu bezahlen hatte.

[29] Zu diesem Zweck hatten ihm die Geldleute der Wall Street einen Pool junger Akademiker mit der Bezeichnung *The Inquiry* attachiert, vgl. Grose: Inquiry, S. 1-8.

[30] Zur verschärften Blockade nach dem Waffenstillstand z.B. *Vossische Zeitung* vom 16.3.1919; auch Utley: Rache, S. 9.

[31] Die offizielle brit. Untersuchung durch den Historiker Bell: Blockade, 1921 abgeschlossen, aber erst 1937 für den Dienstgebrauch gedr., nennt folgende Todeszahlen: 1914-18 760.000, davon 1918 300.000, zuzüglich 250.000 in der Zeit vom Waffenstillstand bis Juli 1919.

[32] Vgl. die in New York erscheinende Zeitschrift *American* vom 24.6.1924. Anlaß des Interviews war der im selben Jahr verabschiedete Dawes-Plan.

[33] Z.B. N.N.: Starving Children, in der Melbourner Tageszeitung *The Argus* vom 30.12.1919, S. 4, wo über die Ergebnisse einer Geldsammlung berichtet wird, la.gov.au/newspaper/article/4628662.

[34] Zusammengefaßt dargestellt bei Vincent: Politics of Hunger.

[35] Lansing hatte sich bereits Anfang 1915 festgelegt, daß nur ein Kriegseintritt die Interessen der USA wahren würde, Boghardt: Zimmermann Telegram, S. 110.

[36] Da man sich in Versailles über die Höhe der Zahlungen nicht einig werden konnte, wurde das Problem auf die Londoner Schuldenkonferenz von 1921 vertagt. Die legte den utopischen Betrag von 132.000.000.000 Goldmark fest.

[37] Zur Anhäufung von Gold in Frankreich in den 1920-er Jahren, Mullins: Federal Reserve, S. 97.

[38] Im Gegensatz zu den offiziellen Angaben des CFR, auf denen die Gründungsangabe 1921 beruht, hat nach den Angaben von Quigley (Establishment, S. 182 f., 190 f.) die Gründung am 30.5.1919 im Pariser Hotel *Majestic* auf Anregung engl. Round-Table-Leute stattgefunden. Die Amerikaner aus der Inquiry-Gruppe seien durchweg Angestellte von J.P. Morgan gewesen. Hierzu auch und zur Verknüpfung mit den brit.-amerik. Finanzinteressen Rothbard: Wall Street, S. 31 f.

[39] Rothbard: Wall Street, S. 32; nach Quigley: Establishment, S. 183, stammte das Geld für die Gründung von J.P. Morgan und dessen Partnern.

[40] Unterwegs, Bd. 1, S. 115-125.

[41] Wie sich Lippmann vor dem Wehrdienst drückte, den er für andere forderte, Rothbard: War Collectivism, S. 88-92. Das in-Stellung-bringen von Lippmann durch den Morgan-Partner Willard Straight bei Rothbard, Wall

Street, S. 22. Nach Mullins: World Order, S. 46 (pdf) war Lippmann 1905 der Gründer des amerik. Zweigs der sozialistischen Fabian Society.

[42] Grose: Inquiry, S. 1-8. Hieraus entstammen zahlreiche Angaben über den CFR. Es stellt dessen *official history* dar und wurde von einem leitenden Angestellten der Organisation geschrieben.

[43] „...to make the world safe for democracy", Präs. Wilson am 2.4.1917 in einer Sitzung beider Häuser des Kongresses, vgl. historymatters.gmu.edu/d/4943 [Abruf: 19.2.2015]; die komplette Ansprache bei Link: Papers of Woodrow Wilson, Bd. 41, S. 525-527.

[44] Die einschlägige Diskussion in Vol. 95 (=4/2016) der *Foreign Affairs*, mit Schwerpunkt bei Larry Diamond: Democracy in Decline. How Washington Can Reverse the Tide, ebd., S. 151-160.

[45] Ich weiß, daß ich mich bei allen Heidegger-Fans in Verruf bringe, aber dessen Grundlagenwerk *Sein und Zeit* erschien nun mal 1927. Lassen wir es dabei.

[46] Bernays: Biography of an Idea. Memoirs of Public Relations Counsel, hier zit. nach The Conversation, http://theconversation.com/the-manipulation-of-the-american-mind-edward-bernays-and-the-birth-of-public-relations-44393 [Abruf: 14.9.2016].

[47] Quigley: Establishment, S. 182 f., 190 f.; ebenso Mullins: World Order, S. 49 (pdf), das Handbuch des CFR für 1936 zitierend. Nach Rothbard: Wallstreet, S. 25 f. bezog sich diese Gründung nur auf den brit. Teil der Organisation.

[48] Eine Liste der Gründer des RIIA findet sich bei Mullins: World Order, S. 50 (pdf); hierzu auch Quigley: Establishment, S. 182-184.

[49] Quigley: Establishment, passim; das Buch ist eine Beschreibung der personellen Zusammensetzung dieser Gruppen und ihres Einflusses auf die Politik. Den Schlußfolgerungen muß man nicht zustimmen, doch ist das Buch eine Fundgrube der persönlichen Beziehungen.

[50] Roosevelts Ex-Schwiegersohn, der Aktienhändler Curtis Dall: F.D.R., S. 93, hat später behauptet, der US-Präs. habe vom CFR seine Reden bezogen; er hat noch manch anderes behauptet.

[51] Auswahl und Entscheidung der Präsidentschaft durch Bankenoligarchen seit der Mitte des 19. Jh., Quigley: Tragedy, S. 71-77.

[52] Der Espionage Act von 1917 und der Sedition Act von 1918 ermöglichten eine Unterdrückung von abweichenden Meinungen zum Kriegskurs von Wilson, vgl. Raico: Great Wars, S. 38 f. m.w.N.

[53] Das US-Budget betrug vor dem Krieg ca. 1 Mrd. $ pro Jahr. Es wuchs während des Krieges auf ca. 1 Mrd. $ pro Monat an, die nicht durch Einnahmen gedeckt waren, also durch die Fed im Wege der Kreierung von Geld gedeckt werden mußten, vgl. Raico: Great Wars, S. 36.

[54] Untersuchungsausschuß 1918 zum Alkohol siehe US Senate: Brewing and Liquor Interests.

[55] Das Mundtotmachen Hardings mit Hilfe einer Erpressung, Unterwegs, Bd. 1, S. 163 f.; seine Geliebte wurde 1920 durch eine lange Europareise, finanziert aus der Parteikasse, aus dem Wege geräumt.

[56] Mit Ironie weist Raico: Great Wars, S. 42, darauf hin, es sei Meinungsumfragen unter amerik. Geschichts-Prof. zu danken, daß Harding ein schlechter Präsident war.

[57] Gilbert: 20. Jahrhunderts, Bd. 2, S. 123.

[58] So Churchill: Gathering Storm, S. 22 f., der in dieser Zeit brit. Schatzkanzler war.

[59] Zum Washingtoner Flotten-Abk., Diwald: Erben Poseidons, S. 317-321; wesentlich pointierter zum britischen Absturz Buchanan: Churchill, Hitler, S. 112-125; eher technisch ausgerichtet und das amerik. Dominieren vermeidend und zu den Folgekonferenzen, Quigley: Tragedy, S. 297-302.

[60] Roewer: Kill the Huns, S. 232-254.

[61] Owen zit. sich selbst in Russian Imperial Conspiracy, S. VII.

[62] Z.B. Fay: Origins.

[63] Zur Umorientierung der US-Geschichtsschreibung nach dem 1. Weltkrieg Barnes: Revisionism, S. 7-15.

[64] Zahlen nach Gilbert: 20. Jh., Bd. 2, S. 297.

[65] Statt vieler: Hirst: Wall Street; Kindleberger: World in Depression; Levien: Anatomy of a Crash.

[66] Eine bemerkenswerte Ausnahme findet sich bei Mullins: World Order, S. 89 f. (pdf); Mullins und seine Werke gelten als verschwörungstheoretisch, vgl. z.B. N.N.: Namensartikel bei en.wikipedia [Abruf: 11.12.2016]. Das wundert nicht, da Mullins' Bücher die gesamte neuzeitliche Geschichte als ein verschwiegenes Zusammenwirken einiger Bankiers-Familien deuten. Ders.: Federal Reserve Conspiracy, S. 81, behauptet, die Große Depression sei von Mitgliedern des Fed-Vorstands vorsätzlich herbeigeführt worden, um die US-Wirtschaft unter ihre Kontrolle zu bringen. Wie so häufig bei derartigen, durchaus stringent klingenden Bemerkungen, fehlt ein nachvollziehbarer Beweis.

[67] Vgl. Rae: American Automobile Manufacturers, S. 107 f.

[68] Ford: International Jew.

[69] Grundlegend Rogalla von Bieberstein: „Jüdischer Bolschewismus".

[70] Paul Warburg im Jahresbericht der International Acceptance Bank, zit nach Mullins: Federal Reserve, S. 97 f.; textgleich auch in *Financial Chronicles* vom 9.3.1929.

[71] Hierzu Unterwegs, Bd. 1, S. 111-120.

[72] House [of Representatives]: Congressional Record vom 23.5.1933, S. 4055, rechte Sp.-4058, linke Sp. Der Antrag wurde in der Sitzung nicht weiter behandelt.

[73] Zit. nach N.N.: Louis McFadden, en.wikipedia.org/wiki/Louis_Thomas_McFadden [Abruf: 26.10.2016], Übers. d. Verf., die dort angegebene Quelle ließ sich nicht verifizieren.

[74] *Southeast Missourian* vom 30.10.1936, S. 6.

[75] Vgl. Hamill: Strange Career, S. 151 f. US-Autoritäten bemühten sich, dieses Buch nach Erscheinen einzuziehen. Dementsprechend sind noch heute die einschlägigen Kommentare. In dem Lobpreisungsbuch von Kellogg: Herbert Hoover aus dem Jahre 1920 kommt Südafrika in den fraglichen Jahren nicht vor, sondern daß es eine schwierige Zeit mit weltweiten Aktivitäten war.

[76] Zu den überschneidenden Amtsgeschäften siehe z.B. Online Archive of California: Register of the Herbert Hoover Papers, Preface, oac.cdilb.org/findaid/ark:/13030/kt1h4nf2rd [Abruf: 9.9.2016].

[77] Ein paralleler Beutezug, der ein Flop wurde, fand kurz zuvor in Rußland statt. Hier raffte ein US-Stoßtrupp, getarnt als Rotes Kreuz, zusammen, was aufzufinden war, wobei man sich Fälschungen andrehen ließ, vgl. George Kennan: Sisson Documents, Journal of Modern History 6/1956, S. 130-154; Roewer: Kill the Huns, S. 401-403.

[78] Bereits hinsichtlich des Wahlvorgangs pflegt Hoover geschmäht zu werden, neuerdings z.B. Rauchway: Great Depression, S. 24 f.: Hoover sei gewählt worden, weil sein Gegenkandidat Katholik war.

[79] Gilbert: 20. Jh., Bd. 2, S. 297 f.

[80] Die Wahl endete mit 42:6 Bundesstaaten für Roosevelt, während die Wähler sich in 22:17 Millionen verteilten, vgl. zu den Zahlen Gilbert: 20. Jh., Bd. 2, S. 362.

[81] N.N.: Hoover Charges Roosevelt 'New Deal' Would Destroy Foundation of Nation; 22,000 Jam the Garden, 30,000 Outside, *NYT* vom 1.11.1932.

[82] Selbst seine Bewunderer haben auf das Lügen hingewiesen, so der Historiker Bailey: Presidential Greatness, S. 155, wo er die Kongreß-Abg. Claire Booth Luce zitiert: „Roosevelt log uns in den Krieg, weil er nicht den politischen Mut aufbrachte, uns hineinzuführen", Übers. d. Verf.

[83] Z.B. in Palimpsest, S. 64 f.; auch Perpetual War, S. 46 f.

[84] Ein Haupteinwand gegen Vidal sagt, daß er eine halb-fiktive US-Geschichte verfaßt habe, so sein *Golden Age*, S. 58 f., wo Vidal die Anklagen gegen Roosevelt mittels fiktiver Gespräche darstellt.

[85] Die *Fire Side Chats* von Roosevelt begannen gleich nach Beginn seiner ersten Amtszeit als US-Präs., vgl. den Entw. seiner 3. einschlägigen An-

sprache anläßlich seiner ersten hundert Tage am 24.7.1933, FDRL: President's Master Speech File, Box 15.

[86] Zum Liebesleben von Roosevelt vgl. Bavendamm: Roosevelts Weg, S. 31 f.

[87] Erste Gelegenheit war die Nachbesetzung des Rats der Fed-Gouverneure. Roosevelts Kandidat, Marriner Eccles, kam selbstredend aus dem Kreis wohlhabender Geschäftsleute und Bankiers, Mullins: Secrets of the Fed, S. 264 f.

[88] Engl. Bezeichnung: International Monetary & Economic Conference, vgl. Morgenthau: Diaries, Vol. O, Titelbl. o. Pag.; sog. Bombshell-Memo., Aufz. von Roosevelt vom 7.7.1933, FDRL: President' Secretary's Files, Box 156.

[89] Dep. of State: Foreign Relations 1933, Bd. 1, S. 452-748.

[90] Nach einer amerik. Berechnung betrugen die von US-Banken an Deutschland zwischen 1924 und Juni 1931 ausgereichten Kredite 5,265 Mrd. Mark, Tansill: Back Door, S. 31, die Zahl ist näher untergliedert, es fehlt aber die Quellenangabe.

[91] Nach amerik. Schätzung waren US-Banken die Gläubiger von 40% der deutschen Auslandsschulden. Dieser Anteil entsprach 1,8 Mrd. $, Lewis: America's Stake, S. 414.

[92] *NYT* vom 21.6.1933.

[93] Eine Zusammenfassung der amerik. Maßnahmen gegenüber Deutschland nach dem Abgang von Wilson bis zum Amtsantritt von Roosevelt bei Tansill: Road to War, S. 97-107.

[94] Die brit. Kriegsschulden bei US-Banken betrugen 4,25 Mrd. $; hierauf wurden ca. 2 Mrd. gezahlt und zwar 450 Mio. als Abtragung und 1,6 Mrd. Zinsen; letztere waren der Reinverdienst der Banken, vgl. Aussage von US-Finanz-Min. Fred Vinson bei den Bretton Woods-Hearings im Kongreß im Mai 1946, Mullins: Federal Reserve, S. 133.

[95] Sie begannen spätestens am 6.8.1933 durch einen Aufruf des in New York City tätigen Prominenten-Anwalts Samuel Untermyer, Neilson: Makers of War, S. 94-97.

[96] Z.B. durch den Leiter der US-Behörde NRA, Gen. Hugh S. Johnson, vgl. *NYT* vom 13.7.1934. Das State Dep. bemerkte auf dt. Protest hin, auch für den Behördenchef gelte der Grundsatz der freien Rede, *Deutsche Allgemeine Zeitung* vom 15.7.1934.

[97] Gold Reserve Act vom 30.1.1934 (48 Stat. 337).

[98] Die grundsätzl. Diskussion, so zu verfahren, fand im Okt. 1933 im Büro des Präs. statt, Morgenthau, Diaries, Bd. 1, Bl. 1, ein Datum ist nicht verzeichnet, sondern nur die Uhrzeit.

[99] Weisung des US-FinanzMin. Morgenthau an den Direktor der US-Münze vom 24.1.1934, in Kopie bei Morgenthau: Diaries, Bd. 1, Bl. 6.

[100] Morgenthau: Diaries, Bd. 1, Bl. 1.

[101] Morgenthau: Diaries, Bd. 1, Bl. 5, S. 1-2.

[102] N.N.: The Brown Network, S. 254 ff., speziell S. 257; diese Passagen fehlen in der dt. Fassung.

[103] Arbeitslosenzahlen-Graphik bei Rauchway: Great Depression, S. 55.

[104] Das erste Urteil dieser Art erging im Verfahren Schlecher vs. US am 27.5.1935.

[105] Charles W. Hurt: President Says End of NRA Puts Control Up to People, *NYT* vom 1.6.1935, S. 1.

[106] Pierre u. Irenee Du Pont spendeten der Liberty League 325.000 $, Mullins: World Order, S. 83.

[107] Einzelheiten in Kill the Huns, S. 169-310, und Unterwegs, Bd. 1, S. 139-167.

[108] Vgl. Hoetzsch: Auswärtige Politik, S. 78. Wilsons Kernaussagen werden in modernen amerik. Veröffentlichungen weggelassen, vgl. z.B. americanforeignrelations.com /O-W/Wilsonian-Missionary-Diplomacy-President-wilson-s-address-at-mobile-alabama-27-october-1913 [Abruf: 24.1.2015]. Die gesamte Rede ist wiedergegeben bei: Peters u.a.: The Presidency Project, 65373.

[109] So Roosevelt im Jan. 1939, um sich aus einem Flugunfall französischer Offiziere mit einem US-Bomber in den USA herauszulügen, Sandborn: Roosevelt i, S. 203.

[110] Eine gute Übersicht bei Haaland u.a.: Leichter als Luft, S. 324-329.

[111] Z.B. bei Geisst: 100 Years, S. 26.

[112] Charmley: Chamberlain, S. 40-42 m.w.N.

[113] Text nach *NYT* vom 19.8.1938, Übers. d. Verf.

[114] Zit. nach Sherry: American Airpower, S. 81.

[115] Am 23.1.1939 flog das heimliche Geschäft fast auf, als es zum Unfall eines US-Bombers mit frz. Offizieren kam. Roosevelt konnte sich mit Mühe herauslügen, Sandborn: Roosevelt, S. 203 f.

[116] Hierzu Bericht des belg. Sondergesandten Ligne vom 18.3.1939 über die Unterredung mit US-Außen-Min. Hull, in: Archivkomm. des AA: Entstehung des Krieges, Bd. 1, S. 76.

[117] US Senate: Munitions Industry. Hearings before the Special Committee, 1935, 19 Bde.

[118] Botschaft des Präsidenten an den Kongreß, Roosevelt: Public Papers 1939, S. 1-12.

[119] Hull: Memoirs, Bd. 1, S. 368-374; Hull ließ weg, daß die USA nichts dabei fanden, am 23.6.1939 heimlich ein *barter agreement* mit GB abzuschließen, vgl. Sandborn: Roosevelt is Frustrated, S. 207.

[120] Ähnlich Charmley: Untergang, S. 31 f.: die USA als Hegemonialmacht, der das autarke Dtl. im Wege stand.

[121] Am 26.3.1939 antwortete der poln. Botschafter in Berlin Lipski dem Reichsaußenmin. auf einen Vorschlag zur Regelung des Verkehrs durch den Korridor: „Jegliche Weiterverfolgung dieser Pläne bedeutet Krieg mit Polen", German White Book, S. 214 f.; am 2.5.1939 titelte die poln. Presse: Danzig wird polnisch, Bericht der dt. Botsch. in Warschau an das AA vom 2.5.1939, ebd., S. 229 f.

[122] Ansprache des US-Präs. auf der Regierungskonferenz der Panamerikanischen Union am 14.4.1939, Dep. of State: Press Release, April 15, 1939, XX, S. 294-296.

[123] Z.B. Senator Gerald Nye, *NYT* vom 29.4.1939.

[124] Es handelte sich um Senator Hugo Black, Tansill: Japanese-American Relations, S. 290.

[125] Wie wenig sich die US-Bevölkerung beeindrucken ließ, zeigen Meinungsumfragen Ende 1939, wonach im Sept. und Okt. 1939 der Anteil der Befürworter einer Intervention auf unter 5 % gesunken sei, Bericht des frz. Botsch. in Washington, Saint-Quentin, vom 4.11.1939, in: Archivkomm des AA: Entstehung des Krieges, Bd. 1, S. 90. Im selben Sinne Mann: Wendepunkt, S. 617-620, seine Kameraden 1942 in der US Army hätten die Berichte aus Europa für amerik. Propaganda gehalten.

[126] Mann: Wendepunkt, S. 490.

[127] Brief von Thomas Manns an seinen Sohn Klaus vom 16.12.1937, in: Mann: Briefe, Bd. 2, S. 20.

[128] Zit. nach: Kurth: Kassandra, Übers. d. Verf.

[129] Diesen Hinweis verdanke ich A.M. Brillouet, Bremen, Schr. vom 7.6.2010.

[130] RSHA: Sonderfahndungsliste GB M172.

[131] Die Angaben über den Reisetermin schwanken. Frank sollte im Auftrag des F.O. erkunden, ob der am 2.10.1939 in die USA eingereiste dt. Dipl. Adam von Trott ein Anti-Nazi sei, oder ob er diese Rolle nur spiele, Röder u.a.: Biograph. Handbuch, S. 187, jedoch ohne Nachweis.

[132] Mauch: Schattenkrieger, S. 236, Fn. 21.

[133] Dr. Ingrid Warburg-Spinelli (1910-2000), Millionenerbin, vgl. Rosalie Bianu: Portrait einer Zeitzeugin, *Illustrierte Neue Welt* 4-5/2001 [nicht-pag. Internetversion, Abruf: 6.9.2016].

[134] Stöver: Berichte über die Lage in Dtl.

[135] Wird Dtl. zusammenbrechen? Ein Tatsachenbericht aus dem Inneren Deutschlands. Das Buch erschien in der Erstauflage 1942 unter dem Ps. Paul Hagen in New York und London.
[136] Alice Henriette Alberta Herdan-Zuckmayer, geb. Herdan-Harris von Valbonne und Belmont (4.4.1901 Wien-11.3.1991 Visp/Schweiz).
[137] Dieses Opus ist jetzt gedruckt zu haben, Zuckmayer: Geheimreport.
[138] National Recovery Administration, US-Behörde, 1934 gegründet.
[139] Schrenck-Notzing: Charakterwäsche, S. 34.
[140] Vgl. z.B. Schrenck-Notzing: Charakterwäsche, S. 32.
[141] Zur Dominanz der *New York Times*-Kritiker Enquist: Anderes Leben, S. 180 ff.
[142] In diesem Sinne der aufsteigende literarische Stern, Gore Vidal: Screening History, S 40: „... wir dienten der [britischen] Krone".
[143] Golo M.: Erinnerung an meinen Bruder Klaus; andererseits: Klaus M.: Wendepunkt, S. 237.
[144] Mann: Tagebücher, Bd. 1, S. 119.
[145] Mann: Wendepunkt, S. 337.
[146] Vgl. Jahresbericht des SD für 1938, Boberach: Meldungen, S. 67.
[147] Mann: Wendepunkt, S. 507-509.
[148] Zit. nach Grenfell: Unconditional Hatred, S. 102 f., Übers. d. Verf.
[149] So zit. in der *Washington Post* vom 11.6.1984; übers. durch d. Verf., im Orig.: *managed conflict*. Ebenso bereits im 1948 veröffentlichten Bd. 1 der WW II-Memoiren Churchills, Gathering Storm, S. XIV.
[150] Bereits Taylor: Origins, S. 39 f. (pdf), hat auf diese Schein-Notwendigkeit z.B. innerhalb der marxistischen Wirtschaftstheorie aufmerksam gemacht, ohne diese Ansicht zu teilen.
[151] Beide Varianten kamen gleich nach Kriegsende vor, z.B. in der Strategie-Zeitschrift *The Round Table* März/1922: „Das Poincaré-System ist ... hoffnungslos. Es führt unausweichlich (*inevitably*) zu einem neuen Krieg...", Übers. durch d. Verf.
[152] So Stresemann in einem Brief über die außenpol. Zielsetzung 1925: 1. Lösung der Reparationsfrage, 2. Schutz der Auslandsdeutschen, 3. Korrektur der Ostgrenzen, 4. Wiedergewinnung Danzigs, 5. Anschluß Deutsch-Österreichs; hier zit. nach Kalz: Requiem, S. 116 m.w.N.
[153] Vertr. von Locarno zwischen den Westmächten und Dtl. vom 18.10.1925 (RGBl. II 1925, S. 975-1009); hierzu auch: Koszyk: Gustav Stresemann, S. 301-303.
[154] Ausführl. und mit Sympathie für die poln.-tschech. Proteste, Quigley: Tragedy, S. 292-294.

[155] Zahlen nach Ferguson: Falscher Krieg, S. 304, unter Hinweis, daß man brit. Schulden und Schulden der Auslandsbesitzungen beim Mutterland nicht aufrechnen konnte.

[156] Drastisch die Hinweise bei Hassell: Deutschland, S. 51, 69 (Tgb. 25.2. u. 10.8.1939).

[157] Churchill am 8.2.1920, zit. nach Baker: Menschenrauch, S. 12.

[158] Winston Churchill am 26.8.1920, zit. nach: Baker: Menschenrauch, S. 13.

[159] Churchill: Gathering Storm, S. 36.

[160] Unterwegs, Bd. 1, S. 37 f.

[161] Churchill: Gathering Storm, S. 22 f.

[162] Rothbard: Great Depression, S. 131-135. Die Wiedereinführung des Goldstandards war die Voraussetzung für einen amerik. Großkredit, der dann aufgrund einer mündlichen Absprache zwischen dem Governor der Fed. von New York, Benjamin Strong, und dem Governor der Bank von England, Montagu Norman, gewährt wurde. Nutznießer dieses Mammut-Deals soll das Bankhaus J.P. Morgan gewesen sein, Mullins: Federal Reserve, S. 82-84.

[163] Erstaunlicherweise gehörten Vertreter der Round Table Group zu den ersten scharfen Kritikern von Versailles, Zitate bei Quigley: Establishment, S. 238-240, sie hielten den Vertrag für einen Wortbruch. Quigley vertrat hingegen, daß die Deutschen grundlegend verderbt und folglich nicht genug bestraft worden seien.

[164] Einer der Laudatoren dieser Art ist ein dt. Emigrantenkind, das es zum US-Außenminister bringen sollte, Henry Kissinger: With Faint Praise, *NYT Book Review* vom 16.7.1995: „[Churchill ist] der Held an sich", Übers. d. Verf.; *Man of the Century* (Mann des Jahrhunderts) zu sein, ist das Mindeste, was ihm seine Fans konzedieren, siehe z.B. den Titel der Churchill-Biographie von Ramsden. Neuerdings wird Halifax als Friedenshetzer (*peace monger*) bezeichnet, Holland: Battle of Britain, Bildblock nach S. 134.

[165] Vgl. Charmley: Chamberlain, S. 53; ebenso Raico: Great Wars, S. 69, wonach Churchill alle europ. Abrüstungsbemühungen vor dem Aufkommen der NSDAP boykottierte.

[166] So Churchills Eingeständnis in Gathering Storm, S. 22 f.

[167] Zu Falschmeldungen am Vorabend des Ersten Weltkriegs Roewer: Kill the Huns, S. 90-105.

[168] Medlicott: Blockade, Bd. 1, S. 12-17.

[169] Mortons Landhaus Easylands und Churchills Chartwell lagen etwa drei Meilen voneinander entfernt, vgl. Gill: Churchill's Man, S. 62 f.

[170] Ganz zwanglos Frederick W. Winterbotham: Mündl. Erinnerungen, Tonband-Aufn. des Imperial War Museums, AutoID 519536, Rolle 10. Mor-

tons Biographin Gill: Churchill's Man, S. 170-175, hat ausgeführt, daß es hierfür keine Belege gebe.

[171] Churchills Luftwaffenphantasien bei Kershaw: Hitlers Freunde, S. 121 f., dort eher im Sinne von weisen Vorhersagen geschildert. Noch zu Churchills Lebzeiten hat der Historiker Taylor das Gegenteil vertreten (Origins, S. 44, pdf): Durch die Notwendigkeit, den Unsinn von Churchill in die Schranken zu weisen, sei die Regierung argumentativ in Schwierigkeiten geraten, die notwendige und gewollte Nachrüstung widerspruchsfrei zu begründen.

[172] Industrial Intelligence Center (IIC): Berichte [von Desmond Morton] an das britische Ministerium für Luftfahrt per 1934, TNA AIR 1154.

[173] Kershaw: Freunde, S. 34-36.

[174] Brit. Außen-Min. Simon im Unterhaus am 4.4.1935, House of Commons: Prot., Bd. 300, Spalte 983. Das Abschluß-Kommuniqué vom 26.3.1935, *Völkischer Beobachter* vom 27.3.1935, läßt von Hitlers Prahlerei nichts erahnen.

[175] Zahlen nach: Köhler u.a.: Org. der Luftwaffe, S. 526.

[176] Erste Exemplare des späteren Standardbombers Heinkel He 111, kamen erst 1936 zur Luftwaffe. Sie hatten eine Reichweite von max. 1.200 km; die parallel entwickelte Junkers Ju 86 war ein Fehlschlag und wurde für den Export freigegeben; eine weitere Parallelentwicklung, die Dornier Do 17, lief in der Produktion erst im Aug. 1936 an; deren Fortentwicklung, der spätere zweimot. Standardbomber Junkers Ju 88 wurde erst ab 1939 produziert.

[177] Im Gegensatz zu seinen Kabinettskollegen hatte Londonderry keineswegs die Abrüstung der RAF befürwortet, sondern deren Modernisierung und Erweiterung ins Werk gesetzt. In seine Amtszeit fällt die Einführung der Jagdflugzeuge Hurricane und Spitfire, die 1940 bei der Luftschlacht um England auf britischer Seite zum Einsatz kamen. Hawker Hurricane, brit. einmot. Jagdflugzeug, Erstflug 6.11.1935, Serienproduktion 1937-44, über 14.500 Stück. Supermarine Spitfire, brit. einmot. Jagdflugzeug, Erstflug 6.3.1936, Serienproduktion 1938-48, über 20.000 Stück.

[178] Vansittart: Aktenverm. vom 10.8.1938, TNA FO 800/314, H/XV/72; auch: Cadogan Diaries, S. 92 f.

[179] Noch 1940 brachte er das in einem Runderl. an die brit. Auslandsvertretungen zum Ausdruck. Seine anti-deutsche Propagandabroschüre von 1941 *Black Record* ist vom selben Kaliber.

[180] Vansittarts Weggefährte, der Diplomat und Geheimdienstler Robert Bruce Lockhart, notierte in Giants, S. 10 f., 22, über ihn, sein Deutschenhaß, gepaart mit der Forderung, gegen Dtl. Krieg zu führen, sei lange vor 1930 ausgeprägt gewesen.

[181] Zu den einschlägigen Personen siehe Aigner: Ringen, S. 141-151.
[182] Eine Auflistung der (rassistischen) Vorkriegsvorurteile Vansittarts gegenüber Dtl. in seinen Nachkriegs-Memoiren Processions, S. 405-420.
[183] Cadogan: Diaries, z.B. S. 92 f., 100
[184] Eden: Facing the Dictators, S. 625; der unerlaubte Informationsabfluß dauerte auch während des Zweiten Weltkriegs weiter an, Liddell: Diaries, Bd. 2, S. 10 (Tgb. 9.10.1942).
[185] Vgl. N.N.: Augur, in: *Time Magazin* vom 18.4.1938.
[186] Poliakov: Germany in Europe; Bulwark of Democracy; Polish Corridor; *Time* vom 18.4.1938; Augur: Reich would bind Great Britain, *NYT* vom 14.10.1938.
[187] Das wurde bereits 1932 im AA aufgrund der Berichterstattung der Londoner Botsch. aktenkundig gemacht, AA PA: P13-Poliakoff [dort mit ff], Bd. 1.
[188] Vgl. z.B. bei Costello: Mask, S. 664, wobei zur Begründung die übliche Legende transportiert wird, „Van" sei *anti-Nazi* gewesen, in Wirklichkeit war er *anti-German*.
[189] Vor allem werden finanzielle Gründe genannt, so z.B. bei Benton: ISOS Years, S. 361 f.
[190] Der deutschen Spionageabwehr war diese Rolle Vansittarts geläufig. Sie führte zu seiner Ausschreibung zur Festnahme unter einem einschlägigen Aktenzeichen (RSHA IVE4) auf der Sonderfahndungsliste GB. Die zugehörigen Akten sind verschwunden.
[191] Zu Christie: Nachlaß, Archive of the Churchill College Cambridge [The Papers of Group Captain Malcolm Christie]; auch: Knightley: Spionage, 89, 129. Die Rolle von Christie war der deutschen Spionageabwehr geläufig. Er wurde als Nachrichtenoffizier in der Sonderfahndungsliste GB (dort unter C47a) zur Festnahme ausgeschrieben. Die zugehörigen Akten sind unauffindbar.
[192] Grundlegend: MGFA: Militärische Luftfahrt 1920-1933.
[193] Umfassend Zeidler: Reichswehr und Rote Armee.
[194] Art. 171 (Verbot der Bewaffnung mit Giftgas und Panzern), Art. 198 (Verbot von Luftstreitkräften) Vertrag von Versailles vom 28.6. 1919, AA: Friedensvertrag, S. 87, 98.
[195] Bereits am 30.1.1933 war ein Reichskommissar der Luftfahrt ernannt worden, ihm wurden die Luftverkehrs-Abt. des Reichswirtsch.-Min. und die Luftschutz-Abt. des Reichsinnen-Min. unterstellt, BA MA: RL-1.
[196] Berichterstattung über den Aufbau einer dt. Luftwaffe 1935, CHAR: Christie: Nachlaß, Box 9.
[197] Berichterstattung durch Kn. (= knight = Hans Ritter), CHAR: Christie: Nachlaß, Box 26.

[198] Ritter: Kritik des Weltkrieges, und zahlreiche weitere Publikationen in den Jahren bis 1931.

[199] Hierzu Ritter: Carl Goerdeler, S. 151 f.

[200] CHAR GBR/0014/CHRS; zur Bereinigungsaktion Conwell-Evans: None so blind, passim, hiernach begann die Spionagetätigkeit vermutlich 1930 oder bereits davor.

[201] Am 30.1.1933 ernannte Hitler den NS-Politiker Hermann Göring zum Reichkommissar für Luftfahrt; so entstand der Nukleus zum späteren RLM und zur Luftwaffe als Teilstreitkraft.

[202] Knauss u.a.: Deutsche Luftflotte.

[203] Deist: Aufrüstung der Wehrmacht, S. 475 f.

[204] Eine derartige Forderung erhob 1933 z.B. der brit. Vertreter bei der Genfer Abrüstungskonferenz, Gen. Arthur Cecil Temperley, DBFP, 2. Serie, Bd. 5, S. 217.

[205] Eine erste Beschreibung für ein viermot. Verkehrsflugzeug Focke-Wulf 200 läßt sich im Aktenbestand des RLM im November 1937 nachweisen, die Pläne für den Umbau der Fw 200 C in einen „Viermot. Hilfsbomber und Fernaufklärer" datieren vom Okt. 1940, also ein Jahr *nach* Kriegsbeginn, Generalluftzeugmeister: Akten, BA MA RL3/362, 363.

[206] Diese Rolle war der Gestapo nicht klar. Zwar wurde Church auf der Sonderfahndungsliste GB zur Fahndung ausgeschrieben (C48), jedoch nicht von der polizeilichen Spionageabwehr.

[207] In Brüning: Memoiren, S. 229 f., 264, 283, 310-315, 362, 611, wird Church mehrfach wohlwollend erwähnt; im Gegensatz dazu machte sich ein professioneller nachrichtendienstl. Beobachter, wie der Agent Kurt Jahnke, wenig Illusionen über die Rolle von Church, vgl. handschr. Aufz. über „Church", NKGB: Fallakte Kurt Jahnke, Bl. 87-95, Zentralarchiv FSB, Aktennummer R-49267.

[208] Z.B. bei Preparata: Conjuring Hitler, S. 192-197, der die These vertritt, der brit. Zentralbank-Chef Norman habe seine Hände im Spiel gehabt, um letztlich Hitler zu plazieren.

[209] Brüning: Memoiren, S. 308, 337 f.; bezeichnend auch der anti-deutsche Eindruck, den Gen. von Bredow: Notizen, S. 95, ein Jahr später festhielt (Tgb. 14.-17.4.1933).

[210] So bereits 1942 Lochner: What About Germany, S. 42 f., der die Schuld am Sturz von Brüning *expressis verbis* dem frz. Botsch. in Berlin, André François-Poncet, zuweist.

[211] Christie: Nachlaß, CHAR; zu dessen Bereinigung Conwell-Evans: None so blind.

[212] Die brit. Absichten wurden auf dt. Seite zutreffend registriert, vgl. FSB: Personenakte Kurt Jahnke, Zentralarchiv des FSB, R 49267 (Aussage Jahnke zu Church).

[213] Mehrfach belegt, z.B. im Brief Brünings an Katherine Duchess of Atholl, vom 23.9.1936, Briefe, Bd. 1, S. 130.

[214] MI5: Personenakte Gottfried Treviranus, TNA KV2/343, Bl. 1A-42B.

[215] Die Überwachung betraf z.B. den Kontaktmann von Treviranus nach GB, den Journalisten Wilhelm von Kries, TNA KV2/243 (Treviranus), dort mehrfach.

[216] Bata war Weltmarkführer der Schuhproduktion, die Firma war zudem Großlieferant für die tschech. Armee. Nach dem Zweiten Weltkrieg diente der Vorwurf einer Kollaboration mit den Deutschen als Grund für die Enteignung der Unternehmerfamilie durch das kommunist. Regime.

[217] Daneben (oder vor allem) war Wheeler-Bennett ein Mitglied der Round-Table-Group. Das Royal Institute of International Affairs hatte ihm 1927 für 3.500 £ seine private Sammlung internationaler Dokumente abgekauft und ihn selbst ins Institut übernommen, Quigley: Establishment, S. 187 f.

[218] Vor allem: *Brest-Litovsk,* worin die These vertreten wird, der Frieden von Brest-Litowsk sei gegenüber Russl. schlimmer gewesen als das Verhalten der Alliierten in Versailles Dtl. gegenüber.

[219] Treviranus war beim Röhmputsch ins Visier der Gestapo geraten, konnte jedoch seiner Ergreifung durch Flucht zuvorkommen, Orth: SD-Mann Johannes Schmidt.

[220] Befragung von Treviranus durch MI5 im Dezember 1939, TNA KV2/343-344.

[221] Über Treviranus wurden mindestens sechs Personenvorgänge geführt, die zu seiner Ausschreibung auf der Sonderfahndungsliste GB des RSHA führten. Sie sind alle verschwunden. Siehe auch Jahresbericht des SD für 1938, Boberach: Meldungen, Bd. 2, S. 71.

[222] In den John Franklin Carter-Akten (Reel 5 Nr. 0374) wird Treviranus kurioserweise als Nazi-Schlüsselperson bezeichnet, NA President Franklin D. Roosevelt's Office Files, Teil 5.

[223] Es war der österreichische politische Linksaußen Karl Frank, Mauch: Schattenkrieger, S. 118, 235.

[224] Churchill: Gathering Storm, S. 56-59.

[225] Widersprüchliches zu Ropp bei Falin: Zweite Front, S. 129; Jeffery: MI6, S. 293-297; Kilzer: Deception, S. 131 f., 227-229, 233, 249, 253, 272, 275; Knightley: Spionage, S. 96 f.; Picknett u.a.: Double Standards, S 92, 278; Pieper: Alfred Rosenberg, S. 300 f., 309-312; Rosenberg: Politisches Tagebuch; Winterbotham: The Nazi-Connection, S. 21-25, 36, 180; ders.: Secret and Personal, S. 23-122; bei der Überlieferung von Falschin-

formationen über Ropp handelt es sich durchweg um die kritiklose Übernahme aus den Büchern von Winterbotham.

[226] Jeffery: MI6, S. 293-297.

[227] Von Holland aus operierte auch nach dem Krieg der Tinsley-Ring, hierzu Reichsgericht: Urteil gegen Caenepenne u.a. vom 22.8.1922, Az. 6 J 47/22, BA: R3003.

[228] Rosenberg: Tätigkeitsbericht des A.P.A. der NSDAP, Okt. 1935, S. 1, zit. nach IMT, Bd. 25 (engl. Fassung), pdf, S. 24.

[229] Rosenberg: Politisches Tagebuch, vielfach, z.B. S. 29-35, 98-104, 156 f., z.B. Aktenverm. für Hitler vom 18.12.1933, ebd., S. 154: „Baron de Ropp befindet sich ab Sonnabend in Garmisch-Partenkirchen zur Erholung bis 2. Januar 1934. Seine Adresse ist Partenkirchner Hof. Falls Sie Interesse an den Ergebnissen seiner zweimaligen Londoner Reise haben, und sich über die jetzige Lage unterrichten lassen wollen, so bitte ich ihn nur zu benachrichtigen, so daß er Sie in Berchtesgaden besuchen kann."

[230] US Gov.: Doc. on German Foreign Policy 1918-1945, Serie D, Bd. 7, Nr. 74, Rückübers. aus dem Engl. d. Verf.

[231] Es ist anzunehmen, daß sich Rosenberg: Politisches Tagebuch, S. 94 (Tgb. 24.9.1939), beim Gespräch mit Göring am 1.9.1939 auf den hier besprochenen Aktenverm. bezieht, was die Vorlage bei Hitler belegt; ebenso Falin: Zweite Front, S. 129, jedoch ohne Beleg.

[232] Vgl. z.B. Kilzer: Deception, S. 131 f.

[233] In diesem Sinne Knightley: Spionage, S. 97 f., der zudem die merkwürdige Meinung vertritt, diese Informationen seien für die dt. Seite besonders wertvoll gewesen.

[234] Winterbotham: Ultra-Spy, S. 146.

[235] Government Code and Cipher School, britische Funkerfassungs- und Entzifferungsbehörde.

[236] Winterbotham: Victoria to Ultra; ders.: Ultra Secret; an dessen Vorkriegsloyalität zweifelnd: Knightley: Spionage, S. 96.

[237] Eine frühe einseitige Darstellung stammt von dem britischen Historiker Namier, der 1947 *Diplomatic Prelude 1938-1939* vorlegte, das bereits 1949 in einer Übersetzung in den Westzonen Deutschlands erschien. Diese dem brit. Establishment dienliche Sicht brachte Namier die Nobilitierung ein.

[238] Hitler äußerte sich über Chamberlain oft gehässig oder herablassend: vgl. z.B. Rosenberg: Politisches Tagebuch, S. 103 (Tgb. 1.11.1939): „[Hitler]: Chamberlain sei ein willenloser Greis."; auch Picker: Tischgespräche, S. 321 (20.5.1942); Heim: Monologe, S. 343 (16.8.1942). Auch Spottlieder auf Chamberlain nach Kriegsausbruch, SD-Bericht vom 23. und 30.10.1939, Boberach: Meldungen, Bd. 2, S. 382, 408.

[239] Z.B. Churchill: Zweiter Weltkrieg, S. 119: „Unglücklicherweise befand sich Neville Chamberlain in wohlverdienten Ferien, anstatt sich mit den Fakten vertraut zu machen..."

[240] Vielfach belegt, z.B. in Chamberains Brief an seine Schwester Ida vom 23.4.1939, NC18/1/1095.

[241] Konservative Forschungsabteilung.

[242] Im Ersten Weltkrieg war Ball für MI5 in der sozialistischen Szene als *agent provocateur* tätig. 1924 war er an der Sinowjew-Brief-Affäre (Roewer u.a.: Lexikon der Geheimdienste) beteiligt, den ersten Labour-Premier durch einen getürkten Briefverkehr mit Sowjet-Bossen zu stürzen.

[243] Andrew: Secret Service, S. 340; Charmley: Chamberlain, S. 47; Costello: Mask, S. 322 f., 353; Porter: Plots and Paranoia, S. 195; Stafford: Churchill and Secret Service, S. 98.

[244] Costello: Mask, S. 150 f.

[245] Costello: Mask, S. 323, 325 f., 328 f.

[246] Vgl. z.B. Liddell: Diaries, Bd. 1, S. 98 f. (24.9.1939): „Abendessen mit Anthony Blunt und Guy Burgess im Reform Club.", Übers. d. Verf.

[247] Andrew u.a.: Mitrokhine Archive, S. 80; Driberg: Guy Burgess, S. 32, 40 f.; Wolton: La France sous Influence, S. 165; zur Anwerbung von Burgess durch Blunt für das NKWD Costello: Mask, S. 367-397.

[248] Hesse: Spiel um Deutschland.

[249] So: Brügel: Zerstörte Legende; Henke: Hitler und England; Krausnick: Legenden.

[250] Hesse: Vorspiel zum Kriege.

[251] Zwischenträger, ähnliche Begriffe in Dtl. sind „Kanal" oder „Scharnier".

[252] Vgl. z.B. MI5: Fallakte Wolfgang Abshagen TNA KV2/388.

[253] Cadogan: Diaries, S. 127; der volle Eintrag fehlt für den fraglichen Tag.

[254] MI5: Fallakte Fritz Hesse, TNA KV2/915.

[255] Vansittart sah sich befugt, den Brief- und Telefonverkehr Chamberlains überwachen zu lassen. 1938 trat Nachfolger Cadogan in seine Fußstapfen, Charmley: Chamberlain, S. 184; Costello: Mask, S. 323, 325 f., 328 f.

[256] Cadogan: Diaries, S. 178 (Tgb. 3.5.1939), Übers. d. Verf.; auch Charmley: Chamberlain, S. 184.

[257] Vgl. Cadogan: Diaries, S. 277-281 (Tgb. 8.-11.5.1940).

[258] Zu den Auffassungsunterschieden Cadogans gegenüber Chamberlain, Diaries, S. 129 (Tgb. 12.12.1938, schwacher außenpolitischer Standpunkt des P.M.), S. 157 (Tgb. 15.3.1939, 2. Tschecheikrise – „Appeasement. Fatal!"); S. 178 (Tgb. 2.5.1939, Polengarantie), S. 181 (Tgb. 19.5.1939, Sowjetpakt), S. 182 (Tgb. 20.5.1939, Sowjetpakt; Tgb. 22.5.1939, Henderson-Ablösung in Berlin und Schlichtungsbemühung für Danzig), S. 190 (Tgb. 29.6.1939, Gegenmanöver von Wilson).

[259] Andrew: Secret Service, S. 340, 386; Bower: Perfect Spy, S. 41; Charmley: Chamberlain, S. 47; Stafford: Churchill and Secret Service, S. 98, 156.

[260] Engel: Adjutant, S. 60.

[261] In einer brit. Kab.-Vorlage aus dem Jahre 1949 wird der Beginn des Wirtschaftskriegs gegen Deutschland auf 1938 datiert, Y.M. Streatfield: The Major Developments in Political Warfare throughout the War 1938-1945, TNA CAB 101/131.

[262] Bennett: Churchill's Man, S. 178 f.

[263] Medlicott: Economic Blockade, Einleitung zu Teil I; es ist die *official history* der Behörde.

[264] Diese Sicht stimmte mit derjenigen der Wehrmachtsführung überein, vgl. Jodl: Tgb. 4.2.1937: „Entscheidende Besprechung über die Knappheit an Rohstoffen durch Beauftragten f. d. 4 Jahresplan. Stahl u Eisen nur zu 50 % verfügbar daher Kontingentierung nötig. ... Der Satz ‚Geld spielt keine Rolle' hat sich wenn auch in anderem Sinne bewahrheitet.", BA Rw4.

[265] Jeffery: MI6, S. 320.

[266] Cadogan: Diaries, S. 185 (Tgb. 1.6.1939).

[267] Diese Rolle von Grand war dem RSHA durch die Verrätereien des Agenten Dick Ellis bekannt. Sie führten zur Aufnahme von Grand (unter falscher Namensschreibung) in die Sonderfahndungsliste GB: G 101: Grant, Leiter der Sabot. Abtlg. des S.I.S. i. London (Täterkreis: Stevens/Best), RSHA IV E 4.

[268] Foot: Grand, Laurence Douglas.

[269] Luxemburg wurde 1938 durch den SD als das Zentrum anti-deutscher Propaganda ausgemacht, Boberach, Meldungen, Bd. 2, S. 56.

[270] Vgl. Costello: Mask, S. 331, 670 Fn. 51, der dies als Nachkriegs-Desinformation bezeichnet. Die Quellenlage zur Behauptung und Gegenbehauptung ist unbefriedigend.

[271] Vgl. Costello: Mask: S. 331; zur Beziehung zwischen Burgess und Nicolson: Diaries, S. 370 (Brief an Vita vom 25.1.1950 [B. ist ein schwerer Trinker und nur noch ein trauriger Schatten seiner selbst. Ich bedaure das sehr]), S. 418 (Tgb. 21.2.1958 [N. gibt seinem Bedauern über die Flucht von B. nach Moskau Ausdruck]).

[272] TNA: FO930/176. Diesen Hinweis verdanke ich Prutsch u.a.: Welten, S. 201.

[273] TNA: INF1/7.

[274] Die Rolle von Frischauer wurde durch das RSHA verkannt, oder aber verwechselt mit dem ebenfalls emigrierten Willi Frischauer, Sonderfahndungsliste GB F 142: Frischauer, Willi, Schriftsteller, österr. Emigrant, vermutl. London, RSHA VI G 1, II B 5.

[275] Die Frischauer-Biographie von Prutsch u.a.: Welten, S. 178-204, enthält hierzu Details und Recherche-Hinweise.

[276] Brasilien befand sich 1940 an der Schwelle eines Krieges gegen GB, weil die Royal Navy brasil. Schiffe kaperte. Als die Brasilianer die dipl. Beziehungen zu GB abzubrechen drohten, griffen die USA ein und erpreßten ein Einlenken Brasiliens mit der Drohung, dieses vom Überseehandel abzuschneiden.

[277] Die deutsche Spionageabwehr führte eine Personenakte zu George Lloyd, RSHA: Sonderfahndungsliste GB: L112 IVE4; diese ist nicht auffindbar.

[278] Cadogan: Diaries, S. 101 (Tgb. 17.10.1938).

[279] Siehe Charmley: Chamberlain, S. 84.

[280] Über die Auseinandersetzungen zwischen den jüd. Org.: Aigner: Ringen, S. 219 f.

[281] So die veröffentlichte anti-jüdische Gesetzgebung in Dtl., mit deren Hilfe Juden aus bestimmten Berufen ausgeschlossen wurden, vgl. Jahresbericht des SD 1938, Boberach: Meldungen, Bd. 2, S. 25.

[282] Beispiele bei Aigner: Ringen, S. 219.

[283] Der Fokus für die Verteidigung von Freiheit und Frieden. Die Vorgängerorganisation hieß noch bombastischer: British Non-Sectarian Anti-Nazi Council to Champion Human Rights.

[284] Zur Führungsgruppe im Focus gehörten neben Churchill und Vansittart u.a.: Lord Lloyd, Lord Lytton, Austen Chamberlain (der Bruder des Premiers), Archibald Sinclair, Duncan Sandys (Churchills Schwiegersohn), Malcolm Robertson, Philip Noel Barker (Labour), Arthur Henderson (Labour), Walter Citrine (Gewerkschaftsführer), A.M. Wall (dito), J.R. Clynes (dito), Captain B.H. Liddell Hart (Militärexperte), vgl. Aigner: Ringen, S. 223, m.w.N.

[285] Spier: Focus, S. 112, behauptet, er habe Churchill anläßlich eines Mittagessens im Mrz. 1937 rekrutiert: „Das Schicksal hatte ihn ausersehen, der Zerstörer des Hitlerismus zu sein", Übers. d. Verf.

[286] Zweifelnd Charmley: Chamberlain, S. 55, mit den von Spier beigesteuerten 9.600 £ hätte man nicht weit kommen können.

[287] Liddell Hart: Lebenserinnerungen, S. 459.

[288] Spier: Protecting Power, passim.

[289] Raico: Rethinking Churchill, S. 70; viel eingehender, jedoch mit anderen Beträgen und Beweggründen Scheil: Churchill, Hitler, S. 92-124.

[290] Vgl. Tätigkeitsbericht des A.P.A. der NSDAP vom Okt. 1935, abgdr. in IMT, Bd. 25, engl. Fassung, pdf, S. 25.

[291] Zur Pleite Churchills, Charmley: Churchill, S. 336. Churchill schreibt, er habe von der Hand in den Mund gelebt, die immensen Summen, die ihm spendiert wurden, verschweigt er, vgl. Gathering Storm, S. 71 f.

[292] William Pierce: The Buying of Mr. Churchill, The National Vanguard vom 14.1.2015, http://nationalvanguard.org/2015/01/the-buying-of-mr-churchill/. Einen vermittelnden Standpunkt vertritt Charmley: Churchill, S. 336 f., der Kampf gegen Dtl. habe in seinem und im jüd. beiderseitigen Interesse gelegen. Waley Cohen war im Gegensatz zu den anderen Finanziers des Focus in der Sonderfahndungsliste GB (dort: C81) erfaßt. Ausschreibende Stelle war die polizeiliche Spionageabwehr (RSHA IVE2). Die zugehörigen Akten sind verschwunden. Die Reste in BA R58/1143 geben nichts her.

[293] Gilbert: Wilderness, S. 222; Gilbert über den Verdacht des Anti-Semitismus erhaben, denn er wurde als offizieller Biograph von Churchill zum Ritter geschlagen wurde.

[294] Anwerbung von Wickham Steed beim Focus, Spier: Focus, S. 27 f., 116 f. Über Wickham Steed wurden mindestens fünf Vorgänge im RSHA geführt, die zu seiner Ausschreibung auf der Sonderfahndungsliste GB (dort St12) führten. Die zugehörigen Akten sind verschwunden.

[295] Roewer: Kill the Huns, S. 25, 269, 461.

[296] Wickham Steeds Korrespondenz mit dem F.O., TNA FO371/22975; zur Fälschungsanalyse im Wege der Textkritik: Klaus Meyer: Eine authentische Halder-Ansprache?, MGM 2/1999, S. 471-527.

[297] Wie bei Massenveranstaltungen üblich, schwanken die Darstellungen über die Zahl der anwesenden Personen. Als besonders anti-faschistisch galten lange Zeit Autoren, die behaupten, daß die Leute nur zwangsweise dort waren. Merke: Wer sich gerne auf die Volksmasse beruft, ist indigniert, wenn diese tatsächlich in Erscheinung tritt.

[298] Zit. nach Pfeifer: Ostmark, S. 24.

[299] Art. 2 Satz 1 des Ges. über die Staats- und Regierungsform von Deutschösterreich vom 12.11.1918, StaatsGesBl. vom 15.11.1918, S. 1: „Deutschösterreich ist ein Bestandteil der Deutschen Republik". Zum Ablauf der Ausschlußbewegung 1918/19 Low: Anschluß, passim.

[300] Art. 80 Vertrag von Versailles vom 28.6.1919; Art. 88 Vertrag von St. Germain.

[301] Zur Selbstausschaltung des Parlaments im März 1933 Mautner Markhoff: Emil Fey, S. 75-79; Schmidl, Anschluß, S. 16.

[302] So z.B. Wistrich: Wer war wer, S. 247.

[303] So durch den SPD-Exil-Vorstand verbreitet, Dtl.-Bericht 1938, S. 243; nochmals verstärkend S. 347: „Beginn eines imperialistischen Programms".

[304] Jodl: Tagebuch 13. und 14.2.1938 (BA Rw4): „Canaris hat sich zur Abwehrstelle VII nach München begeben und leitet die einzelnen Maßnahmen ein. Die Wirkung ist rasch und kräftig. In Österreich entsteht der

Eindruck ernster militärischer Vorbereitungen in Deutschland". Jodl irrte sich; über dieses Scheinmanöver war Österreich durch die Verratstätigkeit des Abwehr-Obristen Rudolf von Marogna-Redwitz auf dem Laufenden, vgl. Schmidl: Anschluß, S. 41.

[305] Gesandter Charles Michael Palairets an das F.O., Bericht vom 20.2.1938 über ein Gespräch mit BK Schuschnigg, TNA FO 371/22312, Bl. 213.

[306] Südtirol-Problematik: Steininger: Südtirol, speziell zum Verhalten Hitlers und Mussolinis, S. 153-173.

[307] Bote war der NS-Funktionär Phillip von Hessen, vgl. Glaise-Horstenau: General im Zwielicht, Bd. 2, S. 268 f.

[308] In Verkennung der Abläufe schrieb der SPD-Exil-Vorstand, der Anschluß sei für Mussolini eine außenpol. Niederlage gewesen, Dtl.-Bericht 1938, S. 247 f.

[309] Nach Glaise-Horstenau: General im Zwielicht, Bd. 2, S. 253, hat Schuschnigg noch am 11.3.1938 an die Rückendeckung durch Italien geglaubt.

[310] Cadogan: Diaries, S. 51 f.; Kordt: Wahn und Wirklichkeit, S. 102.

[311] Cadogan: Diaries, S. 48.

[312] Zum Konflikt Chamberlain-Eden: Cadogan: Diaries, S. 41-55 (an zahlreichen Stellen); Charmley: Chamberlain, S. 12, 22-27, 41-50; anders bei: Kordt: Wahn und Wirklichkeit, S. 102.

[313] Cadogan: Diaries, S. 47 (Tgb. 15.2.1938).

[314] Salewski: Bewaffnete Macht, S. 222-229.

[315] Cadogan: Diaries, S. 63 (Tgb. 16.3.1938).

[316] Artikel 81-86 Vertrag von Versailles vom 28.6.1919, in: AA: Friedensvertrag, S. 51-55; vom Deutschen Reich kamen noch einige Teile Schlesiens zwangsweise dazu (Art. 83).

[317] Prinz: Böhmen und Mähren, S. 388.

[318] So der ursprüngliche Staatsname, vgl. Überschrift Abschnitt VII Vertrag von Versailles vom 28.6.1919, in: AA: Friedensvertrag, S. 51.

[319] Prinz: Böhmen und Mähren, S. 400.

[320] Z.B. in dem beim IMT in Nürnberg als Beweismittel zugelassenen *Official Czechoslovak Report on German Crimes against Czechoslovakia*, IMT, Bd. 26, engl. Version, S. 434.

[321] Benesch: Gutachten Nr. 1 „Die Tschechoslowaken", erstattet im Januar 1919 für die Pariser Friedenskonferenz, in: Gordon: Beneš-Denkschriften, S. 102-121; dok. auch in der Zusammenziehung des Staatsnamens von Tschecho-Slowakei in Tschechoslowakei, was erst im Herbst 1938 nach München aufgegeben werden mußte und 1945 erneut geändert wurde. Die tschechische Sicht der Dinge ist ganz unhinterfragt von brit. Diplomaten übernommen worden, z.B. Lockhart: Diplomat, S. 62 f.; ebenso in neueren amerik. Darstellungen wie Low: Anschluß, S. 92.

[322] Als der Ex-SD-Funktionär Wilhelm Höttl 1950 öffentlich die Auffassung vertrat, die Slowakei werde sich von der Tschechei abspalten, wenn der äußere Zwang entfalle (Hagen Geheime Front, S. 117 f.), wurde dies als unverbesserliches Nazigerede abgetan.

[323] In der ČSR betrug die Friedenspräsenzstärke der Armee in den 1920-er Jahren 180.000 Mann, die Einwohnerzahl ca. 14,7 Millionen, vgl. Rott: Tschechoslowakische Armee.

[324] Prinz: Böhmen und Mähren, S. 395.

[325] Ganz anders der in Prag residierende SPD-Exil-Vorstand: Dtl.-Bericht 1939, S. 347: „...kann man offen aussprechen, daß keine nationale Minderheit in Europa weniger Grund zu Beschwerden hat als die deutsche in der Tschechoslowakei".

[326] Am 19. Mai 1935; Wahlergebnisse vgl. *Prager Tagblatt* vom 22.5.1935, zit. nach Rademacher: Promotion.

[327] Die Partei der Tschech. Agrarier erhielt trotz geringerer Stimmenzahl ein Mandat mehr, ebd.

[328] Z.B. die deutschen Sozialdemokraten (11 Sitze).

[329] US-Dipl. George Kennan sprach von tschech. Chauvinismus, Memoiren, S. 93-95.

[330] Moravec: Master, S. 100-104.

[331] Urban: Demokratiepressen, S. 150-152.

[332] Wickham Steed: Aerial Warfare. Secret German Plans, in: Nineteenth Century and After Nr. 116/1934, S. 1-15; auf derselben Linie das vom kommun. Münzenberg-Konzern finanzierte Buch von Woodman: Hitlers Luftflotte startbereit.

[333] N.N.: The Brown Network, S. 115 f.; in der deutschsprachigen Ausgabe befindet sich dieser Nonsens auf S. 154 f.

[334] Ebd., S. 116-118.

[335] Urban: Demokratiepressen; die Freigabe der hier veröffentlichten Dokumente durch die NS-Führung spricht für eine gezielte Auswahl, nicht aber für deren Fälschung.

[336] Wiskemann: Czechs and Germans, 1938, sowie: Undeclared War, 1939.

[337] Political Warfare Executive (PWE): Brit. Behörde für die polit. Kriegführung, deren Hauptaufgabe die pro-brit. Beeinflussung von Neutralen und die Zersetzung der Achsenmächte war. Gegr. im Aug. 1940, unterstand einem Ministerialkomitee bestehend aus dem F.O., dem Informationsministerium (MOI) und dem Min. für die wirtschaftliche Kriegsführung (MEW), ab 1942 lediglich unter FO und MOI, vgl. Richards: Day is coming.

[338] Kamber: Agentin, passim, sowie Anhang zu S. 35-38; Wiskemanns Korrespondenz mit dem in der Schweiz inhaftierten Agenten Heinrich Pfeifer, Nachlaß, HR-Archiv.

[339] Vertreter der Mai-Krise behaupten, es habe diese deutsche Militärdrohung konkret gegeben, man habe lediglich die einschlägigen Unterlagen noch nicht entdeckt. Die deutschen Dokumente bezeugen das Gegenteil: Z.B. Tgb. Alfred Jodl: Eintrag hinter dem 11.3.1838: „...Stand der Vorbereitungen (Siehe Vortragsnotiz L I a vom 19. 4.) am 21. 4. dem Führer vorgetragen. (Das tsch. Problem noch nicht anzurühren)." Auch gibt es einen Entwurf des OKW vom 20.5.1938 für eine zukünftige Weisung „Fall Grün" [= Krieg gegen die ČSR] aus dem hervorgeht, daß ein Angriff derzeit nicht beabsichtigt sei, vgl. IMT: Dok. 388 PS, in: Bd. XXV, 422-427.

[340] Nachweis bei: Salewski: Bewaffnete Macht, S. 222-229.

[341] Neville an Hilda Chamberlain am 22.5.1938, NC 18/1/1053, nach Charmley: Chamberlain, S. 79.

[342] Die Schreibweise ist uneinheitlich: A 54, A-54, A/54. Hier ist in Anlehnung an den Thümmel-Biografen Ströbinger die Version A/54 gewählt worden.

[343] Moravec: Master, S. 104-106; wird vielfach ungeprüft weitererzählt, z.B. bei Costello: Mask, S. 679.

[344] Jodl: Tgb., zit. nach Salewski: Bewaffnete Macht, S. 222: „Führer äußert nach Einverleibung Österreichs, daß ihm die Bereinigung der tschechischen Frage nicht eilt. Man muß erst Österreich verdauen. Trotzdem sollen Vorbereitungen Fall Grün energisch weitergetrieben werden, sie müssen auf Grund der strategischen Lage durch Eingliederung Österreichs neu bearbeitet werden."

[345] Ströbinger: A/54, S. 72-80, kommt nach Zugang zu den tschech. Akten bei der Auflistung der Spionageergebnisse von A/54 zum selben Ergebnis, ohne diese Konsequenz zu ziehen.

[346] Nach Moravec: Master, S. 33, waren die dt. Grenzregionen mit einem dichten Netz von Nahbeobachtern überzogen; diese hätten den dt. Aufmarsch merken müssen, doch sie blieben stumm.

[347] Moravec: Master, S. 96 f.

[348] Masaryk: „Ohne Benesch würden wir unsre tschechoslowakische Republik nicht besitzen", Čapek: President Masaryk, S. 224.

[349] Moravec: Master, S. 100.

[350] Benesch: Memoirs.

[351] So sagte der britische Erfolgsautor H.G. Wells nur knapp: „Benesch? Eine komplette Fehlbesetzung. Eine höchst deprimierende Type.", Mann: Wendepunkt, S. 574, Übers. d. Verf.

[352] Moravec: Master, S. 99.

[353] Moravec: ebd.

[354] Z.B. Themenheft der Zeitschrift *Life* vom 20.5.1938.

[355] Kolportiert bei Moravec: Master, S. 109 f.

[356] Cadogan: Diaries, S. 80 [dort Kommentar des Hg.]; Schmidt: Statist, S. 390-392; siehe den brit. Bericht in BDFP, 3. Serie, Bd. 1, Nr. 450, dort befindet sich eine kuriose, nicht belegte Fußnote: „Aufgrund von Beweisen, die ihm zur Verfügung standen, stimmte das F.O. mit den Ansichten von [Botsch.] Sir N. Henderson oder dem britischen Militärattaché nicht überein", Übers. durch d. Verf.; bereits 1961 hat Taylor, Origins, S. 59 (pdf) unter Verweis auf diese verstörende (*tatalising*) Fußnote den Verdacht geäußert, daß die Falschmeldung von den Hardlinern im F.O. verursacht wurde.

[357] Hugh Sinclair zu Sir Warren Fisher am 27.5.1938, zit. nach Jeffery: MI6, S. 303 f. Fn. 20, ohne Quellenangabe, aber mit dem zutreffenden Hinweis in der Fn., daß die Meldung falsch war, während sich aus dem Autorentextes von Jeffery eher das Gegenteil folgern läßt.

[358] In diesem Sinne der damalige brit. Botsch. in Dtl. Henderson: Failure of Mission, S. 142.

[359] Weisung Fall Grün vom 30.5.1938, abgdr. bei: Zentner: Kriegsausbruch, S. 173 f.

[360] Zur Beck-Studie: Salewski: Bewaffnete Macht, S. 224-226 [erste Studie], S. 277 f. [zweite Studie].

[361] Ritter: Carl Goerdeler, S. 481, schildert, Beck habe ihm „1943 erzählt, man habe im Generalstab damit gerechnet, eine französische Invasion bestenfalls etwa in der Gegend von Gotha zum Stehen bringen zu können"; diese Annahme ist angesichts nicht existenter frz. Offensivabsichten grotesk zu nennen.

[362] Vermutl. waren Kleist und der Fabrikant Hans Boehm-Tettelbach die Boten. Bemerkenswert ist die Selbstauskunft von Boehm (Schreiben vom 7.7.1955 an das IfZ [ZS 633], dort Ziff. 3), daß er Beck nicht persönlich kannte. Die gegenteilige Aussage stammt von Wheeler-Bennett: Nemesis, S. 414.

[363] Die Aussage von Ritter: Carl Goerderler, S. 180, wonach Kleist den Briten nichts Neues gesagt habe, ist reine Spekulation. Falls das stimmt, war die Reise sinnlos und kontraproduktiv.

[364] Weisung vom 18.6.1938, betr. den Fall Grün, zit. nach: Salewski: Bewaffnete Macht, S. 233.

[365] Benz u.a.: Lexikon, S. 169; Buchheit: Ludwig Beck, S. 179; Salewski: Bewaffnete Macht, S. 247.

[366] Hans Boehm-Tettelbach: Schriftliche Auskünfte an das IfZ vom 1. und 6.7.1955 und Interview mit der Rheinischen Post vom 10.7.1948, IfZ: ZS 633.

[367] Julian Piggot.

[368] Vermutlich Desmond Morton.

[369] Nach Ritter: Carl Goerdeler, S. 179, soll dies jedoch geschehen sein.

[370] Zur Unausweichlichkeit (*inevitability*) eines Krieges mit Deutschland, z.B. TNA: FO800/314, H/XV/72 [Vansittart-Verm. vom 10.8.1938].

[371] Beginnend Ritter: Carl Goerdeler, S. 163-197, sodann viele andere.

[372] Gisevius: Ende, vor allem S. 310-361; Herwarth: Hitler und Stalin, S. 130-152; Kordt: Akten, S. 240-284; ders.: Wahn, S. 115-134; Schlabrendorff: Offiziere, S. 34-44.

[373] Schilderungen bei Ritter: Carl Goerdeler, S. 176 f., 183-186, jeweils unter Berufung auf Halder.

[374] Cadogan: Diaries, S. 94 f. (Tgb. 5.9.1938), Übers. d. Verf.

[375] Bezeichnend für die Fragwürdigkeit des Unternehmens ist, daß Goerdeler, der zivile Kopf der Verschwörer, sich von Aug. bis Mitte Okt. 1938 in der Schweiz aufhielt, Ritter: Carl Goerdeler, S. 198.

[376] Charmley: Chamberlain, S. 95 f.; Cadogan: Diaries, S. 96 f. (Tgb. 10. und 11.9.1938).

[377] Ein Beispiel hierfür stellt das sonst äußerst Roosevelt-kritische Buch von Tansill: *Back Door* dar; siehe dessen Kap. *British Appeasement Saves Hitler*, S. 408 f.

[378] COS 765, 14.9.1938, TNA CAB53/41.

[379] Charmley: Chamberlain, S. 94. Man könnte meinen, Chamberlain habe sich auf die Beurteilung des SPD-Exil-Vorstandes gestützt: „Die Vorstellung, die Reichswehr würde eines Tages Hitler davon jagen ..., ist nichts als der Wunschtraum von Leuten, die sich ein anderes Ende der Hitlerherrschaft nicht vorstellen können", Dtl.-Bericht 1938, S. 131. Daß dergl. dem brit. Premier oder seiner Umgebung vorlag, ist nicht zu belegen.

[380] Ablauf der Verabschiedung Becks, Ritter: Carl Goerdeler, S. 176, vor allem 475 f., wonach Beck nicht in den Ruhestand versetzt, sondern zunächst zum OB an der Westgrenze ernannt wurde, jedoch nach einigen Tagen, am 19.10.1938, auch von dort seinen Abschied erbat und erhielt. In den entscheidenden Tagen des geplanten Putsches war Beck demnach noch im Dienst; anders, aber falsch Wheeler-Bennett: Nemesis, S. 404.

[381] Adjutantur des Führers und Reichskanzlers, BA NS10.

[382] Kordt: Wahn, S. 120; ders.: Akten, S. 257. Im Gegensatz dazu stehen 1938 z.B. die Abhörergebnisse gegen den brit. Botsch. in Paris, Eric Phipps, US NA: FA/RLM/GSI/8 Corpus BOAR/2.1.1946, zit. nach: Gellermann: Und lauschten, S. 137.

[383] Gellermann: Und lauschten, S. 117.

[384] TNA: FO 371/21742; teilw. abgdr. bei: Gellermann: Und lauschten, S. 207-216; in größerem Umfang abgdr. bei Irving: Reich hört mit, S. 141-171.

[385] Gellermann: Und lauschten, S. 118. Daneben muß es mindestens zwei Personenakten über Masaryk beim RSHA gegeben haben, RSHA: Sonderfahndungsliste GB, M83-84; diese sind nicht auffindbar.

[386] Zit. nach Cadogan: Diaries, S. 112, Fn. 21.

[387] Vgl. Cadogan: Diaries, S. 112 [Kommentar des Hg.].

[388] Section X/MI6, vgl. Jeffery: MI6, S. 317.

[389] Vgl. Studnitz: Seitensprünge, S. 217 f.; Chamberlains Popularität hielt länger an, vgl. Cadogan: Diaries, S. 124 (Tgb. 9.11.1938, „P.M. erhielt starke Ovationen").

[390] Frieden für unsere Zeit.

[391] Dies kommentierte auch das Forschungsamt im zusammenfassenden Bericht G1 Zo TF/Ne Mn K1 – N149098, abgdr. bei Gellermann: Und lauschten, S. 223 f., um sich im Bericht N 98871 am 2.10.1938 darüber zu amüsieren, daß Botsch. Henderson seine Befriedigung über diesen Abgang am Telefon geäußert hatte.

[392] Charmley: Chamberlain, S. 145.

[393] Cadogan: Diaries, S. 107 (Tgb. 27.9.1938), vor allem S. 108.

[394] Charmley: Chamberlain, S. 146.

[395] In diesem Sinne berichtete auch der brit. Botsch. in Warschau, Sir Howard Kennard, am 14.6.1938 an das F.O., DBFP, Serie 3, Bd. 1, S. 478-480. Zum selben Ergebnis kam der US-Botsch. in Paris Bullitt, der 14.-17.11.1937 Warschau besuchte, wo ihm Außen-Min. Beck versicherte, an einem dt.-tschech. Konflikt, an dem sich Frkr. beteilige, werde Polen nicht teilnehmen, da es nicht dazu da sei, Frkr. Satelliten zu beschützen, Bericht an das State Dep. vom 23.11.1937, Dep. of State: Bullitt, William C./382 f.

[396] So auch der brit. Botsch. in Berlin Henderson am 6.10.1938 an das F.O., DBFP, Serie 3, Bd. 3, S. 615.

[397] Vgl. Seibt: Deutschland und die Tschechen, S. 340 f.

[398] Cadogan: Diaries, S. 130; Charmley: Chamberlain, S. 157.

[399] In Wirklichkeit hielt die Wehrmachtsführung im Kriegsfall mit der ČSR einen Luftangriff auf die Brit. Inseln wegen zu geringer eigener Luftkräfte für unzweckmäßig, OKW-Weisung vom 25.8.1938 (Erweiterter Fall Grün), abgdr. in IMT, Bd. 25, engl. Fassung, S. 382 ff., hier S. 389.

[400] Cadogan: Diaries, S. 130 (Tgb. 15.12.1938).

[401] Übers. d. Verf. nach: Cadogan: Diaries, S. 130.

[402] Cadogan: Diaries, S. 130 f.

[403] Vgl. z.B. Bericht des dt. Botsch. in London vom 27.1. und 24.2.1939, in: AA: Dok. zur Vorgeschichte 2, S. 159, 163.

[404] Cadogan: Diaries, S. 128 f. (Tgb. 10.12.1938, Militärverschwörung in Deutschland; Tgb. 11.12.1938, Auftrag an MI6, die Goerdeler-Geschichte zu überprüfen); Charmley: Chamberlain, S. 155-157.

[405] Charmley: Chamberlain, S. 158 f.

[406] Am 11.3.1939 meldeten MI5 und MI6 der brit. Führung Gerüchte über einen deutschen Angriff binnen 48 Stunden bzw. am 14.3.1938, Cadogan: Diaries, S. 155 (Tgb. 11.3.1939, „SIS hat haarsträubende Geschichten über die Tschechoslowakei am 14. Ich kann warten.").

[407] Dt.-tschech. Abk. vom 15.3.1939, in: AA: Dok. zur Vorgeschichte 2, S. 175; Zentner: Kriegsausbruch, S. 147 (Faks.).

[408] Hierauf wies Ex-Botsch. Henderson bereits 1940 hin, Failure, S. 209 f.

[409] Official Czechoslovak Report on German Crimes against Czechoslovakia, IMT, Bd. 26, engl. Version, S. 429-522.

[410] Ebd., S. 434.

[411] Die alliierten Dokumenten-Fälscher waren nicht sonderlich sorgfältig, denn das Dokument des tschech. Sondergesandten B. Ečer datiert vom 29.9.1945, doch bereits am 5.7.1945 konnte Chefrichter Jackson in einem Brief an Lord Wright inhaltlich korrekt zusammenfassen, was der Tscheche 80 Tage später schreiben würde, ebd., S. 433.

[412] Amtl. dt. Mitteilung über die Nichtentgegennahme engl. und frz. Protestnoten vom 18.3.1939, in: AA: Dok. zur Vorgeschichte 2, S. 176.

[413] Zeit für die Wiederbewaffnung.

[414] Charmley: Chamberlain, S. 148.

[415] Cadogan: Diaries, S. 163.

[416] Auf die wachsenden innenpolitischen Schwierigkeiten Chamberlains hatte das Forschungsamt bereits mit Bericht N105906 von Ende Dezember 1938 hingewiesen, vgl. zusammenfassenden Bericht G1 Zo TF/Ne Mn K1 – N149098, abgdr. bei Gellermann: Und lauschten, S. 224.

[417] Cadogan: Diaries, S. 160 (Tgb. 17.3.1939); damit übereinstimmend Aktenverm. Cadogans über das Gespräch mit Tilea vom 18.3.1939, TNA FO 371/23060; sowie Buchanan: Hitler, Churchill, S. 252 f. m.w.N.

[418] Bei Namier: Vorspiel, S. 102 f., wird die Lüge Tileas so geschildert, als habe es das dt. Ultimatum wirklich gegeben.

[419] So der jugoslaw. Gesandte in London in seinem Bericht nach Belgrad, mitgelesen durch das Forschungsamt, vgl. Irving: Breach of Security, S. 28, 62.

[420] Der Churchill-Unterstützer, Robert Boothby, transportierte die Meldung zu Tilea, der sie zum F.O. weiterleitete, Scheil: Churchill, Hitler, S. 261-266 m.w.N.

[421] Charmley: Chamberlain, S. 168.

[422] Charmley: Chamberlain, S. 169.

[423] C3954/13/18, TNA FO 371/22958, Übers. d. Verf.

[424] Zum Einfluß des Berichts im Kabinett: Cadogan: Diaries, S. 163 f. (Tgb. 26.3.1939).

[425] Brief von Neville an Hilda Chamberlain am 2.4.1939, NC/18/1/1092; Cadogan: Diaries, S. 164 f. (Tgb. 29.3.1939); Colvin: Vansittart in Office, S. 303-305; auch: Charmley: Chamberlain, S. 173; Buchanan: Churchill, Hitler, S. 255, Wheeler-Bennett: Nemesis, S. 437; anders Ritter: Carl Goerdeler, S. 223, 486, der eine Einwirkung Colvins auf die Entscheidung Chamberlains bestreitet, vermutl., weil es außerhalb seiner Vorstellungskraft lag, daß hier auf brit. Seite eine Falschmeldung lanciert wurde, um den Premier unter Druck zu setzen.

[426] 15(39), 29.3.1939, TNA CAB23/98.

[427] Übers. d. Verf., Hansard 345 HC Dep. 5s. Col. 2415; Text auch bei: Cadogan: Diaries, S. 166; FO: British War Blue Book Nr. 9, S. 48; vgl. auch: AA: Dok. zur Vorgeschichte Nr. 2, S. 187.

[428] Wie hier und m.w.N.: Buchanan: Churchill, Hitler, S. 255 f.; so wurde die Erklärung auch in Polen verstanden, vgl. Bericht der dt. Botsch. an das AA vom 2.5.1939, in: AA: Dok. zur Vorgeschichte 2, S 142.

[429] Der Übermittler der Falschmeldung vom dt. Angriff auf Polen, Ian Colvin, war Mitarbeiter von MI6, vgl. diverse Aussagen seiner Tochter in der Presse; jedoch vor allem: Aktenverm. von Desmond Morton für Churchill vom 30.10.1944, der auf eine Auskunft des Chefs von MI6 Bezug nimmt, wonach N.N. (=Colvin) wiederholt für MI6 tätig geworden sei, CHAR20/141A, Bl. 49-51.

[430] Bericht der dt. Botsch. in London an das AA vom 13.4.1939, in: AA: Dok. zur Vorgeschichte 2, S. 193. Als kurios sind die Garantieversprechen für Litauen, Estland und Lettland zu vermerken. Die von soviel Fürsorge Überraschten lehnten sofort ab. Sie wollten durch diese dipl. Hakenschläge nicht unter das drohende sowj. Joch geraten. Churchill fand dergleichen Unbotmäßigkeit infam und empfahl über sein Sprachrohr, die *New York Times* (vom 7.6. 1939), das Anti Deutschland-Konzept den Balten zur Not mit Gewalt aufzunötigen.

[431] So auch der beim Forschungsamt verwendete Begriff, vgl. Bericht G1 Zo TF/Ne Mn K1 – N149098, abgdr, bei Gellermann: Und lauschten, S. 227; ebenso RundErl. des AA vom 12.4.1939, AA: Dok. zur Vorgeschichte 2, S. 193.

[432] Manifest des dt. Gen.-Gouv. von Warschau, Hans von Beseler, über die Wiedererrichtung des Königreichs Polen vom 5.11.1916, abgdr. bei: Baer:

Völkerkrieg, Bd. 20, S. 224, jedoch bereits durch Erlaß vom 30.12.1916 eingeschränkt, ebd. S. 225.

[433] Art. 87, 88 Vertrag von Versailles, in: AA: Friedensvertrag, S. 53-60.

[434] Hinsichtlich der Ostgrenze Polens traf Polen mit dem Deutschen Reich am 10.11.1918 ein Abk., das die Westalliierten nicht anerkannten, vgl. Falin: Zweite Front, S. 21 nebst Fn. 5.

[435] „Westpreußen bildet den natürlichen Ausgang Polens zum Meer.", so die Denkschrift des poln. Nationalrats an US-Präs. Wilson vom 8.10.1918, zit. nach: Ziegler: Versailles, S. 115. In ders. Denkschrift wird Danzig als eine tote, dem Verfall preisgegebene Stadt bezeichnet.

[436] Art. 100-108 Vertrag von Versailles vom 28.6.1919, in: AA: Friedensvertrag, S. 64-68.

[437] Liste der poln. Behörden auf Danziger Boden, vgl. Entscheidung des Hohen Kommissars des Völkerbunds vom 2.2.1925, in: AA: Dok. zur Vorgeschichte 2, S. 21.

[438] Bei Wahlen auf dem Staatsgebiet von Danzig votierten 98,7 % für die deutschen Parteien, vgl. Powell: Thunder, S. 68.

[439] Auflistung bei: Falin: Zweite Front, S. 21 f.

[440] Zu poln. Aggression gegen Litauen und Wegnahme von Vilnius Powell: Thunder, S. 109-125.

[441] Grundlage war die frz.-poln. Militärkonvention vom 19.2.1921, durch welche die massive an Polen geleistete Militärhilfe der Jahre 1918-21 auf eine vertragliche Basis gestellt wurde; hierzu und zur weiteren Entwicklung des Zusammenwirkens, Namier: Vorspiel, S. 454-476, wobei der Autor unter Berufung auf den frz. Botsch. in Warschau (1935-39), Léon Noël, hervorhebt, daß für die Franzosen die poln. anti-tschech. Aggressionspolitik ein Problem darstellte, da die Achse Paris-Prag beschädigt zu werden drohte.

[442] Die Polen ließen sich Zeit, diesen Zustand verfassungsrechtlich zu sanktionieren, das Ges. trat am 23.5.1935 in Kraft, Dimitroff: Tagebücher, Bd. 2, Kommentare, S. 48.

[443] So explizit, wenn auch moderat, den Standpunkt seines Vaters referierend: Stresemann: Mein Vater, S. 489-493; auch Brüning: Memoiren, S. 82 f.

[444] Zit. nach Urban: Verlust, S. 34.

[445] Zahlen z.B. bei Jong: Fünfte Kolonne, S. 43.

[446] Nach deutschen Angaben waren es bis Sommer 1923 über eine halbe Mio. Menschen, Schreiben des StS des AA an den poln. Gesandten in Berlin vom 18.7.1923, AA: Dok. zur Vorgeschichte 2, S. 11.

[447] Bericht des dt. Gen-Konsuls in Kattowitz an das AA vom 26.1.1939, betr. die Verhinderung des Besuchs deutscher Schulen, AA: Dok. zur

Vorgeschichte 2, S. 94; Bericht des dt. Gen-Konsuls in Posen vom 22.5.1939, betr. die Schließung deutscher Schulen, ebd., S. 248; Bericht der dt. Botsch. in Warschau vom 22.5.1939, betr. die Schließung der dt. Schulen in Wolhynien, ebd., S. 249; Bericht des dt. Gen-Konsuls in Posen vom 12.7.1939, betreffend die Schließung deutscher Schulen (zwischen 1924 und Sommer 1939 wurden im Bez. Posen von 557 dt. Schulen 427 geschlossen), ebd., S. 260.

[448] Bericht des dt. Gen-Konsuls in Thorn an das AA vom 29.12.1938, betr. das Verbot des Herbergsvereins in Graudenz, AA: Dok. zur Vorgeschichte 2, S. 92; Bericht des Gen-Konsuls in Posen an das AA vom 16.6.1939, betr. die Liquidierung des Vereins zur Heimat in Posen, ebd., S. 253; Bericht des dt. Gen-Konsuls in Thorn vom 23.6.1939, betr. Annullierung des Johanniter-Ordens, ebd. S. 255.

[449] Rechtsgutachten des Ständigen Internat. Gerichtshofs vom 10.9.1923, AA: Dok. zur Vorgeschichte 2, S. 12; auch Bericht des Gen-Konsuls von Posen an das AA vom 2.3.1933 und 22.2.1938, betr. den Entzug von Grund und Boden durch eine sog. Agrarreform, ebd., S. 18 f., 100 f.; Bericht der dt. Botsch. an das AA über Enteignungen vom 16.2. und 9.3.1938, ebd., S. 100, 102; Bericht des dt. Konsuls in Thorn an das AA vom 26.2.1938 und 21.2.1939, betr. Enteignungen von Deutschen, ebd. S. 101, 105; Bericht des dt. Gen-Konsuls in Kattowitz an das AA vom 21.2.1939, betr. die fast vollständige Enteignung deutschen Grundbesitzes im Amtsbezirk, ebd., S. 105.

[450] Bericht des dt. Gen-Konsuls in Thorn an das AA vom 2.1.1939, 4.3.1939, 30.3.1939, 6.6.1939, des Gen-Konsuls von Posen vom 31.3.1939 und des dt. Botsch. in Warschau vom 2.4.1939, betr. Boykottmaßnahmen gegen deutsche Geschäfte, Schließung von Apotheken und Gastwirtschaften, in: AA: Dok. zur Vorgeschichte 2, S. 93, 98, 238 f., 239, 240, 251.

[451] Ausführlich bei Reile: Ostfront, S. 11-163, 182-224; auch Leverkühn: Nachrichtendienst, S. 50-58.

[452] Poln. Angaben über Festnahmen wg. Spionage 1935-38: 300, März-September 1939: 600 Personen, bei Jong: Fünfte Kolonne, S. 44 sowie S. 149; von den deutschen polizeilichen Abwehrakten sind nur Reste vor handen, BA R58/14 und 58/799.

[453] Bericht des dt. Konsuls in Posen an das AA vom 25.9.1931, wo darauf hingewiesen wird, daß die poln. Seite die Vertreibung von ca. einer Million Deutscher bis zum Jahre 1931 offen einräume, AA: Dok. zur Vorgeschichte 2. S. 13.

[454] Reile: Ostfront, S. 99-101, 105-108; hinsichtlich der einschlägigen Abwehrmeldungen im Jahre 1930 auch: Walter Stennes: Brief an das IfZ vom 16.2.1957, IfZ ZS 1147, Bl. 11-13.

[455] Powell: Thunder, S. 66, Übers. d. Verf.
[456] Erklärung Vansittarts im Jahre 1958, kolportiert bei Reile: Ostfront, S. 124.
[457] Fuhrmann: Polen, S. 89; vor dem Krieg bereits durch den SPD-Exil-Vorstand so behauptet, Dtl.-Bericht 1938, S. 670.
[458] Ein Abrüstungsvorschlag des brit. Premiers MacDonald sah sogar die Notwendigkeit einer deutschen *Auf*rüstung vor, US Dep. of State: Foreign Relations 1933, Bd. 1, S. 45: Dtl. 200.000 Mann gegenüber aktuellen 100.000, die anderen Staaten rüsten ab: ČSR 100.000, Polen 200.000, Frkr. 400.000, Italien 250.000, Russl. 500.000.
[459] Mit subtilen Anm. zu den Begriffen Entwaffnung und Abrüstung: Salewski: Bewaffnete Macht, S. 101-104.
[460] Der US-Amerikaner Powell: Thunder, S. 126-139, wies bereits 1931 nach einer Europarundreise darauf hin, daß Polen unbedingt zum Angriff auf deutsches Gebiet, insbesondere zur Wegnahme von Danzig und Ostpreußen, entschlossen sei.
[461] DHM: Reichstagswahlen vom 5. März 1933.
[462] Bericht des dt. Gen-Konsuls in Danzig an das AA vom 8.3.1933, AA: Dok. zur Vorgeschichte 2, S. 25 f.; ders.: Bericht vom 15.3.1933, ebd., S. 27; Bericht der dt. Botsch. in Warschau an das AA vom 11.3.1933, ebd., S. 27 f.; zeitgleich verlangte Polen ultimativ die Anerkennung der dt.-poln. Grenzen, Fuhrmann: Polen, S. 89.
[463] Vgl. Reile: Ostfront, S. 103-105.
[464] Dt.-poln. Abk. vom 17.1.1934, ins Engl. übers. und abgdr. in F.O.: British War Blue Book No. 9, S. 1 f.
[465] So Hitler ausdrücklich in seiner Rede im Berliner Sportpalast am 26.9.1938, teilw. abgdr. bei Burckhardt: Mission, S. 259.
[466] Z.B. Bericht des poln. Botsch. in Washington, Jerzy Potocki, an das poln. Außenministerium über eine jüd. Weltverschwörung in den USA vom 12.1.1939, abgdr. bei: Burckhardt: Mission, S. 267-270; Dabrowska: Tagebücher, S. 115 (Tgb. 4.11.1936, anti-semitische Exzesse).
[467] Dimitroff: Tagebücher, S. 64.
[468] A.a.O., S. 98 f, 105.
[469] Jodl: Tgb. 23.9.1938: „Mittags Besprechung mit Polen über d[ie] polnische Demarkationslinie im AA.“, BA Rw4.
[470] So bereits der warnende Hinweis des brit. MilAtt. in Warschau, J.T. Godfrey, vom 10.6.1938 an den poln. GenStChef Waclaw Stachiewicz, DBFP, 3. Serie, Bd. 1, S. 480 f.
[471] In dt. Quellen als Olsagebiet bezeichnet, AA: Dok. zur Vorgeschichte 2, S. IV f.

[472] Eine Schilderung aus dem Vorzimmer des dt. Außenministers gibt Kordt: Akten, S. 285 f.; aus britischer Sicht: Namier: Vorspiel, S. 56, mit der kaum nachzuvollziehenden Behauptung, das poln. Fehl-Verhalten habe München erst ermöglicht.

[473] Bericht des Hohen Kom. für Danzig an den GenSekr. des Völkerbunds vom 2.12.1938, abgdr. bei Burckhardt: Mission, S. 236-247, insb. S. 237.

[474] Was genau besprochen wurde, wird sich kaum noch aufklären lassen, zu unterschiedlich sind die Quellen beider Seiten, vgl. Aufz. von Walter Hewel über das Gespräch des Reichsaußen-Min. mit dem poln. Botsch. Lipski am 24.10.1938 in Berchtesgaden, abgdr. in AA: Dok. zur Vorgeschichte 2, Nr. 197, S. 124 f.; und Bericht des poln. Botsch. Józef Lipski an Außen-Min. Józef Beck, abgdr. in Poln. Regierung: Weißbuch 1940, Nr. 44.

[475] Ebenso ausdrücklich Kordt: Akten, S. 300; vgl. auch den Vertr. von Locarno zwischen den Westmächten und Dtl. vom 18.10.1925 (RGBl. II 1925, S. 975-1009), der sich ausdrücklich auf die Festschreibung der dt. Westgrenzen beschränkte; hierzu Koszyk: Gustav Stresemann, S. 301-303.

[476] Kordt: Wahn, S. 185 f., weist auf das Originelle des polnischen Ultimatums hin, die angesichts der poln. Aggression von 1920 abgebrochenen dipl. Beziehungen wiederaufzunehmen; auch Namier: Vorspiel, S. 466 f.

[477] Anspielung auf die Versenkung des brit. Passagierschiffs Lusitania durch ein dt. U-Boot am 7.5.1915 vor Irland, wobei über hundert US-Amerikaner ums Leben kamen.

[478] Zit. nach: Burckhardt: Mission, S. 236.

[479] Mitteilung eines FA-Angehörigen an Gellermann: Und lauschten, S. 144; das Ableben des Autors G. hat verhindert, der Sache weiter nachzugehen.

[480] Zit. nach Jong: Fünfte Kolonne, S. 45, der jedoch zu Unrecht die Ausschreitungen als Reaktion auf den deutschen Einmarsch in Memel darstellt (der einen Monat später stattfand); Bericht der dt. Botsch. in Warschau an das AA vom 25.2.1939, in: AA: Dok. zur Vorgeschichte 2, S. 95; weiterer Bericht vom 25.2.1939 über die Randale am Folgetage, ebd., S. 96.

[481] Rosenberg: Politisches Tagebuch, S. 86 (Tgb. 21.5.1939); Leverkühn: Nachrichtendienst, S. 131.

[482] Vgl. z.B. Burckhardt: Mission, S. 249 f., der sich die poln. Annexionspolitik gegenüber der ČSR zu eigen macht und so ein Beispiel für die Neutralität seiner Amtsführung abliefert. Auch Korth: Wahn, S. 187-189, der die poln. Bedenken wegen der Karpatho-Ukraine referiert.

[483] Garantieversprechen des britischen Premiers Chamberlain am 31.3.1939 im Unterhaus, abgdr. in: F.O.: British War Blue Book Nr. 9, S. 48; in dt. Übers.: AA: Dok. zur Vorgeschichte Nr. 2, S. 187.

[484] Kommuniqué über eine Unterredung zwischen dem dt. Außen-Min. und dem poln. Botsch. in Berlin, am 21.3.1939, abgdr. in: AA: Dok. zur Vorgeschichte Nr. 2, S. 135.

[485] Zu den brit. Bemühungen, die poln. Seite im März 1939 in das beabsichtigte Garantieversprechen einzubinden: Namier: Vorspiel, S. 127-129.

[486] Aufz. des dt. Außen-Min. über ein Gespräch mit dem poln. Botsch. in Berlin am 26.3.1939 nebst einem von diesem überreichten Memo., in AA: Dok. zur Vorgeschichte 2, S. 133-135.

[487] Vgl. z.B. Dabrowska: Tagebücher, S. 152 (Tgb. 23.3.1939): „Die Luftabwehrbereitschaft beginnt."

[488] Wohl erstmals (1947) vertreten durch Namier: Vorspiel, S. 112. In diesem Sinne wohl Kordt: Akten, S. 302; ebenso Jong: Fünfte Kolonne, S. 145, der behauptet, Polen sei schwerem politischen Druck durch das Deutsche Reich ausgesetzt gewesen.

[489] Bericht des dt. Botsch. in Warschau an das AA vom 24.3.1939, Bericht des dt. Konsuls in Gdingen an das AA vom 24.3.1939, weiterer Bericht der dt. Botsch. in Warschau an das AA vom 24.3.1939, alle abgdr. in AA: Dok. zur Vorgeschichte 2, S. 132.

[490] Aufz. der Polit. Abt. des AA vom 25.3.1939, betr. Info. aus dem OKH über poln. Mobilmachungsmaßnahmen und Truppenbewegungen, in: AA: Dok. zur Vorgeschichte 2, S. 133.

[491] Aufz. des StS im AA über ein Gespräch mit dem poln. Botsch. in Berlin am 6.4.1939, in: AA: Dok. zur Vorgeschichte 2, S. 137 f.: „Die polnische Truppenkonzentration in der Gegend von Danzig wollte Lipski als eine begreifliche Parallelerscheinung mit Truppenbewegungen anderer Länder – wie Ungarn, Rumänien, ja selbst Norwegen – hinstellen."

[492] Zu den poln. Protesten, zuletzt am 23.3.1939, gegen die dt. Schutzerklärung gegenüber der Slowakei, die von den Polen als poln. Einflußsphäre beansprucht wurde: Namier: Vorspiel, S. 110-113, unter Berufung auf den poln. Botsch. in Berlin, Jozef Lipski.

[493] Bericht des dt. Botsch. in Warschau an des AA vom 15.12.1938, betr. die poln. Befürchtungen hinsichtl. einer selbständigen Karpatho-Ukraine, in: AA: Dok. zur Vorgeschichte 2, S. 126 f.; Bericht des dt. Botsch. in Warschau an das AA vom 26.3.1939, betr. die poln. Gerüchte über den Ausbruch von Kriegshandlungen zwischen Dtl. und Polen wg. der Stadt Oderberg im Olsagebiet, ebd., S. 136.

[494] Der Hg. der Dąbrowska-Tagebücher, Tadeusz Drewnowski, spricht von „Bauernstreiks im Süden und Osten Polens", ebd., S. 138.

[495] Vgl. Rosenberg: Politisches Tagebuch, S. 86 (Tgb. 21.5.1939): „Nachher, als die Karpatho-Ukraine geopfert wurde, haben wir als Betrüger dagestanden, weil sich die Vertreter der OUN dort als unsere Vertreter ausgegeben. ... Hinzu kam die Propaganda für die OUN durch den Wiener Rundfunk. Jetzt hetzten auch die Ukrainer gegen uns." Hierzu Seraphim: Anmerkung, ebd., S. 86.

[496] Anglo-poln. Kommuniqué vom 6.4.1939, abgdr. in F.O.: British War Blue Book. No. 9, S. 49; hierzu Bericht der dt. Botsch. in London an das AA vom 10.4.1939, abgdr. in AA: Dok. zur Vorgeschichte Nr. 2, S. 192.

[497] Beginnend mit der Rede des brit. Premiers in Birmingham am 17.3.1939, auszugsweise in dt. Übers. in: Zentner: Kriegsausbruch, S. 178 f.; Auszüge und Erläuterungen bei: Charmley: Chamberlain, S. 167; sowie: AA: Dok. zur Vorgeschichte 2, S. 182 f.

[498] Dabrowska: Tagebücher, S. 152 (Tgb. S. 152).

[499] Jong: Fünfte Kolonne, S. 54 f.; auch Bericht des dt. Gen-Konsuls in Kattowitz an das AA vom 8.8.1939, in: AA: Dok. zur Vorgeschichte 2, S. 262.

[500] Jong: Fünfte Kolonne, S. 45; die eigentliche Pressekampagne begann allerdings erst Mitte August 1939, Kordt: Wahn, S. 191.

[501] Jong: Fünfte Kolonne, S. 56 f.; aus den zahlreichen Berichten der dt. Vertretungen z.B.: Gen-Konsul in Kattowitz an AA vom 22. und 24.4.1939, 6. und 19.5.1939, in: AA: Dok. zur Vorgeschichte 2, S. 242 f., 244, 248., Konsul in Lodz vom 8.5.1939, 15.5.1939, 18.5.1939, in: ebd., S. 244, 247, 248, Konsul in Posen vom 16.6.1939 (52 namentlich genannte Fälle von Mißhandlungen), in: ebd., S. 254; Aufzeichnung aus dem AA vom 20.8.1939, betreffend 38 namentlich erfaßte Fälle von schweren Mißhandlungen von meist mehreren Personen zwischen dem 2.4. und 15.8.1939, in: ebd. S. 265-268.

[502] Hubatsch: Hitlers Weisungen, S. 17-19; auch Doc. C-120, in: IMT: (engl. Fassung), Bd. XXXIV, S. 380 f.

[503] Hubatsch: Hitlers Weisungen, S. 17: „Weisung Fall Weiß

I Die gegenwärtige Haltung Polen erfordert es, über die bearbeitete Grenzsicherung Ost hinaus die militärischen Vorbereitungen zu treffen, um notigenfalls jede Bedrohung von dieser Seite auszuschließen.

Politische Voraussetzungen und Zielsetzung:

Das deutsche Verhältnis zu Polen bleibt weiterhin von dem Grundsatz bestimmt, Störungen zu vermeiden. Sollte Polen seine bisher auf dem gleichen Grundsatz beruhende Politik gegenüber Deutschland umstellen und eine das Reich bedrohende Haltung einnehmen, so kann eine endgültige Abrechnung erforderlich werden.

Das Ziel ist dann, die polnische Wehrkraft zu zerschlagen und eine den Bedürfnissen der Landesverteidigung entsprechende Lage im Osten zu schaffen. Der Freistaat Danzig wird spätestens mit Beginn des Konfliktes als deutsches Reichsgebiet erklärt.
Die politische Führung sieht es als ihre Aufgabe an, in diesem Fall Polen womöglich zu isolieren. d.h. den Krieg auf Polen zu beschränken. ...“

[504] So z.B. bei Jong: Fünfte Kolonne, S. 45.

[505] Rede Hitlers vor dem Reichstag am 28.4.1939, abgdr. in: AA: Dok. zur Vorgeschichte Nr. 2, S. 197; dort auch Aufkündigung des dt.-brit. FlottenAbk. von 1935. Siehe auch dt. Memo. vom 28.4.1939 zur Aufkündigung des dt.-poln. Vertrages, in engl. Übers. abgdr. bei: F.O.: British War Blue Book No. 9, S. 32.

[506] So ausdrücklich AA: Dok. zur Vorgeschichte, Nr. 2, S. VII.

[507] Vgl. die zeitgenössische Darstellung von Muckermann: Tragödie Danzig.

[508] Bericht des brit. Dipl. Roger Makins über ein Gespräch mit dem Hohen Kom. am 6.6.1939 in Basel, abgdr. bei: Burckhardt: Mission, S. 299-310, hier besonders S. 301.

[509] Bericht der dt. Botsch. in Warschau an das AA vom 17.7.1936, in: AA: Dok. zur Vorgeschichte 2, S. 118; Bericht des dt. Gen-Konsuls in Danzig an das AA vom 15.11.1937, betr. eine einschlägige Ansprache des poln. Dipl. Vertreters in Danzig, ebd., S. 120.

[510] Beck wurde von der poln. Linken kurioser Weise als „Hitler-Lakai“ bezeichnet, so Dabrowska: Tagebücher, S. 116 (Tgb. 9.11.1936).

[511] Cadogan: Diaries, S. 179 (Tgb. 9.5.1939).

[512] TNA FO1093/87.

[513] Jeffery: MI6, S. 311.

[514] Chamberlain blieb der Auffassung, daß der Garantiefall allein nach brit. Vorstellungen eintreten könne. Er schrieb am 2.4.1939 an seine Schwester Hilda: „Es liegt allein bei uns zu beurteilen, ob ihre [Polens] Unabhängigkeit bedroht ist oder nicht“, Übers. d. Verf., zit. nach Charmley: Chamberlain, S. 180; dort auch S. 161-175 zur deutlichen Distanzierung Halifax' von Dtl. nach dem Einmarsch in Prag, vgl. auch: Bericht des dt. Botsch. in London an das AA vom 18.3.1939, in: AA: Dok. zur Vorgeschichte 2, S. 166, 177.

[515] Charmley: Chamberlain, S. 187.

[516] Bericht des dt. Botsch. in Warschau an das AA vom 29.3.1939, betr. die Aussagen des poln. Außen-Min. zum Status Danzigs, in: AA: Dok. zur Vorgeschichte 2, S. 137 f.; hierzu Kordt: Wahn, S. 189.

[517] Cadogan: Diaries, S. 191 (Tgb. 3.7.1939).

[518] Erklärung des brit. Premiers am 10.7.1939 im Unterhaus, in: AA: Dok. zur Vorgeschichte 2, S. 279 f.; wie sehr die Spitzenleute des AA hierüber erbost waren, ergibt sich aus ihren Notaten ebd. S. 280 f.

[519] Dieser hatte sich noch im Mai 1939 darauf beschränkt, daß die Briten den Polen im Falle eines bewaffnete dt. Überfalls beispringen würden, vgl. Aufz. des StS im AA vom 15.5.1939, in: AA: Dok. zur Vorgeschichte 2, S. 202.

[520] In diesem Sinne berichtete bereits 25.5.1939 der dt. Gen-Konsul in New York über Mitteilungen eines aus GB zurückkehrenden Geschäftsmannes, AA: Dok. zur Vorgeschichte 2, S. 203: „Die englische Regierung sei heute endgültig entschlossen, anhaltende internationale Spannung mit Gefahrenmomenten für Sicherheit des Imperiums zu beenden, und werde erste Gelegenheit, die Deutschland gebe, ergreifen, um Entscheidung zu erzwingen. Voraussetzung sei lediglich erfolgreicher Abschluß des Paktes mit Sowjetunion. Vertrauliche Mitteilung wurde mit Empfehlung verbunden, möglichst bald dieser Lage Rechnung tragende geschäftliche Dispositionen zu treffen."

[521] Moll: Generalfeldmarschälle, S. 97.

[522] Burckhardt: Mission, S. 299-310, vor allem S. 304 f. und S. 407 Fn. 291; dort auch Übers. des Vermerks von Makins.

[523] F.O.: British Doc., Bd. VI, Nr. 36.

[524] Schreiben des poln. Dipl. Vertreters in Danzig an den Senat von Danzig vom 19.7.1939, zit. im Schreiben des Präsidenten des Senats von Danzig an den poln. Dipl. Vertreter in Danzig vom 7.1939, AA: Dok. zur Vorgeschichte, Bd. 2, S. 275 f.

[525] Zu den Zahlen vgl. Burckhard: Mission, S. 349.

[526] Schreiben des poln. Dipl. Vertreters in Danzig vom 4.8.1939, AA: Urk. zur letzten Phase, S. 8.

[527] Mitteilung des StS des AA an den Geschäftsträger der poln. Botsch. in Berlin vom 9.8.1939, AA: Urk. der letzten Phase, S. 9, ebenso in: Dok. zur Vorgeschichte 2, S. 284.

[528] Mitteilung des Unter-StS im poln. Außen-Min. an den Geschäftsträger der dt. Botsch. in Warschau vom 10.8.1939, in: AA: Urk. der letzten Phase, S. 10, ebenso Dok. zur Vorgeschichte 2, S. 284.

[529] Ein nettes Beispiel für derartiges Geschichts-Appeasement bietet die Dissertation von Matić: Edmund Veesenmayer, S. 84-90, der behauptet, die polnische Seite sei unablässig bemüht gewesen, die Auseinandersetzung zu deeskalieren. Das ist politisch korrekt, aber sachlich unzutreffend.

[530] Cadogan: Diaries, S. 194 (Tgb. 11.8.1939, Mitteilung des poln. Botsch. in London, daß jetzt ein „aggressiver Akt", mithin ein Kriegsgrund vorlie-

ge); vgl. auch Groscurth: Tagebücher, S. 179 (Tgb. 2.7.1939, Kriegshetze in der polnischen Presse).

[531] So z.B. Maria Dąbrowska in ihrem Zeitungsartikel in *Wiadomoici Literackie* 1939 Nr. 32, vgl. Tagebücher, S. 158 (Tgb. 9.6.1939): „Von sechs bis elf schreibe ich einen Artikel über das polnische Danzig." Dergl. hatten poln. Funktionäre bereits 1932 in Danzig in öffentlichen Ansprachen vertreten, vgl. Aufz. der Polit. Abt. des AA vom 8.2.1932, AA: Dok. zur Vorgeschichte 2, S. 22.

[532] Vgl. Aufz. der Polit. Abt. des AA vom 3.5.1933, AA: Dok. zur Vorgeschichte, S. 28 f.

[533] Bericht des dt. Botsch. in Warschau vom 28.3.1939, betr. die Äußerungen des stellvertretenden poln. Kriegs-Min., AA: Dok. zur Vorgeschichte 2, S. 136: „...wobei er ausführte, die deutsche Wehrmacht sei ein großer Bluff, denn Deutschland fehlten die ausgebildeten Reserven, um seine Einheiten aufzufüllen. Auf die Frage, ob er glaube, daß Polen im Ernst Deutschland überlegen sei, antwortete er: ‚Aber selbstverständlich'."

[534] Gut belegte Beispiele für die gleichzeitig stattfindende poln. Militärspionage, die ganz andere Ergebnisse zeitigte, finden sich bei Schmidt: Spionage, Betrüger, S. 91-226; sowie ders.: Deutsch-polnisches Verhältnis zwischen den Weltkriegen, S. 268-316.

[535] Below: Adjutant, S. 203: Ausbruch von Aufständen nach Kriegsanfang; ebenso äußerte sich vor Kriegsausbruch der poln. Botsch. in Berlin Lipski, Namier: Vorspiel, S. 448.

[536] Vgl. die einschlägigen Notate bei: Groscurth: Tagebücher, S. 183 (Tgb. 25.8.1939, „Helldorf hat gestern Abend ... um Truppenschutz für Berlin gebeten."), S. 186 (Tgb. 26.8.1939), S. 188 (Tgb. 27.8.1939) Bezeichnend auch Sopade: Dtl.-Berichte 1/1938, S. 129-131, wo in Abrede gestellt wird, die dt. Bevölkerung werde in einem Krieg mitmachen.

[537] MI6 meldete noch am 28.8.1939, daß die Wehrmacht Schwierigkeiten habe, die Reservisten gegen deren Widerstand einzuberufen, Cadogan: Diaries, S. 203, auch S. 204 f.: weiterhin Unruhen in Deutschland (Tgb. 30.8.1939).

[538] Vgl. z.B. Jodl: Tgb. 23.8.1939: Angriffsbeginn 26.8., 4 Uhr 30, BA Rw4.

[539] Die Auffassungen hierzu variieren: Z.B. Arbeitsstab Rundstedt: Schreiben vom 28.6.1939, in IMT: Prozeß (engl. Fassung), Bd. XXX, S. 190 (fehlende poln. Aufmarschunterlagen); andererseits mitgeteilt von Jong: Fünfte Kolonne, S. 146 (poln. Mobilmachungs- und Operationspläne durch Verräter aus dem poln. GenStab auf der deutschen Seite bekannt).

[540] Die genaueste Schilderung bei Jürgen Runzheimer: Überfall auf den Sender Gleiwitz im Jahre 1939, in: VjZ 4/1964, 408-426. Aber auch: IMT, Bd. 2, S. 485 ff. [Aussage Lahousen], der es so darstellt, als sei dies alles

allein in der Regie des SD gelaufen; das entspricht nicht den eigenen Tagebucheintragungen von Abwehr II, Lahousen: [Fragment des] Diensttagebuch[s des Leiters von Abwehr II], Bl. 1 ff., BA Rw5/489; Großcurth: Tagebücher, S. 191 (Tgb. 28.8.1939).

[541] Text in Polish White Book, S. 100-102.

[542] Diese Vorgänge sind durch den brit. und frz. Botsch. präzise dokumentiert, Coulondre: Von Moskau nach Berlin; Henderson: Failure of a Mission.

[543] Ciano: Ciano Diaries, S. 134 f.

[544] US-Botsch. Kennedy an StS Hull, Bericht vom 4.9.1939, abgdr. bei Tansill: Back Door, S. 554.

[545] Kennedy, a.a.O.

[546] Schmidt: Statist, S. 464.

[547] MI5: Personenakte Tyler Kent, TNA KV2/543, Bl. 2A, 3A, 11A, 14A; Vernehmung Carl Marcus durch MI6 im Jahre 1945, MI5: Fallakte Kurt Jahnke, TNA KV2/755Bl. 36B ff.; hierüber und den Verratsumfang insgesamt, vgl. Liddell: Diaries, Bd. 1, S. 67 (Tgb. 18.2.1940); weitere Beispiele bei: Charmley: Untergang, S. 20-22. Nachdem er mitbekommen hatte, woher diese Meldungen stammten, ordnete Hitler zum Jahreswechsel 1939/40 die Auflösung des Jahnke-Büros an, BA R 58/1143.

[548] Botsch. Bullitt, Paris, an Außen-Min. Hull, Bericht vom 30.6.1939, Dep. of State: File 740.00/1840.

[549] Nach Ablauf des Ultimatums vom Vortage trat der Kriegszustand ein, wie Chamberlain am 3.9.1939 im Unterhaus feststellte: „...demzufolge befindet sich dieses Land im Krieg mit Deutschland", Übers. d. Verf.

[550] Dem frz. Botsch. in London, Charles Corbin, fiel Churchills freudige Erregung auf, vgl. Liddell Hart: Zweiter Weltkrieg, S. 30.

[551] Chamberlain starb am 9.11.1940; aus Churchills Kriegskabinett war er bereits am 22.9.1940 wg. seiner Krebserkrankung zurückgetreten, Charmley: Chamberlain, S. 212.

[552] Vgl. nur *The Times* im September 1939.

[553] Vgl. die letzte, vor Kriegsbeginn erfolgte Berichterstattung des Jahnke-Agenten Erich von Salzmann in einem von der brit. Zensurbehörde abgefangenen Brief vom 8.8.1939, MI5: Fallakte Kurt Jahnke, TNA KV2/755, Bl. 7B.

[554] Zit. nach Zentner: Illustrierte Geschichte, S. 88; vgl. auch die abweichende Darstellung über Shaws Äußerungen im *New Statesman* bei: Baker: Menschenrauch, S. 171.

[555] In diese Richtung etwa Liddell Hart: Zweiter Weltkrieg, S. 29; massive innenpolitische Abweichungen zu Englands Kriegspolitik beschrieben bei Baker: Menschenrauch, S. 170 f., 174 f.

[556] Kritisch zur Persönlichkeitsstruktur von Chamberlain z.B. dessen Mitarbeiter John Colville: Downing Street, S. 54-56, 60 f. (Tgb. 16., 17., 24.1., 2.2.1940); interessant ist, daß Colville anschließend Churchill diente, dem er nicht minder kritisch gegenüberstand.

[557] Ansprachen von Neville Chamberlain im Unterhaus am 1.9.1939, abgdr. F.O.: War Blue Book No. 9, S. 202-206, am 2.9.1939, in: ebd., S. 221-224, und am 3.9.1939, in: ebd., S. 228-230.

[558] Beisp. zit. bei: Charmley: Chamberlain, S. 202-211; die *Times* attestierte dem Ex-Premier Lloyd George „einen Ausbruch von trostlosem Pessimismus", Liddell Hart: Zweiter Weltkrieg, S. 30.

[559] Cadogan: Diaries, S. 212 (Tgb. 2.9.1939): „Der Premier erzählt mir über die Schwierigkeiten mit den eigenen Kabinettskollegen."

[560] Am 3.9.1939, nachdem er ein entsprechendes Angebot am 1.9.1939 abgegeben hatte. vgl. Edmonds: Große Drei, S. 144.

[561] Bei den Unterhauswahlen am 5.7.1945 gewann Labour mit 147 Sitzen Vorsprung ebenso deutlich wie für das Establishment überraschend.

[562] Zit. nach Baker: Menschenrauch, S. 261.

[563] Vgl. die Beisp. bei Charmley: Chamberlain, S. 211.

[564] Winston ist zurück. Der Spruch ist zum Selbstläufer geworden. Eine unübersehbare Internetgemeinde (zum Beispiel bei winstonisback.com) tummelt sich in seinem Umfeld. Churchill: Zweiter Weltkrieg, S. 193, hat den Einfall der Admiralität „liebenswürdig" genannt.

[565] Vgl. z.B. Lord Hankey bei Colville: Downing Street, S. 80 (Tgb. 17.4.1940); sogar Churchill: Zweiter Weltkrieg, S. 194, kommentiert das Zusammentreffen mit dem Ersten Seelord mit einer Portion Selbstzweifel: „Wie sahen uns freundlich, wenn auch nicht ganz ohne Zweifel in die Augen."

[566] Colville: Downing Street, S. 14-87.

[567] Interessant ist, daß Churchills Ernennung bei Cadogan nicht einmal stichwortartig erwähnt ist, Diaries, S. 212 f., während die Besetzung anderer Kriegsposten, wie das Ministry of Economic Warfare, ausführlich kommentiert werden (Tgb. 4.9.1939). Aber sodann werden die Gegensätze zu den Churchillianern laufend kommentiert, z.B. S. 233 (Tgb. 24.11.1939). Besonders kraß sind seine Kommentare, als die Wahl Churchills zum Premier diskutiert wird, S. 280 f. (Tgb. 10. und 11.5.1940).

[568] Colville: Downing Street, S. 86 (Tgb. 27.4.1940).

[569] Roewer: Lesen im Kaffeesatz; zum Eindringen der britischen und tschechischen Dienste in die deutsche Emigrantenszene in Benelux und das Vorgehen der deutschen Abwehrbehörden, Verhoeyen: Vorspiel und Folgen.

[570] Schellenbergs Handakten aus dieser Dienststellung sind wenig aussagekräftig, BA R58/572.

[571] Cadogan: Diaries, S. 224 f. (Tgb. 17.10.1939): „Der Admiral [=MI6 Chef Hugh Sinclair] hat eine Geschichte von seinen 2 deutschen Generalen; daß diese heute in Holland sein werden! (Es ist immer „morgen“ [erst]).“, ebd., S. 226 (Tgb. 23.10.1939): „'C' hat Bericht über das Gespräch mit seinen deutschen Generals-Freunden erhalten. Ich denke, sie sind Hitler-Agenten.“, Vgl auch Tgb. 31.10.1939, ebd., S. 228: Nunmehr hat Cadogan seine Meinung über die Kontakte im positiven Sinne geändert. Vor allem Tgb. 1.11.1939, ebd., S. 228: „Das Kabinett wurde über unsere Kontakte mit den Generalen unterrichtet und fand keinen Gefallen daran. Sagte zu [Außenminister] H[alifax], daß der erste Eindruck ungünstig war und Verdacht weckte. Er dürfe in dieser Sache nicht zu sehr auf Winston [Churchill] und seine Fixierung auf 'Schlagt Deutschland' hören.“, weitere Anmerkungen in den Tagebüchern über die Auseinandersetzungen mit Churchill wg. einer Antwort an die deutsche Seite, die dann am 7.11.1939 erfolgt zu sein scheint, vgl. Tgb. 2., 3. 6. und 7.11.1939, ebd., S. 228 f.; Übers. d. Verf.

[572] Hesse: Vorspiel, S. 9, wo kolportiert wird, Ustinov habe Goebbels aufgefordert, selbst einen Arier-Nachweis zu erbringen.

[573] Spuren des Agenten U35 (=Ustinov) tauchen in allen möglichen Überwachungsakten auf, z.B. in: MI5: Personenakte Gottfried Treviranus, TNA KV2/343, Bl. 116x. Die Rolle von Ustinov war der deutschen Spionageabwehr (RSHA IVE4) geläufig. Sie führte zu seiner Ausschreibung zur Festnahme auf der Sonderfahndungsliste GB (dort U10 und M37 unter dem Decknamen Middleton-Paddleton). Die zugehörigen Akten sind wie gewohnt verschwunden.

[574] Ein systematisches Vorgehen gegen Homosexuelle scheint erst in dieser Zeit begonnen zu haben, vgl. die nicht eindeutigen Angaben bei: Jellonek: Ermittlungsmethoden gegen Homosexuelle, S. 353 f.

[575] Putlitz versorgte Ustinov mit diversen Spionagestorys, so ließ er 1937 eine Reihe von Journalisten auffliegen, vgl. z.B. Bericht von U35 (=Ustinov) an MI5 vom 25.6.1937, in MI5: Personenakte Werner Crome, TNA KV2/533, Bl. 60b.

[576] Liddell: Diaries, Bd. 1, S. 21 (Tgb. 14.9.1939): „Klops Spezialquelle und sein Diener treffen heute mit dem Flugzeug hier in England ein und werden in einer Wohnung in London untergebracht. Wir wissen noch nicht, was geschehen ist.“, Übers. d. Verf. Ab dieser Zeit war Putlitz in Deutschland zur Fahndung und Festnahme ausgeschrieben, siehe RSHA: Sonderfahndungsliste GB P139. Die zugehörigen Akten sind wie gewohnt nicht auffindbar.

[577] Liddell: Diaries, Bd. 1, S. 12, Übers. d. Verf.
[578] Brief vom 24.8.1939, Nicolson: Diaries, S. 192, Übers. d. Verf.
[579] Zu Vorbereitung und Verlauf des Attentats: Benz u.a.: Lexikon, S. 185-188.
[580] Z.B. Groscurth: Tagebücher, S. 227 (Privat-TB 9.11.1939): „Attentat München: Vermuteter Täterkreis evtl. sogenannter ‚Brieftaubenkreis' (alte verärgerte Pg. oder auch Gestapo selbst, vielleicht sogar in Verbindung mit Göring. Führer ist rechtzeitig gewarnt und hat Bürgerbräu verlassen." Ebenso: Gisevius: Ende, S. 429.
[581] Noch 1942 war Hitler von der fixen Idee überzeugt, der müsse Attentäter ausländische Hintermänner haben, vgl. Picker: Tischgespräche, S. 144 (26.3.1942, mittags).
[582] Harald Siewert: Die Organisation des britischen Geheimdienstes. Aufbau und Arbeit der größten Verbrecherorganisation der Welt, *Völkischer Beobachter* vom 27.11.1939, S. 1.
[583] Vgl. aus der Fülle der einschlägigen Äußerungen Heim: Monologe, S. 181 (6.1.1942, mittags), S. 238 (27.1.1942, mittags), 240 (27.1.1940, abends), 268 f. (6.2.1942, abends), 325 f. (4.8.1942, abends); Koeppen: Herbst 1941, S. 46 f. (1.10.1941, mittags), 73 (16.10.1941, mittags), 95 f. (23.10.1941, mittags), 99 f. (24.10.1941, mittags); Picker: Tischgespräche, S. 96 (27.1.1942, mittags), S. 118 (3.3.1942, mittags), 183 f. (3.4.1942, abends).
[584] Bunkerbefestigungssystem an der französisch-deutschen Grenze.
[585] Interview der US-Journalistin Clare Boothe mit einem frz. Offizier, Baker: Menschenrauch, S. 194.
[586] Hierzu ausdrücklich Colvin: Chamberlain Cabinet, S. 256 f.
[587] So ausdrückl. der brit.-frz. Oberste Kriegsrat vom 13.9.1939, British War Cabinet: Prot. vom 20.9.1939, TNA CAB 39/38: „Die Zeit arbeitet für uns!"
[588] Anglo-frz.-sowj. Verhandlungen fanden zwischen Apr. und Aug. 1939 statt, DBFP, Serie 3, Bd. V, S. 202-792, Bd. VI, passim, Bd. VII, S. 74, 143, 430, 615 f., 622; sie wurden nach dem Hitler-Stalin-Pakt abgebrochen; aus sowj. Sicht Falin: Zweite Front, S. 100-108.
[589] Zu den Einzelheiten und dem Vertragstext vgl. Roewer: Skrupellos, S. 595-600, m.w.N.
[590] GB dachte nicht daran, seine Garantieerklärung auch gegenüber der sowj. Aggression anzuwenden, Cadogan, Diaries, S. 217 (Tgb. 18.9.1939).
[591] Die Armee Lublin hatte am 17.-20., die Armeen Posen und Pommerellen am 18/19.9.1939 gegenüber der Wehrmacht kapituliert, vgl. Schramm: KTB, Bd. I, 2. Halb-Bd., S. 1151.
[592] Ebd., S. 1772, 1793, 1995, 1815, 1939.

[593] Vgl. Schramm: KTB, Bd. I, 2. Halb-Bd., S. 1154; am 2.12.1939 wurde der sog. Beistandspakt zwischen der Sowjetunion und ihrer finnischen Marionettenregierung unterzeichnet.

[594] Die von der Sowjetunion erzwungenen Verhandlungen begannen am 11.10.1939, vgl. Schramm: KTB, Bd. I, 2. Halb-Bd., S. 1132.

[595] GB erwog, den Völkerbund anzurufen, Cadogan: Diaries, S. 235 (Tgb. 4. und 6.12.1939).

[596] Zur Aufrüstung der Finnen durch das Deutsche Reich während des Ersten Weltkriegs und die Vertreibung der Roten Garden 1918. Roewer: Skrupellos, S. 284-295 m.w.N.

[597] Vgl. Schramm: KTB, Bd. I, 2. Halb-Bd., S. 1156 f.; auch: Roewer: Rote Kapelle, S. 121-123 m.w.N.

[598] Undat. Aufz. des frz. GenStabs (vermutl. Anf. Jan. 1940), betr. den russ.-finn. Konflikt und die Unterstützung Finnlands durch die Alliierten, in: AA: Geheimakten des frz. GenSt., S. 40 (in dt. Übers.), S. 200 (in Faks.).

[599] Brit.-frz. Spitzen-Treffen am 5.2.1940 in Paris, vgl. Cadogan: Diaries, S. 232 f. (Tgb. 4.-6.2.1940). Erste Planungen auf brit. Seite bereits im Dez. 1939, Cadogan: Diaries, S. 236 (Tgb. 6.12.1939); Colville: Downingstreet (dt.), S. 58, 63 (Tgb. 29.1., 7.2.1940).

[600] AA: Geheimakten des frz. GenSt., S. 43 (dt. Übers.), S. 205 (in Faks.): „General Gamelin und Admiral Darlan sind zu bitten, eine Denkschrift über eine eventuelle Intervention zur Zerstörung der russischen Ölfelder auszuarbeiten. ...“

[601] Churchill in einer Radioansprache am 20.1.1940: „Finnland hat der Welt die militärische Unfähigkeit der Sowjetunion bewiesen“, zit. nach Liddell Hart: Zweiter Weltkrieg, S. 66.

[602] Das Interalliiertes Planungskomitee behandelte in der Sitzung vom 5.3.1940 die Frage der Geheimhaltung des Skandinavien-Unternehmens und beschloß, die norwegischen PTT-Stationen zu besetzten und die Kommunikation gewaltsam zu unterbinden, vgl. Desarzens: Aspekte, S. 167 f. Mit Tel. vom 21.1.1940 an den frz. Botsch. in London regte der frz. Staats-Präs. an, die Zustimmung Norwegens durch die brit. Regierung mit dem Hinweis zu erpressen, daß das Land den Dampfer *Altmark* in ihren Gewässern geduldet habe, vgl. AA: Geheimakten des frz. Generalstabs, S. 45, Ziff. 5 und 6 (in dt. Übers.), S. 207 (in Faks.).

[603] Am 2.1.1940 im brit. Kriegs-Kab. diskutiert, War Cabinet Minutes Confidential Annexes vom 3.1.1940, TNA CAB 65/11.

[604] Die aus Tarnungsgründen erfolgte Zuordnung von geographischen Nahostbegriffen zum Skandinavien-Unternehmen durch die Frz. hat später für Verwirrung gesorgt, vgl. Desarzens: Aspekte, S. 169.

[605] Aufz. des frz. OB vom 22.2.1940, in: AA: Geheimakten des frz. GeneralSt., S. 48 (in dt. Übers.), S. 211 (in Fak.). Die Baku-Studie lag dem Unter-StS Cadogan am 28.3.1940 vor, Diaries, S. 265. Der weitere Schriftverkehr ergibt sich aus AA: a.a.O, S. 57-68, 72-77, 87-90.

[606] Schreiben Vansittarts an den Ersten Seelord, Adm. Roger Backhouse, vom 14.4.1939, TNA ADM 1/9956.

[607] Unternehmen Wilfred, Memo. von Churchill, teilw. zit. in Baker: Menschenrauch, S. 190; auch Cadogan: Diaries, S. 255 (Tgb. 23.2.1940), S. 266 (Tgb. 30.3., 31.3. und 1.4.), S. 270 (Tgb. 14.4.1940, betr. die Kab.-Sitzung); Colville: Downingstreet (dt.), S. 43 f., 48 f. (Tgb. 16.12.1939, 2.1.1940); Memo. von Churchill an das Kriegs-Kab. vom 19.9.1939 und 16.12.1939, Schramm: KTB, Bd. I, 2. Halb-Bd., S. 1155.

[608] Vgl. Colville: Downing Street (dt.), S. 45 (Tgb. 27.12.1939): „Winston ist natürlich für eine sofortige Aktion, aber das Kabinett und die Chefs der Generalstäbe sind weniger begeistert." Falsch ist die Darstellung in Churchills Memoiren, die brit. Reg. habe seinen Norwegenplänen sogleich freudig zugestimmt, Liddell Hart: Zweiter Weltkrieg, S. 76.

[609] Notwendigkeit, die Skandinavier über bestimmte Aktionen ins Bild zu setzen, Cadogan: Diaries, S. 264 (Tgb. 19.3.1940); „dümmste Sache in unserer Geschichte“, Diaries, S. 268 (Tgb. 8.4.1940). Siehe auch Brief von Chamberlain an seine Schwester Ida vom 27.1.1940, NC 18/1/1140, zit. nach Charmley: Chamberlain, S. 211: „unkalkulierbarer Schaden, um Neutrale feindselig zu machen“.

[610] Jodl: Tgb 17.2.1940, BA Rw4; auch: Schramm: KTB, Bd. I, S. 1157; Rosenberg: Memorandum, S. 5; aber auch Colville: Downingstreet (dt.), S. 65 (Tgb. 17.2.1940): „In Downing Street herrschte große Begeisterung wegen des Altmark-Zwischenfalls."

[611] MI 2(b): Intelligence on Norway, Feb 1940, TNA WO 106/1844.

[612] Ein ähnlicher Fragebogen der brit. Naval Intelligence Division, betr. die Hafenstadt Narvik, in Faks. in AA: Weitere Dokumente, Gruppe C Nr. 2.

[613] Tgb. der Skl, Teil A vom 6.3.1940 und vom 18.3.1940, in BA MA RM 7/10, und vom 5.4.1940, in BA MA 7/11; Seekriegsleitung/Asto II: Bericht über die brit. Vorbereitungen zur Besetzung Norwegens vom 10.3.1940, in BA MA RM 7/92; auch: Schramm: KTB, Bd. I, 2. Halb-Bd., S. 1155; Rosenberg: Memorandum, S. 3 f.; Quislings letztes Treffen vor der dt. Besetzung Norwegens erfolgte am 4. April 1940 mit dem Leiter von Abwehr I, Oberst Hans Piekenbrock, in Oslo.

[614] Vgl. Schramm: KTB, Bd. I, 2. Halb-Bd., S. 1160 f.

[615] Z.B. *Münsterischer Anzeiger* vom 4.5.1940: „Sabotage sollte Schweden zermürben. Englischer Agent verhaftet – Riesiges Sprengstoff-Geheimlager in Stockholm aufgefunden – Aufsehen und Empörung im ganzen Land.“

[616] Prot. der Sitzung des frz. Kriegsausschusses vom 26.4.1940, in AA: Geheimakten des frz. GenSt., S. 92-95 (dt. Übers.), S. 288 (in Faks.); siehe auch Jodl: Tgb. vom 2.5.1940, BA Rw4.

[617] 4.-10.6.1940, vgl. Schramm: KTB, Bd. I, 2. Halb-Bd., S. 1165 f., am 10.6.1940 kapitulierte die norw. Armee, ebd., S. 1166.

[618] So z.B. die Tgb.-Eintragung des kons. Politikers Henry Channon, zit. bei Baker: Menschenrauch, S. 192: „Norwegen war Winstons Abenteuer und der arme Neville bekam die Schuld dafür."

[619] Jodl: Tgb. 19.2.1940, BA Rw4.

[620] Die Geschichte stammt aus der MI5-Personenakte Marina Lie, TNA: KV2/3281. Sie wurde im Jahre 2000 in Norwegen auf Buchstärke ausgewalzt, Lie: Gåten Marina.

[621] Ministry of Economic Warfare = Ministerium für Wirtschaftskriegführung.

[622] Aufz. des frz. OB vom 22.2.1940, in: AA: Geheimakten des frz. GenSt., S. 48 (in dt. Übers.), S. 211 (in Faks.) sowie weiterer Schriftwechsel S. 57-68, 72-77, 87-90. Die Baku-Studie lag dem Unter-StS Cadogan (Diaries, S. 265) am 28.3.1940 vor.

[623] Als Beispiel mögen die Tgb. von Sebastian: Voller Entsetzen, dienen; sie zeigen den Anti-Semitismus in Rumänien und dessen Übergang zur Judenverfolgung zu Beginn des Krieges.

[624] Bericht des frz. OB des Heeres, Gen. Gamelin, an den MinPräs. Daladier vom 18.10.1939, in: AA: Weißbuch 6, S. 33: Vorschlag, den frz. MilAtt. in Bukarest sowie einen zum Schein zum Obristen zu ernennenden Herrn Wenger zu betrauen.

[625] Vgl. Bericht des frz. Sachverständigen für die Zerstörung der rumänischen Erdölindustrie Léon Wagner [recte: Wenger] vom 1.10.1939, in: AA: Weißbuch 6, S. 28-32; Schreiben des frz. MinPräs. Daladier an den Botsch. in London Corbin vom 27.10.1939, AA: Weißbuch 6, S. 34; Bericht des frz. GenSt., II. Büro, über das Scheitern des brit. Versuchs, die Donau zu sperren, vom 14.4.1940, ebd., S. 82: Vorlage einer entsprechenden Meldung der Nachrichtenagentur HAVAS vom 8.4.1940; auch Leverkühn: Nachrichtendienst, S. 106 f.

[626] Lahousen: Dienst-Tgb., IfZ: Fd 47, Stichwort Ölschutz.

[627] Kurowski: Kommandotrupps, S. 80-82; Leverkühn: Nachrichtendienst, S. 106-111.

[628] Abshagen: Canaris, S. 244-247; nach Leverkühn: Nachrichtendienst, S. 110, war der Vertragspartner von Canaris der Chef der Sicherheitspolizei Siguranza, Moruzow.

[629] Wörtlich z.B. bei Jodl: Tgb. 10.8.1940, sowie daselbst 13.9.1939, in diesem Fall Wilhelm Keitel zitierend; erneut 29.9.1939, BA Rw4.

[630] AA: Geheimakten des frz. GenSt., passim; siehe auch Deschner: Bomben auf Baku, das auf diesem Weißbuch beruht sowie dem Zeugnis des Leiters der Informations- und Presse-Abt. des AA, Paul Karl Schmidt (späteres Ps. Paul Carell), der die Wirkung des Aktenfundes auf die deutsche Führung beschreibt.

[631] Bezeichnend ist, daß selbst der wohlwollende Insider-Bericht über die Abwehr (Leverkühn: Nachrichtendienst, S. 67) einräumt, die Masse der deutschen Erkenntnisse über die Maginot-Linie habe aus tschech. Beuteakten von 1938/39 gestammt

[632] Über die vernichtende Kritik des Leiters der Abt. Fremde Heere West, Oberst Ulrich Liss, am Zustand der Abwehr und die Reaktionen hierauf, Roewer: Skrupellos, S. 638 f.

[633] Die Fehlinterpretation auch bei Gellermann: Lauschten für Hitler, S. 145, der annimmt, es handele sich um den beabsichtigten Landangriff der Alliierten gegen Deutschland.

[634] MI5: Personenakte Fritz Wilhelm Lorenz, TNA KV2/309, Bl. 8A (und dahinter 2 Seiten o.Pag.), Bl. 13A, S. 1-3; *Völkischer Beobachter* vom 7.5.1940, S. 1.

[635] Am 12.3.1940 wurde in Moskau der Waffenstillstand und die Abtretung finn. Landesteile unterzeichnet, Schramm: KTB, Bd. I, 2. Halb-Bd., S. 1159; nach brit. Vorstellung sollte das zur-Hilfe-eilen die wirklichen Kriegsziele lediglich kaschieren, Colville: Downingstreet (dt.), S. 63 f. (Tgb. 7.2.1940).

[636] Aus der zeitgenössischen Presse z.B. *Münstersche Zeitung* vom 14.3.1940: „Die Karelische Landenge an Rußland."

[637] Philco Seer, in: *Time* vom 12.2.1940, die sich auf die Radioberichterstattung von Wythe Williams bezieht. Diese Geschichte soll später einmal erzählt werden.

[638] Eine Gruppe meist jüngerer kons. Abg., deren Mittelpunkt Anthony Eden war; diese, später erweitert um Churchill & Co, bewirkte letztlich den Sturz von Chamberlain im Mai 1940, Nicolson: Diaries, S. 215-218; Duff Cooper: Diaries, S. 270 f.

[639] Z.B. Titel der Halifax-Biographie von Roberts: The Holy Fox.

[640] Auch nach dem Kriegsbeginn unterhielt Halifax weiter seine Informationsbeziehungen nach Dtl. hinein, vgl. Colville: Downing Street (dt.). S. 32, 45. Bezeichnend ist, daß beide Emissäre, Christie und Conwell Evans im Personenglossar in der engl. Ausgabe der Colville-Tgb. nicht vorkommen.

[641] Der Unter-StS Cadogan: Diaries, S. 280, kommentierte am dt. Angriffstag, dem 10.5.1940, zynisch: „Durch die Invasion beider Länder haben uns die Deutschen eine Reihe peinlicher Fragen erspart".

[642] Rundfunkrede von Chamberlain am Abend des 10.5.1940: „Ich habe heute Abend um eine Audienz beim König gebeten und ihm meinen Rückzug angeboten, den Seine Majestät zu genehmigen geruht. ... Wir müssen uns jetzt geschlossen hinter unsern neuen Führer [Churchill] stellen...“, zit. nach Baker: Menschenrauch, S. 199.

[643] Schramm: KTB, Bd. 1, 2. Halb-Bd., 1163. Der erste Angriff traf Dortmund.

[644] Spaight: Bombing Vindicated, S. 68, bzw. S. 71. Der Jurist James Spaight (1877-1968) wußte was er 1944 in seiner Rechtfertigungsschrift für den Bombenkrieg schrieb; er gehörte zu Englands führenden Luftkriegstheoretikern und war im Luftfahrtministerium am Plan des *moral bombing* beteiligt.

[645] Vor allem Churchill als der Verursacher setzte alles daran, die dt. Verantwortlichkeit für den Bombenkrieg zu behaupten, vgl. z.B. Gathering Storm, S. 16. Neuerdings Holland: Battle of Britain, S. 423 ff., wo der Bombenkrieg irgendwann im August 1940 beginnt.

[646] Die Wiederaufnahme der Hungerblockade gegen Deutschland war kein Geheimnis. Nach einschlägiger Instruktion durch die brit. Reg. berichtete das US-Magazin *Time* am 1.7.1940 hierüber.

[647] So ausdrücklich in der Direktive Nr. 22 an das Bomber Commando, auszugsw. bei Raico: War Leaders, S. 90 f.; ebenso das Flugblatt von Luftmarschall Harris an die dt. Bevölkerung vom Sommer 1942, in dem das Bombardieren dt. Städte bewußt falsch als brit. Reaktion dargestellt wird, abgb. bei Wantzen: Leben im Kriege, S. 923 f.

[648] Mit besonderer Schärfe Liddell Hart: Zweiter Weltkrieg, S. 17: „Großbritannien war... ein Vasall der Vereinigten Staaten geworden.“

[649] Zum Verrat des Angriffstermins Jodl: Tgb. vom 7.5.1940, auf das Forschungsamts Bezug nehmend, BA Rw4.

[650] Sog. Sichelschnittplan des Gen. Erich von Mannstein; zu den Auseinandersetzungen hierüber Zentner: Illustrierte Geschichte, S. 122-125; ausführlich auch Manstein: Verlorene Siege, S. 91-124; Jodl: Tgb. 17.2.1940, BA Rw4; erster Entwurf von Manstein vom 31.10.1939, vgl. Schramm: KTB, Bd. 1, 2. Teil-Bd., S. 1153.

[651] Schramm: KTB, Bd. I, 2. Teil-Bd., S. 1164.

[652] Die Operation Dynamo dauerte vom 27.5.-4.6.1940, vgl. Schramm: KTB, Bd. 1, 2. Teil-Bd., S. 1165. Zum Ablauf Liddell Hart: Zweiter Weltkrieg, S. 106-116, wo auch die Mär diskutiert wird, Hitler habe die Briten absichtlich entkommen lassen.

[653] Schriftverk. abgdr. bei AA: Geheimakten des frz. GenSt., S. 121-124, 150-153.

[654] Die einschlägige Kab.-Entscheidung fiel am 15.5.1941, nur fünf Tage nach Beginn der deutschen Operationen, Schramm: KTB, Bd. 1, 2. Teil-Bd., S. 1163.

[655] Zu den illusionären Vorstellungen über die Kampfkraft der poln. Armee beim brit. Außen-Min. Lord Halifax und Gen. Edmund Ironside, Liddell Hart: Zweiter Weltkrieg, S. 30. Die Fehleinschätzung, die Ironside noch am 12.9.1939 hegte, ist kolportiert bei Cadogan: Diaries, S. 216.

[656] Nach einem Besuch Frkr. am Vorabend des Zweiten Weltkriegs äußerte Churchill, die frz. Armee sei die „am besten ausgebildete und sicher beweglichste in Europa", zit. nach Liddell Hart: Zweiter Weltkrieg, S. 30; weitere ähnlich lautende brit. Fehleinschätzungen, ebd.

[657] Am 25.5.1940 entschloß sich der brit. OB, Lord Gort, selbständig, den Befehlen des alliierten OberKdo., den Einsatz der britischen Expeditionsstreitkräfte betreffend, nicht Folge zu leisten und sich vom Kontinent mit seinen Truppen abzusetzen, Schramm: KTB, Bd. 1, 2. Teil-Bd., S. 1164.

[658] Schramm: KTB, Bd. 1, 2. Halb-Bd., S. 1168.

[659] Dieser Vorgang wurde in der deutschen Presse gefeiert, z.B. N.N.: Wie sie uns warten ließen, *Deutsche Allgemeine Zeitung* vom 19.6.1940.

[660] Radioansprache von Außen-Min. Lord Halifax am 22.7.1940, hierzu Cadogan: Diaries, S. 315 (Tgb. 22.-24.7.1940): „Die Radio-Rede war nicht effektiv genug". Harold Nicolson notierte: „Er hält zwar eine äußerst schlechte Rede, die aber insofern völlig fest ist.", zit. nach Baker: Menschenrauch, S. 242.

[661] Bracken ist oft für den Sohn von Churchill gehalten worden; vgl. z.B. Charles Lysagh: The Irish spoofer whi was Churchill's right-hand man, *The Irisch Times* vom 1.7.2016.

[662] Nicolson: Diaries, S. 225 (Tgb. 18.7.1940), Übers. durch d. Verf.

[663] Schramm: KTB, Bd. 1, 2. Halb-Bd., S. 1170.

[664] Harold Nicolson an seine Frau: „Unsere Aktion gegen die französische Flotte hat weltweit hohe Wellen geschlagen. Ich mache mir Sorgen.", zit. nach Baker: Menschenrauch, S. 236. Churchill überstand die Parl.-Debatte vom 4.7.1940 nach dem Tgb. von Nicolson (Diaries, S. 224) wie folgt: „Das Hohe Haus ist zunächst bestürzt über die abscheuliche Attakke, aber gefestigt durch Winstons Ansprache. Das große Finale endet mit einer Ovation, wobei Winston dasitzt und ihm Tränen die Wangen hinunterlaufen", Übers. d. Verf.

[665] Liddell Hart: Zweiter Weltkrieg, S. 119.

[666] Schramm: KTB, Bd. 1, 2. Halb-Bd., S. 1206. Hierzu bemerkenswert Rose u.a.: Heß.

[667] MI5: Fallakte Rudolf Hess, TNA KV2/37, passim.

[668] Liddell: Diaries, Bd. 2, S. 30 f. (Tgb. 20.11.1942), Übers. d. Verf.

[669] Colville: Downingstreet (dt.), S. 274. Korrekt übersetzt aus der engl. Fassung, S. 387 f.

[670] Bei Colville: Downing Street (dt.), S. 274, genannt sind: „C“ (=Stewart Menzies, der Chef von MI6), Alexander Cardogan (der beamtete StS des F.O.) sowie die Spitzpolitiker Anthony Eden, Clemens Attlee, Lord Beaverbrook, Brendan Breckan, Duff Cooper und schließlich der Herzog von Hamilton, der die Befürchtung hatte, er könne, weil er der von Heß gewählte Anlaufpunkt war, zum Quisling abgestempelt werden.

[671] Colville: Downing Street (engl.), S. 388; Übers. durch d. Verf.

[672] Auf diesen Umstand weist drastisch Raico: Great Wars, S. 80, hin.

[673] Charmley: Churchill, S. 420-430; hiergegen Gaddis Smith: Finest Hour?, *NYT Book Review* vom 29.8.1993, S. 3: „morally sickening“.

[674] W.C. an Clementine, Brief vom Oktober 1944: „Ich habe sehr nette Gespräche mit dem alten Bären. Je öfter ich ihn sehe, desto mehr mag ich ihn. Sie [die Sowjets] respektieren uns und ich bin mir sicher, daß sie sich wünschen, mit uns zusammenzuarbeiten“, zit. nach Raico: Great Wars, S. 82, Übers. d. Verf.

[675] Meldung des DNB, in den dt. Zeitungen abgdr., z.B. *Münsterische Zeitung* vom 13.5.1941, auch *Deutsche Zeitung* vom 14. und 15.5.1941.

[676] Besonders drastisch Baker: Menschenrauch, S. 176.

[677] So Churchill zum US-Gen. Robert Wood im Nov. 1936 in London, zit. nach Buchanan: Unnecessary War, S. 336 m.w.N., S. 475, Übers. d. Verf.

[678] Der Führer der brit. Faschisten, Oswald Mosley, My Life, S. 577-586, wies bereits vor dem Krieg darauf hin, daß diese Haltung zu einem für England desaströsen Krieg führen müsse.

[679] Veale: Advance to Barbarism [als Word-Datei], S. 57 f., 61-63, 68 f.

[680] Brief Churchills an Beaverbrook vom Jun. 1940: „Aber es gibt eine Sache, die ihn [Hitler] fertig machen wird, das ist ein verheerender, ausrottender Angriff von sehr schweren Bombern von hier aus gegen das Nazi-Hinterland.“, zit. nach: Buchanan: Unnecessary War, S. 392, Übers. d. Verf.; auch: Baker: Menschenrauch, S. 195, 202, 207, 210 mit weiteren einschlägigen Zitaten; Schramm: KTB, Bd. I, 2. Halb-Bd., S. 1165: in den auf den 11.5.1940 folgenden Nächten fanden Bombenangriffe auf Dortmund, Essen, Hamm, Aachen, Berlin und Hannover statt.

[681] Special Operations Executive, brit. Sabotage- und Beeinflussungs-Org., gegr. am 16.7.1940.

[682] Kolportiert durch den damaligen Labour-Abg. und Min. für die wirtschaftliche Kriegführung Hugh Dalton (1887-1962), dem die SOE unterstand, Second World War Diaries, S. 67.

[683] Zum Dreiklang der brit. Maßnahmen gegen Dtl. (wirtschaftliche Repression, Bombardierung und Subversion), Streatfield: Major Developments in Political Warfare, TNA CAB 101/131, Chap. 3.

[684] Das Attentat geschah am 27.5.1942 in Prag, Heydrich starb am 4.6.1942 an dessen Folgen.

[685] Zur Ermordung von Heydrich gibt es eine unüberschaubare kontroverse Literatur, die hier nicht behandelt wird, vgl. Roewer u.a.: Lexikon der Geheimdienste, S. 202.

[686] Chamberlain schrieb am 5.11.1939 ironisch an seine Schwester: „Entweder muß er sterben oder nach St. Helena gehen oder ein richtiger Architekt – im Staatsdienst – werden, vorzugsweise in einem Heim“, zit. nach Baker: Menschenrauch, S. 180.

[687] Rede von Chamberlain im Unterhaus als Reaktion auf Hitlers Friedensvorschlag vom 29.9.1939, vgl. *The Times* vom 12.10.1939; im gleichen Sinne bei Colville: Downing Street, S. 32 f. (Tgb. 29.10.1939); auch: Unterredung mit dem ehemaligen Reichskanzler Brüning mit dem Ziel eines Friedens-Abk. mit dem dt. mil. Oberkommando bei gleichzeitiger Ausschaltung Hitlers, erwähnt im Tgb. von Harold Nicolson am 17.1.1940, zit. durch Baker: Menschenrauch, S. 185 f.

[688] *The Times* vom 27.9.1939, zit. in dt. Übers. bei Baker: Menschenrauch, S. 168.

[689] In einem Brief an seine Schwestern vom 5.11.1939, zit. bei Baker: Menschenrauch, S. 180.

[690] Am 19.12.1940 legte Churchill dem Außen-Min. nahe, sein Kabinett zu verlassen, Cadogan Diaries, S. 342 (Tgb. 19. und 20.12.1940). Halifax nach Churchills Amtsübernahme als Premier: „Selten bin ich jemandem mit kurioseren Wissenslücken und einem sprunghafteren Geist begegnet. ... Kann sein Verstand überhaupt ordentlich funktionieren?“, zit. nach Baker: Menschenrauch, S. 200.

[691] So beim Friedensfühler von Halifax im Oktober 1940, Nicolson: War Years (Tgb. 26.10.1940).

[692] Operation Foxley, Moorhouse: Attentate, S. 276-280, m.w.N.

[693] Personenangaben zu Weis, alias Wurmann, in der MI5-Personenakte TNA KV2/268; auf Bl. 63a oben steht der handschriftliche Hinweis „Wurmann“, also der angebliche Klarname des Agenten, den die Zensoren auf diesem Blatt (und nur an dieser Stelle) zu tilgen vergessen haben. Zum richtigen Vornamen (Richard), ebd., Bl. 11A.

[694] Der echte Klarname ist Richard Weis. In der Literatur kommt er als Richard Wurmann vor, den es bei der Abwehr nicht gab, zur Personalstruktur des Amtes Ausland/Abwehr in IfZ: ZS A/13, Bl. 18.

[695] MI5: Personenakten Harlequin, TNA KV2/274-277.

[696] *extremely valuable* (außerordentlich wertvoll), Vermerk von Hugh Trevor-Roper vom 21.1.1943, TNA KV2/268 (Harlequin), Bl. o.Pag., hinter Bl. 11A.

[697] Vermerk von H.P. Milmo vom 6.2.1943, TNA KV2/268 (Harlequin), *minute sheet* p. 2, sowie ebd., Bl. 31c; bestätigt durch Liddell: Diaries, Bd. 2 (Tgb. 10.2.1943), jedoch mit dem merkwürdigen Zusatz, daß dem Agenten nichts versprochen worden sei.

[698] Die Einbindung von Churchill in diesen Vorgang ergibt sich nicht aus der MI5-Akte (KV2/268), sondern aus dem Tgb. des Leiters der Division B/ MI5, Guy Liddell, Diaries, Bd. 2., S. 67 (17.4.1943).

[699] Vermerk über den Streik von Weis vom 22.4.1943, TNA KV2/268 (Harlequin), Bl. 43b, sowie das weitere Verfahren auf den folgenden Blättern.

[700] TNA KV2/268 (Harlequin), Bl. 63a und die folgende Seite o.Pag.

[701] Weis-„Wurmann" befand sich im Juni 1945 noch im US-Gewahrsam, TNA KV2/268 (Harlequin), Bl. 68.

[702] Rothfels: Opposition gegen Hitler, S. 149 f.; bemerkenswert, daß in diesem frühen Werk (1950) zur Widerstandsgeschichte noch klar herausgearbeitet wird, daß die brit. Reg. zu niemandem Kontakt wollte, weil sie keinen Frieden wollte.

[703] Daneben berichtete die als zuverlässig eingeschätzte menschliche Quelle mit dem brit. Decknamen Knopf über die Aufenthaltsorte Hitlers. Knopf war der poln. Agent Michal Rybikowski.

[704] Um der dt. Führung Kriegsverbrechen nachzuweisen, legten die Alliierten beim IMT Dokumente über die große Zahl liquidierter brit. Sabotage-Agenten vor; sie stellen ein Teil-Spiegelbild der eingesetzten brit. Kräfte dar, IMT: Doc. 503 PS-556(13) PS, in: IMT, Bd. XXVI, S. 115-149.

[705] Berndt u.a.: Deutschland im Kampf, S. S. 29.

[706] Tgb.-Eintragung vom 25.11.1941, zit. nach Morgenstern: Pearl Harbor, S. 292, Übers. d. Verf.

[707] Hierfür gibt es unmißverständliche Äußerungen Roosevelts im kleinsten Kreis, so gegenüber seinem Sohn, vgl. Elliott Roosevelt: As He Saw It, S. 25.

[708] Chamberlains Angebot war bereits am 1.9.1939 an Churchill ergangen, die Ernennung erfolgte am 3.9.1939, vgl. Edmonds: Große Drei, S. 144.

[709] Interessant ist die Beschränkung darauf, es sei eben der Beginn einer Sonderbeziehung gewesen, bei Edmonds: Große Drei, S. 145; anders Lukes: Espionage, danach habe Churchill hinter dem Rücken von Chamberlain agiert.

[710] Churchill: Zweiter Weltkrieg, S. 205; Loewenheim u.a.: Correspondence, S. 89 (Brief R an C vom 11.9.1939); ebenso Raico: Great Wars, S. 72.

[711] Loewenheim u.a.: Correspondence; bereits die ursprüngl. Nummern der Briefe zeigen, daß der Abdruck inkomplett ist.

[712] „Ich mißbillig diese Verfahrensweise," so Cadogan: Diaries, S. 256 (Tgb. 27.2.1940), als er mitbekommen hatte, was da ablief.

[713] A naval person, Churchill: Zweiter Weltkrieg, S. 205.

[714] Roosevelt hatte die Zerstörung des Empires im Blick, Churchill diejenige Deutschlands; das wurde auch bereits kurz nach dem Krieg in England diskutiert, wiewohl mit der Einschränkung, daß Bücher dieses Inhalts in England nicht zu veröffentlichen waren, vgl. Grenfell: Unconditional Hatred, S. 223 f., siehe auch Einleitung des amerikanischen Verlegers.

[715] Z.B. bei einer Wahlkampfrede vom 23.10.1940: „Allen Republikanern und allen Demokraten, jedem Mann und jeder Frau und jedem Kind in unserm Land sage ich dies: Euer Präsident und euer Außenminister wandeln auf dem Pfad des Friedens. Wir rüsten nicht für irgendeinen Krieg im Ausland.", zit. nach Baker: Menschenrauch, S. 271.

[716] Vgl. z.B. Cadogan: Diaries, S. 250-254, 265.

[717] Es war der kurzzeitig im Büro Jahnke tätige Doppelagent Vincent Kraft, der diese zutreffende Meldung weitergab, MI5: Fallakte Kurt Jahnke, TNA KV2/755, Bl. 8A. Kraft wurde im September 1939 zur Wehrmacht eingezogen, konnte infolgedessen aus dem Büro J nichts mehr berichten.

[718] Am 27.1.1940 informierte der Chef von MI6 den UnterStS Cadogan über den Verratsfall, vgl. Aktenvermerk vom 17.2.1940 in: MI5: Personenakte Kurt Jahnke, TNA KV2/755, Bl. 8A, S. 3. Spätestens im Februar 1940 war auch MI5 über die Verratsgegenstände, die im Jahnke-Büro eingelaufen waren, informiert, vgl. Liddell: Diaries, Bd. 1, S. 67 (Tgb. 18.2.1940).

[719] Roewer u.a.: Lexikon der Geheimdienste, S. 158 f.

[720] So Guy Liddell, MI5, im Schreiben an Felix Cowgill, MI6, vom 16.2.1940, MI5: Personenakte Jahnke, TNA KV2/755, Bl. 9A f.; MI6 hat dieser Feststellung nicht widersprochen.

[721] Liddell: Diaries, Bd. 1, S. 68 (Tgb. 22. und 23.2.1940).

[722] MI5: Personenakte Kurt Jahnke, KV2/755; die dort (Bl. 20a) erwähnte Personenakte Fletcher (PF 4908?64) ist bis heute nicht aufgetaucht, ebensowenig: P[ersonal]F[ile] 619054 Fletcher]; Liddell: Diaries, Bd. 1, S. 67, 68, 74, 77 [dort: Harold F.]; Clough: State Secrets, S. 232-234 [dort: Charles Francis F.]; Welchman: Hut 6, S. 85, 126, 138 f.

[723] Bei einem Telefonat mit ihrem Rechtsanwalt, das von MI5 abgehört wurde, äußerte Gulla Pfeffer, sie habe Fletcher seinerzeit erpreßt, vgl. Liddell: Diaries, Bd. 1, S. 67 (Tgb. 18.2.1940). Bei einer Vernehmung durch MI5 im März 1940 betonte Pfeffer, daß sich zwischen ihr und den Fletchers eine persönliche Freundschaft entwickelt habe, allerdings nicht so sehr zu Frau Fletcher (was man nachvollziehen kann).

[724] Liddell: Diaries, Bd. 1, S. 68 (Tgb. 22.2.1940).

[725] Es war eine Scheinehe zur Erlangung des Aufenthaltsrechts, vgl. Schreiben eines Denunzianten, in: MI5: Personenakte Gulla Pfeffer, am Ende, TNA KV2/2434.

[726] Liddell: Diaries, Bd. 1, S. 67 (Tgb. 18.2.1940); MI5: Personenakte Augusta Kell Pfeffer, TNA KV2/2434; ein Vergleich mit den in der Personenakte von Kurt Jahnke (KV2/755) enthaltenen Aussagen von Gulla Pfeffer zeigt, daß die Personenakte Gulla Pfeffer nach dem Krieg gründlich bereinigt worden ist.

[727] Vgl. MI5: Personenakte Kurt Jahnke, Bl. 26a.

[728] Liddell: Diaries, Bd. 1, S. 65 (Tgb. 14.2.1940).

[729] MI5: Personenakte Kurt Jahnke, TNA: KV2/755.

[730] Liddell: Diaries, Bd. 1, S. 68 f (Tgb. 23.2.1940); bezeichnend auch die schriftliche Mitteilung von Cowgill (MI6) an Liddell (MI5) vom 2.9.1941, daß es ihm leid tue, aber er habe keine Aufzeichnung seines Interviews mit Fletcher gemacht, TNA KV2/755, Bl. 23x.

[731] Der Verratsumfang ist im Tagebuch von Guy Liddell wie folgt umschrieben: Berichte von MI6, Unterlagen des Committee of Imperial Defense und die Berichte von Botschafter Kennedy nach Washington, vgl. Liddell: Diaries, Bd. 1, S. 67 (Tgb. 18.2.1940).

[732] Bereits 1934 zeigte Jahnke Gulla Pfeffer Briefe mit dem Kopf des Foreign Office und bemerkte zu ihr, auch sie solle dergleichen beschaffen, vgl. Vernehmungen von Pfeffer durch MI5 in: MI5: Personenakte Kurt Jahnke, KV2/755, Bl. o. Pag.

[733] Chapman Pincher, der den Ellis-Verratsfall als erster publik machte, erhielt von seiner MI6-Quelle einschlägige Hinweise, wobei bewußt verschwommen dargestellt wurde, seit *wann* der Verdacht gegen Ellis evident war, Trade is Treachery, S. 204. Es muß zum Jahreswechsel 1939/40 gewesen sein, denn nur Ellis kam bei dem festgestellten Verratsumfang in Frage.

[734] Vernehmung von Carl Marcus durch MI6 im Februar 1945, TNA KV2/755, Bl. 36B ff.

[735] Liddell: Diaries, Bd. 1, S. 67 f. (Tgb. 19.2.1940); auch Brief von Felix Cowgill, MI6, an Guy Liddell, MI5, vom 15.2.1940 über das Gespräch mit Herschel Johnson am Vortag nebst Gesprächsvermerk, TNA KV2/755, Bl. 8A ff.

[736] Vermerk des MI5-Offiziers Maxwell Knight über ein Gespräch am 18.5.1940 mit Herschel Johnson, den Fall Tyler Kent betreffend, in: MI5: Personenakte Kent, KV2/543, Bl. 8A.

[737] Interessant ist, daß MI5 in einem Schreiben seines Generaldirektors an den Innenminister am 1.2.1941 amerik. Pressedarstellungen ausdrücklich

zurückweist, Kent oder Ramsay habe in Verbindung mit den Deutschen gestanden, vgl. MI5: Personenakte Kent, KV2/543, Bl. 46x f.

[738] Vernehmung von Carl Marcus durch MI6 im Jahre 1945, in: MI5: Personenakte Jahnke, Bl. 36B Rückseite.

[739] Informationsaustausch zwischen dem F.O. und Maxwell Knight, MI5: Personenakte Anna Wolkoff, Bl. 6a, 9a, 51c, TNA KV2/840.

[740] Hier wird gern die Geschichte vom Gestapo-Agenten Matthias erzählt, der im Oktober 1939 zusammen mit Kent nach England einreiste, um zu belegen, daß Kent ein deutscher Agent war. Aus der Kent-Akte von MI5 ergibt sich dieser Verdacht jedoch nicht, auch nicht aus den Tagebüchern von Liddell. Am Anfang der heutigen Kent-Akte sind lediglich einige später eingefügte *cross-references* aus der MI5-Akte von Matthias, die bis heute noch nicht wiederaufgetaucht ist, vgl. MI5: Personenakte Tyler Kent, TNA KV2/543, Bl. 2A ff.

[741] Zur Wiedererrichtung der US-Botsch. in Moskau: Kennan: Memoiren, S. 65-70.

[742] Siehe auch die letzten Blätter der MI5-Personenakte Anna Wolkoff, KV2/840, wo die Kontaktversuche einiger Frauen mit Kent nach dessen Festnahme registriert sind.

[743] Vermerk vom 11.6.1940, TNA KV2/543 (Kent), Bl. 37d.

[744] Vermerk vom 8.5.1940, KV2/543 (Kent), Bl. o.Pag, nach Bl. 37d.

[745] Nach dem Abgang von US-Botsch. William Dodd aus Berlin 1937 war dort eine sowj. Spionagestelle vakant, die dessen Tochter Martha Dodd innegehabt hatte, Roewer: Skrupellos, S. 561 f., 637.

[746] Zum Beleg, daß Kent ein deutscher Agent war, wird gern die Geschichte vom Gestapo-Agenten Matthias erzählt, der im Oktober 1939 zusammen mit Kent nach England einreiste. Aus der Kent-Akte von MI5 ergibt sich dieser Verdacht jedoch nicht, auch nicht aus den Tagebüchern von Liddell. Am Anfang der heutigen Kent-Akte (TNA KV2/543. Bl. 2A ff.) sind lediglich einige später eingefügte *cross-references* aus der MI5-Akte von Matthias, die bis heute noch nicht wiederaufgetaucht ist.

[747] Angeblich Ende Februar 1940, vgl. Masters: The Man who was M, S. 111 f., der einen anonym bleibenden Bericht zitiert. Die MI5-Überwachungsakte von Anna Wolkoff (TNA KV2/84 Bl. 11b, 11c) weist durch eine Agentenmeldung von M/Y (= Marjorie Mackie) am 21.2.1940 erstmals auf einen „Mann namens Fletcher" hin, am 24.2.1940 folgt dann aus derselben Quelle der Hinweis auf Kent, der dort als „William Tolly oder ähnlich" bezeichnet wird.

[748] Vgl. das Gespräch eines anonymen MI5-Informanten mit der Mutter von Anna Wolkow Anfang September 1940, in welchem diese den Verdacht

äußerte, Kent habe in sowjetischem Auftrag gehandelt, um diese Emigrantenszene auszuspähen, TNA KV2/543 (Kent), Bl. 41W.

[749] MI5: Personenakte Nikolaj Wolkoff, TNA KV2/2258.

[750] Der ursprüngliche Verdacht bei MI5, als man die Personenakte Anna Wolkoff 1938 anlegte, lautete auf Spionage für die Sowjetunion, TNA KV2/840, Bl. 1a (Bolshevik Movements belonging to Anna de Wolkoff), das Blatt ist aus der Akte entfernt, läßt sich aber mit Hilfe des Vorblatts (*minute sheet*), S. 1, rekonstruieren.

[751] Es sei ein Liebesverhältnis gewesen, so die Mutter der Anna Wolkow gegenüber einem anonymen Informanten von MI5 Anfang Oktober 1940, TNA KV2/543 (Kent), Bl. 41w. Ebenso mehrseitiger anonymisierter Agentenbericht, dort Nr. 29, ebd., Bl. 41x, S. 8 oben.

[752] Als verdächtig galt, daß sich Kent und Wolkoff am Telefon auf Russisch unterhielten, vgl. Vermerk über einen Agentenbericht der M/Y (= Marjorie Mackie), TNA KV2/543 (Kent), Bl. 7A.

[753] Costello: Mask, S. 281-285, 413 f.

[754] Einschleusung der Agentin M/Y (= Marjorie Mackie), TNA KV2/840 (Anna Wolkoff), Bl. 25b (= HR-Arch SV400158): M/Y stellte dem ahnungslosen Right Wing Club eine Anschrift unter ihrem Klarnamen zur Verfügung; einige der so abgefangenen Briefe befinden sich als Kopie in der Akte.

[755] Liddell: Diaries, S. 16 (Tgb. 5.9.1939): „Max Knight hat einen Agenten installiert, der in Mosleys heimlichen Hauptquartier in Stellung gegangen ist.", Übers. d. Verf. Die ab April 1940 von M/Y (= Marjorie Mackie) über Wolkoff fast täglich angefertigten Meldungen befinden sich in TNA KV2/840 (Anna Wolkoff).

[756] Unter dem Decknamen M/Y, TNA KV2/840 (Anna Wolkoff), Bl. 7A.

[757] Zehnseitiges Dossier, das offenbar von MI5 für eine Aussage von Munkke vorbereitet worden war, TNA KV2/543 (Kent), Bl. 41x, S. 1-10; es ist schwer einzuschätzen, ob die darin gegen Kent und Wolkoff aufgebauten Vorwürfe getrimmt wurden. Was die Zeugin sagte, ergibt sich aus der Akte nicht.

[758] TNA KV2/543 (Kent), Bl. 7b; vor allem aber TNA KV2/840 (Anna Wolkoff), daraus ergibt sich, daß die Agentin M/Y (= Majorie Mackie) ab April 1940 nahezu täglich über die Wolkoff berichtete. Kurz zuvor wäre es fast zu einer folgenreichen Verwechselung gekommen, als die Agentin anstatt Kent den ebenfalls im Lokal anwesenden MI6-Mitarbeiter Fletcher beschattete, vgl. Berichte der Agentin M/Y vom 21.2.1940, TNA KV2/840 (Anna Wolkoff), Bl. 11b (HR-Arch 400194), Bl. 15b (HR-Arch 400187).

[759] Diese Frau hieß tatsächlich Irene oder Irina Danischewsky (o. Danischewski o. Danischewskaja), geb. Mitronoff (*22.4.1910 Moskau), vgl. Vermerk von Maxwell Knight vom 6.6.1940, TNA KV2/543 (Kent), Bl. 37b; TNA KV2/840 (Wolkoff), o.Pag., hinter Bl. 60B.

[760] Diese Erklärung fand die Polizei nicht überzeugend, sie identifizierte Irene am folgenden Tag und vernahm sie am übernächsten Tag, Vermerk der Metrop. Police über die Vernehmung von Tyler Kent und Irene Danischewsky vom 22.5.1940, TNA KV2/840 (Anna Wolkoff), o.Pag., hinter Bl. 60B.

[761] Vgl. MI5: Sachakte White Sea and Baltic Co. P. & I. Danischewsky Ltd, TNA KV2/1651. Zu dieser Firma auch: Gamble: Naval Stores, S. 199 f.

[762] Ich habe von der Agentin nur ein Kinderbild entdeckt, auf dessen Publikation ich verzichtet habe.

[763] Z.B. bei Mosley: My Life, S. 577 ff. (20. Kapitel "Why I opposed the War").

[764] Liddell: Diaries, Bd. 1, S. 59 f. (Tgb. 29.1.1940), 83 (Tgb. 25.5.1940), die aus seiner Sicht mißliche Zurückhaltung seit September 1939 referierend, die nun aufgegeben wurde.

[765] Mosley: My Life, S. 577-587.

[766] Die einschlägige Sitzung zwischen Home Office und MI5 fand am Tag nach der Verhaftung von Tyler Kent statt, Liddell: Diaries, S. 81f. (Tgb. 21.5.1940): „Max[well Knight] war extrem gut und er brachte seine Argumente ruhig und zwingend vor...“, Übers. d. Verf.; die Hardliner von MI5 hatten Churchills Linie durchgesetzt. Noch drei Tage zuvor hatte sich Innenminister Sir John Anderson im Kabinett im gegenteiligen Sinne geäußert, vgl. Zit. (ohne Nachweis) bei: Masters: M, S. 123.

[767] Nach einer Antwort des Innenministers im Parlament waren es um die 700 Personen, vgl. House of Commons: Stenographische Berichte, Bd. 376, C849-52, zit. nach FOM: The Defence Regulation 18B.

[768] Beispiele bei: Charmley: Untergang, S. 20-22; weitere Beispiele, die sich aus internen Vermerken von MI5 ergeben, TNA KV2/543 (Kent), Bl. 2A, 3A, 11A, 14A: Sie betreffen das Versagen der britischen Marine im Norwegenfeldzug und stellen die brit. Kriegsfähigkeit in Frage.

[769] Vgl. z.B. Colville: Downing Street (dt.), S. 40 (Tgb. 29.11.1939).

[770] Das ergibt sich verklausuliert aus den internen MI5-Vermerken, TNA KV2/543 (Kent), Bl. 2A, 3A, 11A, 14A. Ganz unmißverständlich hingegen in der parallel geführten Personenakte zu Anna Wolkoff, TNA KV2/840; dort Bl. 35a (= HR-Arch SV400138) befindet sich der Bericht der Agentin M/Y (= Marjorie Mackie) vom 2.5.1940 über Kennedys Berichterstattung an Roosevelt, wonach Churchill betrunken an der Kabi-

nettsitzung teilnahm, und seine Verantwortlichkeit für das brit. Norwegendesaster herausgestellt wird.

[771] Sog. In-Camera-Verfahren. Nur der Urteilstenor wurde öffentlich verkündet, vgl. Presseausschnitte TNA KV2/543 (Kent), Bl. 41A, 42A, 43A.

[772] Die Anklage lautete, daß Kent in sieben Fällen Dokumente in Händen gehabt habe, deren Kenntnis dem Feind nützlich sein könne; in zwei Fällen habe er diese an Wolkoff weitergegeben, Kopie des Anklagesatzes, TNA KV2/543 (Kent), Bl. 43x.

[773] TNA KV2/543 (Kent), Klarsichthülle.

[774] Die Vernehmung von Maxwell Knight durch den Verteidiger von Kent ist aus nicht näher bezeichneten US-Akten wiedergegeben bei: Masters: M, S. 126-130; sie ist in der MI5-Akte nicht vorhanden, sondern dort ist lediglich die präparierte Aussage.

[775] Sofern man sie überhaupt beurteilen kann, denn bezeichnenderweise ist der wesentliche Teil nach wie vor gesperrt, TNA KV2/543 (Kent), Bl. 37k ff.

[776] Bericht des Beamten des Special Branch der Metrop. Police vom 11.11.1940, TNA KV2/543 (Kent), Bl. 43x, S. 1- 4. Der Name der Zeugin Marjorie Mackie ist unleserlich gemacht.

[777] Kents Verteidigungsrede ist weitgehend zerstört, TNA KV2/543 (Kent), Bl. o.Pag., hinter Bl. 43.

[778] Bericht des Beamten des Special Branch der Metrop. Police vom 11.11.1940, TNA KV2/543 (Kent), Bl. 43x, S. 2 unten und S. 3 oben.

[779] TNA KV2/543 (Kent), Bl. 2A.

[780] TNA KV2/543 (Kent), Bl. 3A, 11A, 14A.

[781] Agentenberichte von M/Y (=Marjorie Mackie), TNA KV2/543 (Kent), Bl. 5A, 12A, 13A.

[782] Sybillinisch notierte MI5-Mann Guy Liddell: Diaries, Bd. 1, S. 83 (Tgb. 31.5.1940), daß Wolkoff dem Hochverrat sehr nahegekommen sei.

[783] Cadogan: Diaries, S. 271 (Tgb. 18.4.1940), 289-292 (Tgb. 24., 25., 27. und 29.5.1940); siehe auch Colville: Downing Street, S. 82 (Tgb. 24.4.1940), die brit. Hoffnungen zum Ausdruck bringend, in dem er eine Mussolini zugeschriebene Aussage zitiert: „Deutschland will mich an den Haaren in den Krieg ziehen. Zum Glück habe ich eine Glatze.“

[784] Vgl. Schramm: KTB, Bd. I, 2. Halb-Bd., S. 1166; Liddell Hart: Zweiter Weltkrieg, S. 117.

[785] Botsch. Kennedy an Präs. Roosevelt am 14.6.1940, zit. nach Charmley: Untergang, S. 21.

[786] Das Vermögen von Kennedy beruhte auf dem Geschäft mit Alkohol während der Prohibition, das von Baruch auf Insiderspekulationen, die ihm während des Ersten Weltkriegs aufgrund von vorsätzlich ausgestreu-

ten unzutreffenden Friedensgerüchten und das dadurch veranlaßte Fallen der Rüstungsaktien einen Tagesgewinn von 750.000 $ einbrachten, Mullins: Federal Reserve, S. 57 f.

[787] Zum abgekarteten Vorgehen von Baruch und Kennedy, vgl. Geisst: 100 Years, S. 29, 34.

[788] So ausdrücklich: en.wikipedia.org/wiki/Bernard_Baruch [Abruf: 13.11.2016], daß hier die anonymen Spaßvögel der dt. Wikipedia nicht nachstehen mochten, versteht sich.

[789] Forrestal konnte zu diesen Vorgängen nicht mehr befragt werden, denn er verließ am 24.5.1949 das Marinehospital, in dem er sich zur Behandlung befand, durch ein Fenster; zwischen dem Fensterbrett und der ebenen Erde lagen 16 Stockwerke.

[790] Eintragung des US-Marineministers James Forrestal vom 27.12.1945, (Forrestal Diaries, S. 32-34); die Edition ist mit Vorsicht zu genießen, da sie vom Herausgeber zensuriert wurde.

[791] In seinen unveröffentlichten Memoiren hatte Kennedy geschrieben: „Ich dachte, so etwas würde mir einen gewissen Schutz davor geben, daß Churchill eine Bombe im Schiff plazierte", Übers. d. Verf. nach einem Zit. in Irving: Churchill's War, S. 207.

[792] Churchill und Morton waren in den Tyler-Kent-Fall eingebunden, Liddell: Diaries, Bd. 1, S. 82 f. (Tgb. 25.5.1940).

[793] Liddell: Diaries, Bd. 1, S. 84 (Tgb. 11.6.1940).

[794] Costello: Mask, S. 351 f., 353, 374, 526; Farago: Game, S. 194 f. (Erkrankung Kells); Masters: M, S. 122, Kell habe gegenüber den Right-Wing Leuten zuviel Toleranz an den Tag gelegt.

[795] Zit. nach Nigel West, in: Liddell: Diaries, S. 84, Übers. d. Verf.

[796] US-Inflationsgewinnler sind m.W. nie Gegenstand seröser Untersuchungen geworden. Diese setzten erst ein, als es um die Frage ging, in welchem Maße US-Investoren auch die NS-Bewegung sponserten, z.B. Preparata: Conjuring Hitler, S. 224-226 unter Nennung einschlägiger US-Konzerne. Die Schwäche solcher Untersuchungen liegt im Außerachtlassen, daß diese Unternehmen bereits in den 1920-er Jahren in Deutschland massiv tätig waren.

[797] Hierzu speziell Nolte: Europäischer Bürgerkrieg, passim.

[798] Schramm: KTB, Bd. 1, 2. Halb-Bd., S. 417, S. 490 f.

[799] Roewer: Skrupellos, S. 615-667; ders.: Rote Kapelle, S. 9-93.

[800] Besonders groteskes Beispiel in N.N.: Brown Network, S. 46, wo eine Landkarte, hg. vom *Presse-Dienst Ostraum* vom 18.5.1935, abgdr. ist, in der grafisch die deutschen Siedlungsgebiete in Südosteuropa dargestellt sind; das sei der Beleg für deutsche Weltherrschaftspläne.

[801] Schramm: KTB, 1. Bd., 2. Halb-Bd., S. 1241.

[802] Ansprachen Roosevelts hier zit. nach Buchanan: Hitler, Churchill, S. 416.

[803] So z.B. Tansill: Backdoor. Die Geschichte dieser Diskriminierungen ist belegt bei Barnes: Perpetual War, S. 15-53.

[804] Präs. Wilson am 2.4.1917 in gemeinsamer Sitzung beider Häuser des Kongresses, historymatters.gmu.edu/d/4943 [Abruf: 19.2.2015]; die komplette Ansprache befindet sich in: Link: Papers of Woodrow Wilson, Bd. 41, S. 525-527.

[805] Roosevelts Epigonentum z.B. Graml: Die Alliierten, S. 21.

[806] Vidal: Imperial America, S. 146: Einrichtung eines OSS-Vorläufers durch *presidential order*, jedoch ohne Quellennachweis.

[807] Mullins: World Order, S. 124 f. (pdf).

[808] Mindestens 8 Sowjetagenten waren allein im Stab der OSS tätig, der prominenteste war Donovans pers. Assistent Duncan Chaplin Lee, N.N.: Counter Intelligence, S. 31.

[809] Zum Brit. Marineattaché in den USA 1914-17 Capt. Guy Gaunt, Roewer: Kill the Huns, S. 265-274.

[810] So die Autobiographie des brit. Residenten, Stevenson: Intrepid, S. 317-326.

[811] Zu Diffamierung von Lindbergh und Ford siehe Mahl: Desperate Deception, S. 23, 34 f.

[812] Warum ist dein Land im Krieg? 1917 veröffentlicht, 1918 beschlagnahmt.

[813] Vgl. Mullins: Secrets of the Fed., S. 304.

[814] N.N. Counter Intelligence, S. 33.

[815] Zu den Propagandaschlagern gehörte Klopapier, das mit Hitler-Bildern bedruckt war, vgl. Barnes: Perpetual War, S. 144. Es klingt wie eine Erfindung, aber 1945-51 war mit Thomas B. McCabe der führende Toilettenpapier-Hersteller der USA zugleich Vorsitzender des Ausschusses der Federal Reserve Governors, vgl. Mullins: Federal Reserve, S. 130, 138.

[816] StS Halifax an Botsch. Lindsay, Washington, Tel. vom 2.9.1938, DBFP 1919-1939, Bd. 2, S. 212 f.

[817] Der poln. Botsch. an das Außenministerium in Warschau, Bericht vom 29.3.1939, in: AA: Entstehung des Krieges, Bd. 1, S. 77-80, hier zit. aus S. 79 f.

[818] Siehe auch das bestätigende Tgb. des US-Marineministers James Forrestal vom 27.12.1945 über das Gespräch mit Ex-Botschafter Kennedy, in: Forrestal Diaries.

[819] Notiz des brit. Königs, zit. in der *official biography*, Wheeler-Bennett: King George VI., S. 390 f.

[820] Moffat: Papers, S. 253.

[821] Botsch. Kennedy an US-StS Hull, Bericht vom 28.8.1939, Dep. of State: Foreign Relations 1939 Bd. 1, Generalia.

[822] Schramm: KTB, Bd. 1, 2. Halb-Bd. S. 1153.
[823] Professoren für internationales Recht widersprachen der absurden Auffassung des Präsidenten, *NYT* vom 21.9.1939. Erstaunlich, daß diese Zeitung solche Dinge noch druckte.
[824] Allen W. Dulles: Cash and Carry Neutrality, Foreign Affairs 1940, S. 179-195.
[825] Vandenberg: Private Papers, 27.9.1939, S. 3.
[826] Schramm: KTB, Bd. 1, 2. Teil-Bd., S. 1153.
[827] Sandborn: Roosevelt, S. 209 f.
[828] Pearl Harbor Attack, Part XXIV, S. 1753.
[829] In den USA verbreitet durch AA: German Whitepaper. Full Text of the Polish Documents.
[830] Z.B. Botsch. Potocki an das poln. Außen-Min., Bericht vom 12.1.1939, ebd., S. 29 f.; ders. Text in deutscher Übersetzung in AA: Entstehung des Krieges 1, S. 63-65: „Präsident Roosevelt war der erste, der den Haß gegen den Faschismus zum Ausdruck brachte. Er verfolgte dabei einen doppelten Zweck: 1. Er wollte die Aufmerksamkeit des amerikanischen Volkes von den innenpolitischen Problemen ablenken, vor allem von den Problemen des Kampfes zwischen Kapital und Arbeit. 2. Durch die Schaffung einer Kriegsstimmung und die Gerüchte einer Europa drohenden Gefahr wollte er das amerikanische Volk dazu veranlassen, das enorme Aufrüstungsprogramm Amerikas anzunehmen, denn es geht über die Verteidigungsbedürfnisse der Vereinigten Staaten hinaus."
[831] Erkl. von US-Außen-Min. Hull und Ex-Botsch. Potocki, Tansill: Road to War, S. 183 f., Fn. 292.
[832] Nachweis bei Tansill, ebd.; eine neuere Darstellung der pro- und contra-Stimmen bei Doenecke: Storm, S. 73-77. Zu den Bestätigungen der Echtheit der Dokumente zählen die Aussagen von Ex-Botsch. Kennedy und aller wichtigen ehemaligen poln. Diplomaten.
[833] Churchill an Botsch. Lothian, Tel. vom 9.6.1940, TNA PREM3/476/10, Bl. 560 f.
[834] Churchill: Finest Hour, S. 183-187.
[835] Schramm: KTB, Bd. 1, 2. Halb-Bd., S. 1176.
[836] Charmley: Untergang, S. 33.
[837] Memo. von Lord Cherwell für Churchill, Dec. 1940, TNA PREM4/17/1, Bl. 92 f.
[838] In der Beurteilung wie hier Charmley: Untergang, S. 109 f.
[839] Zit. nach Berndt u.a.: Deutschland im Kampf, Juli 1941, S. 17.
[840] Übers. nach PSM-Data Geschichte, zum.de/psm/n45/atlan_45_al.php, dort zit. nach Zeiten und Menschen, G2, 1970, S. 376; fehlerhaft widerge-

geben im Artikel *Atlantik-Charta* von wikipedia.de [Abruf von beidem: 29.10.2016].

[841] Bericht über die Öffnung der einschlägigen Kabinettsprot., N.N.: War-Entry Plans, *NYT* vom 2.1.1972.

[842] Zit. nach Beesly: Room 40, S. 121, Übers. d. Verf.

[843] Stephenson: Intrepid, 326-328.

[844] Z.B. Franklin Roosevelt Administration: Navy Day Address on the Attack on the Destroyer Kearny, in www.jewishvirtuallibrary.org/jsource/ww2/fdr102741.html [Abruf 5.12.2016], wo der Text der Ansprache unkommentiert als wichtige Geschichtsquelle widergegeben ist.

[845] Vgl. z.B. Rothbard: Wall Street, S. 33.

[846] Vermutlich gab es nur die von Jeannette Rankin (1880-1973).

[847] Zum brit.-jap. Konflikt in Fernost Brendon: Decline and Fall, S. 416 f.

[848] Zum jahrelangen Wirtschaftskrieg der USA gegen Japan: Neumann: Policy toward Japan, S. 260-266, auch Tansill: Japanese-American Relations, S. 291-296, 302 f.

[849] Tansill: Japanese-American Relations, S. 298 f.

[850] Text der brit. Weisung abgdr. bei Lamb: Churchill, S. 149.

[851] Die von Roosevelt vorsätzlich herbeigeführte Lageverschärfung des inneramerik. Widerstands hiergegen sind aufgelistet bei Tansill: Japanese-American Relations, S. 303-307.

[852] Z.B. Charmley: Untergang, S. 55-57, der diese Möglichkeit kategorisch ausschließt.

[853] So Kimball: Wheel, S. 277.

[854] Z.B. Greaves: Pearl Harbor, S. 407-482; Morgenstern: Actual Road, S. 315-406.

[855] Ein Beispiel für Geschichtsklitterung neuesten Datums bieten Breitmann u.a.: FDR, S. 187-200.

[856] Erhellend sind neuere Pressestimmen zu den Jahrestagen, z.B. N.N.: Christmas in the White House, December, 1941. A Meeting that saved Europe, *Galway Adviser* vom 29.12.2011.

[857] Jacobsen: Spiegelbild, S. 242.

[858] Zur russ. Sicht Falin: Zweite Front, passim.

[859] Zit. nach Nisbet: Roosevelt and Stalin, S. 6.

[860] Abkommens-Text von Jalta vom 11.2.1945, Schramm: KTB, Bd. 4, 2. Halb-Bd., S. 1659 f.

[861] Kaufman: Germany Must Perish, S. 94: „Um den Zweck zu erreichen, die Deutschen auszurotten, würde es wegen der mangelnden Vermehrungsfähigkeit von Männern über 60 und Frauen über 45 ausreichen, 48 Millionen zu sterilisieren. ... Nimmt man eine angenommene Zahl von 20.000 Chirurgen, von denen jeder ein Minimum von 25 Operationen pro Tag

durchführt, so benötigt man längstens einen Monat, für die vollständige Sterilisation.“, Übers. d. Verf.

[862] N.N.: A Modest Proposal, *Time* vom 24.3.1941.

[863] Vgl. z.B. *Cumberland Evening Times* vom 17.9.1941, wo neben dem Artikel über Kaufman die Konvoi-Bildung der US Navy zugunsten der Alliierten die Schlagzeilen bestimmt und deutsche U-Boote im Bild gezeigt werden: „Unerbittliche Maßnahmen der Vereinigten Staaten werden morgen beginnen“, Übers. d. Verf.

[864] Z.B. bei Wolfgang Benz: Judenvernichtung aus Notwehr? Die Legenden um Theodore N. Kaufman. VjZ 1981, S. 615-630 (hier: S. 629).

[865] de.wikipedia.org/wiki/Kaufman-Plan [Abruf: 10.1.2017].

[866] Conze u.a.: Das Amt, S. 164, wo US-Propaganda als Geschichtstatsache verkauft wird. Zur Erbärmlichkeit dieses Auftragswerks vgl. Koerfer: Diplomatenjagd, passim.

[867] Ich erspare es mir, hier genauer zu zitieren, der Leser mag sich, wenn er will, mit den einschlägigen Elaboraten im Internet bekanntmachen.

[868] Vgl. Nachruf Louis Nizer, *NYT* vom 11.11.1994.

[869] Hierzu gehört die Behauptung, die Bezahlung für Flugbenzin, das die RAF bei Standard Oil bezogen habe, sei beiseite gelegt worden, um das Geld nach dem Krieg an die I.G. Farben auszuliefern, Nizer: What to do, S. 118.

[870] Z.B. die Brüder Rudolf und Max Ilgner, Mitinhaber der BASF, wobei Rudolf deren US-Sparte Aniline als naturalisierter US-Bürger leitete. Er hatte die Impertinenz, kurz vor einer Haussuchung Aufzeichnungen über Firmenpatente zu verbrennen. Er wurde deshalb zu einer Geldstrafe von 1.000 $ verurteilt, vgl. Nizer: What to do, S. 122.

[871] Nizer: What to do, u.a. S. 97, 112, 115, 116.

[872] Nizer: What to do, S. 117; es wird verschleiert, wer bei wem investierte.

[873] Text abgdr. bei www.cfr.org/nonstate-actors-and-nongovernmental-organizations/foreign-agents-registration-act-fara/p33431 [Anruf: 12.1.2017]. Der Begriff „agents“ ist mißverständlich, wenn man ihn mit dem Wort „Agenten“ übersetzt, gemeint war jegliche Verbindung.

[874] Nach Kriegsende kamen die US-Behörden auf die Idee, daß Gesetz auch gegen sowj. Gruppen anzuwenden, N.N.: Counter Intelligence, S. 31.

[875] Es ist eine ironische Fußnote der Geschichte, daß in der einschlägigen Abt. der US-Justizverwaltung mit Judith Coplon eine Sowjetagentin tätig war, vgl. N.N.: Counter Intelligence, S. 59.

[876] Besonderen Verfolgungseifer erzeugte bei Nizer die Tätigkeit des Autoherstellers Ford in Köln, die er zugleich mit IG Farben verwob, What to do, S. 117.

[877] Eric Page: Louis Nizer, Lawyer of the Famous, died at 92, *NYT* vom 11.11.1994. Nizer wurde steinalt. Ob ihn sein Deutschenhaß so prächtig konservierte, daß er bis 10 Tage vor seinem Tod seiner Anwaltstätigkeit nachgehen konnte, wird nicht mitgeteilt.

[878] *Converting Germany into a country primarily agricultural and pastoral in its character.*

[879] Morgenthau ließ sich zum Amtsantritt als Finanzminister taufen, Diaries, Bd. 1, Bl. 6 (Tgb. 8.1.1934): „Ich sagte zum Präsidenten, ich sei soeben getauft worden, und er sagte, er hoffe, daß das reiche. Dann sagte er, ich gratuliere Ihnen und mir selbst."

[880] Z.B. Kriegsminister Stimson, zit. bei Dallas: 1945, S. 263: „Seine [Morgenthaus] an Karthago erinnernden Ansichten kommen einem Amoklauf jüdischer Rache gleich."

[881] Grenfell: Unconditional Hatred, S. 207.

[882] Gegner von Whites Rolle als Agent können darauf verweisen, daß er in der russ. Bibel für Sowj.-Spionage nicht vorkommt, während sein gesamtes Umfeld aufgezählt wird, Kolpakidi: Enziklopedija, S. 373-402. Das liegt an der russ. Gepflogenheit, offiziell nicht enttarnte Spitzenquellen weiterhin zu schützen.

[883] Venona-Dekrypte geben das Gespräch am 15.7.1944 in der Wohnung von White wieder, wo nicht nur eine Vielzahl von Informationen weitergegeben, sondern auch die Modalitäten der weiteren Konspiration festgelegt wurden, Venona S/NDF/T244, New York-Moskau, KGB, Jahr 1944, S. 376-379 (pdf).

[884] Die offiziellen Annalen der US-Spionageabwehr z.B. beschränken sich bei White auf die Nennung seines Namens bei Anhörungen, während bei den übrigen zum Ring gehörigen Verrätern nicht so rücksichtsvoll verfahren wird, vgl. N.N.: Counter Intelligence, S. 74, 80.

[885] White schaffte es in den Brockhaus von 1973, Bd. 20, S. 285 f., wo seine Vaterschaft für den Morgenthau-Plan erwähnt wird, nicht jedoch sein Tun als Sowjetagent.

[886] Währungs- und Finanz-Konferenz der als *Vereinte Nationen* bezeichneten 44 Staaten, die vom 1. bis 22.7.1944 in Bretton Woods/New Hampshire/USA stattfand.

[887] Final Act vom 22.7.1944, Dep. of State: Publication Nr. 2187.

[888] Deutschland trat mit seiner westlichen Hälfte am 14.8.1952 bei.

[889] Kommentarlos mitgeteilt bei Costello: Mask, S. 494.

[890] Pschyrembel: Klinisches Wörterbuch, S. 576 m.w.N.

[891] Namentliche Auflistung bei N.N.: Counter Intelligence, S. 26-31.

[892] Noch im Brockhaus von 1973, Bd. 12, S. 800, wurde auf die Urheberschaft des Morgenthau-Plans für die Besatzungs-Direktive JCS 1067 ohne das heutige Wischiwaschi hingewiesen.

[893] Z.B. Venona-Dekrypt T1396, Bericht vom 27.12.1944, New York-Moskau, KGB, S. 383 f. (pdf).

[894] Text abgdr. Dep. of State: Foreign Relations 1945, Bd. 3, S. 484.

[895] Zeitschrift *Life* vom 9.4.1951.

[896] Schirach: Nacht der Physiker, passim, beschränkt sich auf die dt. Atomforschung, wobei der Ton darauf gelegt ist, daß sich die dt. Forscher nicht vorzustellen vermochten, daß andere sie überholt haben könnten (was politisch korrekt, aber ein anderes Thema ist).

[897] Zeitschrift *Sunday Pictoral* vom 23.1.1949, zit. nach Grenfell: Unconditional Hatred, S. 191.

[898] Zit. nach der Illustrierten *Der Spiegel* 13/1992.

[899] Es blieb einer sog. Unabhängigen Kommission vorbehalten, bei der Vorstellung ihres Opus (Conze u.a.: Das Amt) die Bediensteten dieses Archivs zu schmähen. Daß sich einer von ihnen zu einer *ad hoc*-Gegenrede entschloß, gehört zu den Sternstunden der öffentlichen Verwaltung, vgl. Thorsten Hinz: Auswuchs eines Kulturkampfes, JF vom 28.2.2014, S. 21. Zur fachlichen Erbärmlichkeit des Buches *Das Amt*, Koerfer: Diplomatenjagd, passim.

[900] So bei Schultze-Rhonhof: Der Krieg, S. 363-373.

[901] Einschlägige Beispiele für die Manipulationsarbeit von Wheeler-Bennett nach dem Kriege bei Quigley: Establishment, S. 187 f., 276 f., 288, 303.

[902] Originalzitat ist nicht seriös belegt. Zit. nach *Welt* vom 20.11.1982, dort ggf. zit. nach *Deutscher Anzeiger* vom 15.6.1970.

[903] Rainer *Mausfeld*: Warum schweigen die Lämmer. O.O., Free21.org., o.J. [2015]

Namensindex

Die Namen von Neville Chamberlain, Winston Churchill, Adolf Hitler und Franklin Roosevelt sind im Folgenden nicht gesondert notiert.